Couverture inférieure manquante

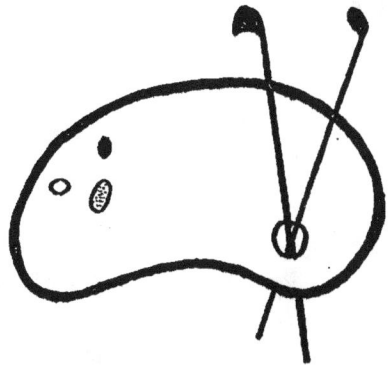

DEBUT D'UNE SERIE DE DOCUMENTS
EN COULEUR

TRAITÉ

DES

VOIES RURALES

PUBLIQUES ET PRIVÉES

ET

SERVITUDES RURALES DE PASSAGE

ENCLAVES

PAR

L.-J.-D. FÉRAUD-GIRAUD

Président honoraire à la Cour de Cassation

4ᵉ ÉDITION

Complétée et mise au courant de la Législation, de la Doctrine
et de la Jurisprudence.

TOME PREMIER

PARIS

IMPRIMERIE ET LIBRAIRIE GÉNÉRALE DE JURISPRUDENCE

MARCHAL et BILLARD

IMPRIMEURS-ÉDITEURS, LIBRAIRES DE LA COUR DE CASSATION
**Maison principale ; Place Dauphine, 27
Succursale: Rue Soufflot, 7**

1896

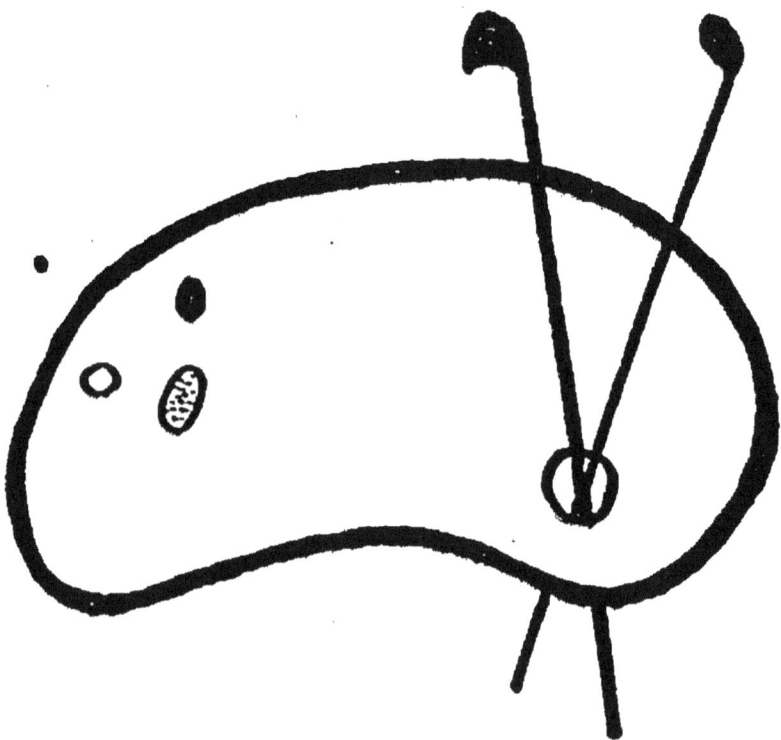

FIN D'UNE SERIE DE DOCUMENTS
EN COULEUR

TRAITÉ

DES

VOIES RURALES

PUBLICATIONS DU MÊME AUTEUR

CONCERNANT SPÉCIALEMENT DES MATIÈRES RURALES.

Etudes sur la législation et la jurisprudence concernant les fouilles et extractions de matériaux et autres dommages causés à la propriété privée à l'occasion des travaux publics, 2ᵉ édit., 1845, 1 vol. in-8 (*épuisé*).

Servitude de voirie ; voies de terre, 1850, 2 vol. in-8.

Législation des chemins de fer par rapport aux propriétés riveraines, 1853, in-8.

Police des bois ; défrichements et reboisements. *Commentaire sur les lois de 1859 et 1861*, in-8.

Des voies publiques et privées, modifiées, détruites ou créées par suite de l'exécution des chemins de fer, 1878, in-8.

Notes sur la Durance et spécialement sur son régime administratif entre le Verdon et le Rhône, ce qu'il est, ce qu'il devrait être, 1893, in-8.

Divers articles sur le droit rural ou les matières agricoles, dans *la Revue de législation et de jurisprudence* de WOLOWSKI ; *Le Moniteur des comices*, publié par LAHURE sous la direction de G. HEUZÉ ; *La revue agricole et forestière de Provence ; L'encyclopédie pratique de l'agriculture*, publiée par F. DIDOT sous la direction de MOLL et GAYOT ; *Les Annales du régime des eaux* sous la direction de M. de LALANDE ; etc.

TRAITÉ

DES

VOIES RURALES

PUBLIQUES ET PRIVÉES

ET

SERVITUDES RURALES DE PASSAGE

ENCLAVES

PAR

L.-J.-D. FÉRAUD-GIRAUD

Président honoraire à la Cour de Cassation

4ᵉ ÉDITION

Complétée et mise au courant de la Législation, de la Doctrine
et de la Jurisprudence.

TOME PREMIER

PARIS

PRIMERIE ET LIBRAIRIE GÉNÉRALE DE JURISPRUDENCE

MARCHAL et BILLARD

IMPRIMEURS-ÉDITEURS, LIBRAIRES DE LA COUR DE CASSATION
Maison principale : Place Dauphine, 27
Succursale: Rue Soufflot, 7

1896

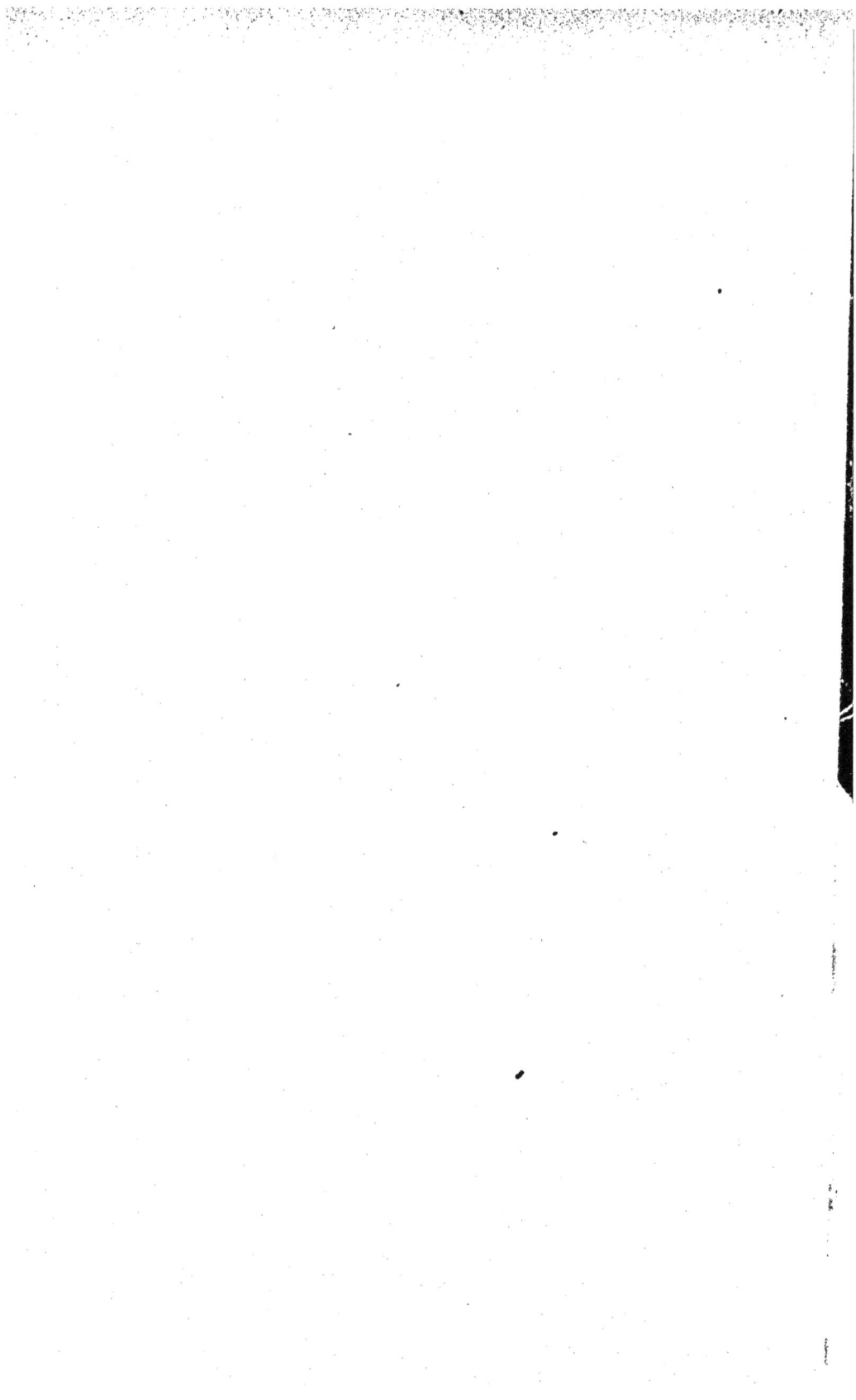

PRÉFACE

Je crois devoir reproduire aujourd'hui les explications que je donnais au moment de la publication de la 3ᵉ édition de cette étude. Elles font connaître les circonstances dans lesquelles elle a été entreprise, le but que je me suis proposé d'atteindre et les conditions dans lesquelles j'en ai poursuivi la réalisation.

« La première édition de ce travail n'était que la reproduction d'une série d'articles insérés dans le *Journal du droit administratif*, publication périodique, dirigée alors si heureusement et si utilement par le savant doyen de la Faculté de droit de Toulouse, M. Chauveau Adolphe, dont MM. Poignant, Bazille et Gauthier étaient devenus les dignes et intelligents continuateurs. Depuis 1859, époque à laquelle remontait cette première édition, la doctrine et la jurisprudence avaient fourni des matériaux nombreux et importants sur cette matière; l'annonce d'une discussion prochaine d'un Code rural où elle serait réglementée, avait attiré l'attention publique sur cette partie de notre droit; il nous parut que le mo-

ment était propice pour publier une nouvelle édition de
ce livre en le mettant au courant de la jurisprudence,
et en le complétant par l'exposé du régime légal des voies
rurales privées et des servitudes de passage, qui ne faisaient point partie de notre première étude. Nous avions
ainsi essayé de présenter l'ensemble complet des règles
qui régissaient les voies agraires en dehors des voies
classées comme chemins vicinaux.

« Depuis, la réglementation des chemins ruraux a été
soumise aux délibérations des corps législatifs, et une
loi spéciale a été promulguée. En reprenant notre travail, nous avons dû dès lors le refondre entièrement
en prenant pour base la nouvelle législation.

« Toutefois, bien que la seconde édition fût épuisée
depuis quelque temps, nous n'avons pas voulu apporter une trop grande précipitation dans la publication de
cette œuvre en quelque sorte nouvelle. Nous tenions à
compléter sérieusement notre étude, en consultant non
seulement la loi, les documents qui en ont précédé et
accompagné la présentation, les débats auxquels elle a
donné lieu ; mais encore les actes administratifs qui
devaient en assurer et en régulariser l'application, ainsi
que les observations que formuleraient les annotateurs.
Nous nous sommes efforcé d'utiliser l'ensemble de ces
matériaux en y joignant l'indication des nombreux arrêts concernant la voirie rurale, rendus depuis la publication de la seconde édition de ce traité.

« Tant qu'il n'existait pas de loi spéciale, nous avions dû régler nous-même la division de notre travail ; mais la réglementation de la matière étant aujourd'hui fixée législativement, nous avons cru qu'il était plus simple, plus facile et plus naturel de suivre l'ordre établi par le législateur lui-même et de mettre ainsi en relief, d'abord la loi dans son texte pur avec l'autorité qu'il a, et d'accompagner ce texte d'explications et de commentaires. Une table analytique des matières permettra de retrouver facilement les questions qui sont examinées.

« Nous avons suivi ce mode de procéder même dans la partie de notre travail concernant les servitudes de passage résultant des enclaves, en l'état des dispositions spéciales du Code civil et des modifications qu'elles ont reçues en 1881. Nous n'avons pas pu nous y conformer pour les matières empruntant leur réglementation à des dispositions diverses de nos lois, ou à des dispositions générales, telles que celles sur les servitudes, qui régissent non seulement les servitudes de passage, mais encore des servitudes d'une toute autre nature, dont l'étude n'entrait pas dans notre cadre. Nous avons dû pour ce cas créer des divisions arbitraires en groupant les matières d'une manière aussi logique que possible.

« On retrouvera parfois des redites dans ce travail. Le plus souvent l'exposé d'une règle et de ses applications les rendent nécessaires, si on ne veut rester insuffisant et incomplet. Les diverses questions qui se présentent obligent souvent à revenir sur les mêmes principes, à y insister et à les apprécier en se plaçant à des points de vue différents, et comme on ne peut supposer que celui qui veut bien vous consulter vous a lu entièrement, et tient en mémoire toutes les explications déjà données antérieurement, il faut que là où il cherche et trouve la question étudiée, il en trouve aussi l'examen complet.

« De plus, j'ai cru devoir reproduire un grand nombre des développements fournis dans l'édition précédente sur des difficultés que la loi de 1881 a aujourd'hui résolues. L'exposé de ce qui a été, est souvent très utile pour comprendre ce qui est ultérieurement réglé. Mais ces reproductions n'ont pas un simple intérêt historique. La loi de 1881 réglemente presque exclusivement les chemins ruraux reconnus; les chemins ruraux non reconnus sont le plus souvent laissés sous l'empire des anciennes règles, l'exposé de ces règles était dès lors nécessaire, bien moins pour signaler un passé soumis à des lois abrogées, que pour exposer le régime actuel d'un grand nombre de chemins ruraux.

« J'avais eu l'idée de placer en tête de cette étude une indication des ouvrages qui pouvaient être utilement consultés. Mais le champ s'agrandissait trop à mesure que je m'occupais de cette bibliographie; aux travaux sur les voies rurales proprement dites, il était nécessaire de joindre les travaux sur la voirie et notamment sur la voirie vicinale, aux règles de laquelle la loi du 20 août 1881 a fait tant d'emprunts, puis se présentaient les publications sur les travaux publics, sur le droit rural, les nombreuses monographies sur les usages ruraux locaux, les commentaires des lois sur le droit administratif, ou tout au moins l'administration municipale, et à un autre point de vue les traités sur les servitudes. Cela devenait un véritable catalogue d'ouvrages de droit qui ne pouvait trouver sa place ici et auquel j'ai dû renoncer.

« Qu'on me permette, en terminant ces explications, de répéter ce que j'écrivais en tête de la seconde édition, parce que si cela ne justifie pas suffisamment ma compétence en ces matières, cela explique comment j'ai pu y croire. Longtemps conseiller général et municipal, magistrat d'une Cour d'appel ayant à juger une grande variété de questions de droit rural, membre actif de diverses commissions et sociétés d'agriculture, quand je n'ai pas été appelé à les présider, ayant conservé de longues années la direction de mes exploitations rurales, j'ai pensé que mes études et mon expérience pouvaient être utiles à mes concitoyens ; on ne peut me reprocher de les mettre de nouveau à leur service. »

Depuis, la Société nationale d'agriculture m'a accordé un puissant encouragement en attribuant à ce travail une médaille d'or, sur le rapport d'un de ses membres les plus compétents, M. J. B. Josseau, ancien président

de cette Société, vice-président de la Société des agriculteurs de France.

C'était d'autre part m'imposer l'obligation de revoir
mon œuvre avec le plus grand soin à l'occasion de cette
nouvelle édition. Aussi me suis-je appliqué à la compléter et à la mettre au courant de la législation, de la
doctrine et surtout de la jurisprudence, qui m'a fourni
de nombreux documents nouveaux. J'espère que tous
ces efforts maintiendront à cette publication l'intérêt
que me permettent de lui attribuer l'accueil fait aux trois
éditions précédentes et la récompense dont elle a paru
digne à la Société nationale d'agriculture de France.

Ste-Anne-les-Auquiers, commune de Mirabeau (Vaucluse), 1885.

TITRE PRÉLIMINAIRE

VOIES RURALES

———

1. *De l'importance des voies de communication en général.* — L'importance des voies de communication a toujours été reconnue ; elle était affirmée même à l'occasion de certaines voies rurales par le ministre de l'intérieur, qui, dans son rapport au Roi, du 15 décembre 1843, sur les chemins vicinaux, disait : « C'est aujourd'hui une vérité généralement reconnue qu'un bon système de voies de communication est une des principales sources de la richesse des nations. Considé-

1

rée sous le double rapport de la civilisation et de l'intérêt matériel, cette branche importante de l'administration devait naturellement éveiller la sollicitude d'un gouvernement éclairé. »

2. *Grande voirie, petite voirie, voirie vicinale.* — Les principales voies de communication, placées sous le régime de la grande voirie et comprenant les routes nationales et départementales (je ne parle que des voies de terre), sont aujourd'hui, en France, nombreuses et généralement bien entretenues ; des dispositions législatives et réglementaires fixent d'une manière certaine tout ce qui concerne leur établissement, leur entretien, leur conservation, leur police et leur régime financier. La petite voirie, soit que l'on considère la voirie urbaine ou la voirie vicinale, a fait de grands progrès, depuis la loi de 1836 sur les chemins vicinaux, et les instructions données par l'administration centrale aux administrations locales des villes et des bourgs.

3. *Voies rurales.* — Mais en dehors de ces grandes routes destinées à mettre nos grands centres industriels et nos frontières en communication avec le siège du gouvernement, ou bien à faciliter les relations entre nos provinces ; en dehors de ces voies urbaines destinées à assurer la circulation active et facile, l'ordre, la salubrité, le bien-être dans nos villes ; de ces voies vicinales appelées à relier les bourgs et villages au chef-lieu d'arrondissement et de canton, et les clochers entre eux ; se placent d'autres voies de communication qu'il est encore d'un intérêt public de réglementer et de surveiller. Entre le chemin vicinal qu'administre l'autorité publique et le chemin privé que la loi civile doit régir, et qu'une sollicitude vigilante de la part du propriétaire devrait protéger, il est des voies rurales nombreuses ayant leur caractère propre, qui réclament des règles spéciales et que la sollicitude de l'administration publique devait protéger.

4. *Leur importance.* — On a dit avec raison que les voies de communication sont au corps social ce que la circulation du sang est au corps organisé ; il faut que ces voies arrivent partout, qu'elles mettent tous les points du territoire en rapport entre eux, pour y porter la vie, l'activité et le bien-être.

On ne doit pas s'en tenir alors au chemin qui conduit du clocher de la commune au clocher du canton, s'arrêter au village ; il faut prendre le chemin public à sa naissance, là où le chemin privé y aboutit.

L'importance paraît devenir bien secondaire ; il semble qu'au delà du village il n'y a plus d'intérêt public, et que du clocher ou de l'Hôtel de Ville au fond d'un propriétaire, on ne doit plus rencontrer qu'une intérêt privé. La voie qui du village va au hameau ou se répand dans la commune, vient cependant apporter aux agglomérations de divers champs des bienfaits d'un intérêt immense. Une voie aisément praticable, dont les contours sinueux se déroulent avec intelligence le long de

parcelles nombreuses occupées par des cultures diverses, apporte dans nos campagnes, c'est-à-dire sur tout
le territoire français, les produits de l'industrie et du
commerce ; elle y introduit les facilités et les perfection-
nements des cultures, elle permet d'en faire sortir à peu
de frais les récoltes destinées à alimenter les populations, à fournir à l'industrie les matières indispensables, au commerce les marchandises de première nécessité. « Si l'on considère spécialement les chemins dont
il s'agit, disait avec beaucoup de raison le savant pro-
fesseur Proudhon, dans son *Traité du domaine public*,
on ne trouvera sans doute dans aucun d'eux en particulier la même importance que dans les routes et les voies
vicinales ; mais en les prenant en masse, l'on sera bientôt forcé de convenir qu'ils sont aussi et peut-être plus
nécessaires au service de la société que les grands chemins, puisqu'ils servent de communication sur tous les
points du territoire et qu'il serait impossible de s'en
passer ».

M. l'avocat général Desjardins, en attirant l'attention
sur ces voies de communication, à une époque déjà
ancienne, en signalait l'importance, il rappelait que
dans le seul canton de Chaumont (Oise) on comptait
872 chemins ruraux ayant une longueur totale de
732,279 mètres, ce qui, en leur attribuant une largeur
moyenne de 4m50, donne une superficie de 330 hectares
pour ce seul canton. On en comptait plus de 810,000 en
1873, d'après les renseignements transmis par les préfets au ministre. A cette époque, ils présentaient un

développement d'environ 1,606,500 kilomètres.(E. Guillaume. *Des chemins ruraux*, p. 5).

5. *Défaut de réglementation jusqu'en* 1881. — Cependant malgré l'importance que présentent ces chemins, ils semblent avoir été en quelque sorte oubliés pendant longtemps par le législateur. Les vœux plusieurs fois répétés des Conseils généraux (1) et des conseils spéciaux d'agriculture, semblaient ne pas être entendus. Le ministre, il est vrai, par sa circulaire du 22 juin 1853, avait invité les préfets à faire délibérer de nouveau les Conseils généraux sur l'utilité qu'il pourrait y avoir à réglementer, par des dispositions législatives, la réparation et l'entretien des chemins ruraux, et bien que cette utilité eût été de nouveau constatée, un des premiers projets du Code rural récemment élaboré, gardait un silence complet sur ces matières. C'était à peine si les administrations locales avaient pu trouver dans les lois générales réglant leurs attributions, quelque pouvoir pour surveiller les voies rurales. Quant à ce qui concernait leur régime, rien n'était défini, rien n'était précisé; la jurisprudence et les actes administratifs donnaient seuls quelques règles difficiles à déduire et à faire sanctionner.

Le seul document législatif sur lequel on pût s'ap-

1. Le *Journal du droit administratif* a rappelé plusieurs de ces délibérations ; elles se trouvent indiquées dans l'Analyse des vœux des Conseils généraux, qui sert de supplément au Bulletin officiel du ministère de l'intérieur.

puyer était la loi des 16-24 août 1790, qui, par l'article 8 du titre VIII, a confié à la vigilance et à l'autorité des corps municipaux, aujourd'hui représentés, quant à ce, par les maires, tout ce qui concerne la sûreté et la commodité du passage sur les voies publiques. Ce pouvoir du maire, il est vrai, a reçu une sanction par les dispositions du Code pénal, article 471, n°ˢ 4 et 5, et 479, n°ˢ 11 et 12. Une circulaire du ministre de l'intérieur, M. Duchâtel, du 16 novembre 1839, dont les instructions ont pour base l'avis du conseil d'Etat du 21 avril précédent, avait indiqué tout ce que l'autorité administrative pouvait et devait faire à l'égard des chemins ruraux.

Cependant des plaintes nombreuses, comme je l'indiquais tantôt, s'étaient élevées à raison du défaut d'une réglementation que ne pouvaient suppléer les conseils pas plus que les prescriptions de l'instruction du 16 novembre 1839. Ces plaintes on les trouve formulées non seulement dans les ouvrages spéciaux sur la voirie ou les chemins, mais encore dans les journaux politiques, dans les revues d'agriculture et dans les bulletins des sociétés départementales; je les ai entendues souvent, comme président d'un Comice agricole, de la bouche des propriétaires ruraux et des membres de ces associations; elles ont été reproduites à plusieurs reprises par les Conseils généraux et notamment: en 1856, par ceux d'Ille-et-Vilaine, du Jura, de la Haute-Loire, de la Manche, du Pas-de-Calais, de la Sarthe, de la Somme et de l'Yonne; en 1857, par ceux de la Drôme, du Gers, d'Ille-et-Villaine, du Jura, de la Sarthe, des Deux-Sèvres, du Var et de l'Yonne ; en 1858, par ceux de l'Isère, de la Haute-Loire, du Jura, de la Sarthe et de Vaucluse ; en 1859, par ceux des Basses-Alpes, de l'Ariège, de la Gironde, de la Manche, de la Meurthe, des Pyrénées-Orientales et de Vaucluse ; en 1860, par ceux d'Ille-et-Vilaine, du Jura, du Loiret, des Pyrénées-Orientales, de la Sarthe, de la Seine-Inférieure, de Vaucluse et de la Haute-Vienne ; en 1861, par ceux des Alpes-Maritimes, du Jura, de la Meurthe, du Bas-Rhin, de la Sarthe, de la Seine-Inférieure, des Deux-Sèvres, de Vaucluse, de la Vienne, de l'Yonne et du Morbihan. Je ne veux pas reproduire année par année cette nomenclature toujours plus longue ; ainsi, en 1864, cette réglementation était encore réclamée par les Conseils généraux des départements des Alpes-Maritimes, Ardennes, Hérault, Jura, Haute-Loire, Lot-et-Garonne, Mayenne, Meurthe, Oise, Bas-Rhin, Sarthe, Seine-Inférieure, Deux-Sèvres, Yonne, etc., etc.

Il en est cependant, il faut le reconnaître, qui ont prétendu que cette nouvelle législation était inutile, et j'ai lu dans le temps dans une Revue agricole, un article de M. A. de la Morvonais qui repoussait cette réglementation tant réclamée pour les chemins ruraux. Suivant lui, si les crimes ont affligé l'âge d'or, ce sont aujourd'hui les lois qui nous perdent :

Et olim flagitiis, sic nunc legibus laboramus.

J'avoue que je suis peu partisan de ces réglementations

indéfinies, pas plus que de ces modifications incessantes et excessives que reçoit notre législation ; on arrive à ne plus connaître la plupart des règlements promulgués et à ne plus assurer l'exécution des autres. Cependant il était bien difficile de ne pas être ici de l'avis de presque tout le monde. Entre les chemins vicinaux, régis par la loi de 1836, et les chemins privés, régis par le Code civil, se trouvent des voies de communication excessivement nombreuses et d'une utilité incontestable pour l'agriculture et la propriété rurale ; classés en dehors du régime des voies vicinales et des voies privées, ces chemins, sous le rapport de leur conservation, de leur amélioration, n'étaient placés sous aucune règle certaine et bien définie ; comment ne pas demander pour eux un complément de l'œuvre législative qui avait réglementé les chemins entre lesquels ils se trouvaient dans la classification de nos voies de communication ?

6. *Essais de codification des lois rurales.* — Ce n'est pas qu'on n'eût point songé à codifier les matières constituant la législation rurale ; on y a travaillé depuis bientôt un siècle, et si à l'occasion de notre loi sur les chemins ruraux il ne m'est pas permis de retracer l'historique complet de ces travaux, qu'on me permette d'en rappeler brièvement la marche. Chaptal, alors ministre de l'intérieur, avait nommé une commission pour préparer un Code rural. Cette commission, composée de MM. Tessier, Huzard, Divonne et Just de la Tourrette, rédigea un projet en 280 articles.

Le 22 janvier 1808, Crétet, ministre de l'intérieur, communiquait le projet à M. de Verneilh, avec une lettre par laquelle il lui demandait d'examiner ce travail avec attention, au point de vue des intérêts de l'agriculture et des usages locaux, des lois anciennes et de la législation actuelle, etc., etc. La lettre se terminait ainsi : Il est indispensable que je reçoive sous........ HUIT jours votre travail!!! Mais j'espère que votre zèle ne s'effrayera pas de cette brièveté du temps que je peux vous donner.

Quatre mois après, sur la demande de M. de Verneilh, un décret du 19 mai 1808 renvoyait le projet à des commissions nommées dans chaque département, et l'impression des documents recueillis était à peine terminée en 1814, avec le projet de M. de Verneilh. La voirie rurale y était réglementée dans le livre Ier, titre 2, chapitre 3, et titre 4, chapitre 2.

Après la Restauration, le projet du Code rural fut repris sur la proposition du baron Brun de Villeret ; la commission nommée désigna M. de Verneilh pour son rapporteur. Cette tentative n'aboutit pas d'avantage, et cependant combien de délais de huit jours s'étaient écoulés à cette époque voisine de 1820, depuis la lettre de Crétet du 22 janvier 1808.

Le gouvernement n'abandonnait cependant pas le projet de codifier les lois rurales, et le 13 août 1818, le ministre de l'intérieur constituait dans ce but une nouvelle commission où figuraient MM. Hua, Pardessus et Maillart. Cette commission, au lieu de présenter un trá-

vail d'ensemble, prépara une série de lois spéciales et
présenta au ministre, dès le 31 octobre 1818, une loi sur
les chemins vicinaux.

Après la révolution de juillet 1830, on poursuivit l'œuvre de la réglementation successive des différentes matières faisant partie de la législation rurale, et ce travail
s'est continué après 1848.

M. le sénateur de Ladoucette, reprit de nouveau le
projet d'un Code rural ; son appel fut entendu, une commission nommée par le Sénat chargea une délégation
de préparer le travail sous la présidence de M. le comte
Portalis. Cette sous-commission acheva son travail qui
fut discuté et approuvé par la commission réunie. Le
Sénat ensuite, dans trois rapports présentés à l'empe-
reur, fit connaître les bases qu'il croyait devoir être
adoptées pour achever l'œuvre qu'il sollicitait.

Ces trois rapports avaient été adoptés par le Sénat,
le premier, le 3 avril 1856, il était relatif au régime du
sol ; le second le 4 juin 1857, il était consacré au régime
des eaux ; le troisième le 7 mai 1858, il concernait la
police rurale.

Le gouvernement rassembla les documents nécessaires pour arriver au but si longtemps poursuivi, et chargea le conseil d'Etat de coordonner tous ces documents
en formulant un projet d'après les bases qui avaient été
posées.

Le livre relatif au régime du sol et celui relatif au
régime des eaux étaient prêts ; le premier avait été présenté au Corps législatif avec un exposé des motifs en
1870.

Les cruels événements de cette époque firent oublier ou tout au moins suspendre l'examen et la discussion de ces projets ; mais le 10 mai 1876 M. de Ladoucette, à la Chambre des députés, et quelques jours après M. Labiche, au Sénat, demandaient leur reprise.

7. *Lois du 20 août* 1881. — Les propositions faites à la Chambre et au Sénat par M. de Ladoucette et M. Labiche, furent suivies de la présentation, au Sénat dans la séance du 13 juillet 1876, au nom du gouvernement, par MM. Teisserenc de Bort, ministre de l'agriculture et du commerce, de Marcère, ministre de l'intérieur, et Christophle, ministre des travaux publics, d'un projet de Code rural contenant un livre consacré au régime du sol, et un second livre relatif au régime des eaux, c'était le travail préparé avant 1870.

Les deux premiers titres du livre 1er étaient consacrés aux chemins ruraux et aux chemins ou sentiers d'exploitation. Le Sénat a pensé que pour éviter l'insuccès des diverses tentatives d'exécution du Code rural qui s'étaient produites depuis 1790, il était prudent d'examiner et de voter séparément les diverses lois spéciales qui devaient le composer. Cette méthode, d'après le rapporteur M. Labiche, n'avait aucun inconvénient ; les matières réglementées, disait-il, n'ont pas entr'elles une connexité qui en nécessite l'étude simultanée ; elle a deux avantages : le premier, de faire profiter le pays des travaux des chambres législatives, même dans le cas où seraient trompées une fois de plus les espérances d'un prompt achèvement du Code rural ; le second de résoudre sans retard les questions dont la solution est la plus urgente, en négligeant momentanément celles qui peuvent être ajournées avec moins d'inconvénient.

C'est ainsi qu'on a été amené à détacher pour les examiner, les discuter et les voter, les dispositions du projet relatives aux chemins ruraux. Cette législation spéciale a même fait l'objet de trois lois distinctes, mais qui se confondent pour constituer une sorte de Code spécial de la voirie rurale. 1° La loi sur les chemins ruraux ; 2° la loi sur les chemins et sentiers d'exploitation, et 3° la loi sur la mitoyenneté des clôtures et les plantations, contenant diverses dispositions sur l'enclave.

La première a été présentée au Sénat le 13 juillet 1876, avec un exposé des motifs reproduit dans le *Journal officiel* des 31 octobre, 1ᵉʳ et 3 novembre 1876, pages 7798, 7827 et 7859. Le rapport de M. Labiche, du 15 février 1877, a été inséré à l'*Officiel* du 21 mars 1877, p. 2220 ; première délibération 16, 17 et 19 mars 1877 ; *Officiel*, 17, 18 et 20 mars, p. 2013, 2064 et 2171 ; deuxième délibération, 3, 7 et 14 mai, et adoption 14 mai ; *Officiel* des 4, 8 et 15 mai, p. 3244, 3374, 3595.

Chambre des députés ; présentation 12 février 1878, *Officiel*, 20 février 1877 ; rapport de M. Maunoury, 21 janvier 1881, *Officiel*, février 1881, p. 69 ; première délibération 8 mars, *Officiel* du 9, p. 451 ; deuxième délibération et adoption, 29 juillet 1881, *Officiel* du 30, p. 1833.

Loi sur les chemins et sentiers d'exploitation :

Sénat : présentation et exposé des motifs, mêmes date et indication que pour la loi précédente ; rapport de M. Labiche, 16 juin 1877, *Officiel*, 27 juin, p. 4817 ; première délibération, 8 novembre 1877 ; deuxième délibération et adoption, 23 novembre 1877, *Officiel* 9 et 24 novembre, p. 7247, 7714.

Chambre des députés : présentation, 12 février 1878, *Officiel*, 1er mars ; rapport de M. Duvaux, 5 février 1881, *Officiel*, p. 110 ; première délibération, 8 mars 1881 ; deuxième délibération et adoption, 29 juillet, *Officiel* des 9 mars et 30 juillet 1881, p. 453 et 1835.

Loi sur les clôtures, les plantations et les enclaves :

Sénat : présentation et exposé des motifs, mêmes date et indication que pour les lois précédentes ; rapport de M. Clément, 5 février 1877, *Officiel*, 12 mars, p. 1867, et 14 mars, p. 1915 ; première délibération les 19 mars et 8 novembre 1877, *Officiel*, 20 mars et 9 novembre, p. 2172 et 7248 ; deuxième délibération et adoption, 23 novembre, 6, 8, 10 et 11 décembre 1877, *Officiel* des 24 novembre, 7, 9, 11 et 12 décembre, p. 7711, 8135, 8200, 8256, 8288 et 8290.

Chambre des députés : présentation le 12 février 1878, *Officiel* du 22 février, p. 1875 ; rapport de M. Leroy le 29 avril 1880, *Officiel*, 20 mai, p. 5438 ; première délibération, 8 mars 1881, *Officiel* du 9, p. 454 ; deuxième délibération et adoption le 19 juillet 1881, *Officiel* du 20, p. 1835.

Ces trois lois portent la date du 20 août 1881, elles ont

été promulguées au *Journal officiel* toutes trois le 26 août et insérées au *Bulletin des lois*, n° 642, la première sous le n° 10,916, la seconde 10,915 et la troisième 10,914.

8. *Classification des matières dépendant de la voirie.* — Avant de terminer ces observations préliminaires et pour préciser d'autant mieux notre point de départ, notre marche et notre but, qu'on nous permette de remettre sous les yeux du lecteur une classification générale des matières dépendant de la voirie, on y verra se détacher très nettement celles qui font l'objet de cette étude.

Voies de terre.

Grande voirie. — Routes nationales.
        Routes départementales.
            Anciennes routes stratégiques de l'ouest.
        Routes thermales.
Voirie urbaine. — Rues, boulevards et places des villes, bourgs
            villages [1].
Voirie vicinale. — Chemins de grande communication ;
        Chemins d'intérêt commun ;
        Chemins vicinaux ordinaires.
Voirie rurale. — Chemins communaux reconnus.
        Chemins communaux non reconnus.
        Carraires.
        Chemins particuliers d'exploitation.
        Servitudes de passage.

1. Certaines voies urbaines font exceptionnellement partie de la grande voirie comme prolongement de grandes routes ou par suite de dispositions de lois spéciales ; quelques-unes font partie de la voirie vicinale ; et quant à leur administration elles sont placées sous le régime de la grande voirie ou de la voirie vicinale, alors que pour la police proprement dite elles restent sous le régime propre à la voirie urbaine.

Voies d'eau

Cours d'eau navigables et flottables.
Cours d'eau flottables.
Canaux de navigation.
Chemins de halage et marche-pieds.

Voies de fer

Chemins de fer d'intérêt général.
                départementaux et d'intérêt local.
                d'intérêt particulier ou industriels.
Tramways.

9. *Division de cette étude.* — Cette étude est exclusivement consacrée à la voirie rurale, une première partie comprendra les voies publiques rurales reconnues et les chemins non reconnus, ainsi que les carraires. La seconde les voies rurales privées, ou chemins et sentiers d'exploitation ; et les servitudes de passage.

PREMIÈRE PARTIE

VOIES RURALES PUBLIQUES

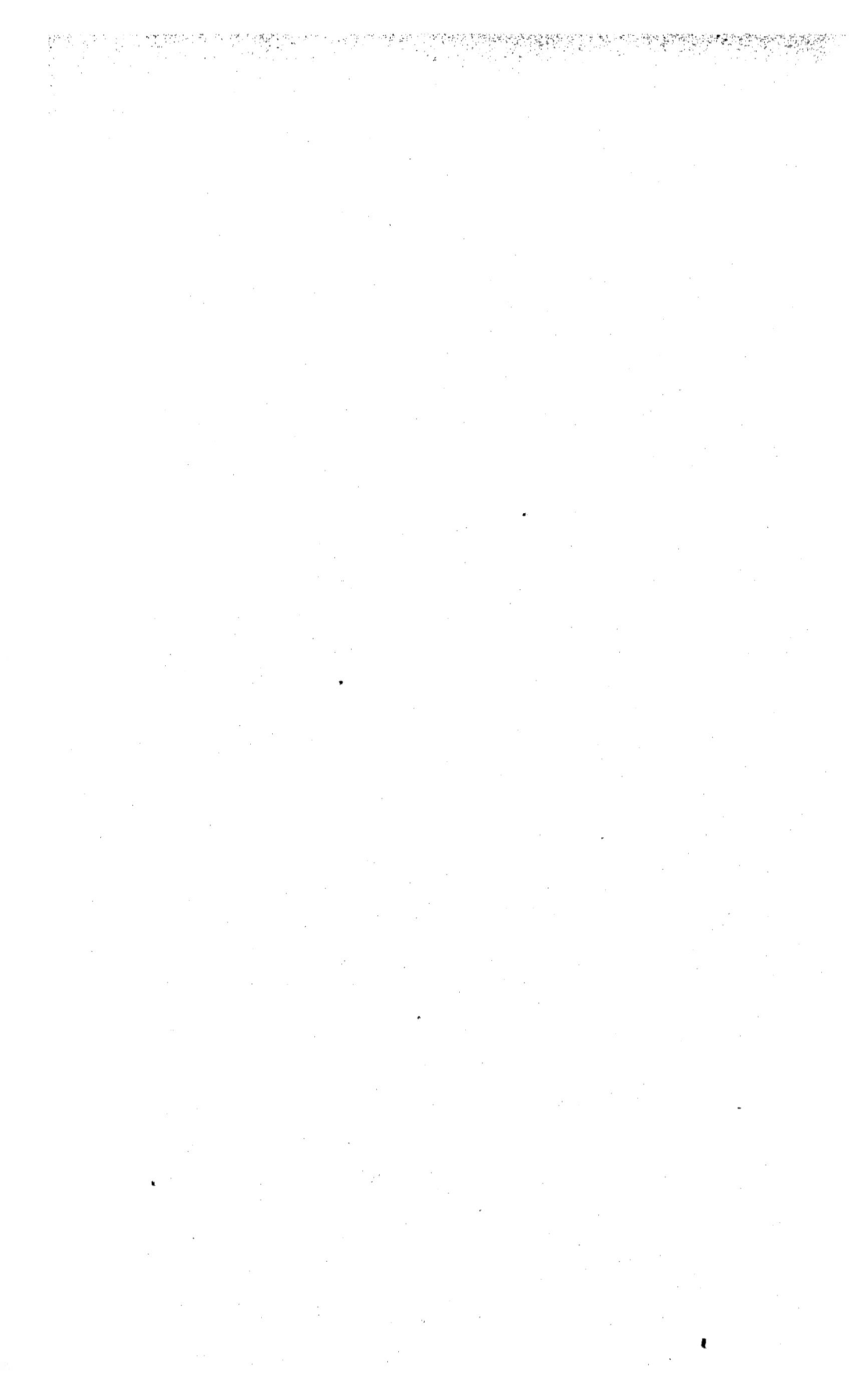

DISTINCTION

ENTRE LES VOIES PUBLIQUES RURALES

---

10. *Voies publiques rurales reconnues et non reconnues.* — Nous aurons occasion de signaler à plusieurs reprises la distinction que le législateur a faite entre les voies publiques rurales reconnues et celles qui ne le sont pas, et d'indiquer les motifs qu'il a eu pour établir cette distinction, nous nous bornons actuellement à la constater comme motivant la division que nous avons cru devoir adopter dans notre étude entre ces deux natures de voies, et sans plus tarder nous allons passer à l'examen des règles posées pour constituer le régime des voies publiques reconnues. Nous indiquerons plus tard, mais plus sommairement les exceptions à ces règles applicables aux chemins non reconnus.

TITRE PREMIER

VOIES RURALES PUBLIQUES RECONNUES

SECTION PREMIÈRE

CHEMINS ENTRETENUS PAR LES COMMUNES

Loi du 20 août 1881

ART. 1ᵉʳ. — *Définition, caractère, régime des chemins ruraux.*

Les chemins ruraux sont les chemins appartenant aux communes, affectés à l'usage du public, qui n'ont pas été classés comme chemins vicinaux.

SOMMAIRE

11. Dénominations diverses.
12. Conséquences juridiques des diverses dénominations des chemins.
13. Y a-t-il lieu de distinguer plusieurs catégories de chemins ruraux.
14. La loi de 1881 a établi deux classes de chemins ruraux.
15. Définition du chemin rural.
16. Circonstances caractéristiques des chemins ruraux.
17. Origine des chemins publics.

11. *Dénominations diverses.* — Anciennement les chemins ruraux étaient généralement confondus à la fois avec ceux que nos lois modernes appellent chemins vicinaux, et ceux qui sont encore considérés comme la copropriété d'une certaine agglomération de propriétaires ruraux. Leur dénomination changeait suivant les localités. Bouteillier les appelle des chemins de travers ; la Coutume de Poitiers les désigne sous le nom de charruaux ; on les appelait châtelains dans le Boulonais ; chemins de terroir dans l'Artois ; voisinaux en Tourraine et en Provence ; finerots en Bourgogne ; charrières dans le Beauvoisis ; je leur vois donner le nom de venelles dans un jugement rendu dans l'arrondissement de Fontenay-le-Comte, etc.

12. *Conséquences juridiques des diverses dénominations des chemins.* — M. R. de Raze, dans son tra-

vail sur les chemins ruraux, signale les diverses dénominations données par les lois et la doctrine aux chemins. La langue latine avait des noms propres et
spéciaux. C'étaient *semi-iter*, pour le petit sentier, pour
piétons seuls; *iter*, le sentier pour piétons et cavaliers;
actus, le chemin pour bestiaux et voitures, mais sur
lequel la traction était plus ou moins gênée et difficile;
via, la grande voie ouverte à tous les passagers, à tous
les voyageurs, à toutes les voitures, c'est-à-dire fréquentée avec tous les moyens de traction.

La langue française, en dehors des grandes routes
nationales ou départementales, emploie des adjectifs
qualificatifs pour spécifier l'usage des chemins publics
de moindre importance, elle les désigne sous le nom de
chemins communaux, vicinaux, ruraux; les documents
officiels ont à une certaine époque employé ces diverses qualifications pour désigner la même espèce de
chemins, mais si aujourd'hui la qualification de chemins publics est encore applicable à tous ceux de cette
catégorie, la désignation de chemins vicinaux s'applique
plus spécialement aux chemins classés en exécution de
la loi de 1836 et destinés à mettre en rapport diverses
communes vosines. La désignation de chemins ruraux
employée pour la première fois officiellement dans la
loi du 28 juillet 1824, sert à désigner les chemins
reconnus ou non, mais réglementés par la loi de 1881,
qui sont principalement destinés à mettre en rapport
entre elles et avec le chef-lieu communal, les diverses
sections de la commune et qui semblent plus spéciale-

ment nécessaires pour l'exploitation agricole. Les chemins publics ruraux sont dès lors des chemins communaux, mais cependant nous verrons qu'un chemin communal peut ne pas être un chemin public rural. Ainsi le chemin de desserte exclusivement affecté à une propriété privée rurale appartenant à la commune, est bien un chemin communal, comme la propriété qu'il dessert est une propriété communale, mais les deux font partie au même titre du domaine privé ; tandis que le chemin rural fait partie du domaine public communal.

13. *Y a-t-il lieu de distinguer plusieurs catégories de chemins ruraux?* — De nos jours divers auteurs ont cru devoir reconnaître plusieurs espèces de chemins entre les chemins vicinaux classés et les chemins particuliers. Ainsi Proudhon les divise en deux catégories ; il réserve la dénomination de chemins ruraux à la première, il donne celle de chemins communaux à la seconde (1). Parmi les vœux nombreux et divers dont les chemins ruraux ont été l'objet de la part des Conseils généraux, je signale à ce sujet le vœu émis par le Conseil général du Jura, qui voulait que les chemins ruraux fussent divisés en trois classes : la première comprenant les chemins d'un intérêt général pour la commune et d'un usage entièrement public, la deuxième les che-

---

(1) Edition Dumay, t. 2, nᵒˢ 606 et suiv. Cette distinction, qui paraît suggérée à Proudhon par divers textes des lois romaines, a été suivie par M. Petit, président de chambre à Douai, *Revue critique*, t. XI, 7ᵉ année, p. 452, et brochure publiée en 1856 intitulée *Les chemins*, p. 2 et suiv.

mins intéressant à la fois la commune et un certain nombre de propriétaires, la troisième les chemins n'intéressant que des particuliers. Ces distinctions, qui créent
des divisions et des catégories nouvelles là où il en existe
légalement assez, ne peuvent qu'amener de la confusion
et de l'obscurité dans la réglementation et son application ; aussi n'avons-nous pas hésité à placer sous une
même dénomination des chemins qui ont le même caractère et la même destination. Au surplus, nous avions
déjà adopté ce système dans nos études sur les *Servitudes de voirie*: *Voies de terre*, t. 2, p. 523, n° 681, et
nous sommes d'autant plus fondé à le suivre encore,
que nous le trouvons adopté dans les ouvrages de
MM. Husson, *Traité de voirie*, t. 2, p. 529 ; J. Valserres, *Droit rural*, p. 593 ; Cotelle, *Droit administratif
appliqué aux travaux publics*, t. 4, n° 773 ; Jousselin,
Servitudes d'utilité publique, t. 2, p. 423 ; Solon, *Chemins vicinaux et ruraux*, 1850 ; Herman, *Chemins vicinaux*, n° 905 ; Dufour, *Traité du droit administratif*,
t. 3, p. 249, n° 279 ; Block, *Dictionnaire d'administration*, V° Chemins vicinaux ; Foucart, *Éléments du droit
public et administratif*; Dalloz, *Répertoire*, V° Voirie
par terre, n° 1311. Cette classification est adoptée par
l'administration, notamment dans les circulaires du
ministre de l'intérieur, des 16 novembre 1839 et 22 juin
1853, sur les chemins ruraux. Le législateur de 1881 l'a
également admise, toutefois avec une certaine restric-
tion, en ce sens qu'il fait une distinction, comme nous
aurons occasion de le répéter bien souvent, entre les

chemins ruraux reconnus et les chemins ruraux non reconnus, mais il confond sous la dénomination de chemins ruraux, ces deux classes de chemins. Ce sont deux classes appartenant au même groupe.

14. *La loi de* 1881 *a établi deux classes de chemins ruraux.* — En effet, j'aurai occasion d'indiquer sous l'article 4 de notre loi, qu'elle ne peut entendre imposer aux communes l'obligation de reconnaître à la fois tous leurs chemins ruraux sans exception ; et je ferai connaître en même temps quels sont les motifs qui ont fait réserver aux communes la faculté de ne faire porter la reconnaissance que sur quelques-uns de ces chemins. Mais il est évident, comme le porte le rapport de M. Labiche au Sénat, que l'on a été ainsi amené à admettre deux classes de chemins : les chemins reconnus, c'est-à-dire dont l'état civil est constaté par des arrêtés de l'autorité municipale, et les chemins non reconnus qui resteront dans l'état incertain et précaire où sont aujourd'hui les propriétés communales, pour lesquelles il n'existe le plus souvent aucun titre.

Le rapport de M. Maunoury à la Chambre des députés reproduit cette distinction, que la loi sanctionne en déclarant par son article 4 que le conseil municipal détermine ceux des chemins ruraux qui doivent être l'objet d'une reconnaissance.

15. *Définition du chemin rural.* En prenant pour guide l'instruction ministérielle du 16 novembre 1839, j'avais défini le chemin rural ; un chemin communal non classé comme vicinal, donnant accès pour les habitants d'une commune, ou le public en général, à une route, un hameau, une fontaine publique, un abreuvoir, un pâturage commun, ou à l'exploitation de différents cantons de terre, destiné à servir à l'usage de tous et ne pouvant être réclamé par personne à titre de propriété privée. Cette dernière affectation à l'exploitation de différents cantons de terre, est celle qui en principe peut prêter le plus à la critique et qui dans la pratique peut donner lieu au plus grand nombre de difficultés ; aussi aurons-nous bientôt à fixer par des développements la portée que nous lui attribuons.

La loi de 1881 a donné elle-même dans son article 1, dont nous avons rapporté le texte, la définition du chemin rural. Il n'y a plus dès lors, quant à ce, qu'à se rapporter à ce texte.

16. *Circonstances caractéristiques des chemins ruraux.* — D'après la définition des chemins ruraux telle que la donne la loi de 1881, ces chemins se reconnaissent à la réunion de ces trois caractères.

Ils ne sont pas classés comme chemins vicinaux, ils appartiennent aux communes et ils sont affectés à l'usage du public. Exposé des motifs, *Officiel* du 31 octobre 1876, p. 7803, 1re col.

Les chemins ruraux se distinguent des chemins vicinaux en ce que d'une utilité moins générale, ils ne sont pas classés comme tels ; ils se distinguent des chemins particuliers d'exploitation par leur caractère de publicité (1).

L'existence de ces chemins, quoique le plus souvent non fondée sur un titre précis, n'en est pas moins légale. Leur nature, leur existence même sont souvent la preuve de leur publicité. Destinés à mettre en communication des lieux habités entre eux, ou des lieux habités avec des abreuvoirs, des chapelles, des places et autres lieux de réunion publique, des routes, des cantons agricoles, leur existence prouve assez le but d'utilité publique locale dans lequel ils ont été créés. L'usage que le public en fait depuis un temps immémorial, leur attribue un caractère de publicité qui ne doit tomber que devant la preuve contraire. Nous aurons au surplus à revenir sur l'application de ces principes.

17. *Origine des chemins publics* — Avant de terminer ce que j'ai à dire concernant les chemins ruraux en général, qu'on me permette de rappeler comment cette classe de chemins s'est produite avec des caractè-

(1) Ce caractère a été mis en relief notamment par Pardessus, *Des servitudes*, n° 216. Cormenin, *Droit admin.*, t. 1, p. 297, note 1, 5e édit. Foucart, t. 2, n° 1190; Garnier, *Législ. et jurisp. sur les chemins et voies publiques*, p. 101; Herman, *Encyclopédie-du droit* de Sebire et Carteret, V° *Chemins vicinaux*, n° 165; Proudhon, *Dom. publ.*, t. 2, n° 606, cités par M. Flandin, *Du caractère des chemins ruraux*, p. 8 et suiv., et encore M. Petit, *Des chemins*, mémoire lu à la Société d'agriculture du Nord, p. 2; Braff, *Code des chemins vicinaux*, n° 205; Fourtanier, *Des chemins ruraux*, dans le Journal d'agriculture pour le midi de la France; R. de Raze, *De la propriété des chemins ruraux*, p. 21; Cotelle, t. 4, p. 290, n° 640. Croos, *Code rural*, t. 1, p. 340, n°° 483 et suiv.; Naudier, *Chemins ruraux*, passim.

res juridiques propres dans notre système de voies publiques ; à ce sujet il me suffira de signaler qu'après les lois de 1790, la voirie ayant été placée dans les attributions des corps administratifs, divers documents législatifs, après avoir déterminé la part d'action de ces corps ou autorités, suivant la classification des voies publiques, ont eu pour objet d'assurer le bon état de conservation et d'entretien des chemins publics communaux qui présentaient le plus d'intérêt, et que les revenus des communes suffisaient pour maintenir dans un bon état de viabilité ; il est résulté de la marche de cette réglementation qu'un choix a été fait dans les anciens chemins publics, et que quelques-uns d'entr'eux, privilégiés et soumis à une législation spéciale, ont été l'objet de soins tout spéciaux, et que à mesure que la sollicitude administrative se portait sur eux, les autres étaient presque complétement abandonnés ; mais il importait de remarquer qu'il n'y avait pas moins pour toutes ces voies une origine commune, c'est ce qu'il nous a paru utile de constater au point de vue des conséquences que cette situation doit entraîner.

En ce qui concerne la création de ces diverses voies publiques, les régimes qu'elles ont traversé et les circonstances dans lesquelles elles ont acquis ce caractère de voies publiques, on peut consulter notamment les travaux de M. le conseiller Flandin, *Du caractère des chemins ruraux*, de M. R. de Raze, *De la propriété des chemins ruraux* et de M. Naudier, *Traité de la législation des chemins ruraux*. Quant à ce, je me bornerai à dire, avec M. le premier président Troplong: ces voies rurales existent parce que de temps immémorial les habitants d'une ou de plusieurs communes y ont passé et en ont affecté le sol à leur usage particulier. En définitive le passage habituel du public est le seul créateur de la plupart des chemins ruraux. *De la prescription*, t. 1, n° 163.

18. *Régime des chemins ruraux.* — Les chemins ruraux, comme chemins publics, ont, en fait, beaucoup de rapports avec les chemins vicinaux classés (1). Le nombre des chemins publics dans certaines communes est excessivement élevé : M. Braff, dans son *Code des chemins vicinaux*, n° 295, dit que dans bien des communes il dépasse deux cents, bien que quinze ou vingt seulement aient été déclarés vicinaux (2). C'est que dans le classement de ces chemins on n'avait pas à faire une simple reconnaissance des chemins publics, mais, prenant en considération les ressources applicables à ces chemins, à désigner ceux d'entre eux où ces ressources seraient appliquées de préférence par suite de leur importance relative. Toutefois si la classe des chemins ruraux, dans laquelle ont été choisis les chemins vicinaux, peut se trouver rangée sous certains principes généraux com-

---

(1) Cette considération d'où découlent des conséquences juridiques très importantes, est relevée par M. Petit, *Des chemins*, p. 2 et suiv. ; Braff, *Code des chemins vicinaux et ruraux*, n° 295 ; Flandin, *Du caractère des chemins ruraux*, p. 1 et suiv. ; Dalloz, Répert. V° *Voirie par terre*, n° 1312 ; Ad. Chauveau, *Journal de droit administr.*, t. 3, p. 403.

(2) Voyez supra, n° 4.

muns à tous les chemins publics, il fallait bien reconnaître que la loi du 21 mai 1836 n'était pas applicable à tous les chemins publics, d'après une jurisprudence et une doctrine constantes, ils étaient dès lors considérés comme placés sous un régime spécial (1), que les développements qui vont suivre auront pour but, et j'espère pour résultat, de faire connaître. Si la vérité de cette distinction était déjà incontestable avant la loi de 1881, elle est devenue encore plus certaine, s'il est possible, depuis cette loi, qui a réglé le régime spécial des chemins ruraux.

19. *Les travaux exécutés par les communes sur des chemins ruraux sont des travaux publics.* — Il importe très souvent, au point de vue des questions de compétence et des formalités administratives, de reconnaître si des travaux ont ou non le caractère de travaux publics. Avant la loi de 1881 la question s'était présentée au point

(1) Je dois même reconnaître que, avant la loi de 1881, la jurisprudence et certains auteurs ne voulaient ranger dans la propriété publique communale que les chemins vicinaux, et refusaient d'y placer les chemins ruraux. C'est dans ce sens qu'on citait les arrêts de la Cour de cassation des 23 juillet 1839, 10 août 1840, 13 novembre 1849, 18 juin 1853, 7 juillet 1854, 5 janvier 1855, 21 août 1855, 9 décembre 1857, 14 novembre 1861, 14 février et 17 juillet 1863, 26 février et 17 août 1864 et les jugements du tribunal des conflits des 27 mars 1851 et 29 juillet 1882. Aubry et Rau étaient de cet avis, que j'avais combattu il y a déjà longtemps dans mon travail sur les *Servitudes de voirie*, avec la satisfaction de voir mon opinion partagée par MM. Flandin et de Raze dans la *Revue critique* et par M. Ducrocq, t. 2, 5ᵉ édit., nᵒ 1292, p. 469. On peut consulter sur cette controverse, qui n'a principalement aujourd'hui qu'un intérêt historique, une note très intéressante de M. Hallays-Dabot, en note du jugement du tribunal des conflits du 29 juillet 1882, dans le recueil des arrêts du Conseil d'État, de Lebon, 1882, p. 743.

de vue des travaux exécutés sur les chemins ruraux. Après des discussions fort intéressantes et dont on trouvera le résumé dans l'*Ecole des communes* de 1866, p. 192, il avait été jugé par le conseil d'Etat le 20 février 1874, V° *Dubuisson*, et par la Cour de cassation le 6 janvier 1873, S. 73, 1, 212; D. 74, 1, 97; 2 juillet 1877, D. 77, 1, 485; 15 mars 1881, D. 81, 1, 356 ; 19 juillet 1882, D. 82, 1, 340, que les travaux exécutés par les communes pour l'établissement et l'entretien de leurs chemins ruraux, avaient le caractère de travaux publics. Et cependant à ce moment on avait des raisons pour soutenir que ces chemins n'appartenaient pas au domaine public municipal, puisqu'ils étaient considérés comme aliénables et prescriptibles. Aujourd'hui ces considérations juridiques feraient complètement défaut, et ces travaux exécutés en vue de l'utilité publique, doivent être forcément rangés dans la classe des travaux publics. E. Guillaume, *Voirie rurale*, n° 46, p. 58.

C'est ce qu'il m'a paru utile de constater dès à présent, alors que j'indiquais les caractères principaux qui servent à déterminer le régime des chemins ruraux. J'ai eu à examiner ces questions, notamment dans mes rapports qui ont précédé les arrêts des requêtes des 9 août 1880 et 19 juillet 1882. Ces rapports ont été insérés dans les Recueils de Sirey, 1881, 1, 358, et de Dalloz, 1881, 1re partie, p. 206, et 1882, 1, p. 341.

J'insisterai de nouveau, sous l'article 10, sur la solution que je viens d'indiquer, en me bornant à indiquer ici qu'elle ne serait pas applicable à des travaux entrepris par la commune dans la gestion d'intérêts privés ; trib. des conflits, 29 juillet 1882, Petitjean.

20. *Propriété de chemins ruraux.* — J'aurai à m'occuper, en entrant dans des développements, des difficultés que fait naître l'appréciation des questions de propriété, lorsque, la publicité n'étant pas reconnue, cette propriété est contestée. Mais en dehors de ces cas exceptionnels, il faut poser en principe que les chemins ruraux publics sont la propriété des communes sur le territoire desquelles ils se trouvent. Cela a été reconnu très souvent par la Cour suprême ; je lis notamment dans l'arrêt de cassation de la chambre criminelle du 8 mai 1856, S. 56, 1, 924 : « Attendu, en droit, que si l'article 1er de la loi du 21 mai 1836 ne met à la charge des communes que les chemins classés comme vicinaux, les autres chemins ruraux ou communaux dont le public est en jouissance, n'en continuent pas moins d'appartenir aux municipalités, sur le territoire desquelles ils existent ». Dans le même sens, on peut citer les arrêts des 17 mars 1855, S. 55, 1, 551, 30 novembre 1858, S. 59, 1, 251 ; c'est l'avis de M. Husson, *Traité de la législation des travaux publics*, p. 1001. Je dois ajouter que, étant constaté d'un côté le caractère de publicité de ces chemins, de l'autre la propriété communale, on est amené forcément à les placer dans le domaine public communal.

Au sujet de la propriété des chemins ruraux, il s'était élevé dans le temps une discussion fort intéressante, les uns revendiquant une présomption de propriété au profit des communes, tandis que cette présomption était réclamée d'autre part en faveur des riverains. Je ne veux pas entrer ici dans ces débats auxquels ont pris part notamment, d'un côté, M. de Raze et M. le conseiller Flandin, et de l'autre M. A. Bourguignat et M. l'avocat général Desjardins. La propriété est-elle contestée, les tribunaux apprécieront. Si le chemin est reconnu être une propriété privée, il sera attribué à son propriétaire, et il ne saurait porter la dénomination de chemin rural dans le sens juridique du mot ; mais s'il est reconnu être un chemin public, ne point rentrer dans la classe des biens appartenant à la propriété privée, s'il est reconnu être un chemin rural, à la suite de contestations, ou si cette qualité ne lui est pas contestée, il sera par cela seul la propriété des communes sur le territoire desquelles il est tracé : non point à titre de domaine privé, mais de domaine public communal, au même titre que les autres propriétés publiques communales, rues et places par exemple.

C'est ce que j'écrivais dès la première édition de ce travail et ce qui est aujourd'hui légalement consacré par l'article 1 de la loi de 1881.

J'examinerai d'ailleurs sous l'article 3 ce qu'il en est de la présomption de propriété, lorsque j'aurai à rechercher comment doivent se résoudre les questions de propriété soulevées par les communes ou à leur encontre, à l'occasion des chemins ouverts sur leur territoire.

21. *Sentiers communaux.* — La définition que la loi
donne des chemins ruraux, n'admet pas, au point de
vue du caractère légal, de distinction entre les chemins
qui sont de simples sentiers et ceux dont la largeur comporte le passage des voitures. Tout chemin non vicinal
qui est une propriété communale rentre dans la catégorie des chemins ruraux lorsqu'il est public. Circ. min.
int., 27 août 1881.

22. *Distinction entre les chemins ruraux et les chemins d'exploitation.* — La définition que le législateur
donne des chemins ruraux, empêche de les confondre
soit avec les autres voies publiques, soit avec les chemins d'exploitation, propriétés privées soumises au droit
commun, et à quelques règles spéciales qui ont été déterminées par une loi portant la même date que la loi sur
les chemins ruraux. Circ. min. int., 27 août 1881.

23. *Chemins communaux privés.* — Il ne suffit pas
que le chemin soit communal pour qu'il doive être considéré comme chemin rural, aux termes de la nouvelle
loi, et que les dispositions de cette loi lui soient applicables ; il faut encore qu'il soit affecté à l'usage du public. Ainsi, les communes au dehors du domaine public
communal, ont parfois des immeubles constituant un
domaine privé, qu'elles gèrent comme biens productifs
au même titre que tout autre propriétaire ou corps civil
capable de posséder. Les chemins qui servent à la desserte de ces propriétés conservent le même caractère que

ces propriétés elles-mêmes dont ils ne sont que l'accessoire, ce sont des chemins appartenant à la commune, et en supposant qu'on puisse leur donner le titre de chemins communaux, à coup sûr ce ne sont pas des chemins publics communaux. Ils sont donc régis par les règles applicables aux chemins d'exploitation et ne sont nullement placés sous le régime des chemins publics ruraux. C. cass., 10 mai 1881, D. 83, 1, 245 ; Besançon, 6 mars 1883, D. 83, 2, 131.

24. *Rues formant le prolongement des chemins ruraux.* — Les rues reconnues dans les formes légales être le prolongement des chemins vicinaux, font partie intégrante de ces chemins et sont soumises aux mêmes règles ; aux termes de la loi du 8 juin 1864, article 1er, et de l'article 1er du règlement général de 1883, les rues faisant suite aux chemins ruraux ne peuvent être l'objet d'une reconnaissance analogue. Elles restent en dehors des règles édictées par la nouvelle loi. Il y aura parfois doute sur le point de savoir si une voie publique communale est une rue ou un chemin rural. Le doute cessera lorsqu'il sera établi que la voie a reçu formellement ou implicitement, d'une décision de l'autorité compétente le caractère légal de rue ou de chemin rural. Dans le cas contraire, la voie ne pourrait tenir le caractère de rue que de l'usage qui le lui attribuerait d'après des circonstances locales, telles que celle de mettre en communication deux rues, ou d'être bordée d'un certain nombre de maisons d'habitation. Circ. min. int. des 24 juin 1833

et 27 août 1881. Règlem. gén., 1883, art. 1. C. Cass.,
4 février 1825 et 13 juillet 1861, *Bull. crim.*, n° 151°.
Cons. d'Etat, 16 avril 1886, Dusouchet ; 7 décembre
1888, Pougnault ; 16 février 1894, Bonnet.

25. *A qui appartient-il de reconnaître la nature
de la voie publique.* — La question peut présenter des
difficultés lorsqu'il s'agit de déterminer si une voie est
publique ou ne l'est pas ; mais dans le cas que je suis
appelé à examiner, il s'agit de rechercher à qui il appartient de déterminer le long d'une voie, dont le caractère
public n'est pas contesté, là où finit le chemin rural et
où commence la rue. C'est évidemment une question
exclusivement du domaine de l'administration, et qui le
plus souvent ne ressortira pas même au contentieux
administratif, mais à l'administration elle-même, et les
tribunaux de l'ordre judiciaire seront dans tous les cas
incompétents. Cela a été sans cesse reconnu par de nombreux arrêts de la chambre criminelle, parmi lesquels,
pour me borner aux plus récents, j'indiquerai ceux des
29 mai 1852, D. 52, 1, 158 ; 2 octobre 1852, D. 52, 5, 311 ;
15 mai 1856, D. 56, 1, 371 ; 25 février 1858, S. 58, 1, 324 ;
13 juillet 1861, D. 61, 1, 497 ; 10 février 1864 ; 24 janvier
1887, Pand.,90, 1, 214 ; et par le Conseil d'Etat, 4 janvier
1851, Aulet, et 30 juin 1866, Chailly.

Il est de règle en effet, que c'est à l'autorité administrative à rechercher et déterminer les choses qui font
partie du domaine public et à constater dans quelle
classe de ce domaine elles doivent être placées. L'auto-

rité judiciaire est dès lors incompétente pour déterminer le point où cesse la rue et où commence le chemin. S'il en était autrement cette autorité s'immiscerait dans l'administration, en violant la règle qui établit la séparation des pouvoirs administratif et judiciaire.

26. *Renvoi à l'autorité administrative pour reconnaître si une voie est une rue ou un chemin rural.* — Dès lors, lorsqu'il est nécessaire dans une instance qui se poursuit devant les tribunaux de l'ordre judiciaire, de déterminer si une voie de communication constitue un chemin rural ou une rue, et que les documents de la cause n'offrent aucune certitude pour établir cette détermination, le juge doit renvoyer la solution de cette difficulté préalable devant l'autorité administrative, pour faire décider quel est le véritable caractère de cette voie, C. cass., 10 février 1864, S. 64, 1, 258; 24 janvier 1887, Pand., 90.1.214. Il est bien entendu que le renvoi ne doit être prononcé que si la solution de cette question préalable doit avoir une influence sur la décision de la cause soumise à l'appréciation de l'autorité judiciaire, car il semble inutile de dire que s'il importait peu pour cette décision, que la voie à raison de laquelle naîtrait le débat fût un chemin rural ou une rue, il serait d'une inutilité absolue, et partant tout à fait irrégulier, de soumettre à l'administration la détermination du point de savoir s'il s'agit d'un chemin rural ou d'une rue. Ainsi, autrefois, alors qu'on considérait les rues comme imprescriptibles et les chemins ruraux comme prescriptibles, il importait beaucoup de préciser dans certains cas si l'assiette du litige était sur l'une ou l'autre de ces voies, mais aujourd'hui, à ce point de vue, cette détermination préalable serait complètement inutile, les rues comme les chemins ruraux reconnus étant imprescriptibles, l'intérêt ne naîtrait que si le chemin rural n'était pas reconnu ou si des doutes existaient sur sa reconnaissance.

27. *Carraires.* — Pourquoi, après avoir posé la règle et établi que nous donnerions le nom de chemins ruraux à tous les chemins publics qui se trouvent placés entre les chemins vicinaux et les voies rurales privées, semblons-nous nous en écarter en établissant une catégorie à part pour ce qui concerne les carraires ? c'est que le caractère et le régime de ces voies a donné lieu dans la pratique à des difficultés que j'ai cru utile d'examiner à part, pour ne pas nuire à la clarté que je vais m'efforcer d'apporter dans l'exposé de règles concernant les chemins ruraux.

Art. 2. — *Publicité.*

L'affectation à l'usage du public peut s'établir notamment par la destination du chemin, jointe soit au fait d'une circulation générale et continue, soit à des actes réitérés de surveillance et de voirie de l'autorité municipale.

28. *Interversion des articles 2 et 3 du projet.* — L'article 3, dans le projet, était à la place de l'article 2 et réciproquement; lors de la discussion au Sénat, il fut procédé à cette interversion à la suite des explications données par M. Paris au nom de la commission.

Elle a voulu que l'article 3 du projet, qui ne servait qu'à caractériser l'un des éléments de la définition indiquée dans l'article 1, fût mis immédiatement après cet article et que la présomption que l'on tirait des conditions énumérées dans l'article 3, fût mise à sa place véritable, c'est-à-dire que l'article 3 devînt l'article 2. Séance du Sénat du 17 mars 1877, *Officiel* du 18, p. 2064, 3e col.

29. *Signes et circonstances caractérisant la publicité du chemin, d'après l'exposé des motifs et la discussion de la loi de* 1881. — Les articles 2 et 3 du projet ayant été renvoyés à la commission lors des débats devant le Sénat, M. Paris rendait compte des motifs qui faisaient maintenir les propositions en déplaçant les articles 2 et 3, et en repoussant un amendement proposé par M. de Gavardie.

En résumé, disait M. Paris, après avoir défini les chemins ruraux, on a essayé de rendre moins nombreux les procès auxquels ils donnent lieu. La commission s'est demandée à quels signes on devait reconnaître l'affectation à l'usage public et elle a caractérisé les éléments de cette affectation. Elle la fait résulter d'une double circonstance. D'abord la destination du chemin, c'est-à-dire les conditions naturelles dans lesquelles il est établi ; s'il sert uniquement à faire communiquer entr'elles un certain nombre de propriétés, il n'appartient pas à la commune de réclamer le caractère de chemin public. Pour qu'elle le puisse, il faut que le chemin ait une

destination qui permette de dire qu'en prenant son point
de départ et son point d'arrivée, ce sont véritablement
des services publics que le chemin dessert ; que, par
exemple, il se rende d'un hameau à une commune, d'une
commune à une autre commune, ou bien qu'il fasse
communiquer un groupe d'habitations avec un terrain
public, tel qu'une place, une fontaine, un lavoir.

Cette affectation ne suffit pas, d'après la commission,
pour que le caractère de l'affectation à l'usage du public
soit reconnu légalement ; il faudra de plus l'une ou l'autre des conditions suivantes. Ou bien une possession
qui ne résultera pas seulement de la circulation des
habitants, mais qui doit être, comme la loi a pris la
peine de le préciser, générale et continue ; générale, c'est-
à-dire exercée par tous les habitants de la commune ou
de la section qui ont besoin d'en faire usage ; continue,
c'est-à-dire qu'au lieu d'être accidentelle comme il arrive
souvent pour un chemin de raccourci servant en certaines saisons à abréger les distances et à éviter le mauvais état de certaines routes, elle soit permanente toute
l'année ; le public faisant usage de ce chemin de façon
à lui donner ainsi véritablement un caractère tel qu'on
puisse dire : c'est le public qui s'en sert.

Et si ce système n'était pas suffisamment caractéristique, la commission demande d'après le projet : qu'à la
destination se joigne la surveillance et les actes de voirie de l'autorité municipale ; non pas tel acte isolé, mais
des actes réitérés impliquant de la part de cette autorité
l'intention arrêtée de se servir du chemin en y faisant

des actes de propriétaire, en l'entretenant, en l'améliorant et en prenant des arrêtés pour empêcher les tiers de venir troubler la commune dans la jouissance qui lui appartient.

On a ainsi cherché à donner aux tribunaux quelques règles à l'aide desquelles, toutes les fois que s'agiteront des questions de revendication, ils trouvent une règle, un guide qui empêchent leurs décisions de dégénérer en incidents de procédure, avant dire droit, etc. On a voulu ainsi tout au moins simplifier les procès et les prévenir même, car ils sont une cause de ruines et de dissentiments. Explications de M. Paris au Sénat, séance du 17 mars 1877, *Officiel* du 18, p. 2064, 2ᵉ et 3ᵉ col.

De son côté le gouvernement avait dit dans l'exposé des motifs : L'affectation d'un chemin à l'usage du public peut résulter des faits ou d'un acte administratif.

Des faits, lorsque le chemin est livré à la circulation; non pas à une circulation accidentelle, équivoque, pouvant être le résultat de la tolérance d'un propriétaire qui a pratiqué pour son usage un chemin sur ses terres et qui consent à ce que l'on en use autour de lui ; mais une circulation constante, continue, publique et librement pratiquée par tous.

L'affectation à l'usage du public achève d'être constatée et la nature de la circulation est complètement caractérisée par les actes de surveillance et de voirie de l'autorité municipale. Il ne peut être douteux qu'un chemin sur lequel circulent librement les habitants de la commune, qui est tracé dans le périmètre de la commune, et que la commune entretient ou répare, est un chemin rural dont la commune est justement présumée propriétaire. Exposé des motifs, *Officiel* du 31 octobre 1876, p. 7803, 1ʳᵉ col.

Enfin le rapporteur à la Chambre des députés ajoutait : On doit considérer qu'il y a affectation à l'usage du public, quand la destination du chemin est certaine, quand ce chemin mène d'un hameau au village principal, de l'église au cimetière, qu'il réunit deux routes parallèles, etc. Quant à cette destination se joint un usage effectif exercé généralement et continuellement, ou une véritable main-mise de la commune par des actes fréquents de surveillance et de voirie, il est bien permis d'affirmer avec la jurisprudence qu'il y a là une véritable possession, qui n'exclut pas la preuve contraire, mais qui, à défaut de cette preuve, établit une présomption de propriété. Rapport de M. Maunoury à la Chambre des députés.

Parmi les cas d'affectation ayant une portée juridique dans le sens de l'article 2 de la loi, la circulaire du ministre de l'intérieur du 27 août 1881 signale encore, la destination d'un chemin établi pour relier le chef-lieu de la commune à un ou plusieurs hameaux la composant ; mettre en communication une voie vicinale avec une autre voie de même nature, une route, un chemin de fer, un canal ; donner accès à l'église, au cimetière, à la mairie, à l'école, à une fontaine publique, à un abreuvoir communal, etc. Mais l'instruction ministérielle fait remarquer avec raison que la destination, pour

produire ses effets légaux, ne saurait avoir d'autre but
que de satisfaire à des intérêts publics. Consulter dans
le même sens C. cass., 25 novembre 1865, S. 68, 1,
215 ; 15 juin 1868, S. 69, 1, 29 ; D. 68, 1, 433, admettant
la publicité ; et Montpellier, 7 mai 1877, sous cassation,
S. 79, 1, 741, la repoussant.

30. *Affectation d'un chemin à l'usage du public*. —
La circulaire du ministre de l'intérieur, du 27 août
1881, nous paraît résumer fort correctement et fort nettement les longues explications qui précèdent, en disant : l'affectation d'un chemin à l'usage du public consiste dans la faculté accordée ou laissée à chacun de
s'en servir.

31. *Circulation générale et continue*. — La loi
veut que l'affectation à l'usage du public puisse s'établir notamment par la destination du chemin jointe au
fait d'une circulation générale et continue, ou à des actes directs de l'autorité. La circulation concourant avec
la destination doit être générale et continue ; générale,
c'est-à-dire, comme nous l'indiquions tantôt, exercée
par la généralité des habitants de la commune ou de
l'une de ses sections ; continue, c'est-à-dire avoir lieu
d'une manière non accidentelle et ne permettant pas de
supposer qu'elle est le résultat d'une pure tolérance.
Circ. min. int., 27 août 1881.

Dans les environs des communes rurales, les habitants sont souvent dans l'habitude de suivre des sen-

tiers qu'ils tracent dans les champs après l'enlèvement des récoltes, pour éviter les circuits que suivent les routes charretières communales. Il est évident que ces passages, bien qu'exercés par les habitants sans distinction pendant une partie de l'année, et qui cessent dès que les terres sont de nouveau mises en culture et ensemencées, ne sont que des actes de tolérance qui ne pourraient servir de base à une possession utile.

Le législateur de 1881, n'a fait d'ailleurs quant à ce, que consacrer les règles admises antérieurement par une jurisprudence constante, qui considérait le fait qu'un grand nombre de personnes avaient passé sur un chemin, comme insuffisant pour lui faire attribuer le caractère de voie publique. Cass., 11 février 1857, D. 57. 1. 256 ; 16 juin 1858, D. 58, 1, 450 ; 2 février 1874, D. 74, 1, 468 ; 28 février 1877, S. 78, 1, 453 ; 23 juillet 1878, S. 79, 1, 471 ; 10 mai 1881, S. 83, 1, 396, et divers arrêts des Cours de Paris, Montpellier et Orléans. C'était l'avis, de Pardessus, de Demolombe, de Bourguignat que j'avais adopté dans mon *Traité sur les servitudes de voirie* t. 2, n° 611, p. 432, malgré la dissidence de Proudhon, *Domaine public*, t. 2, n° 76.

38. *Actes réitérés de surveillance et de voirie de l'autorité municipale.* — Les actes réitérés de surveillance et de voirie de l'autorité municipale qui peuvent être invoqués pour prouver la publicité d'un chemin, sont les actes ayant pour objet, par exemple, la poursuite de la répression des usurpations, la réglementation des alignements individuels, la délivrance de ces alignements, l'exécution des travaux d'entretien ou d'amélioration. Circ. min. int., 27 août 1881.

Des actes réitérés de surveillance et de voirie ; donc, un acte isolé ne pourrait avoir la même portée, mais M. Mayjuron-Lagorsse, *Code rural*, p. 10, voit dans la présence de ces actes réitérés d'administration une troisième condition pour constater la publicité. Ce n'est pas dans ce sens que la loi doit être interprétée si on s'en rapporte à son texte; il faut, d'après notre article, que l'affectation à l'usage du public résulte notamment de la destination du chemin. *Notamment* semble indiquer et indique que cette affectation peut résulter d'autres circonstances que celles prévues par la loi ; mais poursuivons, l'affectation peut s'établir par la destination du chemin jointe soit au fait d'une circulation générale et continue, soit à des actes réitérés de surveillance et de voirie ; il peut donc suffire que la destination soit jointe à la circulation ou à des actes de surveillance, il peut se rencontrer qu'il y ait à la fois la circulation générale et continue et les actes réitérés de surveillance et de voirie, ou une circulation générale et continue seule, sans actes réitérés de surveillance et de voirie, ou au contraire des actes réitérés de surveillance et de voirie qui ne seraient pas accompagnés d'une circulation à la fois générale et continue. Naudier, nos 75 et suiv.

33. *Effets d'un arrêté de classement sur la publicité.* — La publicité d'un chemin ne peut être induite seulement d'un arrêté préfectoral de classement de ce chemin au nombre des voies communales. Considéré isolément, cet acte ne peut suffire : il n'en est autrement que lorsque d'autres circonstances relevantes viennent s'y joindre. C. cass:, 27 avril 1864, S. 64, 1, 212, D. 64, 1, 337 ; 16 avril 1866, S. 66, 1, 321, D. 66, 1, 311 ; 15 juin 1868, S. 69, 1, 29, D. 68, 1, 433 ; 6 juillet 1875, D. 77, 1, 297 ; 5 août 1880, S. 81, 1, 392 ; 3 mai 1881, S. 83, 1, 52, D. 82, 1, 68 ; 10 mai 1881, S. 83, 1, 396 ; 24 janvier 1883, D. 84, 1, 466 ; 20 mai 1889, S. 91, 1, 511, D. 90, 1, 247, et divers arrêtés des Cours de Besançon, Amiens, Bordeaux, Rouen, Orléans et Pau.

Cet acte peut même être interprété contre la commune, si un chemin d'abord classé a cessé de figurer sur le tableau de classement. Orléans, 20 janvier 1883, D. 86, 2, 75.

34. *Conséquence pour la publicité d'un défaut de classement.* — Mais si un arrêté de classement ne peut à lui seul et en contradiction d'un défaut de publicité, attribuer cette publicité à un chemin, privé ; d'un autre côté, il faut reconnaître qu'un chemin, et même un sentier, peuvent être publics sans avoir été administrativement classés comme tels, et que le défaut de classement n'est donc pas un motif suffisant et juridique, s'il est isolé, pour nier la publicité d'un chemin ou sentier. Cass., 15 juin 1868, D. 68, 1, 433 ; 6 juillet 1875, D. 77, 1, 297 ; 14 mai 1877, D. 78, 1, 15 ; 5 août 1880, S. 81, 1, 392 ; 3 mai 1881, D. 82, 1, 68.

35. *Affirmation de publicité contenue dans un procès-verbal.* — Personne ne soutiendra que la déclaration de publicité d'un chemin contenue dans un procès-verbal dressé par un agent de la voirie vicinale ou par un maire, suffise pour établir d'une manière définitive cette publicité, en ce sens que le prévenu ne puisse être admis à faire la preuve contraire. La difficulté consiste seulement à savoir si, lorsqu'une constatation de cette nature sera faite dans un procès-verbal, elle devra être acceptée tant que le contrevenant n'aura pas fait la preuve contraire, ou s'il lui suffira de contester la publicité, pour que le ministère public qui s'en prévaut, soit obligé d'en rapporter les preuves. C'est une question que nous retrouverons sous l'article 9, *infrà*, n° 302.

35.. *Cas divers dans lesquels la publicité a été admise ou repoussée par les tribunaux.* — Pour indiquer dans quelles circonstances la publicité est admise ou repoussée dans la pratique, rappelons encore les quelques décisions judiciaires suivantes :

On a attribué le caractère de publicité à un chemin :

Qui sert de communication nécessaire entre deux hameaux et dont la propriété a été prescrite par une possession plus que centenaire dans les conditions de l'art. 2229 C. civ., Cass., 31 juillet 1894, D. 94, 1, 504.

Qui dessert des agglomérations et met en communication des hameaux et sert la collectivité des habitants, pour la satisfaction de leurs intérêts journaliers, Besançon, 3 juin 1874, D. 77, 2, 187 ; Cass., 3 juin 1874, D.

75, 1, 124 ; Montpellier, 7 mai 1877, S. 79, 1, 471, sous
Cass., 23 juillet 1878 ; Rouen, 27 novembre 1877, D. 78,
2, 149 ; Cass., 23 juillet 1878, S. 79, 1, 471 ; Douai,
15 juin 1880, sous Cass., S. 83, 1, 351, D. 82, 1, 68 ;
Orléans, 13 avril 1883, D. 86, 2, 75 ; Cass., 18 février
1889 ; S. 92, 1, 359.

On a refusé d'attribuer le caractère de publicité à un
chemin, alors que la commune se prévalait du passage
des habitants quelque ancien qu'il fut, sans aucun acte
de gestion de sa part. Cass., 28 février 1891, D. 92, 1, 143.

Lorsqu'il été établi que ce chemin a pour but principal, sinon exclusif, de satisfaire des intérêts particuliers.
Riom, 7 mars 1844, S. 44, 2, 404, D. 44, 2, 375 ; Lyon,
5 janvier 1849, S. 50, 2, 146, D. 50, 1, 207 ; Angers,
26 juillet 1854, S. 54, 2, 765 ; Paris, 14 mars 1861, S. 61,
2, 497, D. 61, 2, 191 ; Bordeaux, 3 décembre 1874, D.
77, 2, 187 ; Cass., 5 janvier 1875, D. 77, 1, 483 ; 23 juillet 1878, S. 79, 1, 471, D. 79, 1, 256 ; 6 novembre 1889,
D. 91, 1, 389 ; 8 mars 1892, D. 92, 1, 211. C'est l'avis que
j'émettais dans le *Traité des servitudes de voirie*, t. 2,
n° 596.

Lorsqu'un autre chemin, dont la publicité n'est pas
contestée, fournit un moyen de communication plus
large et plus uniforme quoiqu'un peu plus long que celui dont la publicité est en question. Orléans, 20 janvier 1883 ; 10 janvier 1884 ; 2 juin 1887.

Lorsqu'un chemin, là où il aboutit à une voie publique, est impraticable pour les voitures. Orléans, 28 juillet 1886, D. 88, 2, 12.

36. *Déclaration de publicité ; compétence.* — La
Cour de cassation a décidé plusieurs fois que les cours
et tribunaux avaient qualité pour déclarer si un chemin
était ou non public ; mais il est important de remarquer
quelles sont les circonstances dans lesquelles ces décisions sont intervenues pour en apprécier la portée.
Tantôt un prévenu cité devant les tribunaux pour une
contravention commise sur un chemin public, excipant
de la non publicité du chemin comme défense à l'action
dirigée contre lui, la Cour décide que le juge de la contravention, étant juge de l'exception, est compétent pour
statuer sur la question de publicité : C. cass., 4 janvier
1828, S. 28, 1, 217 ; 15 août 1851 ; 12 août 1852, S. 53.
1, 317 ; 15 octobre 1852, S. 53, 1, 317 ; 29 juillet 1853,
D. 53, 5, 389 ; 10 avril 1856, D. 56, 5, 493 ; 27 décembre 1856, D. 57, 1, 96 ; 4 décembre 1857, S. 58, 1, 322,
D. 58, 1, 94 ; 22 juillet 1858, D. 58, 5, 385 ; 21 janvier
1859, D. 60, 5, 429 ; 5 août 1859, D. 62, 5, 347 ; 15 novembre 1860, D. 63, 5, 408 ; 25 janvier 1861, D. 62, 5,
346 ; 21 novembre 1861, D. 62, 5, 347 ; 19 juillet 1862,
D. 62, 1, 441 ; 5 août 1880, S. 81, 1, 392 ; 29 mai 1891,
Bull., p. 214 ; 30 juillet 1891, *Bull.*, p. 271. Dans le
premier de ces arrêts, celui du 4 janvier 1828, la pensée
de la Cour se manifeste de la manière la plus formelle,
on y lit que le juge de la poursuite apprécie la publicité, comme il aurait le droit de la constater s'il s'agissait d'un vol et qu'on eût relevé, comme circonstance
aggravante, la perpétration du fait sur un chemin public. La publicité du chemin étant en pareil cas consti-

tutive de la contravention, c'est plus qu'une exception
qui est portée devant le juge de police, c'est une défense
directe opposée à la poursuite. Tantôt la Cour de cassation a reconnu la compétence judiciaire pour apprécier
la publicité, lorsque, s'agissant de juger la question de
propriété, on s'appuyait sur le caractère de publicité de
la voie en litige pour éclairer les débats et statuer sur
la propriété. C. cass., 21 janvier 1862, S. 62, 1, 668;
6 juin 1866, S. 67, 1, 257; 18 décembre 1866, S. 68, 1, 28;
24 janvier 1883. Ce n'est donc, au criminel comme au
civil, qu'incidemment que la Cour de cassation admet
la compétence judiciaire; dans le premier cas, parce
qu'en définitive il y a lieu de statuer moins sur la publicité d'un chemin, que sur la contravention reprochée
à l'individu mis en cause; et dans le second cas, parce
qu'il y a lieu de statuer moins sur la publicité que sur
la propriété du chemin; et que la publicité actuelle d'un
chemin déclarée par l'autorité administrative ne pouvait
empêcher les tribunaux, statuant sur la propriété, de
l'attribuer au riverain qui en justifierait. C. d'État
13 juillet 1892, Cahuzac.

En dehors de ces cas, la question de propriété laissée
à l'écart ou vidée, et l'appréciation d'une contravention
n'étant pas portée devant l'autorité judiciaire, peut-on
sérieusement contester à l'autorité administrative le soin
de reconnaître et de déclarer quelle est la destination
d'un chemin dont la propriété foncière n'est contestée
par personne à la commune ?

Aussi, la Cour de cassation, qui jugeait anciennement

que c'était à l'autorité administrative à déclarer la publicité, même dans le cas où elle était déniée par un contrevenant comme exception à la poursuite : 12 juin 1845, veuve Lignon ; 26 septembre 1845, D. 45, 4, 539 ; 11 octobre 1845, Lebrun ; 12 février 1848, D. 48, 5, 370, continue à juger que l'arrêté ou acte administratif qui a classé un chemin parmi les chemins publics doit être respecté par les tribunaux, qui, dans ce cas, ne peuvent substituer leur appréciation à la décision administrative. Pour borner mes citations, j'indique dans ce sens les arrêts des 9 février 1856, Troubadi ; 25 février 1858, Auché ; 23 juillet 1858, Tétart ; 20 novembre 1858, Sermet de Tournefort. — La Cour suprême a également jugé, que lorsqu'un chemin a été déclaré public par l'autorité administrative et qu'on allègue devant les tribunaux qu'il a cessé de l'être, c'est à l'administration à le reconnaitre et à le déclarer : arrêts des 15 mars 1854, commune de Blanzay, et 17 décembre 1856, S. 57, 1, 312 ; 25 février 1858, S. 58, 1, 325 ; que lorsqu'il y a doute sur le point de savoir si un chemin se trouve ou non sur l'état des chemins publics d'une commune, c'est encore à l'autorité administrative à statuer sur cette question : Cass., 15 mars 1854, commune de Blanzay ; et divers arrêts du conseil d'Etat, notamment 24 mars 1868, Merchot. De sorte que lorsque la question de publicité se pose, ce qui est rare, abstraction faite des difficultés de propriété, c'est à l'autorité administrative à la résoudre. C. d'Etat, 7 octobre 1807, Matte ; 10 novembre 1807, Roger ; 17 août 1836, Taitot. C'est l'opinion de Husson,

Législ. des travaux publics, p. 1001 ; Foucart, *Droit adm.*, t. 3, n° 1355 ; Chauveau Adolphe, *Journal du droit adm.*, t. 3, p. 407.

Dans le cas où il appartient à l'autorité judiciaire de reconnaître et constater la publicité d'un chemin, il est admis par la Cour de cassation que les cours et tribunaux se livrent à une constatation de fait laissée à leur appréciation, qui dès lors est souveraine et ne peut être soumise au contrôle de la Cour de cassation. Cass., 16 août 1866, S. 66, 1, 321 ; D. 66, 1, 311 ; 15 juin 1868, S. 69, 1, 29, D. 68, 1, 433 ; 28 mai 1873, S. 74, 1, 3.0, D. 75, 1, 127 ; 12 août 1884, S. 87, 1, 202 ; D. 85, 1, 304.

Toutefois doit être cassé le jugement qui ferait résulter cette publicité d'une présomption qui n'aurait aucun fondement dans la loi, notamment en disant que la commune est toujours présumée avoir le passage sur les chemins. Cass., 30 juillet 1891, *Bull.*, p. 271.

Ou tiendrait la publicité comme justifiée, sur les simples énonciations d'un procès-verbal dont elle ne saurait résulter. Cass., 30 juillet 1891, Moreau Caron ; ou autres indications insuffisantes pour cette justification légale. Cass., 28 février 1891, Raymond, *Bull.*, p. 95, D. 92, 1, 143.

Voyez encore sur ces difficultés, ce qui est dit sous l'article 9 à l'occasion des questions préjudicielles qui peuvent être élevées devant les tribunaux de répression.

33. *Pourvoi contre les décisions administratives déclarant la publicité.* — Les actes des autorités administratives, statuant sur la publicité d'un chemin, sont des actes purement administratifs, et par suite ne sont pas de nature à être portés au conseil d'Etat par la voie contentieuse. C. d'Etat, 23 décembre 1842, Barré.

38. *Interprétation de ces décisions.* — Quand dans un arrêt de classement on a confondu sous la dénomination de chemins vicinaux, des chemins de diverses espèces de la commune, en sorte qu'il y ait doute sur le point de savoir si un chemin est vicinal ou rural, les tribunaux doivent surseoir à statuer jusqu'à ce que l'interprétation de l'arrêté de classement ait été donnée par l'autorité administrative. Nancy, 13 décembre 1846, S. 46, 2, 549, D. 45, 2, 172; Conseil d'Etat, 14 septembre 1852, etc.

39. *Conséquences de la déclaration de publicité au point de la jouissance par le public.* — Lorsque la publicité d'un chemin a été reconnue, que son affectation à l'usage du public a été constatée par l'administration, cette déclaration doit être respectée tant qu'elle n'est pas rapportée, ou qu'elle ne tombe pas à la suite d'une décision judiciaire attribuant un droit exclusif de propriété à des tiers sur cette voie. C'est à l'autorité administrative à assurer la liberté de circulation sur les chemins dont le public est en possession, et les tiers ne peuvent s'approprier les choses dont le public possède la jouissance, sous le prétexte qu'ils peuvent être fondés à en revendiquer la propriété, ils doivent user de ce droit de revendication sans pouvoir se faire directement justice à eux-mêmes, et force devant rester jusque-là aux mesures prises dans un intérêt public par l'autorité, l'exception de propriété soulevée par eux ne saurait en pareil cas faire disparaître le refus de se conformer à ses ordres. C'est du moins ce que déclarait la chambre criminelle de la Cour de cassation le 25 février 1858, S. 58, 1, 325, par un arrêt confirmant une jurisprudence déjà affirmée le 12 février 1834, S. 34, 1, 190, D. 34, 1, 153. C'est ce qui a été sans cesse reconnu par le conseil d'Etat depuis fort longtemps, je ne citerai, pour assurer cette affirmation, que les arrêts suivants ; ils sont fort nombreux et cependant j'aurai pu y joindre bien d'autres décisions si j'avais voulu être complet. Le droit d'ordonner le rétablissement provisoire des communications sur un chemin considéré comme public par l'administration, a été reconnu aux préfets par le conseil d'Etat les 24 mars 1809 (Prousteau), 11 avril 1810 (Dupuis), 16 mai 1810 (Guyan), 29 septembre 1810 (Duchaume), 19 mai 1811 (Milhiet), 13 janvier 1813 (de Beaufleury), 18 juillet 1821 (Peterinck), 2 février 1825 (Armfield), 16 février 1825 (Presson), 6 janvier 1830 (Dupeyron), etc. Aux maires, les 24 mars 1809 (Prousteau), 4 juin 1809 (Chabrié), 8 mars 1811 (Bigot), 3 mars 1812 (Loverins), etc., et même aux conseils de préfecture, 11 avril 1810 (Dupuis), etc.

Cette opinion a été défendue par Proudhon dans son *Domaine public*, nº 577, par M. Foucart dans ses *Eléments du Droit administratif* ; et par Delaleau, Garnier, Serrigny.

D'un autre côté, et je reconnais qu'il est assez difficile de concilier les deux choses, on admet que l'autorité administrative ne peut créer cette publicité, ni la reconnaître si elle n'existe pas, au profit des municipalités, et ce, au mépris des droits des propriétaires, lorsque ceux-ci la contestent. Si cela paraît très raisonnable, en pratique il est assez difficile de reconnaître un droit et d'en contester à la fois l'usage à celui auquel on le reconnaît. Que l'autorité administrative ne doive pas en abuser, cela est incontestable, mais si elle a le droit d'assurer la liberté du chemin qu'elle considère comme public, comment le lui contester par cela seul que cette publicité sera contestée par un tiers ; et cependant la chambre criminelle condamne des individus pour avoir passé sur un terrain qu'elle considère comme appartenant à un tiers, bien que le maire ait pris un arrêté déclarant la publicité du chemin et enjoignant à ce tiers d'enlever les obstacles mis à la circulation, en se fondant sur ce que les attributions conférées à l'autorité administrative ne peuvent être étendues aux cas où il s'agit de simples chemins ruraux établis sur des propriétés privées. C. cass., 21 août 1856, S. 57, 1, 311, 16 mai 1857, S. 57, 1, 799.

On a également reconnu que l'autorité était sans pouvoirs pour ordonner le rétablissement des communications sur un chemin considéré comme public, lorsqu'un particulier soutient que ce chemin est sa propriété exclusive et qu'il ne doit pas de passage. C. d'État, 27 mai 1816 (Lantier), 3 juin 1818 (Detteil), 20 février 1822

(Dervaux-Paulée) ; et le même principe semble consacré, quoique d'une manière moins directe, dans les arrêts du conseil d'État des 27 février 1862 (Massé), 25 février 1864 (Marie), 28 novembre 1873 (commune de Bastennes).

Dans un arrêt plus récent, du 17 juin 1881 (Gaildraud contre ville de Sèvres), où la question de propriété au fond a été portée devant les tribunaux civils, et où j'ai eu à présenter un rapport à la chambre des requêtes, le conseil d'État a paru donner la préférence à sa première jurisprudence. Par un arrêté du 27 juillet 1878, le maire de Sèvres avait prescrit l'enlèvement de barrières placées par le sieur Gaildraud sur une voie qu'il considérait comme publique et que le propriétaire riverain prétendait avoir acheté de l'État avec les terrains environnants. Ce propriétaire soutenait que, acquéreur de cette voie, il pouvait établir des barrières de manière à en intercepter la circulation ; que si le maire tenait des lois des 16-24 août 1790 et 18 juillet 1837 le droit de faire cesser immédiatement les obstacles apportés à la circulation sur les grandes routes et les chemins vicinaux, ce pouvoir ne s'étendait pas aux chemins qui ne rentrent pas dans cette catégorie, et que, lorsqu'une commune conteste le droit d'un particulier qui prétend être propriétaire d'un chemin rural, l'administration ne pouvait ordonner le rétablissement provisoire de la circulation ; que la destruction des travaux destinés à intercepter le passage ne pouvait être prononcée que par l'autorité judiciaire, seule juge de la question de propriété ; que dès lors le préfet avait dépassé ses pouvoirs en confirmant l'arrêté du maire.

M. Marguerie, commissaire du gouvernement, déclarait que si les lois de 1790 et 1837 chargent les maires d'assurer la liberté des communications sur les chemins publics, cela ne pouvait s'entendre que de la circulation sur les chemins appartenant aux communes, que lorsque la question de publicité se liait à la question de propriété comme dans l'affaire, il y avait lieu pour l'autorité administrative de surseoir à statuer jusqu'à ce que la question eût été vidée par l'autorité compétente. Le ministre soutenait au contraire que le caractère public du chemin étant certain, le maire devait y maintenir la liberté de circulation jusqu'à ce que ce chemin eût été attribué à un propriétaire exclusivement par décision de justice. Le conseil d'État considérant qu'il n'était pas contesté que, au moment où le sieur Gaildraud avait fait son acquisition sous réserve des droits prétendus par la commune sur le chemin litigieux, la circulation existait en fait sur ledit chemin ; que d'autre part, et sans que l'autorité judiciaire eût statué sur les questions de possession et de propriété, le sieur Gaildraud avait mis obstacle à toute circulation au moyen de barrières ; le maire de Sèvres n'avait pas excédé les pouvoirs que lui conférait l'article 10, § 1, de la loi du 18 juillet 1837, en maintenant la circulation existant à ce moment sur le terrain litigieux, sans faire obstacle à ce que l'autorité judiciaire statuât tant au possessoire qu'au fond.

Il serait fâcheux que, sous prétexte d'une publicité qui

n'existerait pas, l'autorité pût livrer au public un passage sur un chemin privé, jusqu'à ce que le propriétaire ait pu faire reconnaître sa propriété par les tribunaux civils ; mais il serait au moins tout aussi regrettable que sur la seule prétention de propriété élevée par un particulier sur un chemin fréquenté par le public et indispensable pour les communications, la circulation fût provisoirement interdite au public jusqu'à décision des tribunaux civils. La prétention d'un propriétaire n'est par elle-même entourée d'aucune garantie de justice et d'aucune présomption de vérité. L'appréciation d'un fonctionnaire sous le contrôle de ses supérieurs hiérarchiques, présente incontestablement plus de garantie légale et réelle, et si un état provisoire doit nuire à des intérêts qui viendront à être reconnus légitimes, ne vaut-il pas mieux qu'un seul ait eu à en souffrir temporairement, alors qu'il pourra lui être alloué des indemnités pour le préjudice qui lui aura été indûment causé, et alors que cette réparation ne pourrait être allouée le plus souvent, dans le cas contraire, à ceux qui auraient souffert des conséquences d'une prétention et d'une résistance injustes. *Sic* Naudier nos 34 et 81.

Dans tous les cas, lorsqu'un maire prend un arrêté de cette nature, comme il agit en vertu de la loi du 18 juillet 1837, aujourd'hui 5 avril 1884, il agit sous la surveillance de l'autorité supérieure, et s'il manque au respect de droits sérieux réclamés par des tiers et dont ils sont en possession, et en dehors des sentiments de justice, et même de la réserve que commande une pareille situation, si en un mot il excède ses pouvoirs, le préfet pourra rapporter l'arrêté irrégulièrement pris.

En pareil cas, le conseil municipal, pas plus que le maire, ne seraient recevables à se pourvoir par la voie contentieuse devant le conseil d'Etat. C. d'Etat, 18 novembre 1881, ville d'Issoudun.

40. *Effets de la déclaration de publicité d'un chemin par l'autorité administrative au point de vue de la propriété.* — La déclaration par l'autorité administrative qu'une voie de communication constitue un chemin public communal, entraîne implicitement la reconnaissance que ce chemin est la propriété de la commune, et c'est en effet ce qui se produira si cette décision est acceptée sans opposition. Mais si, tandis que les habitants de la commune acceptent cette décision qu'ils auront parfois sollicitée eux-mêmes, ou soit dans toute autre circonstance, un des habitants soutient que le chemin déclaré public est sa propriété privée et exclusive, le fait de cette déclaration de publicité ne saurait détruire ses droits, et ce sera aux tribunaux civils à apprécier ses réclamations et à les juger, sans qu'on puisse repousser son action par une fin de non recevoir tirée de la décision administrative et de l'indépendance des pouvoirs. Cass., 13 décembre 1864, S. 65, 1, 19, D. 65, 1, 16 ; 24 janvier 1865, S. 68, 1, 123 ; D. 65, 1, 310 ; C. d'Etat, 1 février 1866, Baudry ; 12 janvier 1870, Evian. L'autorité administrative n'a pu en effet considérer comme public que le chemin appartenant à la commune, et si cette publicité a porté sur un chemin communal, les tribunaux ne pourront pas déclarer que le chemin communal ne sera pas public. Mais la question de propriété est nécessairement réservée par la décision administrative, et si elle naît, les tribunaux , en toute indépendance d'appréciation et malgré le classement administratif, auront à décider si la propriété de ce chemin appartient à la commune ou à un tiers. Dans ce dernier cas, le chemin étant attribué en propriété à ce tiers et sortant du domaine communal pour être maintenu dans le domaine privé d'un tiers, la déclaration de publicité tombera d'elle-même.

41. *Reconnaissance de la publicité résultant de décisions judiciaires.* — Rigoureusement la publicité d'un chemin ne peut être constatée que par l'autorité administrative et elle doit être indépendante de la question de propriété tout en lui étant subordonnée, c'est-à-dire que lorsque la propriété foncière du sol du chemin n'est point contestée, ou avant qu'elle le soit, l'autorité administrative doit avoir seule qualité pour décider si cette propriété de l'Etat , du département ou de la commune est une propriété faisant partie du domaine public ou du domaine privé ; mais si, avant que cette déclaration ne soit intervenue ou lorsqu'elle a été rendue, la propriété du chemin est contestée par un tiers, cette prétention ne peut être considérée comme repoussée d'avance et elle devra être portée devant les juges des questions de propriété, qui ont seuls compétence pour la vider. Si elle est résolue en faveur de la commune, l'attribution au domaine public ou au domaine privé faite par l'autorité administrative. sera maintenue, mais si la propriété est attribuée à un tiers, la commune n'en étant plus bénéficiaire, le classement qui aura été fait dans l'un de ses domaines d'une propriété qui ne lui appartenait pas, devra tomber et rester sans efficacité.

Nous voyons cependant parfois la question de publicité portée devant les tribunaux, mais ils ne s'en trouvent régulièrement investis que tout autant qu'il s'agit au fond non point de déterminer le caractère de publicité du chemin, mais sa propriété, et lorsque les tribunaux prennent en considération l'usage que le public fait de cette voie de communication pour en conclure qu'elle n'a point un caractère de propriété privée permettant de l'attribuer exclusivement à une personne, c'est pour arriver à juger la question de propriété, ou pour apprécier les droits privés prétendus par des tiers.

42. *Reconnaissance de la publicité d'un chemin en justice, droit pour les tiers de l'invoquer.* — Les jugements et arrêts ne constituent l'autorité de la chose jugée qu'à l'égard des parties qui ont été représentées. Toutefois il a été décidé que lorsqu'une cour ou un tribunal avait été dans le cas de constater la publicité d'un chemin, un habitant de la commune pouvait ultérieurement invoquer cette constatation en sa faveur, bien qu'il n'eût pas figuré personnellement dans la pre-

mière instance. C. cass., 18 décembre 1866, S. 68, 1, 28,
D. 67, 1, 382.

12. *A défaut de justification de la publicité, la commune peut-elle se prévaloir d'une servitude de passage.*
— Des communes impuissantes pour justifier de la publicité du chemin dont elles réclamaient l'usage pour leurs habitants, ont cru pouvoir soutenir qu'elles avaient acquis à leur profit une servitude de passage. La Cour de cassation dans son arrêt du 28 novembre 1814, et la Cour de Bourges le 30 janvier 1826, paraissent avoir sanctionné des prétentions émises dans ce sens. Mais comme il s'agirait d'une servitude discontinue qui ne peut s'acquérir par prescription, cet avis n'a pas prévalu. Cass., 5 juin 1855, S. 56, 1, 444, D. 55, 1, 394 ; 28 février 1877, S. 78, 1, 453, D. 77, 1, 655 ; Angers, 26 juillet 1854, S. 54, 2, 765 ; Paris, 23 août 1861, S. 61, 2, 497.

ART. 3. — *Présomption de propriété.*

Tout chemin affecté à l'usage du public est présumé, jusqu'à preuve contraire, appartenir à la commune sur le territoire de laquelle il est situé.

SOMMAIRE.

43. Présomptions de propriété antérieurement à la loi de 1881.
44. Présomptions de propriété tirées de la publicité d'après la loi de 1881.

43. *Présomptions de propriété antérieurement à la
loi de* 1881. — J'avais été amené à me demander avant
la loi de 1881, si à l'occasion des chemins généralement
fréquentés par le public dans les communes, en dehors
des chemins classés, il existait une présomption de propriété en faveur des riverains ou en faveur des communes. Je me sers de l'expression vague, chemins généralement fréquentés par le public, car ayant déclaré au
début de cette étude que je ne donnais le nom de chemins ruraux qu'à des voies publiques communales, je
ne puis me demander spécialement si pour celles-ci il y
a une présomption de propriété en faveur des riverains.
Voici comment j'avais résumé l'étude que j'avais fait
de cette question. M. le conseiller Flandin, dans son travail sur les chemins ruraux inséré dans la *Revue critique*, année 1862, page 302, dit en s'appuyant sur Fré-
minville : « Tout chemin est de sa nature réputé public
s'il n'y a preuve du contraire ». M. R. de Raze, également dans la même Revue, a soutenu la même opinion ;
je la retrouve dans un article publié sur les chemins ruraux par M. Fourtanier dans le *Journal d'agriculture
et d'économie rurale pour le Midi de la France*. C'est
celle de M. de Cormenin, *Questions de droit adm.*, t. 1,
p. 40 ; elle semble partagée par Isambert, *Traité de la*

voirie, n° 309. D'un autre côté, M. Bourguignat, dans un travail sur la propriété des chemins ruraux, dit page 10 : « Toute voie de communication est en principe présumée faire partie de la propriété privée. » C'est l'opinion que le même auteur avait soutenue en note des arrêts de la Cour de cassation des 27 avril 1864, et 16 avril 1866, dans le recueil des arrêts de Sirey-Villeneuve, années 1864, 1re partie, page 212, et 1866, 1re partie, page 321. C'est l'avis d'un auteur provençal, Cappeau, dans son *Traité de la législation rurale et forestière*, t. 1, p. 669 ; de Mayjurou-Lagorsse, *Code rural*, p. 17 et suiv. La Cour de cassation dans l'arrêt du 9 décembre 1857, S. 58, 1, 541, D. 58, 1, 28, dit formellement : « Les chemins ruraux sont présumés appartenir aux propriétaires dont ils traversent les héritages ». Cela est plus ou moins explicitement répété dans les arrêts des 27 avril 1864, S. 64, 1, 212 ; 29 novembre 1865, S. 68, 1, 215, D. 67, 1, 263 ; 16 avril 1866, S. 66, 1, 321, D. 66, 1, 321 ; 15 juin 1868, S. 69, 1, 29 ; et on peut citer dans le même sens les arrêts d'Amiens, 30 novembre 1868, S. 69, 2, 37, et Pau, 9 février 1870, S. 70, 2, 156, D. 71, 2, 71.

Entre ces deux opinions, se place l'avis de ceux qui pensent qu'il n'y a pas à déroger ici aux règles de droit commun en matière de preuve. Ce sera donc au demandeur, commune ou particulier à justifier de son droit, conformément à la loi *actori incumbit onus probandi*. Cette opinion, qui me paraît parfaitement juridique, est celle de Dalloz, *Répertoire*, v° Voirie par terre, n°ˢ 1340 et 1341, et de Chauveau Adolphe, *Journal de droit administratif*, t. 6, p. 229 et t. 10, p. 368. C'est celle à laquelle s'est rallié Naudier, n° 86, p. 96. On peut invoquer à son appui la jurisprudence des cours constatée par les arrêts de Paris, 16 mars et 23 août 1861, d'Orléans, du 24 mai 1861, D. 61, 2, 118, de Colmar, du 3 avril 1862, et même l'arrêt de la Cour de cassation du 11 avril 1853, S. 53, 1, 732, portant que le système d'un riverain de chemin, qui a pour but de faire considérer le voisinage ou la contiguïté comme une présomption légale, n'a de fondement dans aucune loi, et que c'est au demandeur au pétitoire à faire preuve de son prétendu droit de propriété.

Il faut toutefois reconnaître que, dans l'application de ce principe, s'il y avait à le faire fléchir, ce devrait être plutôt en faveur de la commune qu'en faveur de ses adversaires ; il est en effet difficile de soumettre la commune, qui dans la justification de la publicité d'un chemin, doit combiner un ensemble de considérations pour éclaircir une situation dans laquelle règne forcément quelque vague, à une preuve aussi rigoureuse que le riverain, qui excipe d'un droit de propriété dont la preuve doit être nécessairement claire et formelle. C'est ce qu'admet Naudier, n° 87, p. 97, et c'est ce qui paraît déterminer M. Dalloz à traiter plus favorablement la commune, *loco citato*, n°ˢ 1340 et 1341, et ce qui sans doute faisait dire à M. Adolphe Chauveau, tout en repoussant toute présomption légale de propriété, que s'il pouvait en exister une, ce serait en faveur de la commune, *Journal de droit administratif*, t. 6, p. 229.

Tenons donc sous le bénéfice de ces observations, que ce sera aux tribunaux juges du fait à apprécier suivant les preuves qui leur seront présentées, si le demandeur justifie suffisamment sa demande pour qu'elle soit accueillie.

Au surplus, la présomption dont il est ici question en faveur des riverains, ne serait dans tous les cas qu'une présomption simple, qui n'aurait de force que lorsqu'il s'agirait d'un chemin ne présentant pas les caractères de publicité résultant de son affectation à l'usage du public, et qui pourrait être combattue par des présomptions contraires, et à plus forte raison par des preuves et des justifications. C'est dans ce sens que se sont expliqués notamment les arrêts de la Cour de cassation des 29 novembre 1865 et 16 avril 1866 cités plus haut.

Je n'entends pas attribuer de préférence aux communes la propriété d'un chemin par cela seul qu'il ne dessert quelques fonds que peu nombreux, ou par cela seul qu'il est impossible de produire un titre de propriété ; mais pourquoi ne pas admettre cette préférence, si le tracé de ce chemin, ses développements, sa fréquentation et les autres circonstances indiquent que loin d'avoir une affectation limitée et spéciale, il est fréquenté par le public sans distinction, et est appelé à satisfaire des intérêts publics ? la loi de 1881 donne aujourd'hui tout son appui à ces observations.

44. *Présomption de propriété tirée de la publicité d'après la loi de 1881.* — Aux présomptions de propriété que la doctrine ou la jurisprudence avaient voulu faire accueillir en faveur des communes ou des riverains, la loi de 1881 a voulu substituer une présomption de propriété en faveur des communes, qui résulterait de la publicité du chemin. Lorsqu'un chemin tracé sur le territoire d'une commune est affecté à l'usage du public, il est naturel, dit l'exposé des motifs du gouvernement, de penser qu'il appartient au domaine municipal. La publicité fait naturellement supposer la communauté. La loi a consacré cette présomption. *Officiel* du 31 octobre 1876, p. 7803, 1ʳᵉ col.

45. *Quels sont les caractères de cette présomption?* — Il ne faut pas s'effrayer d'un terme qui ne fait que consacrer d'une manière plus nette ce qui se passe en vertu des règles du droit commun. En fait, quand un procès s'agite entre un particulier et une commune, comment le particulier fait-il la preuve de son droit de propriété? il invoque des titres, ou bien d'anciens plans sur lesquels le chemin se trouve indiqué comme étant sa propriété.

Comment répond la commune, elle excipe de ces faits de possession que nous cherchons maintenant à caractériser et à bien préciser, afin que les tribunaux ne s'y attachent que s'ils ont une portée légale sérieuse. Et si cette preuve n'est pas faite, si les tribunaux arrivent, comme souvent en pareille matière, à trouver des éléments d'appréciation qui se contredisent ; si la preuve contraire n'existe pas au profit du simple particulier, les conditions d'affectation à l'usage du public leur permettront de faire pencher la balance, en vertu d'une présomption en faveur de la commune. Cette présomption elle répond à la nature même des choses, car lorsque les chemins ont été occupés pendant une longue série d'années par la commune, que la commune les a entretenus, que les habitants les ont parcourus d'une manière continue et générale; quand les chemins répondent aux besoins d'un service public, à qui doivent-ils être présumés appartenir à défaut d'autres titres ? On ne fait qu'énoncer une vérité de sens commun en disant que la présomption est que la commune est propriétaire. C'est ainsi que s'exprimait M. Paris au nom de la commission du Sénat, à l'occasion d'un amendement présenté par M. de Gavardie sur les articles 2 et 3, dans la séance du 17 mars 1877, *Officiel* du 18, p. 2064, 3ᵉ col. L'auteur de l'amendement, à la suite de ces observations qui avaient été accompagnées de marques nombreuses d'adhésion, reconnaissait que son amendement n'avait plus de raison d'être. Toutefois, il ajoutait que la pensée primitive de la commission avait été d'établir une présomption de droit en faveur de la commune exerçant un droit de passage sur le terrain des particuliers. C'était aller trop loin, et on a précisé depuis les signes auxquels on pourrait reconnaître l'affectation d'un chemin à l'usage du public. Mais, disait-il, il faut qu'il soit bien entendu, et je voudrais que la commission s'expliquât clairement sur ce point, il faut qu'il soit bien entendu, qu'il ne s'agit pas d'établir une présomption de droit au profit

des communes, mais seulement d'établir des règles qui
serviront en quelque sorte de point de repère aux tribunaux. Si la commission l'entend ainsi nous sommes
parfaitement d'accord. Et le *Journal officiel, loc. cit.*,
p. 2065, 1ʳᵉ col., porte:

M. Paris et plusieurs membres de la commission :
Nous sommes parfaitement d'accord.

46. *L'affectation à l'usage du public équivaut à la
possession.* — « Comment établir qu'un chemin appartient à la commune et ne constitue pas un chemin privé, se demandait M. Maunoury dans son rapport à la
Chambre des députés, et il répondait : « Dans l'état actuel des choses, la commune peut quelquefois établir
sa propriété sur ses chemins par des titres opposables
aux tiers. Il faut, en dehors de ces cas qui sont très
rares, qu'elle établisse sa propriété par sa possession.
La commune en tant que propriétaire peut posséder
comme tout particulier, par exemple par ses agents.
Les faits de possession pour une propriété ordinaire de
la commune, sont les mêmes que ceux que pourrait
invoquer le particulier. Mais quand il s'agit d'un chemin, la possession de la commune consiste dans l'affectation de ce chemin à l'usage du public.

« C'est ce dernier terme que dans l'article 3 le Sénat
a très justement employé comme synonyme de possession.

« Or, il n'y a peut-être pas de matière qui ait donné
lieu à autant de difficultés et autant de procès que les

contestations en matière de possession de chemins ruraux. Les faits qui caractérisent la possession par la
commune, l'affectation à l'usage du public, et qui peuvent dès lors faire présumer que la commune est propriétaire, sont infiniment variés, et il est impossible de
demander à la jurisprudence un corps de doctrine in-
discutable et complet, qui puisse être érigé en loi précise et empêcher toute contestation à l'avenir. »

Dès lors il est bien entendu que l'article 3 établit au
profit de la commune une présomption de propriété sur
tout chemin rural affecté à l'usage du public et que
cette affectation, lorsqu'elle est justifiée, constitue à son
profit une situation juridique qui équivaut à la possession dans les matières ordinaires. Mais il a été parfaitement expliqué lors de la discussion au Sénat, et le rapporteur à la Chambre des députés faisait remarquer,
qu'il n'était entré dans la pensée de personne d'introduire dans la loi une disposition qui préjudiciât aux
droits acquis tels qu'ils résultent de la jurisprudence, et
que les questions de propriété doivent être instruites,
examinées et jugées d'après les principes du droit commun, et sans qu'il y ait été apporté aucune dérogation
par la loi. C'est ce que j'aurai à rappeler sous l'article 7. Le rapporteur ajoutait :

« La faculté pour le particulier de contester le fait de
l'affectation reste entière, comme celle de se prévaloir
de sa possession, quand la possession de la commune
n'est pas annale, et d'exercer le droit de revendication
tant que la possession trentenaire n'est pas acquise. La
compétence des tribunaux civils est maintenue.

« En un mot, rien n'est changé au fond du droit, et les tribunaux auront seuls à prononcer sur les contestations à intervenir.

« Seulement avec le Sénat votre commission a pensé qu'il était permis d'adopter une disposition consacrée par une jurisprudence unanime, et qui détermine dans quel cas la possession de la commune, c'est-à-dire l'affectation des chemins à l'usage du public, est incontestable : L'affectation à l'usage du public, dit l'article 2, peut s'établir notamment par la destination du chemin jointe au fait d'une circulation générale et continue, soit à des actes réitérés de surveillance et de voirie municipale. Et, en effet, quand la destination du chemin est certaine, quand ce chemin mène d'un hameau au village principal, de l'église au cimetière, qu'il réunit des routes parallèles, etc., quand à cette destination se joint un usage effectif exercé généralement et continuellement, ou une véritable main-mise par la commune par des actes fréquents de surveillance et de voirie, il est bien permis d'affirmer avec la jurisprudence qu'il y a là une véritable possession qui n'exclut pas la preuve contraire, mais qui, à défaut de cette preuve, établit une présomption de propriété ».

Et si je me reporte de nouveau à la discussion au Sénat, que rappelait le rapporteur de la Chambre des députés, je répète que lors de la première délibération de l'article 2 au Sénat, M. de Gavardie ayant dit : « Il faut qu'il soit bien entendu, et je voudrais que la commission s'expliquât clairement sur ce point, il faut qu'il soit bien en-

tendu qu'il ne s'agit pas d'établir une présomption de
droit au profit des communes, mais seulement d'établir
les règles qui serviront de point de repère aux tribunaux.
Si la commission l'entend ainsi nous sommes parfaitement d'accord. » Le *Journal officiel* du 18 mars 1877,
p. 2065, en rapportant cette interpellation qui s'était produite dans la séance du 17, la fait suivre de la mention
déjà citée: M. Paris et plusieurs membres de la commission : « Nous sommes complètement d'accord. »

En rappelant ces explications, M. Mayjuron-Lagorsse,
Code rural, p. 15, fait remarquer avec raison combien
il importe de se rapporter à la jurisprudence antérieure
à la loi de 1881 pour établir la situation des particuliers
à l'égard des chemins réclamés comme ruraux par les
communes.

46ª *Pas de présomption de propriété du chemin en
faveur du propriétaire dont il traverse le fonds.* — Le
propriétaire d'un fonds traversé par un chemin, ne peut
se prévaloir des articles 516 et suivants du Code civil,
pour s'en faire attribuer la propriété à titre d'accessoire.
Dans tous les cas la présomption dont il exciperait en
sa faveur pourrait être combattue par la preuve contraire et par la justification de la possession qu'aurait eue
la commune. Cass., 11 août 1853; S. 53,1, 732 : 29 novembre 1865, S. 68,1, 215 ; D. 67, 1, 263 : 16 avril 1866,
S. 66, 1, 321, D. 66. 1. 311 ; 15 juin 1868, S. 69, 1, 29,
D. 68, 1, 433 : 28 mai 1873, S. 74, 1, 340, D. 75, 1, 127.

47. *Questions de propriété et de possession ; renvoi.*
— Pour éviter des redites, j'examinerai sous l'article 7
toutes les questions concernant la propriété et la possession auxquelles donne lieu l'étude de la législation concernant les chemins ruraux.

ART. 4. — *Arrêtés de reconnaissance ; largeur.*

Le Conseil municipal, sur la proposition du Maire, déterminera ceux des chemins ruraux qui devront être l'objet d'arrêtés de reconnaissance, dans les formes et avec
les conséquences énoncées par la présente loi.

Ces arrêtés seront pris par la Commission départementale, sur la proposition du Préfet après enquête publique, dans les formes prescrites par l'ordonnance des
23 août-9 septembre 1835, et sur l'avis du Conseil municipal.

Ils désigneront, d'après l'état des lieux, au moment
de l'opération, la direction des chemins ruraux, leur
longueur sur le territoire de la commune et leur largeur
sur les différents points.

Ils devront être affichés dans la commune, et notifiés
par voie administrative à chaque riverain, en ce qui concerne sa propriété.

Un plan sera annexé à l'état de reconnaissance.

Les dispositions de l'article 88 de la loi du 10 août
1871, relatives aux droits d'appel devant le Conseil général et de recours devant le Conseil d'Etat, sont applicables aux arrêtés de reconnaissance.

SOMMAIRE

§ 1

Reconnaissance

§ 2

Largeur des chemins ruraux

§ 1. — Reconnaissance.

48. *Division des chemins ruraux en deux classes.* — La nouvelle loi admet deux classes de chemins ruraux : les chemins reconnus et les chemins non reconnus.

Le législateur a craint que la reconnaissance simultanée de tous les chemins ruraux ne vînt à soulever de nombreuses réclamations,qui se fortifieraient et se multiplieraient par le fait de leur coexistence dans les diverses localités de la France. C'est pourquoi il a voulu qu'on pût ajourner l'opération à l'égard des chemins d'un caractère douteux ou d'une utilité contestable. Les chemins non reconnus resteront dans une situation incertaine et précaire. Il importe dès lors, de ne pas laisser dans cette classe les chemins qui incontestablement appartiennent à la commune et sont utiles ou nécessaires à la circulation générale. Circ. de l'int. du 27 août 1881.

49. *Modification de rédaction apportée au projet de loi en ce qui concerne la désignation de l'autorité chargée de la reconnaissance.* — L'article 6 du projet qui est devenu l'article 4 de la loi, portait que les arrêtés de reconnaissance seraient pris par le maire après enquête publique et délibération du conseil municipal, désignant, d'après l'état des lieux au moment de l'opération, la direction des chemins ruraux, leur longueur sur le territoire de la commune et leur largeur sur les différents points. Ces arrêtés devaient être approuvés par les préfets.

Le maire ne fait plus, d'après la loi, que soumettre ses propositions au conseil municipal, et c'est la commission départementale qui prend les arrêtés de reconnaissance après enquête et avis du conseil municipal.

50. *Initiative de la reconnaissance.* — Notre article porte que la détermination des chemins ruraux à reconnaître sera faite par le conseil municipal sur la proposition du maire. Cette disposition nous paraît assez nette et assez formelle pour en conclure que c'est au maire seul qu'il appartient de faire des propositions à ce sujet, et que le conseil municipal ou ses membres ne peuvent pas individuellement prendre cette initiative. Cependant il me paraît difficile de ne pas admettre que ce droit de proposition ne puisse parfois être exercé sinon

directement, du moins indirectement par un conseil
municipal. Ainsi, je ne crois pas que lorsque l'état des
chemins ruraux à reconnaître aura été présenté, délibéré
et sanctionné, un conseil municipal puisse ultérieurement proposer l'adjonction d'un nouveau chemin par
son initiative propre et personnelle, et obliger à suivre
les formalités prescrites par la loi pour sanctionner cette
reconnaissance; sinon. que deviendrait cette disposition
de la loi; le conseil, *sur la proposition du maire, détermine,* etc.; et je soutiendrai volontiers que le conseil
ou un de ses membres ne pourra que provoquer une proposition qu'il appartiendra au maire de faire. Mais
lorsque le maire, en exécution de la nouvelle loi, proposera au conseil de déterminer les chemins à reconnaître,
en signalant dans sa proposition les divers chemins
qu'il croit devoir comprendre dans la reconnaissance, la
commission à laquelle sera soumis le projet de classement, ou le conseil, si la discussion se produit directement en séance, ne sera pas tenu d'accepter les projets
qui lui seront présentés et il pourra, non seulement rejeter une partie des propositions qui lui seront faites en
restreignant le classement dans de plus étroites limites
que le proposait le maire; mais encore procéder par voie
de substitution de chemins omis à la place de chemins
proposés, ou par voie d'addition. Dès que la proposition
du maire investit le conseil, il me paraît nécessaire de
permettre à celui-ci de délibérer librement sur la classification qui lui est proposée, et qui implique l'examen
de la situation relative de tous les chemins ruraux de la

commune, et des causes de préférence qui doivent faire admettre quelques-uns d'entr'eux et rejeter ou ajourner les autres.

51. *Intérêt et portée de la reconnaissance ; faculté laissée aux communes en y procédant.* — Un acte administratif peut ainsi constater l'affectation d'un chemin à l'usage du public.

L'exposé des motifs, en indiquant cette innovation, la signalait comme considérable et l'expliquait ainsi :

Aux termes de l'article 15 de la loi du 21 mai 1836 sur les chemins vicinaux, les préfets prennent des arrêtés portant reconnaissance et fixation de la largeur du chemin vicinal. Ces arrêtés attribuent définitivement au chemin le sol compris dans les limites qu'ils déterminent. Suivant le même article, le droit des riverains se résout en une indemnité qui est réglée à l'amiable, ou par le juge de paix du canton, sur rapport d'experts.

Rien de pareil n'existe pour les chemins ruraux. Dans une circulaire de M. Duchâtel, du 16 novembre 1839, on a voulu instituer un équivalent.

Le ministre prend pour base l'article 8, titre II, de la loi du 15 août 1790, qui autorise les maires à prescrire les mesures nécessaires pour assurer la sûreté et la commodité du passage sur les voies publiques, et par conséquent sur les chemins ruraux. Pour que les maires puissent exercer sur ces chemins la surveillance qui leur est dévolue, il est indispensable qu'il en soit dressé un état général. Le ministre prescrit en conséquence de faire rechercher sur le territoire de chaque commune les chemins publics autres que les rues, les routes et les chemins vicinaux, et d'en faire dresser un état désignant le numéro d'ordre de chaque chemin ; le nom sous lequel il est communément désigné ; l'indication du point où il commence, des lieux qu'il traverse, du lieu où il se termine ; sa longueur sur le territoire de la commune, sa largeur sur différents points. « Le tableau des chemins ruraux ainsi arrêté fera, dit le ministre, titre pour la commune. »

C'est là tout ce qu'une instruction ministérielle pouvait dire de ce tableau. Mais un inventaire de cette nature, fait sans une autorisation légale, n'a pas une efficacité bien sérieuse. Aussi cette prescription, malgré sa grande sagesse, n'a-t-elle été exécutée qu'à demi, et, dans beaucoup de communes, on a négligé de tenir au courant des modifications survenues les tableaux dressés en 1839.

Devait-on laisser l'administration municipale dans cet état d'impuissance ? Fallait-il donner aux municipalités le droit de classement que la loi accorde pour les chemins vicinaux ?

Réduites aux droits que donne une simple instruction ministérielle, les communes ne semblent pas suffisamment protégées.

D'un autre côté, faire aux chemins ruraux l'application complète de l'article 15 de la loi du 21 mai 1836, ce serait dépasser la mesure.

Les chemins ruraux sont loin d'être aussi essentiels,

aussi utiles que les chemins vicinaux. Beaucoup de chemins ruraux n'ont qu'une importance secondaire et ne profitent qu'à un nombre restreint d'habitants. Les classer indistinctement malgré cette grande différence, ce serait contre toute justice les élever au même niveau. La reconnaissance d'un chemin, la détermination de sa direction, de sa largeur, soulèvent toujours quelques contestations avec les propriétaires riverains. Si tous les chemins ruraux d'une commune étaient reconnus à la fois, les contestations se multiplieraient. Tous les intérêts froissés en même temps s'exciteraient les uns les autres, les procès deviendraient innombrables et la conciliation impossible.

Le mal serait encore plus grand si la reconnaissance des chemins ruraux valait expropriation immédiate à charge d'indemnités. Les anciens budgets des communes n'auraient pu y suffire ?

En classant un chemin au nombre des chemins ruraux, la commune s'engage à l'entretien au moins dans une certaine mesure ; de plus, si ce chemin est en mauvais état, si le voyageur, ne pouvant y passer, est obligé de traverser la propriété voisine ; aux termes de l'article 42 du titre II de la loi du 28 septembre 1791, le propriétaire aura contre la commune une action en dommages-intérêts, et ce sera une nouvelle source de difficultés. L'application complète de l'article 15 de la loi de 1836 aux chemins ruraux ferait donc peser sur les communes une écrasante responsabilité.

Ces règles absolues ont été écartées ; le projet proposé donne la préférence à un système intermédiaire qui protège convenablement tous les droits et donne satisfaction à tous les intérêts. La commune ne sera pas obligée de faire un état général des chemins ruraux, mais elle pourra constater par des arrêtés de reconnaissance l'affectation à l'usage du public de tous les chemins ruraux de son territoire ou d'une partie seulement de ces chemins. La loi donne une faculté, elle ne contient aucune injonction.

Faits avec discernement, ces arrêtés de reconnaissance seront très utiles. Exposé des motifs, *Officiel* du 31 octobre 1876, p. 7803, 2ᵉ colonne.

52. *Limitation du classement des chemins communaux*. — Il est désirable que tous les chemins ruraux deviennent l'objet d'arrêtés de reconnaissance ; cependant la commission du Sénat a pensé qu'il n'y avait pas lieu d'imposer aux communes l'obligation de reconnaître immédiatement tous leurs chemins ruraux sans exception. En effet, si les chemins ruraux de toutes les communes en France devaient être en même temps l'objet d'arrêtés de reconnaissance, les contestations se multiplieraient, les intérêts froissés pourraient s'exciter les uns les autres. La commission a reconnu qu'il était préférable de ne donner aux communes qu'une simple faculté, de leur permettre ainsi d'ajourner la reconnaissance des voies de communication d'un caractère incertain ou d'une utilité contestable. Un classement général obligatoire pourrait, par suite de l'inertie ou de la complaisance de certaines administrations municipales, avoir pour résultat de restreindre le domaine public de la commune. En effet, l'omission dans les arrêtés de classement deviendrait, pour certaines voies de communication, une présomption d'abandon, de telle sorte que la mesure prise dans l'intérêt de la vicinalité rurale, préjudicierait aux intérêts que l'on avait pour but de sauvegarder.

La commission a donc été amenée à admettre deux classes de chemins ruraux ; les chemins reconnus, c'est-à-dire dont l'état civil est constaté par des arrêtés de l'autorité municipale, et les chemins non reconnus qui resteront dans l'état incertain et précaire où sont aujourd'hui ces propriétés communales n'ayant le plus souvent aucun titre. Rapport de M. Labiche au Sénat.

Le rapport à la Chambre des députés n'est pas moins explicite sur ce point. M. Maunoury disait : les maires ne sont pas obligés de provoquer cette reconnaissance pour tous leurs chemins. Quelques-uns de ces chemins peuvent ne pas avoir une utilité qui motive nécessairement les frais que la reconnaissance occasionne, et des dépenses d'entretien prises sur des ressources extraordinaires. Il était d'ailleurs bon de ne pas astreindre les maires à faire le relevé officiel de tous les chemins ruraux ; l'omission involontaire et peut-être même volontaire, eût pu être invoquée contre la commune en faveur d'une injuste revendication de quelque chemin omis.

Ce que les rapports aux deux chambres indiquent si nettement et expliquent d'une manière si satisfaisante, n'est pas moins formellement précisé par la loi, qui charge les conseils municipaux de déterminer ceux des chemins ruraux qui devront être l'objet d'arrêtés de reconnaissance, et qui dès lors les autorise, même en principe et comme règle générale, à n'admettre à la reconnaissance qu'une partie de ces chemins. Mais ce serait toutefois aller trop loin que de soutenir qu'un conseil ne pourrait pas désigner tous ses chemins sans exception comme devant être reconnus. Toutefois, à mon avis, sauf dans des cas très rares, ce sera une mesure qui pourra créer aux communes de graves embarras administratifs, financiers et judiciaires.

Les instructions ministérielles ne pouvaient être moins explicites, et les indications fournies sur l'article 4 commencent ainsi : la nouvelle loi admet deux classes de chemins ruraux, les chemins reconnus et les chemins non reconnus. Circ. minist. int., août 1881 ; Circ. dir. gén. de l'Enreg., 29 octobre 1881.

53. *Chemins à comprendre dans la reconnaissance.* — Les chemins non reconnus devant rester dans une situation incertaine et précaire, il importe de ne pas laisser dans cette classe les chemins qui incontestablement appartiennent à la commune et sont utiles ou nécessaires à la circulation générale. Circ. min. int., 27 août 1881.

54. *Formalités relatives à la reconnaissance des chemins ruraux antérieurement à la loi de* 1881. — La circulaire ministérielle du 16 novembre 1839 avait indiqué quelles formalités les administrations municipales devaient remplir pour arriver au classement de leurs chemins ruraux. Des indications utiles pourraient s'y trouver comme guide des formalités à remplir aujourd'hui, et j'ai eu un moment l'idée de les rappeler. Je ne le fais pas cependant, pour ne pas établir une confusion entre les opérations prescrites en 1839 et celles qui doivent être accomplies d'après la loi de 1881. Le système adopté en 1839 est en effet tout autre que celui qui sert de base à la législation de 1881. Dans le premier, les communes devaient reconnaître tous leurs chemins ruraux sans exception et dresser un état général de tous ces chemins ; dans le second, au contraire, elles ne doivent comprendre dans la reconnaissance que les chemins qui, par leur importance relative, méritent d'être maintenus en état sérieux d'entretien. Dans ces circonstances, le but étant modifié, les formalités à remplir pour l'atteindre devaient être différentes. De plus l'intervention des diverses autorités, ou des corps administratifs doit se produire d'une toute autre manière, sous la loi de 1881 que sous les instructions de 1839. Enfin les conséquences de la reconnaissance prescrite par la loi, sont bien autrement graves au point de vue du droit de propriété et des obligations des communes, que ne l'étaient celles de la simple mesure d'administration prescrite en 1839 ; et par toutes ces considérations il

nous a paru inutile de reproduire les formalités prescrites par la circulaire du 16 novembre 1839 que nous avions
indiquées dans une de nos éditions précédentes. Il sera
d'ailleurs très facile à ceux qui croiraient avoir intérêt
à consulter ce document de s'y reporter.

53. *Depuis cette loi*. — En premier lieu le conseil
municipal est appelé à désigner, sur la proposition du
maire, ceux des chemins ruraux qui lui paraissent devoir être l'objet d'un arrêté de reconnaissance. Il est procédé ensuite dans les formes de l'ordonnance du 23 août
1835, à une enquête sur un projet comprenant un tableau qui indique, à l'aide du nombre nécessaire de colonnes, non seulement le numéro d'ordre et le ..m de
chaque chemin ; mais encore, d'après l'état des lieux, sa
direction, c'est-à-dire le point d'où il part, les principaux points qu'il traverse, tels que les hameaux, les
ruisseaux, etc., et le point auquel il aboutit ; sa longueur sur le territoire de la commune et sa largeur sur
les différentes parties de son parcours (1). Un plan d'ensemble des chemins doit être joint à ce tableau. La circulaire ministérielle du 3 janvier 1883, et le modèle du
règlement général, article 2, rapportés sous l'article 8
ci-après, indiquent comment doivent être dressés les
plans servant de point de départ à ces enquêtes. Un arrêt
du Conseil d'Etat du 15 mai 1891 (Cossé), a annulé une

_____

(1) Un arrêt du Conseil d'Etat du 8 décembre 1893, Min. de la guerre,
peut être consulté comme indiquant des circonstances dans lesquelles il est
satisfait à ces prescriptions.

reconnaissance précédée d'une enquête faite sur un état et un plan n'indiquant pas les noms des propriétaires et la désignation cadastrale de tous les fonds riverains.

Lorsque l'enquête est terminée, le Conseil municipal délibère de nouveau ; le maire et le sous-préfet donnent leur avis ; les pièces de l'affaire sont transmises au préfet, qui les soumet avec ses propositions à la commission départementale, celle-ci prend s'il y a lieu un arrêté de reconnaissance.

En tête de cet arrêté est placé un tableau auquel il se réfère. Ce tableau doit être semblable à celui qui a servi de base à l'enquête, sauf les retranchements que la commission aurait considérés comme nécessaires ou opportuns. Dans tous les cas la loi exige qu'un plan des chemins y soit annexé.

Elle prescrit, de plus, d'afficher l'arrêté de reconnaissance et de le notifier par voie administrative à chaque riverain, en ce qui concerne sa propriété.

Le tableau devra être affiché intégralement avec l'arrêté de reconnaissance. La notification individuelle faite à chaque riverain ne comprendra avec l'arrêté que la partie du tableau qui l'intéressera.

L'affichage du plan n'est pas indispensable ; mais, lorsqu'il n'y sera pas procédé, l'affiche de l'arrêté devra faire connaître que chacun pourra consulter le plan à la mairie. Circ. min. int., 27 août 1881.

55ª. *Texte de l'ordonnance du 23 août 1835.* — Le texte de cette ordonnance à laquelle renvoit notre article est ainsi conçu :

« Art. 1 ...

« Art. 2. L'enquête s'ouvrira sur un projet où l'on fera connaître le but de l'entreprise, le tracé des travaux, les dispositions principales des ouvrages et l'appréciation sommaire des dépenses (1).

« Art. 3. Le projet sera déposé à la mairie pendant quinze jours pour que chaque habitant puisse en prendre connaissance ; à l'expiration de ce délai, un commissaire désigné par le préfet recevra à la mairie pendant trois jours consécutifs, les déclarations des habitants sur l'utilité publique des travaux projetés. Les délais ci-dessus prescrits pour le dépôt des pièces à la mairie et pour la durée de l'enquête pourront être prolongés par le préfet. Dans tous les cas ces délais ne courront qu'à dater de l'avertissement donné par voie de publication et d'affiche. Il sera justifié de l'accomplissement de cette formalité par un certificat du maire.

(1) Il n'est pas nécessaire pour la régularité de cette enquête que l'arrêté du préfet ait été porté à la connaissance de chaque riverain par une notification individuelle, il suffit que la population ait été avertie du dépôt à la mairie par publication et affiche. C. d'Etat, 8 décembre 1803, Min. de la guerre.

Est irrégulière l'enquête ouverte sur un dépôt de pièces qui ne fait pas connaître le but de l'entreprise, le tracé des travaux, les dispositions principales des ouvrages et l'appréciation sommaire des dépenses. C. d'Etat, 14 juin 1892 de Quatrebarbe.

Toutefois l'erreur sur l'appréciation du coût des travaux ne constitue pas une irrégularité de nature à faire annuler l'enquête. C. d'Etat, 3 août 1877, Gallet, 4 juillet 1884, Lallier.

Il y a d'ailleurs un grand nombre de décisions rendues pour apprécier la régularité des enquêtes, la jurisprudence tend à ne les annuler que lorsque les irrégularités ont eu pour résultat d'empêcher l'enquête de se produire en connaissance de cause, et d'empêcher les intéressés de formuler leurs observations ou oppositions.

« Art. 4. Après avoir clos et signé le registre de ces déclarations, le commissaire le transmettra immédiatement au maire, avec son avis motivé et les autres pièces de l'instruction qui auront servi de base à l'enquête. Si le registre de l'enquête contient des dispositions contraires à l'adoption du projet, ou si l'avis du commissaire est opposé, le conseil municipal sera appelé à les examiner, et émettre son avis par une délibération motivée, dont le procès-verbal sera joint aux pièces. Dans tous les cas le maire adressera immédiatement les pièces au sous-préfet avec son avis motivé.

« Art. 5. Le préfet après avoir pris, dans les cas prévus par les règlements, l'avis des chambres de commerce et des chambres consultatives des arts et manufactures dans le lieu où il en est établi, enverra le tout à notre ministre de l'intérieur avec son avis motivé, pour, sur son rapport être statué par nous sur la question d'utilité publique des travaux, conformément aux dispositions de la loi du 7 juillet 1833 (aujourd'hui 3 mai 1841).

« Art. 6. Lorsque les travaux n'intéresseront pas exclusivement la commune, l'enquête aura lieu suivant leur degré d'importance, conformément aux articles 9 et 10 de l'ordonnance du 18 février 1834.

« Art. 7. Notre ministre des finances sera préalablement consulté, toutes les fois que les travaux entraîneront l'application de l'avis du conseil d'État, approuvé le 21 février 1808, sur la concession aux communes de tout ou partie d'un bien de l'État ».

Pour faciliter l'exécution des dispositions relatives au

classement et la rédaction des procès-verbaux constatant l'accomplissement de ces formalités. Naudier, dans
son travail sur les chemins ruraux, a indiqué n° 109,
p. 126 et suivantes les formules de ces divers actes ; on
les retrouvera d'ailleurs *infrà*, n° 201, telles que les
donne le règlement général.

56. *Avis du conseil municipal sur l'enquête.* — L'article 4 exige que le conseil municipal soit appelé à donner son avis sur l'enquête, à laquelle il doit être procédé
dans les formes prescrites par les ordonnances des
23 août et 9 septembre 1835. Primitivement le projet
portait, *conformément à la délibération du conseil municipal*; on a remplacé ces mots par ceux-ci : *sur l'avis
du conseil municipal.* Cette substitution a eu pour objet
de marquer, que si le conseil municipal devrait être toujours consulté après l'enquête, son adhésion n'était pas
indispensable. Sénat, séance du 3 mai 1877, *Officiel* du
4, p. 3244. Circ. int., 27 août 1881.

57. *Attributions des commissions départementales
relativement à la reconnaissance.* — La commission
départementale n'est pas obligée de reconnaître un chemin rural par cela seul que la commune en demande
la reconnaissance. D'un autre côté, il lui appartient de
reconnaître un chemin si elle jugeait la mesure utile ou
opportune, lors même que le conseil municipal consi-
dèrerait le chemin comme ne devant pas être reconnu.
Mais elle ne doit jamais prononcer la reconnaissance

d'un chemin sans que le conseil municipal ait été consulté et sans l'accomplissement des autres formalités préalables édictées par la loi. Elle devait, en outre, surseoir à statuer à l'égard des chemins dont la propriété serait revendiquée, si utile ou opportune que lui parût la reconnaissance. Circ. min. int., 27 août 1881.

Le Conseil d'Etat a souvent proclamé le principe ainsi posé que si la propriété est contestée sérieusement, la commission doit surseoir jusqu'à ce que cette question ait été vidée. C. d'Etat, 8 janvier 1886, Rougier ; 9 novembre 1888, Chaudon ; 8 mars 1889, Donau : 17 mai 1889, Périer ; 9 août 1889, de Nos ; 13 décembre 1889, Charles ; 15 mai 1891, Cossé. Elle ne peut reconnaître un chemin dont le sol a été déclaré propriété privée par un jugement définitif. C. d'Etat, 8 mars 1889, Donau ; mais la reconnaissance sera régulière s'il n'y a eu aucune prétention à la propriété formulée dans l'enquête. C. d'Etat, 26 octobre 1888, Asselin. Le classement une fois fait par la commission, elle ne peut l'annuler sur la réclamation du propriétaire sans enquête et avis du conseil municipal. C. d'Etat, 10 décembre 1886, préfet de la Charente ; 22 juin 1894, Com. de Donville.

D'autre part, la commission commettrait un excès de pouvoirs, si elle classait comme chemin rural, une voie qui aurait déjà un autre caractère, telle qu'une voie urbaine par exemple. C. d'Etat, 7 décembre 1888, Pougault.

53ª. *Notification du classement.* — Pour être valable

doit être fait au propriétaire, et non à un tiers qui ne le représenterait pas régulièrement, à défaut la commune n'est pas mise en possession et toutes les preuves à faire restent à sa charge. Nancy, 23 décembre 1893, D. 94.2. 408.

58. *Oppositions à la reconnaissance.* — L'opposition à la reconnaissance peut provenir des prétentions d'un habitant sur la propriété même du sol de ce chemin ; mais elle peut aussi avoir une autre cause. Tel riverain d'un chemin peut, sans prétendre à la propriété de ce chemin, avoir intérêt à ce qu'il ne soit pas placé dans la classe des chemins publics ; les arrêtés municipaux auxquels doit être soumise la police de ces chemins pouvant être préjudiciable à ses intérêts ; il peut encore, lorsqu'il est riverain d'un chemin rural que la commune a classé et que les finances de la commune permettent d'entretenir, avoir un intérêt sérieux à ce que le caractère de publicité ne soit pas donné à d'autres chemins, et à ne pas voir diminuer les fonds affectés à l'entretien du chemin qui arrive chez lui. Enfin, en dehors de la qualité prétendue de propriétaire du sol d'un chemin, des habitants peuvent avoir des motifs légitimes pour s'opposer à ce que ce chemin soit porté sur le tableau des chemins publics communaux.

Dans tous les cas l'opposition devra être formée dans l'enquête ou par voie de recours au conseil général. Mais si elle est fondée sur une exception de propriété, cette question d'ailleurs ne sera pas vidée alors même que l'autorité administrative aurait passé outre, et elle devra être portée devant les tribunaux de l'ordre judiciaire, dont les décisions entraîneront l'annulation de la reconnaissance du chemin, si elles constatent qu'il est la propriété privée exclusive d'un ou de plusieurs habitants. Si l'opposition est fondée au contraire sur une appréciation d'intérêt administratif, elle sera définitivement vidée par les corps administratifs chargés d'apprécier ces intérêts.

Si la décision présentait un excès de pouvoir ou une violation de la loi, soit dans son application au fond, soit dans les formalités à remplir, le pourvoi devant les juges du contentieux administratifs serait encore recevable.

59. *Disposition de l'article 88 de la loi du 10 août 1871.* —Voici quelle est la disposition de l'article 88 de la loi du 10 août 1871, qui est déclaré applicable en ces matières : « Les décisions prises par la commission départementale sur les matières énumérées aux articles 85 et 87 de la présente loi, seront communiquées aux préfets en même temps qu'aux conseils municipaux et autres parties intéressées.

« Elles pourront être frappées d'appel devant le conseil général pour cause d'inopportunité ou de fausse appréciation des faits, soit par le préfet, soit par les conseils municipaux, ou par toute autre partie intéressée. L'appel doit être notifié au président de la commission dans le délai d'un mois à partir de la communication de la décision. Le conseil général statuera définitivement dans sa plus prochaine session.

« Elles pourront aussi être déférées au conseil d'Etat statuant au contentieux, pour cause d'excès de pouvoir ou de violation de la loi ou d'un règlement d'administration publique.

« Le recours au conseil d'Etat doit avoir lieu dans le délai de deux mois à partir de la communication de la décision attaquée. Il peut être formé sans frais et il est suspensif dans tous les cas ».

60. *Voies de recours.* — Les voies de recours contre les décisions de la commission départementale en ces matières, sont les mêmes que celles admises en ce qui concerne les chemins vicinaux ordinaires, par l'article 88 de la loi du 10 août 1871. Il appartient au préfet, ainsi qu'au conseil municipal ou à toute autre partie intéressée, de déférer les décisions de la commission départementale sur les chemins ruraux au conseil général, pour cause d'inopportunité ou fausse appréciation des faits (C. d'Etat, 18 novembre 1892, Bardon). Ce recours, qui ne peut être porté en pareil cas devant le conseil d'Etat (C. d'Etat, 23 décembre 1887, Mouliade ; 26 juin 1891, d'Herbomez), doit être notifié au président de la commission dans le délai d'un mois à partir de la communication de la décision. Le conseil général statue définitivement dans sa plus prochaine session (1). Le préfet a, en

(1) Les conseils généraux statuant sur des recours contre des décisions des commissions départementales en matière de classement de chemins ruraux

outre, comme toute partie intéressée, la faculté d'attaquer les décisions de la commission devant le conseil
d'Etat au contentieux, pour excès de pouvoirs, violation
d'une loi ou d'un règlement d'administration publique.
(C. d'Etat, 20 juin 1884, Bontemps ; 28 mai 1886, Giaco-
metti ; 15 juin 1888, Com. d'Abscon ; 23 mai 1890, Durand ; 26 juin 1891 d'Herbomez ; 18 novembre 1892, Bardon). Le recours au conseil d'Etat doit avoir lieu, sous
peine de déchéance, dans les deux mois qui suivent la
communication de la décision attaquée. Il est suspensif
dans tous les cas. Circ. min. int., 27 août 1881. Il n'y a
pas lieu de statuer pour le conseil d'Etat, si la délibération de la commission départementale attaquée a été
rapportée. C. d'Etat, 9 juin 1893, Bazin ; 8 août 1894 de
Jessé. Le conseil d'Etat ne statue pas sur un pourvoi
contre une décision du conseil général, s'il annule la
décision de la commission départementale qui y a donné
lieu. C. d'Etat, 15 mai 1891, Ribous.

D'un autre côté, les arrêtés de reconnaissance ne pouvant être considérés que comme des mesures administratives, qui ne font pas obstacle à ce que les parties
intéressées fassent valoir leurs droits de propriété ou
de possession devant les tribunaux civils ; il résulte de
cette règle, admise en doctrine et en jurisprudence,
comme nous aurons à l'établir plus tard, que les intéressés ne sont pas fondés à soutenir qu'en prenant de
pareils arrêtés l'autorité administrative excède par cela

ne sont pas tenus d'entendre les propriétaires opposants en leurs observations
orales. C. d'Etat, 18 novembre 1892, Bardon.

même la limite de ses pouvoirs. Le recours contentieux contre ces arrêtés ne serait donc admissible que s'ils étaient attaqués, en dehors de l'appréciation de la mesure prise en elle-même, pour excès de pouvoirs ou violation de la loi ; c'est ce qu'a jugé sous l'ancienne réglementation des chemins ruraux le conseil d'Etat, le 2 septembre 1862, dans l'affaire d'un sieur Chicard qui se plaignait de ce qu'un arrêté du maire de Suresne, approuvé par le préfet de la Seine, avait compris le chemin du Clos-des-Seigneurs au nombre des chemins ruraux de la commune de Suresne, alors que le réclamant s'en prétendait propriétaire. En se fondant également sur le principe que ces actes sont purement administratifs, le Conseil avait jugé de même, le 23 décembre 1842, à l'encontre des sieurs Baric et consorts, qui prétendaient au contraire que c'était à tort que tel chemin n'avait pas été compris dans la nomenclature des chemins ruraux ; « que la décision attaquée par laquelle le ministre de l'intérieur s'était borné à approuver l'arrêté du préfet de la Somme, en date du 10 février 1837, lequel a déclaré que le chemin dit de Gayolles ne faisait pas partie des chemins publics communaux des communes d'Argoules et de Narmpont, était un acte purement administratif, qui n'était pas de nature à être déféré au conseil par la voie contentieuse. » Il a été également jugé par le conseil d'Etat le 10 novembre 1893, veuve Lepoultel, qu'on ne pouvait lui demander l'annulation d'une décision de la commission départementale qui a prononcé la reconnaissance d'un chemin rural que le demandeur prétend être sa propriété, alors que pendant l'enquête il n'a pas excipé de ses droits, que le chemin d'autre part est livré depuis longtemps à la circulation et est séparé par une haie de la propriété de ce demandeur. Celui-ci toutefois n'est pas déchu du droit de discuter et faire reconnaître la justesse de ses prétentions devant l'autorité judiciaire.

On ne peut discuter par la voie contentieuse une délibération d'une commission départementale qui a reconnu un chemin rural, lorsqu'un jugement a prononcé l'expropriation des terrains nécessaires à la construction de ce chemin, et que par l'effet de ce jugement l'expropriation a été définitivement consommée. C. d'État, 16 décembre 1892, Grados.

Il appartient au conseil général seul de statuer définitivement en appel sur les décisions de la commission départementale portant classement et reconnaissance des chemins ruraux, lorsquelles sont attaquées uniquement pour cause d'inopportunité ou de fausse appréciation des faits. C. d'État, 23 décembre 1887, Mouliade ; 26 juin 1891, D'Herbomez ; 18 novembre 1892, Bardon.

Il faut au surplus pour que le recours soit recevable devant le conseil que celui qui le forme justifie d'un intérêt direct et personnel lui donnant qualité pour agir. C. d'État, 23 décembre 1892, Labracherie.

Les instances auxquelles donnent lieu les pourvois contre les décisions des commissions départementales en ces matières ont lieu sans frais. Décret, 2 novembre

1864 ; loi, 10 août 1871, art. 88. C. d'Etat, 13 juin 1873, commune de Liévin ; 15 mai 1891, Cossé.

Le préfet et le ministre n'ont pas compétence pour ordonner la radiation d'un chemin porté sur un tableau des chemins ruraux dressé avant la loi de 1881. C. d'Etat, 10 novembre 1893, dame Veron Duverger.

61. *Interprétation des arrêtés de reconnaissance.* — L'interprétation de ces arrêtés appartient exclusivement à l'autorité administrative, par suite de cette règle générale *ejus est interpretari cujus est condere.* M. Dalloz, qui rappelle ce principe, *Répertoire*, v° *Voirie par terre* ; cite, n° 1322, comme un argument pouvant être invoqué dans la matière qui nous occupe, un arrêt du conseil d'Etat du 14 septembre 1852, affaire Calle ; et l'arrêt de la chambre des requêtes de la Cour de cassation du 13 mars 1854, affaire de la commune de Blanzay, S. 54, 1, 542, auxquels je me borne à joindre l'arrêt de Nancy du 13 décembre 1846, et celui de la chamb e civile de la Cour de cassation du 6 novembre 1877, comm. de Tangon, S. 78, 1, 114.

Les principes en ces matières ne sont plus discutables. Si un acte administratif est net et clair, que les dispositions ne présentent aucune ambiguité, les tribunaux devant lesquels les parties le produisent doivent en faire l'application. S'il est obscur, si dans son ensemble ou par suite de la rédaction de l'une de ses dispositions, il est difficile d'en reconnaître le sens et la portée, enfin s'il y a lieu de l'interpréter, les tribunaux doivent renvoyer cette interprétation à l'autorité d'où émane cet acte, et qui déclarera préalablement quel en est le sens. J'ai eu bien des fois à rappeler ces principes dans des rapports présentés à la Cour de cassation, et j'aurai une bien longue énumération à faire, si je devais signaler ici toutes les décisions qui les ont consacrés.

62. *Questions d'administration.* — M. Maunoury, dans son rapport à la Chambre des députés, résumant le système de la loi de 1881, disait qu'en ce qui concerne les questions d'administration, une assimilation aussi complète que possible devait être faite entre les chemins ruraux et les chemins vicinaux.

63. *Actions du préfet et du maire.* — Notre article indique fort nettement quelle est la part d'action réservée aux préfets et aux maires dans la procédure administrative en reconnaissance des chemins ruraux. Ici, comme dans beaucoup d'autres matières, les uns ont réclamé en faveur de la décentralisation communale et demandé l'extension des attributions des maires, et une complète indépendance pour les soustraire à l'autorité préfectorale ; les autres ont pensé que l'intervention des préfets devait être au contraire maintenue dans toute son efficacité. M. Léonce de Lavergne a adopté l'opinion que cette intervention devait être repoussée : *Revue des Deux Mondes*, 1868, p. 414. En thèse et en théorie pure, on peut très raisonnablement

soutenir celte opinion et la fonder sur des considérations très séduisantes ; mais en pratique l'application
de ces théories ne conduit pas toujours aux résultats
que l'on croyait devoir atteindre. Je ne veux pas mé-
dire des administrations municipales de certaines communes de France ; personnellement j'ai fait longtemps
partie d'une administration municipale importante et
j'applaudis au dévouement qu'apportent bien des membres de ces corps pour assurer à leurs concitoyens tous
les bienfaits d'une direction sage, réfléchie, éclairée et
prévoyante ; parfois même je reconnaitrai, si l'on veut,
que le contrôle un peu éloigné et un peu trop rigide
observateur des traditions et des formules, de l'administration supérieure, peut entrainer des ennuis et des gênes
inutiles. Mais enfin, il y a 35,989 communes en France,
peut-on s'en rapporter, dans ces 35,989 localités, au bon
vouloir, à l'expérience et aux connaissances administratives des administrateurs locaux, et ne faut-il pas éviter
avant tout de rencontrer en France 35,989 manières
d'entendre et d'appliquer la loi. Aussi sommes-nous de
l'avis de ceux qui voulaient pouvoir compter dans la circonstance actuelle sur l'action des municipalités et à la
fois sur la surveillance et au besoin sur l'impulsion et
la direction de l'autorité supérieure (1).

**63ª. *Délivrance des copies des actes de classement par
les maires.* —** Des personnes peuvent avoir le plus grand

---

(1) Dans ce sens voyez entre autres M. Bernard, Discours de rentrée à la
cour de Dijon en 1839, p. 18.

intérêt à connaître exactement les dispositions du classement, et pour cela ils doivent s'adresser au maire. En
cas de refus « bien que les maires soient justiciables de
l'ordre judiciaire à raison des fautes qu'ils commettent
dans leurs fonctions d'officier de police judiciaire et d'officier de l'état civil ; il en est autrement alors qu'ils agissent en qualité d'agents du pouvoir central. Et le refus
par un maire de délivrer à un particulier des copies certifiées des expéditions de classement des chemins vicinaux, et des énonciations du cadastre constituent un acte
d'administration qui échappe à la compétence des tribunaux civils. » Trib. civ. de Mantes-sur-Seine, 12 juin
1891, D. 93,2, 318. Il en serait de même du refus de délivrer copie du classement des chemins ruraux.

63ᵇ *Concours des agents-voyers aux opérations de reconnaissance.* —La circulaire ministérielle du 23 novembre 1881 porte que les agents-voyers seraient des auxiliaires très utiles aux municipalités pour les actes d'instruction ou d'exécution relatifs à la reconnaissance des
chemins ruraux. Elle engage les préfets à signaler les
avantages que les communes pourraient retirer de ce concours, et à autoriser cette intervention lorsqu'elle serait
réclamée par les maires, et à solliciter des conseils généraux le vote des sommes qu'il serait équitable d'allouer
à ces agents à titre de rémunération.

63ᶜ *Acquittement de frais auxquels peut donner
lieu la reconnaissance.* —La même circulaire prévoit

l'imputation sur les fonds de cotisations municipales des frais d'impression et de fournitures des modèles mis à la disposition des municipalités pour classement des chemins ruraux.

§ 2. — Largeur des chemins ruraux.

64. *Fixation de la largeur des chemins ruraux.* — Notre article 4 prescrit d'indiquer dans les arrêtés de reconnaissance la largeur des chemins ruraux sur les différents points ; ce qui nous conduit à rappeler ici certaines règles applicables à la fixation de cette largeur.

L'administration, en procédant à la reconnaissance des chemins ruraux, doit les maintenir dans leur largeur actuelle, sanctionner l'état où ils ont toujours été, et elle ne peut ordonner leur élargissement comme elle en aurait le droit s'il s'agissait d'un chemin vicinal ; c'est dans ce dernier cas seulement qu'en ordonnant l'élargissement elle peut attribuer aux chemins des portions de terrain appartenant aux riverains et nécessaires à l'élargissement. Les instructions ministérielles du 16 novembre 1839 le disaient formellement, et c'est dans ce sens que se sont prononcées la jurisprudence et la doctrine : C. cass., 7 juillet 1854, S. 54, 1, 749 ; C. d'Etat, 24 janvier, Denizet ; C. cass., 9 décembre 1857, S. 58, 1, 541 ; C. d'Etat, 2 septembre 1862, Chicard ; MM. Braff, n° 305 ; Herman, n° 914 ; Dalloz, n° 1323 ; Bost, n° 28 ; Ad. Chauveau, *Journal de droit ad.*, t. III, p. 406, t. IV, p. 400, t. X, p. 356, t. XI, p. 223 ; *Annales des che-*

mins vicinaux, 2° partie, t. III, p. 144 ; *Ecole des com-*
munes, 1854, p. 101 ; Solon ; Dufour, t. III, p. 393, n° 400 ;
Garnier, *Législ, et jurisp. nouvelles sur les chemins,*
p. 19 ; toutefois M. Serrigny a défendu l'opinion contraire
en se plaçant au point de vue spécial de l'alignement,
Questions de droit adm., n° 87, p. 135 et suiv.

65. *Elargissement au moyen de l'alignement.* — La
citation de l'opinion de M. Serrigny à ce sujet, nous
amène à dire immédiatement que dans notre opinion
l'administration ne peut pas faire indirectement, ce
qu'elle n'a pas le droit de faire directement, et que nous
ne croyons pas qu'elle puisse étendre la largeur d'un
chemin rural en enjoignant aux riverains qui veulent
clore leurs héritages longeant le chemin, de délaisser
le long de la voie une largeur de terrain déterminée.
Et à ce sujet nous pouvons nous appuyer sur l'arrêt de
rejet du 7 juillet 1854, intervenu dans l'affaire Chambourdon. Cette opinion est encore plus soutenable aujourd'hui depuis les derniers arrêts du Conseil restreignant les pouvoirs de l'administration en matière
d'alignement, lorsqu'il n'existe pas de plans généraux ;
Au surplus, l'examen de cette difficulté reviendra tout
naturellement lorsque nous aurons à nous occuper de
l'application des servitudes de voirie aux riverains des
chemins ruraux.

66. *Elargissement au moyen du classement parmi*
les chemins vicinaux. — Si le chemin rural a une im-

portance telle que sa largeur actuelle soit insuffisante,
l'administration a un moyen légal de donner satisfaction à l'intérêt public en le classant parmi les chemins
vicinaux. Après ce classement, en effet, le préfet pourra
étendre cette largeur, sauf aux intéressés à faire valoir
leurs droits à l'indemnité en laquelle se résout alors
leurs droits de propriété. C'est l'observation qui a été
présentée lors du vote de la loi de 1881 à l'occasion de
la proposition de M. Dauphin qui demandait que l'arrêté
de classement attribuât à la commune le sol compris
dans les limites fixées, sauf indemnité. La commission
a repoussé cet amendement et a déclaré que le système
réservé aux chemins vicinaux ne serait applicable
qu'aux chemins classés dans la vicinalité. Rapport de
M. Labiche au Sénat, *Officiel* du 21 mars 1877, p. 2222,
1re col.

67. *Compétence des tribunaux pour déterminer cette
largeur*.— Il résulte de ce que je viens de dire, qu'après
l'arrêté de reconnaissance d'un chemin rural ou pendant
l'enquête qui le précède, s'il s'élève des difficultés sur
la fixation de la largeur et l'emplacement des limites de
ce chemin, il faudra se pourvoir devant l'autorité judiciaire pour faire juger ces différents, parce qu'il s'agit
de statuer sur une question de propriété, pour le jugement de laquelle les tribunaux civils sont seuls compétents ; aux arrêts de la Cour de cassation que nous ci-
tions tantôt, on peut joindre dans ce sens, les arrêts des
23 juillet 1839, de Chazournes ; 10 août 1840, S. 40, 1,

847 ; 5 janvier 1855, S. 55, 1, 145 ; 9 avril 1862, S. 62, 1, 465, l'arrêt d'Orléans du 27 juin 1890. *La loi*, D. 92, 2, 613, etc. etc. Et remarquons que cela doit être entendu en ce sens que non seulement les commissions départementales n'ont pas les pouvoirs suffisants, en fixant la largeur d'un chemin rural, d'étendre la largeur que ce chemin était reconnu avoir au moment de l'arrêté, mais encore qu'elles ne peuvent pas déterminer cette largeur alors que les limites étant incertaines et contestées, il s'agirait seulement de rechercher ces limites pour donner au chemin, non point la largeur qu'il devrait avoir pour les facilités des communications, mais la largeur réelle qu'il a d'après les titres et la possession ; c'est ce que la Cour de cassation a formellement jugé dans l'arrêt de rejet de la chambre des requêtes du 9 décembre 1857, S. 58, 1, 154, et le conseil d'Etat a été aussi explicite dans sa décision du 24 janvier 1856, Denizet.

68. *Fixation de la largeur d'un chemin rural un moment placé dans la classe des chemins vicinaux ; compétence.* — Au cas où l'arrêté de classement d'un chemin comme chemin vicinal n'a pas reçu d'exécution, et a été suivi d'un arrêté de déclassement qui a rangé ce chemin parmi les chemins ruraux, il a été jugé que sa largeur devait être déterminée par l'autorité judiciaire, non par application de l'arrêté de classement, qui doit être considéré comme non avenu, mais surtout par application des autres documents fournis au procès. C. cas., 9 décembre 1857, déjà cité.

69. *Bases à suivre pour la détermination de la largeur des chemins.* — Les juges civils, appelés à déterminer la largeur des chemins par la voie contentieuse et entre les intéressés qui les investissent de la connaissance des difficultés existant entr'eux, peuvent prendre pour base de leurs décisions toutes les justifications sur lesquelles peut se fonder le droit de propriété. Ils peuvent notamment prendre pour point de départ dans cette fixation, un ancien règlement qui était devenu une règle pour une province, par exemple pour la Provence, le règlement des consuls d'Aix du 6 septembre 1729, sur la largeur des chemins appelés alors voisinaux. C. cass., 10 août 1840, Baume, S. 40, 1, 847.

70. *Largeur d'après les usages et les règlements locaux.* — La largeur fixée par les usages et règlements locaux en cas d'insuffisance des titres et documents, devant fournir au juge une base de solution, comme nous venons de l'indiquer, il pourrait être utile de rechercher ces usages et de les indiquer ; mais ce serait là une étude bien longue, et nous ne pourrions la faire que d'une manière incomplète et certaine.

D'après Fournel, *Traité du voisinage*, t. 1, p. 287, qui s'appuie sur les arrêts du Parlement de Paris des 15 mai, 22 août 1786, 27 mars et 2 mai 1788, les chemins de traverse dans le ressort de ce parlement, devaient avoir 24 pieds s'ils conduisaient d'une ville à un bourg ou à un endroit où il y avait foire et marché, autrement ils ne prenaient que 18 pieds, non compris dans l'un et l'autre cas, des fossés de 3 pieds de large sur 2 de profondeur.

D'après un auteur provençal, Cappeau, *Législation rurale et forestière*, t. 1, p. 672, la largeur de ces chemins doit être au maximum de 6 mètres ; et pour cette détermination Cappeau s'appuie moins sur les coutumes locales que sur les lois des 9 ventôse an XIII (28 février 1805), article 6, et 28 février 1808, article 7. Bomy, également pour la Provence, assigne aux anciens chemins vicinaux une largeur minimum de 2 cannes (4 mètres) franc de rives, et il ajoute que ce qui manque de cette largeur est censé avoir été usurpé par les voisins et doit être restitué par eux. *Recueil de coutumes*, p. 8, ch. 8 ; *Jurisp. féodale*, 1re partie, tit. 6, sect. 16, p. 103.

Dans la partie de notre étude consacrée aux chemins privés, nous aurons à indiquer certains usages locaux au sujet des servitudes de passage, et on pourra recourir aux indications que nous donnerons à ce sujet, si on croit qu'elles puissent être utiles pour déterminer dans certains cas la largeur des chemins ruraux.

71. *Diminution de la largeur des chemins ruraux par décision administrative.* — Dans toutes les matières, il faut savoir apprécier le véritable caractère des questions qui se présentent ; dès que la propriété est incertaine et qu'il s'agit de son attribution, les tribunaux civils sont compétents ; mais s'il ne s'agit que d'appréciations qui doivent se faire au point de vue de l'intérêt public ou de l'administration communale, sans toucher aux questions de propriété, l'administration conserve toute sa liberté d'action, ses droits et ses pouvoirs. Ainsi nous disions tantôt : s'agit-il de déclarer s'il y a intérêt pour la commune à ce que tel chemin soit reconnu chemin public alors que personne n'en prétend être privativement propriétaire ou possesseur, c'est à l'administration à statuer. Nous ajoutons ici : s'agit-il de restreindre la trop grande largeur d'un chemin rural dont les limites ne sont pas contestées et dont l'entretien sur une semblable largeur ne peut être que ruineux et mal fait, le préfet a qualité pour déterminer, dans un intérêt de bonne administration financière et de voirie, les limites de ce chemin, ou soit la partie réservée au public qui sera seule entretenue, et la partie qui restera une propriété privée communale susceptible d'être aliénée. La Cour de cassation a consacré implicitement cette règle lorsqu'elle a dit dans sont arrêt de cassation du 17 mars 1837, dans l'affaire Menesson : « Attendu, en droit, que toutes les voies publiques de communication qui ne sont pas rangées dans la classe des chemins vicinaux continuent d'être comme ceux-ci la propriété des communes où elles existent ; *qu'elles doivent conserver leur ancienne largeur tant que le préfet, usant du pouvoir que lui donne à cet égard l'article 6 de la loi du 9 ventôse an III, ne l'a pas réduite* ».

12. *Interprétation d'actes administratifs pour fixer la largeur des chemins.* — Si, pour déterminer la largeur d'un chemin, il faut consulter des actes administratifs dont la signification ne soit pas claire et nécessite une interprétation préalable, le juge saisi doit surseoir à statuer jusqu'à ce que cette interprétation ait été donnée par l'autorité administrative compétente. C. cass., 26 août 1859, D. 63, 5, 410, etc.

73. *Bornage.* — Plusieurs conseils généraux ont demandé dans diverses sessions, que l'administration municipale fût obligée de procéder au bornage des chemins ruraux, pour les défendre d'une manière efficace contre les empiétements, dont ils sont trop souvent l'objet. Je puis indiquer notamment les vœux émis dans ce sens dans la session de 1869 par le conseil général de la Haute-Vienne, et dans la session de 1861 par ceux du Loiret et de l'Yonne. Malheureusement ces opérations, destinées à prévenir des usurpations, donnent souvent naissance à un grand nombre de procès fort coûteux, qui peuvent même compromettre des facilités dont jouissent les habitants à titre de tolérance, et on comprend les hésitations des administrations municipales, comme celles de l'administration supérieure. Qu'on me permette de citer au sujet du bornage des chemins ruraux, le passage suivant d'un article signé A. M. et inséré dans les *Annales des chemins vicinaux*, 2ᵉ partie, tome 3, page 153, parce que j'y trouve des indications qu'il serait sage et utile de suivre.

« Le bornage des chemins ruraux est une des mesures les plus propres à assurer la conservation du sol des voies publiques. Les maires, représentant légaux

des communes, ont qualité pour procéder à cette opération. Il est de principe, en effet, que tout propriétaire
peut exiger le bornage de sa propriété ; et les communes ont, vis-à-vis des riverains d'un chemin rural, les
mêmes droits que les propriétaires ont vis-à-vis d'elles.
Nous ferons observer, toutefois, qu'il ne nous paraît
pas nécessaire que les fonctionnaires municipaux procèdent au bornage des chemins ruraux par la voie judiciaire, c'est-à-dire qu'ils fassent sommation à tous
les riverains, par ministère d'huissier, d'assister à cette
opération. Ce mode de procéder pourrait entraîner des
frais considérables à raison du grand nombre de parties auxquelles sommation devrait être faite. Nous pensons qu'ils peuvent employer, dans ce cas, la forme administrative, c'est-à-dire faire remettre à chaque riverain, par l'intermédiaire du garde champêtre, l'invitation
de se trouver tel jour, à telle heure, sur tel chemin,
pour y faire la délimitation de la voie publique et de sa
propriété. Si quelques-uns des propriétaires n'obtempè-
rent pas à cette invitation, le maire n'en doit pas moins
procéder à la plantation des bornes indiquant les limites de la voie publique ; et si, ultérieurement, ces propriétaires pensent que les bornes ont été mal plantées
et qu'on a réuni au chemin des portions de terrain qui
leur appartiennent, ils feront valoir leurs droits, ainsi
qu'ils pourront le faire à l'égard du sol du chemin tout
entier. Mais, dans cette dernière hypothèse, la commune
aura toujours le côté le plus favorable puisqu'elle sera
défenderesse. La conséquence nécessaire du droit réci-

proque des communes et des riverains, en cette matière, c'est que les conseils municipaux peuvent voter les fonds nécessaires pour faire face aux dépenses du bornage ; mais ces fonds doivent être votés en dehors et en sus des ressources spéciales créées par la loi du 21 mai 1836, qui sont exclusivement applicables aux travaux des chemins vicinaux ».

Lorsque le bornage n'a pas lieu amiablement et d'un commun accord, l'action en bornage doit être portée devant les tribunaux. Req., 15 novembre 1831, Larché.

Le défaut de bornage ne peut pas faire disparaître la contravention résultant d'usurpation sur la largeur du chemin ou de dégradations au moment des cultures. C. cass., 8 août 1862, D. 53, 1, 387.

74. *Rectification.* — Lorsque la direction et la largeur d'un chemin rural ne sont point contestées, il peut être de l'intérêt de la commune et d'un des riverains que ce chemin soit rectifié sur la partie de son parcours où il touche ce riverain. Dans ce cas les parties étant d'accord, rien ne s'oppose à ce que cette rectification ait lieu en suivant toutefois, en ce qui concerne la commune, les formalités prescrites par la loi, qui exigent en pareil cas une délibération du conseil approuvée par le préfet.

A la suite de la demande qui avait été présentée par un particulier à l'effet d'obtenir l'autorisation de redresser un chemin rural qui longeait sa propriété, le maire de la commune avait fixé par un arrêté les conditions suivant lesquelles ce redressement devrait avoir lieu, et par un jugement qui se trouvait passé en force de chose jugée, l'autorité judiciaire avait condamné ce particulier à exécuter ce travail conformément aux prescriptions de cet arrêté. *Dans ces circonstances* il a été jugé que le propriétaire ne pouvait être admis à attaquer pour excès de pouvoir, soit l'arrêté du maire, en se fondant sur le défaut de concours du conseil municipal, soit la décision ministérielle qui avait rejeté son recours contre l'arrêté du maire, en se fondant sur ce que cette décision serait en contradiction avec une décision ministérielle rendue antérieurement. C. d'État, 20 juin 1865, de Mersan.

74° *Dépendance des chemins ruraux ; renvoi.* — Voyez *infrà* n°° 138 et suiv.

ART. 5. — *Conséquences juridiques de la reconnaissance.*

Ces arrêtés vaudront prise de possession, sans préjudice des droits antérieurement acquis à la commune, conformément à l'article 23 du Code de procédure. Cette possession pourra être contestée dans l'année de la notification.

SOMMAIRE

75. Résultats divers de la reconnaissance sous la loi de 1881.
76. Possession attribuée à la commune par la reconnaissance.
77. Droits antérieurs de la commune.

75. *Résultats divers de la reconnaissance sous la loi de 1881.* — Lorsque l'état civil d'un chemin rural est constitué par l'accomplissement des formalités prescrites par la loi, cette constitution aura pour effet de doter ces chemins de certains avantages, notamment du privilège de l'imprescriptibilité, de l'affectation facultative des ressources communales, enfin de la possibilité d'être l'objet de syndicats. Rapport de M. Labiche au Sénat.

76. *Possession attribuée à la commune par la reconnaissance.* — L'arrêté de reconnaissance produit un effet très important, très simple, très naturel et qui est la conséquence directe des faits accomplis. Lorsqu'un simple particulier a pris possession d'une propriété privée, au bout d'un an ce fait d'occupation lui donne un droit essentiel : il a la possession. Si on le trouble, il a devant le juge de paix l'action possessoire pour se faire maintenir dans cette possession qui a duré une année, et en qualité de possesseur il est réputé propriétaire jusqu'à preuve contraire. Il faut, pour infirmer sa possession, des titres, ou la prescription qui équivaut à un titre.

8

L'article applique aux chemins ruraux cette règle du droit commun. L'arrêté de reconnaissance est considéré comme une main mise de la commune sur le chemin ; et, en effet, il ne peut y avoir de prétention à la propriété plus hautement manifestée, de prise de possession plus éclatante, que celle qui résulte de cet ensemble de faits et de formalités publiquement accomplies : la visite officielle du chemin, l'enquête, la délibération du conseil, la déclaration de propriété contenue dans l'arrêté. Ces actes multiples ne constituent cependant qu'une simple prise de possession ; mais si elle se prolonge, si le propriétaire riverain qui a le droit, sans se préoccuper de l'arrêté, de faire décider par les tribunaux qu'il a la possession ou la propriété d'une partie du chemin, ne le fait pas ; s'il ne trouble pas la main mise opérée par la commune, s'il laisse accomplir l'année à compter du jour de la publication ; alors la commune a la possession annale ; l'arrêté non attaqué dans l'année fait preuve de sa possession ; la commune a l'action possessoire devant le juge de paix pour défendre ses droits ; désormais on ne peut plus lui opposer qu'une preuve de propriété.

Ce sont là pour les communes d'incontestables avantages. Jusqu'à présent, au moyen d'usurpations de courte durée que le juge de paix était obligé de respecter, lorsque leur caractère n'avait rien d'équivoque, on a trop souvent diminué la largeur des chemins et trop souvent dépouillé les communes. L'action possessoire était contre elle une arme redoutable. La loi proposée leur en assure le bénéfice. Exposé des motifs, *Officiel* du 31 octobre 1876, p. 7803, 3ᵉ col.

Mais il faut remarquer que notre article ne doit pas nuire à la commune; que les formalités instituées pour conserver ses droits ne sont pas de nature à les compromettre. Si donc un arrêté de reconnaissance comprenait un chemin rural dont la commune aurait déjà la possession, ce droit acquis ne serait en rien affecté par l'arrêté; il conserverait toute sa force, et en ce cas l'arrêté n'autoriserait pas les propriétaires riverains à porter devant le juge de paix une action possessoire qu'ils n'avaient pas auparavant.

Sans avoir aucun inconvénient, l'arrêté de reconnaissance aura donc de grands avantages pour la commune: c'est un inventaire; par cela même il constate les droits auxquels prétend le corps commun; opère une sorte de bornage des chemins, prévient les usurpations, met un terme aux tracasseries, sert à liquider tout passé litigieux, sauvegarde l'avenir, et dans l'espace de trente ans rend toute contestation impossible. Exposé des motifs *loc. cit.*

Le premier effet de l'arrêté de reconnaissance est la constatation immédiate, non de la propriété, mais de la possession légale des communes. Jusqu'à la loi de 1881, cette possession ne pouvait être établie que par des preuves de droit commun, c'est-à-dire par des actes matériels souvent controversables et qui, par leur nature même, ne peuvent pas produire des effets permanents. La nature de ces actes de possession matérielle les rend d'une exécution coûteuse; en effet, il est difficile d'exécuter sur toute la longueur d'un chemin vis-à-vis de chaque propriété riveraine, des travaux de bornage ou des fossés. On pourrait demander, pour se dispenser de ces actes de possession, l'adhésion expresse de chaque riverain à un procès-verbal général de reconnaissance ; mais, dans cette voie encore, on rencontrerait des difficultés d'exécution considérables.

Le système proposé par le conseil d'État, et qui a paru à la commission du Sénat devoir être adopté, est celui qui consiste à faire produire à un état de lieux non contradictoire, mais arrêté après les formalités prescrites par l'article 4, tous les effets d'une possession matérielle, si cet état de reconnaissance n'est, dans l'année, l'objet d'aucune réclamation de la part des riverains. Cette prise de possession fictive présente en réalité, plus de garantie pour les tiers que les actes équivoques de possession matérielle dont se contente le plus souvent le droit commun, et qui ne laissent ordinairement aucune trace. Rapport de M. Labiche au Sénat.

Si, dans l'année de la notification, l'arrêté n'est pas contesté, il produit tous les effets que le droit commun attribue à un acte de possession, il opère les effets d'un bornage, prévient les usurpations, sert de point de départ à la prescription trentenaire et rend à l'avenir toute contestation impossible. Même rapport.

De son côté M. Maunoury, rapporteur à la Chambre des députés, disait :

Quel est l'effet de l'arrêté de reconnaissance?

C'est de valoir prise de possession par la commune.

Il y a en cela dans la loi une chose nouvelle au point

de vue du droit civil, à savoir qu'une notification soit assimilée à un acte matériel de possession et évidemment ce n'est pas une disposition excessive. Rien n'est plus public, moins équivoque comme prise de possession, que l'affichage et la notification à l'intéressé de la proclamation du droit prétendu par la commune. Il est dès lors très conforme au droit commun, à l'équité de limiter à un an, à partir de la notification, le droit de contester cette possession.

Le système de la loi sur la prise de possession résultant de l'arrêté de reconnaissance, n'a pas été admis sans lutte ni opposition. M. le sénateur Dauphin, alors Procureur général à la Cour de Paris, y a vu une expropriation de jouissance constituant une véritable agression contre la propriété, et a longuement développé les motifs de sa résistance à l'adoption du système qui a cependant été sanctionné. Sénat, 16 mars 1887, *Officiel* du 17, p. 2013 et suiv.

77. *Droits antérieurs de la commune.* — L'article porte que la prise de possession qui résulte de l'arrêté de reconnaissance ne préjudicie pas aux droits antérieurement acquis à la commune. En effet, si l'arrêté de reconnaissance concernait un chemin dont la commune aurait déjà la possession incontestable, ce droit acquis ne pourrait être mis en question; il conserverait, au contraire, tous ses effets, et les riverains ne pourraient se prévaloir de l'arrêté pour former une action possessoire. Rapport au Sénat de M. Labiche.

De son côté, M. Maunoury, rapporteur à la Chambre des députés, disait : que cette possession attribuée à la commune par l'arrêté de reconnaissance et qu'on pouvait contester pendant l'année de la notification, ne signifiait pas que pendant ce délai d'un an toute possession pourrait être contestée à la commune, même celle qu'elle pourra établir avoir existé antérieurement à l'arrêté. Ce serait fort injustement la dépouiller d'un droit acquis ; cela veut dire qu'après un an rien ne pourra être prétendu contre le droit de possession de la commune.

Ajoutons, dit le même rapporteur, qu'aucun acte nouveau ne pourra préjudicier à cette possession.

78. *La reconnaissance n'est pas définitivement attributive à la commune du sol du chemin.* — M. le sénateur Dauphin avait proposé de donner pour effet à l'arrêté de reconnaissance l'attribution définitive à la commune du sol du chemin reconnu, dans les limites déterminées par l'arrêté. Le droit des riverains devant se résoudre en une indemnité qui serait réglée comme en matière vicinale ; mais la commission a repoussé cette proposition, ne voulant pas établir quant à ce une situation identique entre les chemins ruraux et les chemins vicinaux. On s'est borné à répondre que si les chemins ruraux étaient assez importants pour être placés sous le régime des chemins vicinaux, il n'y avait qu'à les classer comme vicinaux, mais qu'on ne pouvait les placer tous par mesure générale, sous ce régime. Rapport de M. Labiche au Sénat. *Officiel* du 21 mars 1877, 2222, 1re col.

79. *Effets de l'arrêté relativement à la possession. Quand deviennent-ils définitifs.* — L'arrêté crée une présomption de possession, mais il n'attribue pas par lui-même une possession irrévocable, puisque comme toutes les possessions on peut la contester avant l'expiration de l'année qui suit la notification de l'arrêté. Rapport, Sénat 16 mars 1877, *Officiel* du 17, p. 2015, col. 2. Mais, l'année passée, la possession et ses effets légaux sont acquis à la commune.

La notification de l'arrêté de reconnaissance, est une voie de fait, un trouble, un acte qui peut être attaqué par le propriétaire, par la complainte. Cass., 14 mai 1877, S. 78,1,451 ; D. 78,1,15 ; trib. civ. des Andelys, 23 décembre 1890, Pand. 92,2, 98. La loi de 1881 n'a modifié en rien, quant à ce, les anciennes règles. L'action possessoire en maintenue est recevable. Cass., 2 février 1875. S. 75,1, 79 ; 18 juillet 1877, S. 79, 1, 14. D. 78, 1, 365 ; 25 juillet 1888, S. 88, 1, 463, D. 89, 1, 292; 25 février 1889, S. 89,1, 328 ; D. 90, 1, 478. C'est l'avis que j'avais soutenu, t. 1, n°ˢ 76, 81 et que je trouve partagé par Noblet, *Code pratique des chemins ruraux*, n° 39 et Naudier, n° 98.

Je disais alors et je répète que si on rencontre des actes de possession des deux côtés, on devra se montrer favorable à la commune.

Un jugement du tribunal des Andelys du 23 décembre 1890, inséré dans les Pandectes, 1892,2,98, porte que si à défaut de contestation dans l'année, l'arrêté de reconnaissance équivaut à une prise en possesion qui rend irrecevable l'action en complainte contre la commune, il n'en est pas de même lorsque l'arrêté a été contesté dans les délais de notre article 5. L'arrêté ne constituant alors qu'un trouble de droit ne donnant pas d'avantage à la commune sur son adversaire. Lorsque l'arrêté de reconnaissance a été contesté dans l'année, ce serait à la commune à prouver sa possession annale avant l'arrêté, et non au propriétaire qui demande à être maintenu en sa possession conforme à son titre.

80. *Influence de l'arrêté sur les questions de propriété.* — Sous l'ancienne réglementation comme sous la nouvelle, s'il est vrai que la reconnaissance d'un chemin public n'a pas pour effet d'attribuer la propriété de cette voie à la commune sur le territoire duquel il est établi (C. d'État, 10 novembre 1853, Lepaultel; même date, Vve Veron-Duverger), cet arrêté ne saurait être sans influence sur l'examen de la question de propriété, c'est tout au moins un avis donné par l'autorité administrative, qui doit être pris en considération, lorsqu'il est corroboré et justifié par les autres documents et les circonstances de fait. Cass., 27 avril 1864, S. 64, 1, 212; 16 avril 1866, S. 66, 1, 321.

81. *Effets des arrêtés de reconnaissance antérieurement à la loi de 1881.* — Notre article 5 porte que les arrêtés vaudront prise de possession; nous venons de voir combien dans la suite cette disposition peut être utile et avantageuse pour la commune, lorsque cette possession n'est pas contestée dans l'année; mais avant l'expiration de ce délai et au moment où l'arrêté est rendu, il n'en résulte pour la commune aucune reconnaissance d'une possession ou propriété antérieure, et les droits de cette nature peuvent être revendiqués et débattus par tous ceux qui prétendent les posséder légalement. A ce sujet l'ancien régime des chemins ruraux a été maintenu et il n'est pas dès lors inutile de reproduire l'exposé que j'en ai fait dans la précédente édition, où je disais : Dans sa circulaire du 16 novembre 1839, le ministre de l'intérieur déclare que le tableau des chemins ruraux, arrêté dans les formes prescrites et que nous avons indiquées plus haut, fera titre pour la commune. Cette règle cesserait d'être vraie si on voulait lui donner trop de portée, en considérant l'arrêté comme constituant un titre définitif de propriété pour la commune. Le ministre de l'intérieur lui-même, dans les observations présentées au tribunal des conflits lors du jugement de l'affaire Delort contre la commune de de Couze, vidée par arrêt du 27 mars 1851, explique que cela n'est vrai qu'autant qu'il n'existe pas de réclamations, et M. Vuitry, qui portait la parole comme commissaire du gouvernement dans cette affaire, crut devoir renouveler cette observation. M. Herman l'a reproduite dans son *Traité pratique de la voirie vicinale*, n° 911. La Cour de cassation déclare, dans son arrêt du 16 avril 1866, ch. des req., affaire Tissier : « que si les arrêtés de classement des chemins publics ruraux ne sont pas attributifs de la propriété de ces chemins en faveur de la commune de leur situation, ils exercent une légitime influence sur la solution de la question de pro-

priété lorsqu'ils sont corroborés par d'autres documents
et les circonstances de la cause. » C'est ce que la chambre
des requêtes avait déjà dit dans l'arrêt Ravet, du 27 avril
1864. Sans créer au profit de la commune une présomption légal de propriété, dit M. Desjardins avec l'arrêt de
la cour de Rouen, du 24 janvier 1863, le classement peut
du moins être regardé comme ayant la valeur d'une présomption simple susceptible d'imprimer à la possession
de la commune le caractère d'une possession *animo
domini*, et de mener à la démonstration de la propriété
de cette commune lorsqu'il existe un commencement de
preuve par écrit.

L'arrêté n'a pas pour effet légal d'attribuer au domaine public communal la propriété ou de reconnaître
la possession antérieure d'un objet litigieux et ne fait
pas obstacle à ce que les parties fassent valoir leurs
droits devant l'autorité judiciaire. — C'est là un point
sur lequel la doctrine et la jurisprudence sont complètement d'accord avant comme depuis la loi de 1881.
Après avoir cité en tête des documents à l'appui de cette
indication la circulaire du ministre de l'intérieur du
16 novembre 1839, j'indique : les arrêts de Nancy, 6 août
1845, S. 46, 2, 249, D. 45, 2, 172 ; Nancy, 13 décembre
1846, S. 47, 2, 83 ; D. 46, 2, 91 ; C. cass., 1er mars 1849,
S. 49, 1, 66 ; 9 mai 1849, S. 49, 1, 649 ; 13 novembre
1849, S. 49, 1, 758 ; C. d'Etat, 19 janvier 1850, Dubourguet ; C. cass., 3 juillet 1850, D. 50, 1, 198 ; Tribunal
des conflits, 27 mars 1851, Delert ; Cass., 18 juin 1853,
S. 54, 1, 71 ; C. d'Etat, 10 novembre 1853, Lepaultel ;

même date Vve Veron-Duverger ; C. cass., 5 janvier 1855, S. 55, 1, 145 ; Rouen, 12 avril 1856, S. 57, 2, 347 ; Paris, 11 mars 1861, S. 61, 2, 497 ; 23 août 1861, S. 61, 2, 49 ; Cass., 14 novembre 1861, S. 63, 1, 553 ; C. d'E-tat, 2 septembre 1862, Chicard ; Cass., 14 février 1863, S. 63, 1, 553 ; 27 avril 1864, S. 64, 1, 212 ; 13 décembre 1864, S. 65, 1, 19 ; 24 janvier 1865, S. 65, 1, 125 ; 16 avril 1866, S. 66, 1, 321 ; 15 juin 1868, S. 69, 1, 29 ; 20 juin 1870, S. 72, 1, 132 ; 21 novembre 1871, S. 72, 1, 20 ; Paris, 3 juillet 1872, S. 73, 2, 265 ; C. cass., 28 mai 1873, D. 75, 1, 127 ; 17 juin 1873, S. 73, 1, 265 ; 9 dé-cembre 1847, D. 75, 1, 225 ; 6 juillet 1875, D. 75, 1, 296 ; 14 mai 1877, S. 78, 1, 265 ; 3 mai 1881 ; S. 83, 1, 351 ; 7 février 1883 ; Pau, 6 décembre 1886, D. 87, 2, 89 ; Or-léans, 11 décembre 1886, D. 88, 2, 12 ; 4 juillet 1888, D. 92, 2, 47 ; Pau, 17 mars 1890, D. 91, 2, 86 ; Dijon, 28 mai 1890, D. 91, 2, 206 ; C. cass., 29 juin 1891, à mon rapport, D. 92, 1, 271, *Pand.*, 92, 1, 344. C'est la règle que j'indiquais dès 1850 dans les *Servitudes de voirie*, t. 2, n° 684, et que posent MM. Braff, n° 304 ; Dufour, t. 3, p. 398, n° 402 ; Bourguignat, *Chemins ru-raux*, p. 5 et 6 ; Neveu Derotrie, *Droit rural*, p. 330 ; Herman, *Traité de voirie vicinale*, n° 910 ; Bost, n°⁵ 13 et suiv.; Dalloz, *Rép.*, V° *Voirie par terre*, n° 1317 ; Garnier, *Législ. et jurisp. nouvelles sur les chemins*, p. 115 ; A. Desjardins, *Des Chemins ruraux* ; Solon, *Des Chemins vicinaux et ruraux*, p. 82. C'est dans ce même sens que s'est formée la jurisprudence sarde dans l'application des règlements qui exigent que l'autorité établisse un tableau des chemins communaux.

La reconnaissance n'incorpore pas au domaine public municipal, à charge d'indemnité, la propriété privée. Pour les chemins vicinaux, aux termes de l'article 15 de la loi du 21 mai 1836, l'arrêté de classement transfère à la commune la propriété du sol du chemin classé, sauf indemnité. Ici il n'en est rien, non seulement les questions de propriété et de possession peuvent naître, mais encore, suivant la solution qu'elles reçoivent, au lieu de se résoudre en un droit·à une indemnité, elles peuvent faire tomber complètement l'effet de la reconnaissance en plaçant dans le domaine d'un particulier le chemin classé parmi les voies publiques rurales. Instruction du ministre de l'intérieur, 16 novembre 1839; Nancy, 6 août 1845, Bourcier; 13 décembre 1846, Antoine, cités plus haut; tribunal des conflits, 27 mars 1851, Delert; Paris, 9 juin 1855; Rouen, 12 avril 1856, Geffray; Cass., 8 mars 1844; 6 février 1845; 1er mars 1849; 9 mai 1849; 3 juillet 1850; 15 octobre 1852; 18 juin 1853; 5 janvier 1855; 13 décembre 1864. *Sic*: Braff, n° 304; Dalloz, *Rép.* V° *Voirie par terre*, 1317: Herman, *Traité de la voirie vicinale*, n° 912; Dufour, t. 3, p. 399, n° 402: Desjardins, *Des Chemins ruraux*; Cotelle, t. 4, p. 364, n° 777.

Tout ce que nous disions des effets de l'arrêté de reconnaissance avant la loi de 1881 est encore vrai depuis cette loi; complètement en ce qui concerne les questions de propriété et même pour les questions de possession soulevées avant l'expiration de l'année qui suit la notification de l'arrêté. Mais en ce qui concerne la possession après cette année, l'arrêté valant prise de possession, la commune à partir de ce moment a la possession annale et toutes les conséquences légales qui s'y attachent.

ART. 6. — *De la prescription.*

Les chemins ruraux qui ont été l'objet d'un arrêté de reconnaissance deviennent imprescriptibles.

SOMMAIRE

§ 1. — *Prescription contre les communes.*

82. État de la question avant la loi de 1881 ; motifs de l'article 6.
83. Défense du système de l'imprescriptibilité des chemins avant la loi de 1881.
84. Nécessité de la reconnaissance préalable pour que le chemin devienne imprescriptible.
85. Chemins entretenus par les syndicats ; imprescriptibilité.
86. Point de départ de l'imprescriptibilité.
87. Cessation de l'imprescriptibilité.
88. Du délai pour prescrire.
89. Prescription des arbres plantés sur un chemin public.
89b. Imprescriptibilité des dépendances des chemins.

§ 2. — *Prescription au profit des communes.*

90. Une commune peut acquérir par prescription la propriété d'un chemin.
91. Prescription trentenaire.
92. Prescription de dix et vingt ans.
93. Quels faits constituent une possession suffisante pour faire acquérir la prescription.

§ 1. — Prescription contre les communes.

82. *État de la question avant la loi de* 1881 ; *motifs de l'article* 6. — Les chemins ruraux sont-ils prescriptibles ? Cette question a profondément divisé les jurisconsultes. Pour ne citer que les plus en renom, Henrion de Pansey, *Justices de paix*, chap. 64 ; Carré, *Justices de paix*, 2, 1623 ; Troplong, *Prescription*, 1, 156 ; Pardessus, *Servitudes*, 1, 216, ont considéré les chemins publics comme imprescriptibles. C'était, dans l'ancien droit, l'opinion de Pothier, de Dunod et de Denizart.

Au contraire, Chauveau, t. X, p. 357 ; Garnier, *Supplément au Traité des chemins*, p. 31 ; Carou, *Actions possessoires*, p. 201 ; de Cormenin, *Gaz. des Trib.*, 25 janvier 1838 ; Dalloz, *Voirie par terre*, n° 1363, ont soutenu que les chemins ruraux étaient prescriptibles malgré leur nature.

La question n'a pas moins divisé les chambres de la Cour de cassation. Sur le rapport de M. Mesnard, la chambre des requêtes s'est prononcée le 3 mars 1846 pour la doctrine de l'imprescriptibilité.

Mais la chambre criminelle a constamment jugé le contraire depuis un premier arrêt du 10 avril 1841.

Et la chambre civile s'est rangée à la même opinion, 13 novembre 1849.

Elle a été sanctionnée par le tribunal des conflits ; 29 juillet 1882, Petitjean.

La contradiction entre ces arrêts est peut-être moins absolue qu'elle paraît l'être ; quelques-uns se concilient très bien par la diversité des espèces. Dans certains cas, la publicité des chemins n'était pas nettement établie, dans d'autres et notamment dans l'arrêt de la chambre civile du 17 août 1857, les faits de possession étaient équivoques, mais il faut reconnaître que l'article 10 de la loi du 21 mai 1836 donne à l'opinion adoptée par la chambre civile et par la chambre criminelle une force que les incidents de la discussion ont considérablement accrue. A cette époque la controverse existait déjà entre les auteurs. Le président Boyer, membre de la chambre des Pairs, voulut la faire cesser en proposant de supprimer l'article 10, comme établissant une imprescriptibilité contraire à l'article 2227 du Code civil. L'article fut maintenu sur une observation de M. le comte Roy, qui est loin d'avoir toute la clarté désirable, mais de laquelle on a conclu que l'imprescriptibilité ne devait affecter que les chemins vicinaux classés, le classement étant le seul signe légal de l'affectation de ces chemins au service public.

L'administration elle-même a partagé cette opinion dans ses explications sur l'article 10 dans l'instruction ministérielle du 24 juin 1836.

Quoi qu'il en soit de cette jurisprudence, les commissions départementales qui n'avaient pas à l'apprécier, mais qui devaient en juger les résultats, se sont pronon-

cées à cet égard avec une unanimité rare. Cinquante-cinq
ont demandé que l'imprescriptibilité fût déclarée, alors
que la commission du Cher seule a accepté la prescription des chemins ruraux ; la commission de la Seine-
Inférieure demeurant partagée sur la question.

Pour le législateur qui n'a pas à se préoccuper des arguments de texte tirés des lois anciennes et qui peut revenir aux principes en toute liberté, la question ne pouvait être bien difficile. Sans doute les chemins ruraux
sont des biens communaux, et, à ce titre, s'ils n'avaient
pas d'autre caractère ils tomberaient sous le coup de la
prescription aux termes de l'article 2227 du Code civil,
ainsi que le faisait remarquer M. le président Boyer.
Mais cette partie du domaine communal est affectée à
l'usage du public; par là, elle est mise hors du commerce ;
elle devient imprescriptible aux termes de l'article 2226.
L'usage de tous proteste incessamment contre les faits
d'occupation individuelle et les rend inefficaces. Cette
doctrine, qui avait prévalu à la chambre des requêtes de
la Cour de cassation, est celle que le législateur devait
préférer.

Suivant le projet, les chemins ruraux sont imprescriptibles ; cette imprescriptibilité résulte de leur affectation
à l'usage du public ; cette affectation doit être établie en
justice ou préalablement constatée. Il vaut mieux qu'elle
soit constatée à l'avance, et elle l'est s'il existe un arrêté
de reconnaissance; c'est là le mode le plus certain, le
plus efficace, il coupe court à toute difficulté et prévient
tout procès. L'arrêté de reconnaissance existant sans

opposition dans les délais, aucune usurpation n'est possible, même sur les bords, car la largeur est déterminée. Les administrations municipales ont donc grand intérêt à ne pas négliger de prendre des arrêtés de reconnaissance. Exposé des motifs, *Officiel* du 31 octobre 1876, p. 7804, col. 1 et 2.

83. *Défense du système de l'imprescriptibilité des chemins publics avant la loi de* 1881. — Avant d'examiner dans l'édition précédente de ce travail la question de savoir si les chemins ruraux étaient ou non prescriptibles, j'avais déjà eu l'occasion de l'étudier dès 1850 dans mon traité sur les *Servitudes de voirie*, t. 2, n° 687, p. 532. Je disais : Pour soutenir que la prescription pût atteindre les chemins ruraux dont la publicité a été reconnue, on s'était appuyé principalement sur cette considération que les chemins vicinaux ayant été seuls déclarés imprescriptibles, tous ceux qui n'étaient point classés dans cette catégorie, ne devaient point profiter de l'exception, et devaient tomber sous la loi commune de la prescription.

L'objection est-elle bien sérieuse? et malgré les arguments que l'on a voulu tirer des observations présentées par MM. Boyer, Girod de l'Ain et Roy à la chambre des pairs, lors de la discussion de la loi du 21 mai 1836, (séance du 2 mai 1836, *Moniteur* du 3, p. 964), ne peut-on pas répondre que la loi sur les chemins vicinaux n'ayant qu'à statuer sur des matières spéciales, en établissant que les chemins dont elle s'occupait n'étaient point prescriptibles, n'a pas voulu priver des chemins dont elle n'avait pas à fixer le régime de ce bénéfice, pas plus que le lui attribuer, et qu'elle ne doit pas être prise en considération pour la solution de la question qui nous occupe ?

Laissons donc la loi de 1836 sur les chemins vicinaux de côté et examinons la question en présence des règles générales de notre droit. L'article 2226 du Code civil porte que l'on ne peut prescrire le domaine des choses qui ne sont point dans le commerce. Les chemins, tant qu'ils ont le caractère de chemins publics, ne font point partie du domaine privé ; ils rentrent dans le domaine public, sont destinés et consacrés au service de tous ; personne ne peut en disposer à son profit comme à titre privé ; en un mot, ils sont hors du commerce et partant imprescriptibles.

Le principe de l'imprescriptibilité des chemins publics est d'ailleurs ancien dans notre droit, il est admis par nos devanciers : Pothier et Dunod, pour ne pas remonter plus haut, l'ont formellement reconnu, et Denisart, dans son *Répertoire* au mot *Chemin*, nous dit : « Un chemin particulier devient chemin public par la seule possession du public, et quand il est une fois chemin public, il n'est plus sujet à prescription ; cela est décidé par plusieurs textes de loi ». Dans nos lois modernes, rien n'a abrogé ces anciennes dispositions. La loi sur les chemins vicinaux dont on excipe, n'a eu à réglementer que les matières relatives aux chemins qui portent ce titre, et a laissé les autres sous le coup des règlements qui les régissaient déjà. Aussi voyons-nous bien des auteurs se ranger à cette opinion : Henrion de Pansey, *Justices de paix*, ch. 44 ; Carré, *Justices de paix*, t. 2, p. 1623 ; Dumay sur Proudhon, *Dom. publ.*, t. 2, n°s 611, 612 etc. ; Troplong, *De la prescript.*, t. 1, n°s 156 et suiv. ; Cotelle, *Gaz. des trib.* du 3 février 1838, et *Cours de droit adm.*, t. 3, p. 362 ; Devilleneuve, *Recueil des arrêts*, année 1846, 1re partie, p. 289, note ; Serrigny, *Quest. de droit adm.*, p. 141 ; Solon, *Ch. vic.*, p. 85, et *Code adm.*, p. 528, note ; Husson, p. 1002 ; Foucart, 4e édit., t. 3, n° 1346 : de Raze, *Revue crit.*, 1863, p. 143 et suiv. ; Pardessus, *Des servit.*, t. 1, p. 489 ; n° 216 ; Fiandin, *Revue crit.*, année 1862, p. 302 ; Bourguignat, *Droit rural*, p. 161, n° 611 ; Fourtanier, *Journal d'agriculture pour le midi de la France* ; Isambert, *Voirie*, n°s 374 et suiv. Cet auteur toutefois est d'un avis contraire sous le n° 398.

M. Mesnard a défendu avec beaucoup de force, de talent et de vérité cette opinion devant la Cour de cassation, et cette Cour l'a sanctionnée par son arrêt du 2 mars 1846, S. 46, 1, 289, ainsi conçu : « Attendu qu'il résulte des faits déclarés constants par le jugement attaqué, que le chemin dont il s'agit a existé de tout temps comme voie publique, sans cesse fréquentée par les habitants pour les besoins journaliers et nécessaires pour la communication de commune à commune ; que, dans de telles conditions, ce chemin a un caractère qui le place hors du commerce et le rend imprescriptible conformément aux dispositions de l'article 2226 du Code Napoléon ; attendu que la loi du 21 mai 1836 n'a pu porter atteinte aux principes consacrés par cet article ; que si elle a déclaré (art. 10), que les chemins vicinaux reconnus et maintenus sont imprescriptibles, il ne s'en suit pas que les chemins non classés, mais non supprimés et de la nature de celui dont il s'agit dans la cause, aient perdu le caractère de chose publique, qu'ils doivent à leur destination et à l'usage qu'on en fait ; que, dès lors, l'article 2226 du Code Napoléon reste avec toute son autorité pour les maintenir hors du commerce et en protéger la conservation par le principe de l'imprescriptibilité ; attendu que le jugement attaqué constate, en fait, qu'il résulte des titres produits au procès et de l'état des lieux, que les berges ont de tout temps fait partie du chemin ; que, par suite, il a pu décider, comme il l'a fait, que les berges étaient imprescriptibles au même titre que le chemin dont elles font partie ; que cette décision, loin de contrevenir aux textes de la loi invoquée, en a fait, au contraire, une juste application » ;

La chambre des requêtes a rendu de nombreux arrêts dans le même sens : 25 août 1825, 14 février 1842, 25 février 1858, 9 avril 1862, et elle posait en tête de son arrêt (Gorse) du 24 avril 1855, ce principe : « Attendu, en droit, qu'un chemin public demeure imprescriptible tant qu'il conserve cette destination ; » Les cours de Bourges, 30 juin 1836, Dijon, 30 juillet 1840, Besançon, 3 novembre 1843, Caen, 13 mars 1855, admettaient les mêmes principes.

L'opinion que les chemins ruraux sont imprescriptibles tant qu'ils conservent le caractère de publicité, est donc fondée en droit, en doctrine et en jurisprudence. Il est bien entendu que le principe cesse d'être applicable lorsque le chemin n'est pas un chemin public, et lorsque ce n'est point à l'encontre d'une voie présentant ce caractère qu'on excipe de la prescription. Si le caractère de voie publique est contesté, on aura à résoudre cette question préalable avant d'examiner si l'exception de prescription est ou non admissible. Ainsi, je soutiens que les chemins publics, même non classés comme vicinaux, sont imprescriptibles ; mais je ne soutiens pas que des chemins d'exploitation, par exemple, ou des chemins communaux abandonnés par le public par suite de l'ouverture de nouvelles voies ou de toute autre cause, soient imprescriptibles ; car ces derniers sont dans le domaine privé des citoyens ou des communes, et non dans le domaine public communal. Ainsi, le riverain d'un chemin rural ne contestant pas le caractère de ce chemin, ne prétendant pas sur lui un droit de propriété fondé sur un titre, ne pourra pas acquérir par possession, au détriment du public, des parties du sol de ce chemin tant qu'il n'est pas déclassé ou abandonné. En un mot, et pour me résumer, les principes applicables aux voies publiques vicinales et autres, en ce qui concerne la prescription, sont applicables aux chemins ruraux dès que leur publicité est légalement reconnue ou constatée. C. cass., 10 mai 1881, *Bull.* n° 309.

On a voulu attaquer cette solution en posant en principe que les chemins ruraux n'ont aucun caractère

particulier qui les distingue des choses du domaine
privé, et que, par suite, toutes les règles, applicables à
la propriété privée, et la prescription notamment, devaient leur être applicables. Je lis en effet dans un
arrêt de la Cour suprême du 5 janvier 1855, qu'alors
même que l'usage de certains chemins ruraux serait
public, s'ils ne sont pas classés comme vicinaux, ils
rentrent dans *la classe des propriétés communales par-*
ticulières soumises aux règles du droit commun. Mais
alors pourquoi ces biens ne sont-ils pas soumis à la loi
civile, et pourquoi le maire ne doit-il pas se borner à
les faire respecter, comme tous les autres biens privés,
en assignant les usurpateurs et ceux qui les dégradent
devant les tribunaux civils et les juges de paix ? Pourquoi sont-ils placés sous la protection des tribunaux de
police comme chemins publics ? Pourquoi autoriser les
maires à prendre des arrêtés pour réglementer les
constructions et les plantations le long de ces chemins ?
La loi civile n'a-t-elle pas prévu les rapports qui doivent exister à ce sujet entre deux propriétaires riverains ?
Pourquoi, d'un autre côté, le maire ne pourra-t-il pas
prendre, à l'occasion de cette propriété communale
privée, des arrêtés qui empêchent le public d'y passer à
certaines époques et dans certaines circonstances, etc.
C'est que ces chemins, bien que non classés comme
vicinaux, ne sont pas des dépendances du domaine
privé communal, et que placés hors du domaine de
propriété privée, les règles du droit civil ne leur sont
point exclusivement applicables.

Voilà pourquoi j'étais de l'avis de l'imprescriptibilité ; mais je dois ajouter ici, pour éclairer mes lecteurs sur l'état de la question, que l'opinion que je soutenais avec bien des autorités n'avait pas prévalu. Déjà, dans le troisième volume du *Journ. de droit adm.* (p. 405 et 407), M. Chauveau Adolphe avait indiqué l'opinion contraire comme plus généralement suivie, et il a déclaré l'approuver ; voyez encore, t. 10, p. 357. Elle était adoptée par Garnier, *Suppl. au Traité des chemins*, p. 31 ; Carou, *Act. possess.*, p. 201 ; Guichard, *Act. possess.*, p. 201 ; Aulanier, *Act. posses.*, p. 103 ; Belime, *De la possession*, p. 229 ; de Cormenin, *Gaz. des trib.* du 25 janvier 1838 ; Laferrière, *Droit public adm.*, p. 479 ; Legoyt, *Dict. de l'adm. franç.*, V° *Ch. vic.*, n° 326 ; Dufour, *Droit adm.*, t. 3, n° 360 ; Gaudry, *Traité du dom.*, t. 1, p. 234 ; Vuitry, conclusions dans l'affaire Delert, jugée par le tribunal des conflits, le 27 mars 1851 ; Garnier, *Législ. et jurispr. nouvelles sur les chemins*, p. 122 ; A. Desjardins, *Chemins ruraux*, dans le *Journal de l'Oise* du 18 janvier 1866 ; Batbie, *Traité de droit adm.*, t. 5, p. 456, après avoir soutenu l'opinion contraire dans la première année du *Journ. de droit adm.* L'administration était aussi de l'avis de la prescriptibilité, si on se rapporte à l'instruction du ministre de l'intérieur du 24 juin 1836 sur l'article 10 de la loi du 21 mai 1836. Enfin, si la chambre des requêtes de la Cour de cassation repoussait la prescription, la chambre criminelle et la chambre civile l'ont admise dans un grand nombre de décisions, et la chambre des

requêtes a partagé cet avis elle-même ; 10 avril 1841,
Demonte ; 6 juillet 1841 ; 13 novembre 1849, Bernard ;
3 juillet 1850, Dumarau ; 20 mars 1854 ; 5 janvier 1855,
S. 55, 1, 146 ; 19 avril 1855, Villotte et Nicolas ; 24 juin
1856, com. de Brie Comte Robert ; 21 août 1856, Brustier ;
1er décembre 1860, Roche ; 14 novembre 1861, Dubois,
27 novembre 1861, Fraix ; 11 janvier 1862, S. 62, 1, 1004,
D. 62, 1, 441 ; 2 septembre 1862, S. 62, 2, 489 ; 14 février
1863, S. 63, 1, 553 ; 10 février 1864, S. 64, 1, 257 ; D.
64, 1, 343 ; 1er décembre 1874, S. 75, 1, 167.

Qu'on me permette de reproduire, au sujet de cette
jurisprudence, un conseil que donne aux administrateurs
communaux M. Bost, dans un des manuels de son encyclopédie municipale : « Au milieu de ce conflit d'arrêts
fondés sur des raisons également puissantes (l'auteur
fait allusion à la jurisprudence diverse des chambres de
la Cour de cassation), nous ne pouvons nous empêcher
de reconnaître que la jurisprudence actuelle de la chambre civile et de la chambre criminelle a malheureusement
pour effet de favoriser les envahissements insensibles du
sol communal et même l'interruption complète de certaines communications rurales que les riverains de ces voies
peuvent se permettre. Cet état de choses rend de plus en
plus indispensable une extrême vigilance de la part des
autorités municipales, afin de prévenir des usurpations
aussi désastreuses pour les communes ».

Aussi la Cour de cassation semblait-elle n'admettre,
comme faits de nature à entraîner l'aliénation au moyen
de la prescription, que ceux desquels il résulte non seu-

lement une prise de possession de la part du riverain, mais encore un abandon du chemin de la part du public ; ainsi lorsque la publicité de ces chemins, le plus souvent basée en fait et non en titre, a cessé d'exister ; arrêts de la chambre criminelle du 24 avril 1855, Gorse, et de la chambre civile des 27 novembre 1861, Fraix, 17 août 1864, de Melon. C'est d'ailleurs le même principe qui a été sanctionné en matière de voirie urbaine, notamment dans les arrêts des 25 janvier 1843 et 18 mars 1845. A ce point de vue nous ne pouvons que nous ranger à cette jurisprudence, c'est en effet le chemin public seul qui doit être l'objet de la protection spéciale de la loi, et non celui qui a cessé d'avoir ce caractère ou qui ne l'aurait jamais eu.

La nécessité de défendre les chemins ruraux contre les atteintes des riverains, par l'assimilation complète de ces voies de communication aux autres voies publiques a été reconnue même par ceux qui pensent qu'en l'état de notre législation, ces mesures protectrices ne leur seraient pas accordées par nos lois. Dans un très grand nombre d'articles insérés dans les journaux agricoles notamment, on a demandé que le Code rural ou une loi spéciale sur les chemins ruraux, proclamât pour l'avenir cette imprescriptibilité. Saint-Martin, *Des chemins ruraux*, p. 15 ; A. Anastay, *Projet de Code rural*, titre III des chemins ruraux, art. 19, etc., etc.

Un très grand nombre de conseils généraux en ont émis le vœu dans diverses sessions, notamment ceux de l'Aube en 1861 ; de la Charente-Inférieure , 1859 ;

Deux-Sèvres, 1857, 1858, 1860, 1861, 1862, 1863, 1864, 1865; Gers, 1857; Hérault, 1864; Jura, 1864; Loiret, 1860; Lot-et-Garonne, 1864; Manche, 1859, 1860; Marne, 1863; Meurthe, 1859, 1861, 1864, 1865; Seine-Inférieure, 1864, 1865; Vienne, 1858, 1859, 1861, 1862.

Aujourd'hui, en l'état de la disposition de notre article, les chemins ruraux reconnus sont imprescriptibles.

84. *Nécessité de la reconnaissance préalable pour que le chemin devienne imprescriptible.* — La nouvelle loi, en déclarant imprescriptibles les chemins ruraux qui ont été l'objet d'un arrêté de reconnaissance, n'a sanctionné qu'en partie le système de ceux qui admettaient que les chemins publics étaient imprescriptibles à cause de leur publicité, on peut même dire qu'elle a repoussé en principe ce système, tout en faisant profiter certains chemins ruraux du bénéfice de l'imprescriptibilité. C'est en effet en se fondant sur le caractère de cette propriété communale et de son classement dans le domaine public communal qu'on l'a déclarée imprescriptible, mais la simple justification que ferait une commune qu'un chemin sur lequel porterait une contestation au sujet de la propriété serait public, ne suffirait pas pour que le chemin fût considéré comme défendu par l'imprescriptibilité, il faut que cette publicité ait préalablement donné lieu à un arrêté de reconnaissance, c'est la condition indispensable pour que ces chemins publics deviennent imprescriptibles. Remarquez l'expression *deviennent* que nous trouvons dans notre article. Donc, si le chemin public rural ne devient imprescriptible que s'il a été l'objet d'un arrêté de reconnaissance, cette imprescriptibilité n'existe pas pour défendre le simple chemin public rural non reconnu. Exposé des motifs au Corps législatif, séance du 16 juillet 1868, session 1868, n° 234, p. 16. C. cass., 10 mai 1881, D. 83, 1, 245 ; circ. de l'int. du 27 août 1881 ; Mayjurou-Lagorsse, *Code rural*, p. 34 ; E. Guillaume *Traité de voirie rurale*, n°s 28 et 30, p. 11 et 31 ; Naudier, n° 62, p. 63 et n° 62, p. 65, qui soutient encore que cette disposition légale n'est pas justifiée. Cette observation, bonne à présenter comme explication de notre texte, a encore des conséquences très faciles à déduire en pratique au point de vue de l'ensemble des voies rurales. Nous avons indiqué que la loi de 1881 a entendu que la reconnaissance des chemins ruraux des communes serait, ou tout au moins devrait ou pourrait être, limitée à un certain nombre de ces chemins, par suite tous ceux qui n'auront pas été reconnus, bien que leur existence comme propriété communale, et leur publicité, ne soient pas contestée, seront prescriptibles en l'état du texte de l'article 6 de la loi de 1881.

A plus forte raison ne pourrait-être considéré comme imprescriptible un chemin qui, non reconnu ne présenterait aucun caractère de chemin public. Cass., 10 mai 1881, S. 83, 1, 396.

85. *Chemins entretenus par les syndicats. Impres-*

criptibilité. — Je crois que les chemins entretenus par des syndicats au lieu de l'être par la commune sont imprescriptibles, parce que l'article 19 de la loi ne les admet que lorsque l'ouverture, le redressement ou l'élargissement d'un chemin rural a été régulièrement autorisé conformément à l'article 13, et que les travaux ne sont pas exécutés, ou lorsqu'un chemin rural reconnu n'est pas entretenu par la commune.

Pour ce dernier cas, la loi s'occupe d'un chemin reconnu, donc d'un chemin imprescriptible, puisqu'aux termes de l'article 6 tout chemin rural reconnu devient imprescriptible. Dans l'autre cas il en est de même, du moins on arrive à ce résultat par suite des renvois successifs prononcés par les articles. Ainsi l'article 19 porte qu'un syndicat peut être autorisé pour l'ouverture, le redressement ou l'élargissement régulièrement autorisé conformément à l'article 13. Or, l'article 13 porte que l'ouverture, le redressement, la fixation de la largeur et de la limite des chemins ruraux sont prononcés par la commission départementale conformément aux dispositions des cinq derniers paragraphes de l'article 4. Or le premier des cinq derniers paragraphes de cet article qui n'en compte que six, est ainsi conçu : les arrêtés de reconnaissance seront pris par la commission départementale, etc.

Donc dans tous les cas prévus pour la formation des syndicats, il s'agira de chemins ruraux reconnus et par suite imprescriptibles. *Sic,* Naudier, n° 63, p. 66.

J'ai tort de dire dans tous les cas, car il y en a un où

le chemin ne sera pas un chemin reconnu, ou du moins aura cessé de l'être, c'est le cas prévu par l'article 16, qui dit que les arrêtés portant reconnaissance, ouverture ou redressement peuvent être rapportés dans les formes prescrites par l'article 4, qu'en pareil cas la vente peut en être ordonnée, mais que l'aliénation n'est pas autorisée, si dans le délai de trois mois les intéressés formés en syndicat, conformément aux articles 19 et suivants, consentent à se charger de l'entretien.

Notez que dans ce cas l'arrêté portant reconnaissance est rapporté, que d'après notre article 16 le rapport intervenu après l'accomplissement des formalités prévues est maintenu et que l'intervention des propriétaires n'a pas pour résultat de modifier ce déclassement, ce retrait de l'arrêté de reconnaissance; tout cela est maintenu, cette intervention n'a d'autre but et d'autre résultat légal, que d'empêcher que l'aliénation du sol du chemin, objet du retrait de l'arrêté de reconnaissance, soit autorisée. Dans ces circonstances, il faut bien reconnaître que quelle que puisse être l'opinion de ceux qui ont fait la loi, elle est trop formelle pour ne pas en conclure que ce chemin n'est plus protégé par un arrêté de reconnaissance, puisque l'arrêté qui le concernait a été rapporté, et que dès lors cet arrêté ne peut plus le défendre contre la prescription. Naudier, n° 63, p. 67.

L'exposé des motifs dit en effet avec beaucoup de raison, cet effet sera produit si l'arrêté de reconnaissance est rétracté. Cette mesure administrative fait rentrer le sol du chemin dans le domaine communal ordinaire et

la prescription devient possible. *Officiel* du 31 octobre
1876, p. 7804, 2ᵉ col., et les distinctions que faisait ensuite l'exposé en l'état des dispositions du projet, ne
sont plus possibles depuis les modifications de rédaction
apportées dans le texte tel qu'il a été voté.

, **86.** *Point de départ de l'imprescriptibilité.* — Lors
de la discussion de la loi au Sénat dans la séance du
17 mars 1877, *Officiel* du 18 mars p. 2065, 1ʳᵉ col., M. de
Gavardie demanda à partir de quel moment commence-
rait le droit à l'imprescriptibilité, ajoutant ; les chemins
peuvent devenir imprescriptibles, mais il est certain que
ce n'est pas par l'effet d'un arrêté de reconnaissance, autrement on violerait ce principe en droit qu'une commune ne peut se faire un titre à elle-même ; et comme
au banc de la commission on lui disait : Nous sommes
d'accord ; il ajoutait : Vous le dites, c'est très bien, mais
il faudrait que cette déclaration fût dans la loi et fût portée avec elle devant les tribunaux.

Le rapporteur répondit alors : « l'imprescriptibilité est
de droit commun pour toutes les choses qui appartiennent au domaine public. Par conséquent les chemins ru-,
raux reconnus étant au nombre des choses qui sont dans
le domaine public, doivent être imprescriptibles. M. de
Gavardie demande pourquoi, à propos de l'imprescriptibilité, nous parlons des arrêtés de reconnaissance. Ce
n'est pas, comme il le craint, pour faire partir l'imprescriptibilité du jour où ces arrêtés sont rendus, c'est pour
ne pas étendre le privilège de l'imprescriptibilité aux

chemins ruraux qui n'ont pas été l'objet d'arrêtés de reconnaissance. Nous avons suivi le Conseil d'Etat dans la voie qu'il avait cru devoir ouvrir, nous avons accepté la division des chemins ruraux en deux classes.

« Nous n'avons pas voulu que l'imprescriptibilité fût attribuée à d'autres chemins que ceux qui avaient été reconnus. Mais quand existera-t-elle? Quand les chemins existeront véritablement comme chemins ruraux appartenant aux communes, quand ils auront été l'objet d'un arrêté de reconnaissance. Il n'est donc fait aucune espèce de modification au droit commun à cet égard; nous ne faisons qu'édicter pour les chemins ruraux l'application de ce qui a lieu pour toute espèce de voie publique, pour les routes, pour les chemins vicinaux; en un mot pour tout ce qui appartient au domaine public ». Sénat, 17 mars 1877, *Officiel* du 18, p. 2065, 3ᵉ col.

Ces explications avaient peut-être besoin de plus de précision, elle fût provoquée par un sénateur, mais la discussion se déplaça et bientôt elle porta sur des points tout à fait étrangers à cette difficulté.

Déjà dans la séance précédente M. le sénateur Dauphin, Sénat, 16 mars 1877, *Officiel* du 17, p. 214, avait dit qu'il n'admettait pas l'imprescriptibilité après une déclaration de reconnaissance qui n'implique qu'une prise de possession. La possession étant un simple fait qui peut être combattu par un fait contraire ne pouvant être la base d'une imprescriptibilité qui ne peut être opposée qu'à une prétention sur la propriété.

Cette observation est encore de nature à rendre plus

incertain le point de départ de l'imprescriptibilité.
Quoi qu'il en soit, l'arrêté de reconnaissance valant
prise de possession par la commune aux termes de l'article 5, et cette possession devant être contestée dans
l'année de la notification par ceux qui croient devoir
s'y opposer ; dès que l'année est expirée, la possession
de la commune, affirmée par l'arrêté et non contestée
dans le délai pour la contredire, devient une possession légale, qui ne peut plus être combattue par des
faits de possession contraires, et tout au moins à partir
de ce moment le chemin deviendra imprescriptible.
Nous irions même plus loin. Nous admettons que pendant l'année de la notification de la reconnaissance l'adversaire de la commune pût se prévaloir de faits actuels
de possession se rattachant à une possession antérieure
à l'arrêté et non de faits seulement postérieurs, puisqu'ils ne constitueraient pas une possession annale,
de sorte que, à partir de l'arrêté de reconnaissance, le
chemin reconnu est défendu par la prescription, non
pour se garantir contre des faits de possession antérieurs
se perpétuant et étant suivis de réclamation pendant
l'année, mais pour se garantir contre l'effet de faits postérieurs à la reconnaissance ne se rattachant pas à une
possession antérieure. Voilà dans quel sens l'imprescriptibilité sera applicable à partir de la notification de l'arrêté de reconnaissance.

87. *Cessation de l'imprescriptibilité.* — Le projet
de loi portait que les chemins ruraux étaient imprescrip-

tibles dès que leur affectation à l'usage du public était établie en fait ou en droit par la reconnaissance, et il ajoutait qu'ils devenaient prescriptibles à compter du jour où il a été accompli des actes de possession de nature à faire cesser complètement le passage public. Articles 5, 6 et 7 du projet.

L'exposé des motifs expliquait ainsi cette disposition. « Si l'affectation à l'usage du public est une cause d'imprescriptibilité, les effets doivent cesser avec la cause, et la prescription peut commencer dès que l'affectation n'existe plus. Mais il faut qu'il soit bien établi que l'affectation n'existe plus, et pour cela l'article 7 déclare que les chemins ne deviennent prescriptibles qu'à compter du jour où il a été accompli des actes de possession de nature à empêcher complètement le passage du public. Ainsi vainement les propriétaires qui bordent les deux côtés d'un chemin feront-ils des entreprises sur leur largeur; vainement protégeront-ils par une clôture leurs empiétements, si ce chemin n'est pas complètement intercepté, si l'on continue de passer au milieu de la voie, le droit de la commune sera maintenu; l'envahissement ne sera qu'une usurpation et les tribunaux devront toujours la réprimer. Mais le droit privé reprend tout son empire, si, en interceptant complètement le passage, on a d'une manière non équivoque mis fin au passage public.

« Le même effet sera produit si l'arrêté de reconnaissance est rétracté. Cette mesure administrative fait rentrer le sol du chemin dans le domaine municipal ordinaire, et la prescription devient possible, à moins que les faits de circulation bien constatés et des actes de voirie certains ne rendent encore applicable l'article 5 du projet) ». Exposé des motifs, *Officiel* du 31 octobre 1876, p. 7804, 2ᵉ col.

Ce système, assez net en théorie, mais d'une application moins nette en pratique, n'a point passé dans la loi ; l'article 5 n'a déclaré imprescriptibles que les chemins ruraux qui avaient fait l'objet d'un arrêté de reconnaissance. Donc l'imprescriptibilité ne s'étend pas aux autres chemins publics ruraux. Dès lors disparaissent toutes les questions de cette nature que pouvait soulever le cas prévu par le projet où le chemin non classé était affecté à l'usage du public par une circulation même constante et des actes d'administration municipale, et ces chemins n'étant point imprescriptibles, il importe peu de rechercher dans quels cas le fait qui motiverait cette imprescriptibilité disparaîtrait, ou se produirait dans des conditions telles qu'il ne produirait plus d'effet légal et laisserait le chemin sous le coup de la prescription.

Il ne reste en conséquence plus qu'à examiner dans quel cas le chemin reconnu et devenu dès lors imprescriptible, deviendra prescriptible. Si l'arrêté de reconnaissance est rétracté, il nous paraît difficile de ne pas admettre que dans tous les cas l'imprescriptibilité cesse, puisqu'elle n'existe qu'à condition de l'existence de cet arrêté : *cessante causâ cedat effectus.* Le chemin était imprescriptible parce qu'il avait été l'objet d'un arrêté de reconnaissance, quelles que soient les conséquences de cette reconnaissance en elle-même, les effets légaux de l'arrêté tombent pour l'avenir à dater du jour où cet arrêté a été rapporté ; il ne peut se faire en effet que rapporté il conserve sa force légale, et cependant le chemin pourra encore exister même comme chemin public, il pourra même aux termes du § 3 de l'article 16 de la loi de 1881, être l'objet d'une association syndicale pour son entretien et sa mise en état.

D'un autre côté, à défaut de rapport de l'arrêté de reconnaissance, le chemin sera-t-il toujours imprescriptible.

Dans ces termes la question se présente ici comme elle se présente pour tous les chemins publics, grandes routes, routes départementales, chemins vicinaux, qui, en fait, cessent d'être maintenus dans les tableaux de ces routes par suite de modification, abandon ou autres causes, sans qu'un arrêté direct de déclassement ne soit intervenu.

Il y a lieu de décider en pareil cas, que dès que le chemin a nettement et formellement perdu son caractère en cessant d'être affecté à sa destination publique, il n'est plus défendu par les conséquences légales du caractère que lui assignait son affection et il redevient prescriptible. C. cass., 24 avril 1855, S. 56, 1, 443 ; 27 novembre 1861, S. 62, 1, 170 ; 17 août 1864, S. 64, 1, 499 ; 24 avril 1855, S. 55, 1, 443 ; 27 novembre 1861, S. 62, 1, 170 ; 26 mai 1868, S. 68, 1, 329 ; 1er décembre 1874, S. 75, 1, 167. M. Mayjurou Largosse, *Droit rural*, p. 34, paraît être d'un avis contraire, il dit nettement que les usurpations des riverains ne pourront prévaloir contre le principe de notre article, quand même le chemin serait complètement intercepté pendant le temps nécessaire pour prescrire. Nous ne pouvons accepter cette solution parcé que, si on ne peut prescrire les choses affectées à un usage public, il faut bien admettre que l'imprescriptibilité doit cesser avec la cause qui la fait naître. Un chemin public reconnu sera imprescriptible, mais s'il cesse d'être public et même d'être chemin pendant trente ans, comment restera-t-il imprescriptible. Et cette prescriptibilité est applicable selon nous aux parcelles abandonnées sur une portion seulement des chemins, alors que ceux-ci conservent leur destination et que l'abandon ne porte que sur une portion de la longueur ou de la largeur des chemins. C. cass., 25 janvier 1843, S. 43, 1, 244 ; 25 mars 1845, S. 45, 1, 572 ; 27 novembre 1861, S. 62, 1, 170.

Le système que j'indique, défendu par Proudhon, t. 1, n° 218 ; Garnier, p. 22 ; Vazeille, t. 1, n° 89, et Troplong, n° 163, a été combattu par Marcadé sous l'article 2227, n° 4, qui s'appuie sur Isambert, *Voirie*, n° 74 ; de Cormenin, 3ᵉ édit., p. 266 ; Robiou, *Chemins vic.*, p. 46 ; Hennequin, *Journ. des conseillers munic.*, t. 2, p. 68. Suivant M. Marcadé, quand un chemin n'est pas classé, il n'est chemin que par l'usage que le public en fait, et du moment que cet usage cesse absolument, sa nature de chemin cesse par là même, mais quand le chemin est tel par déclaration de l'autorité, le non usage ne saurait changer sa nature. C'est alors un chemin dont on n'use pas, mais c'est toujours un chemin, et il ne peut perdre sa qualité que par une déclaration contraire à celle qui la lui a donnée. C'est-à-dire que jusqu'à déclassement il reste imprescriptible.

L'opinion de M. Marcadé, appliquée aux chemins ruraux en l'état de la législation actuelle, est sans application au cas où le chemin n'est pas reconnu, puisque alors il est prescriptible sans aucune distinction. Ce chemin ne devenant imprescriptible que lorsqu'il a été reconnu, c'est-à-dire lorsqu'il est intervenu un acte administratif, il ne cesserait de l'être que lorsque cet acte aurait été annulé ou modifié par un nouvel acte de l'administration. Je préfère le système admis par M. Troplong et qui a reçu la sanction de la Cour de cassation. Lorsqu'un chemin reconnu cesse d'être affecté à l'usage du public, qu'il perd sa destination, non par suite des entreprises et des usurpations d'un riverain, mais par suite de l'ouverture d'une voie nouvelle, d'une substitution en fait de cette voie à l'ancienne, l'imprescriptibilité doit disparaître en même temps que l'affectation qui la motive. Il est rare, il est vrai, lorsque cette affectation cesse, que ce ne soit pas le plus souvent par suite de rectifications totales ou partielles du chemin, et, en pareil cas on peut dire que l'acte administratif qui autorise la rectification déclasse implicitement la partie que la rectification place en dehors de la nouvelle voie ; mais souvent l'abandon d'un chemin rural résulte de la construction d'une route départementale ou nationale, et en pareil cas le non usage est le fait du public, et on ne peut pas dire que le décret qui a autorisé l'établissement de la nouvelle route a déclassé, directement ni implicitement le chemin rural, parce que ce n'est pas soutenable en droit.

La prescription ne peut être invoquée par un particulier, que s'il justifie d'une jouissance non équivoque, paisible, non précaire, ni interrompue. Orléans, 6 mai 1885, D. 88,2,12.

Elle ne peut résulter d'obstacles opposés au passage par un propriétaire, s'ils ont été franchis et détruits par les habitants. Même arrêt.

Ni de travaux d'amélioration effectués sur une partie insignifiante du chemin. Orléans, 31 décembre 1886, D. 88,2,12.

Mais la prescription peut s'acquérir, si le propriétaire qui en excipe a toujours supporté les frais d'entretien du chemin et en a rectifié également à ses frais l'assiette, et s'il a construit des ponceaux, notamment à son extrémité. Orléans, 13 avril 1883, D. 86,2,75.

Ajoutons qu'on peut acquérir par les voies ordinaires de la prescription, les terrains adjacents aux chemins, mais non ceux qui en font partie, lorsqu'il s'agit de terrains dépendants des chemins ruraux reconnus. Douai, 25 février 1828. Lansrivet.

88. *Du délai pour prescrire.* — D'après M. Troplong il faudrait pour prescrire la propriété d'un chemin rural, deux délais successifs. Un premier pour transformer la chose publique en chose privée par le non usage

du public, puis un second qui ne peut commencer que
quand le premier est accompli, et qui serait invariablement de trente ans, pour faire acquérir le terrain à un
particulier au moyen de la possession de celui-ci. Je
crois, et en cela je me range de l'avis de M. Vazeille et de
M. Marcadé (art. 2227, n° 47), sans accepter les distinctions de ce dernier entre les chemins classés et non classés, qu'il ne doit pas être compté deux délais, qu'un seul
délai de trente ans suffit. M. Marcadé dit que ce délai
produit le double effet de transformer le chemin en chemin privé et de l'attribuer en propriété au possesseur ;
ces deux effets se produisant simultanément et cumu-
lativement sous l'influence de cette possession trentenaire. Mais je n'admets pas complètement l'opinion de
M. Marcadé sur la manière de compter ces trente ans.
S'il y a un acte de déclassement, le temps pour prescrire
doit compter à partir de la date de cet acte. S'il n'y a
pas eu de classement, la prescription, d'après la loi de
1881, aura toujours pu courir. S'il y a eu classement puis
abandon en fait sans déclassement officiel, la prescription devra courir à partir du moment où ce déclassement
en fait, cet abandon s'est réalisé et aura pu être précisé.
Ce moment sera difficile à déterminer, soit, ce sera une
difficulté de fait qu'aura à surmonter celui qui excipera
de la prescription, que m'importe ; puisqu'il excipe de
faits de nature à dominer le droit, tel qu'il est constaté
par les actes, je regrette peu les difficultés qu'il pourra
rencontrer, et il n'est pas à regretter que ceux qui veulent faire entrer par la possession et contrairement au

titre les choses ayant fait partie du domaine public, dans leur domaine privé rencontrent quelque peine à aboutir lorsque des doutes ne pourront être éclaircis. Mais lorsque l'abandon sera formel, qu'il résultera d'une prise de possession effective résultant de clôtures ayant fermé le chemin, de mise en culture, et d'autres actes aussi formels ayant marqué l'abandon par le public, il sera toujours possible d'arriver à la constatation de cet abandon et d'en fixer l'époque, pour déterminer si trente ans se sont écoulés ou non depuis ce moment.

C'est au juge du fait à déclarer si la publicité a été abandonnée, et à constater à quelle époque cet abandon a eu lieu. C. cass., 24 avril 1855, S. 56, 1, 443.

89. *Prescription des arbres plantés sur un chemin public.* — Il est de règle que les arbres plantés sur un chemin public sont susceptibles d'une appropriation particulière indépendante de la propriété du sol auquel ils sont attachés ; qu'on peut donc en acquérir la propriété par prescription. C. cass., 23 décembre 1861 ; 3 février 1868, S. 68, 1, 55 ; Amiens, 26 juillet 1872 ; S. 72, 2, 129 ; C. cass., 1er décembre 1874, S. 75, 2, 167 ; 21 novembre 1877, S. 78, 1, 160. Naudier, n° 64, p. 67. On peut consulter utilement à ce sujet les notes dont est accompagné dans le recueil des arrêts de Sirey, l'arrêt d'Amiens du 26 juillet 1872.

89'. *Imprescriptibilité des dépendances du chemin.* — L'imprescriptibilité qui protège les chemins ruraux,

étend son *bénéfice au sous-sol*, contre les entreprises
dont il pourrait être l'objet pour l'établissement d'aqueducs, de caves etc. Ce bénéfice est attribué d'ailleurs à
toutes les dépendances de ces chemins, fossés, murs de
soutènement et autres. Naudier, n° 124. Voyez *infrà*
n°ˢ 138 et suiv.

§ 2. — Prescription au profit des Communes.

90. *Une commune peut acquérir par la prescription
la propriété d'un chemin.* — C'est là un point constant
et qui est considéré par les auteurs comme ne pouvant
faire difficulté. Il a été consacré par la Cour de cassation,
notamment dans ses arrêts des 14 février 1842, S. 42, 1,
363 ; 2 décembre 1844, S. 45, 1, 24, D. 45, 1, 41 ; 16 juin
1858, S. 59, 1, 624, D. 58, 1, 450 ; 9 avril 1862, S. 62, 1,
465, D. 62, 1, 190 ; 28 février 1877, S. 78, 1, 453, D. 77,
1, 455 ; 6 août 1888, S. 89, 1, 219, D. 90, 1, 80.

Ainsi que par les Cours d'appel : Bourges, 30 décembre 1826, S. 27, 2, 62 ; Lyon, 17 février 1846, S. 46, 2,
485 ; Bordeaux, 11 novembre 1848, S. 49, 2, 349 ; Orléans,
27 juin 1890, Coudray, D. 92, 2, 613.

Et par la doctrine : Proudhon, *Dom. publ.*, t. 2, n° 631.
Massé et Vergé sur Zachariæ, t. 2, § 336 ; Demolombe,
des Servit., t. 2, n° 797. Flandin ; Troplong ; Pardessus ; Guillaume, *Voies rurales* ; Naudier, n° 65, p. 68.
Voyez encore les citations indiquées dans le paragraphe
suivant où la question est examinée avec plus de développements.

Il n'en est autrement que lorsque la commune revendique un simple droit de passage, ce que j'aurai occasion
de rappeler lorsque je m'occuperai des servitudes de passage.

La commune ne peut se plaindre de ce que les juges
d'appel n'ont pas apprécié la défense fondée sur la prescription, si elle n'a point proposé formellement ce moyen.
C. cass., 13 août 1890, D. 91, 1, 244.

91. *Prescription trentenaire.* — J'ai à me demander ici puisque dans l'appréciation du droit de propriété,
dans la preuve qui en est faite, la prescription peut servir de moyen utile, comment cette exception doit être
établie et dans quelle mesure elle peut être accueillie.

L'existence publique des chemins ruraux est légale
lorsqu'elle repose sur un usage ancien, une possession
constante et caractérisée. En un mot, la prescription peut
suppléer au titre de propriété.

La raison de douter résulterait de ce que, d'après l'article 691 du Code civil, les servitudes discontinues et
non apparentes ne peuvent s'acquérir que par titre ; c'est
ce motif qui avait déterminé des auteurs et des arrêts à
refuser à la commune le droit d'exciper, en pareil cas,
de la prescription. On semble s'accorder à reconnaître
aujourd'hui, avec raison, qu'il est impossible de soumettre ces sortes de chemins aux règles des simples servitudes de passage qui ne peuvent s'acquérir que par
titre ; une servitude est, en effet, une charge imposée
sur un héritage pour l'usage et l'utilité d'un autre héri-

tage, tandis qu'un chemin public sert de moyen de communication pour divers lieux habités et existe dans l'intérêt des personnes plus encore que des fonds. Le sol d'un tel chemin est, en quelque sorte, placé dans le domaine public communal, et la possession du public en ayant pour résultat d'acquérir ce sol, s'applique non pas à un simple droit sur le fonds, mais au fonds lui-même. Bourges, 30 janvier 1826, Chabin ; rej., 7 mars 1837, Besnard ; Dijon, 30 juillet 1840, commune de Saint-Jean-des-Vignes ; Cass., 14 février 1842, même affaire ; Rouen, 16 décembre 1842, Vauchel ; Grenoble, 27 janvier 1843, Coppier : rej., 2 décembre 1844, commune de la Chapelle-Gontier ; Lyon, 17 février 1846, Moulin ; rej., 15 février 1847, commune de Courtry ; Bordeaux, 11 novembre 1848, Bourgoin ; Rouen, 12 avril 1856, Geffray ; rej., 16 juin et 23 novembre 1853 ; 11 février 1857, commune de Gy-les-Nonains ; 16 juin 1858, commune de la Rochinard : et les arrêts cités *infrà*. Proudhon, *Domaine public* ; Garnier, *Des chemins* ; Troplong, *De la Prescription* ; Pardessus, *Des servitudes*, nº 216 ; Cotelle, *Droit administratif appliqué aux travaux publics* ; Isambert, *Voirie* ; Bost, *Des chemins ruraux* ; Bourguignat, *De la propriété des chemins ruraux* et *Droit rural*, p. 198, nº 622 ; Flandin, *Du caractère des chemins ruraux* ; R. de Raze, *De la propriété des chemins ruraux* ; Curasson, *Traité de la compétence des juges de paix* ; Dalloz, *Répertoire*, Vº *Voirie par terre*, nº 1349 ; Zachariæ, édit. Massé et Vergé, t. 2, p. 336 ; Demolombe, *Servitudes*, t. 2, nº 797 ; Garnier, *Légis. et jurisp.*

nouvelles sur les chemins, p. 120 ; A. Desjardins, *Des chemins ruraux*.

Le droit romain lui-même disait : *Viæ vicinales quæ ex agris privatorum collatis factæ sunt, quarum memoria non extat, publicarum viarum numero sunt.* Digest., liv. 43, tit. 7, § 3.

C'était l'avis des anciens auteurs, de Pothier, Dunod, Denisart, Perrot. C'est celui que j'ai cru devoir soutenir dans mon traité sur les *Servitudes de voierie*, t. 2, n° 685, et dans un article sur les che‑ ns ruraux inséré dans le *Moniteur des Comices*, alors publié sous la direction de M. A. Jourdier. La même solution est donnée sous l'empire de plusieurs législations étrangères, notamment de la loi belge, *Revue de l'administration belge*, t. 2, p. 1029, et les arrêts des cours de Belgique, Cass., 25 juillet 1854, Bruxelles, 12 juillet 1861.

Mais le principe que la commune a pu prescrire le sol d'un chemin rural une fois posé, il y a encore à se demander quels seront les faits nécessaires pour établir cette prescription. Un simple passage exercé depuis plus de trente ans par les habitants, sans que la commune puisse exciper d'aucune autre circonstance en sa faveur, sera-t-il suffisant pour fonder son droit de propriété par la prescription ? L'affirmative est difficile à admettre, et elle est généralement repoussée *ad probandam viam esse publicam*, dit Cæpolla, *de servitutibus, tit. II, cap. III, non sufficit probare per testes quid publice vulgo per omnes itum fuerit per longum tempus.* C'est qu'en effet, si une possession de cette nature suffisait pour donner le caractère de voie publique à un chemin, de simples actes de passage, qui sont le plus souvent le résultat d'une simple tolérance, suffiraient pour déplacer la propriété. Il faut, pour sauvegarder le principe de la liberté des héritages, trop souvent blessé par l'habitude qu'ont les gens de la campagne d'abréger leur chemin en passant sans droit sur la propriété d'autrui, que les communes appuient leurs prétentions à la propriété des chemins et surtout des simples sentiers, sur des faits de possession *animo domini*, pendant le temps fixé par la loi pour acquérir la propriété, et qu'elles ne se bornent pas à invoquer l'usage de la fréquentation même habituelle et de temps immémorial par le public. Le simple usage, fût-il immémorial, d'un chemin par les habitants d'une ou de plusieurs communes, sera donc insuffisant pour attribuer la propriété de ce chemin à la commune, si à cet usage ne se réunissent pas des actes et des faits qui démontrent que pendant et depuis trente années, la commune a manifesté l'intention de posséder le chemin à titre de propriétaire.

Ces règles, clairement déduites dans l'arrêt de la Cour de Bordeaux du 12 avril 1856, dont je ne fais que reproduire ici les termes, ont été consacrées par de nombreuses décisions ; je puis citer les arrêts de la Cour de cassation des 3 messidor an V, 30 novembre 1830, 27 mai 1834, Grenoble, 27 janvier 1843, Coppier ; Riom, 7 mars 1844 ; Agen, 23 juillet 1845, de Pezet ; req., 15 février 1847, com. de Courtry ; Bordeaux, 13 novembre 1854, Pelletan ; Angers, 26 juillet 1854 et C. cass., 5 juin 1855,

commune du Mans ; Rouen, 12 avril 1856, Geffray ;
C. cass., 11 février 1857, commune de Gy-les-Nonains ;
Douai, 11 novembre 1857, commune d'Arques ; C. cass.,
juin 1858, commune de la Rochinard ; 23 juillet 1858,
Oudin ; 5 août 1859, Giraud ; Paris, 11 mars 1861, Lut-
zague ; 23 août 1861, Boudin de Vesvres ; C. cass., 21 novembre 1871 ; 7 mars 1881 ; Pau, 17 mars 1890, D. 91,
2, 86.

La jurisprudence belge a adopté les mêmes principes ;
ils sont très formellement consacrés par les arrêts des
cours de Gand du 12 janvier 1846 et de Bruxelles, 26 octobre 1858 et 16 janvier 1860, Favard. Les auteurs ont
adopté cet avis à la presque unanimité. Je me bornerai
à citer Garnier, *Des chemins* ; Pardessus, *Servitudes,*
n° 216 ; Vazeille, *Prescription,* t. 1, n° 95 ; Demolombe,
Servitudes, n° 797 ; Dalloz, *Répertoire,* V° *Voirie par
terre,* n° 1358 ; Cappeau, *Législation rurale,* t. 1, n° 42 ;
A. Desjardins, *Des chemins ruraux.* J'ai développé la
même opinion dans mes *Études sur les servitudes de
voirie,* t. 2, n° 611.

Si la commune joint aux faits de passage, remontant
à plus de trente ans, d'autres faits et circonstances qui
caractérisent sa possession, cette possession pourra
remplacer pour elle les titres de propriété. Ces faits et
circonstances, d'après la jurisprudence et la doctrine,
seront par exemple :

La mention du chemin comme public sur les divers
cadastres de la commune, dans les anciens actes publics
ou privés, et notamment dans l'indication des confronts
donnés aux propriétés riveraines ;

L'indication de ce chemin comme public sur l'état des chemins publics de la commune, au su des intéressés et sans opposition de leur part ;

La circonstance que la commune a fait enlever plusieurs fois des clôtures établies pour entraver le passage du chemin, ou a fait d'autres actes de voirie, de conservation, etc :

Si le passage a lieu habituellement dans des cas qui donnent au chemin un caractère public ; ainsi, s'il est fréquenté à l'occasion des divers actes concernant l'état civil, naissances, mariage et décès ;

Si la commune a fait des travaux d'art, réparé les ponts ou les chaussées, ouvert et récuré les fossés, fait des plantations ;

Si de simples réparations d'entretien y ont été faites par un agent communal, d'ordre du maire ou en suite de délibérations du Conseil municipal ;

Si le chemin a été porté sur l'état des chemins entretenu par la commune ;

Si les riverains ont reconnu cette propriété en demandant des autorisations qui impliquaient cette reconnaissance ; par exemple pour faire traverser ce chemin par des conduits ; pour planter, construire ou se clore.

Si le chemin fréquenté par le public relie un village à une église, ou des routes entr'elles. Cass., 9 avril 1862, 9 décembre 1874.

Tout, au surplus, dans cette matière, comme le dit M. Troplong, *Prescription*, n°s 273 et 338, dépend des circonstances. Le juge se pénètrera de cette idée exprimée par Domat : que les marques de possession sont différentes suivant la nature des choses auxquelles elle s'applique.

Pour arriver à la preuve de la propriété par la prescription se présenteront souvent des questions de possession, de la compétence du juge du possessoire ; la voie du possessoire est également ouverte à la commune, mais lorsqu'elle en excipe, c'est à elle à prouver que sa possession plus qu'annale remplit toutes les conditions voulues par la loi.

92. *Prescription de dix et vingt ans.* — Un auteur belge, M. Sauveur, *Revue de l'administration et du droit administratif de la Belgique*, t. 2, p. 1030, se demande si l'article 2265 du Code civil, d'après lequel celui qui acquiert de bonne foi et par juste titre un immeuble, en prescrit la propriété par dix et vingt ans, suivant le domicile du véritable propriétaire, est applicable aux communes à l'égard des chemins achetés par elles, et il n'hésite pas à répondre affirmativement; nous ne pouvons que partager cet avis, en ce qui concerne les seuls chemins publics communaux, la question trouvant une solution spéciale pour les chemins vicinaux dans la loi qui les concerne. Mais qu'en serait-il si le titre de la commune, au lieu d'être un acte translatif de propriété émané d'un tiers, était un acte administratif tel qu'un arrêté de reconnaissance. Sous la loi belge l'auteur que nous citons fait des distinctions au sujet du caractère de cet acte pour déterminer les

cas dans lesquels il pourra faire courir une prescription
de dix ou vingt ans. Dans notre législation, avant 1881,
les dispositions législatives sur lesquelles il se fondait
n'existant pas en France, la question ne pouvait se
poser. La loi de 1881 peut la faire naître, et nous ne
voyons pas pourquoi les communes qui possèdent en
vertu d'un arrêté de reconnaissance, constatant leur
possession, leur conférant un juste titre, possédant dès
lors avec titre et bonne foi, ne pourraient point exciper
du bénéfice de la prescription de dix et de vingt ans, car
non seulement elles ont un juste titre, mais encore un
titre dénoncé à l'intéressé lui-même, qu'il a connu par
la publicité qui l'a accompagné et qu'il a accepté. De
sorte que on peut lui opposer non seulement une possession contradictoire, mais encore un titre qui ne l'est
pas moins, pourquoi ce titre aurait-il moins, d'effet à
son encontre que n'en a d'après la loi celui dont il igno-
rerait l'existence. *Sic*, Naudier, n. 66, p. 68 ; mais pour
bénéficier de la prescription de dix ou vingt ans il faut
qu'il y ait à la fois titre et bonne foi de la part de la commune. Cass., 19 octobre 1892, Aciéries de Longwy. *Le
Droit* du 28 octobre.

93. *Quels faits constituent une possession suffisante
pour faire acquérir la prescription.* — C'est la question que nous avons longuement examinée sous le
n° 91 et nous croyons devoir résumer ici cet examen
comme suit :

Les faits de passage des habitants suffisent-ils pour

constituer cette possession ? Il y a eu et il ne pouvait pas ne pas y avoir des réponses diverses à cette question. Les faits de possession ne suffisant pas et ces faits devant être accompagnés de l'intention de posséder *animo domini*, les circonstances dans lesquelles ces faits se produisent font que parfois ils seront utiles et suffisants, et d'autres fois, ils ne pourront constituer une possession ayant pour résultat la prescription. Et nous voyons la Cour de cassation juger, le 9 avril 1862, S. 62 1, 466, que la prescription résulte suffisamment de ce que les habitants ont de tout temps usé d'un chemin à titre de voie publique, alors que cette voie mettait en communication une route avec un chemin public. La Cour constatant ainsi que dans la circonstance la commune avait joui de ce chemin à titre de propriétaire. On peut citer dans le même sens l'arrêt des requêtes du 9 décembre 1874, S. 75, 1, 161. Tandis que cette jouissance *animo domini* ne résultant pas dans d'autres circonstances du fait seul du passage des habitants, il a été considéré comme insuffisant pour faire acquérir la propriété par la possession.

Lorsqu'une commune se prévaut de la prescription pour se faire attribuer la propriété d'un chemin public, et que par ses conclusions elle demande à établir sa preuve par la constatation de l'état matériel des lieux et de l'usage public auquel le chemin n'a pas cessé d'être affecté depuis les temps reculés, c'est-à-dire qu'elle offre de prouver que la chose revendiquée faisait partie de son domaine communal, cette preuve ne saurait être repous-

sée. Il ne suffirait pas de déclarer les faits non pertinents et non admissibles, en se fondant uniquement sur
ce que le passage continu ou accidentel des habitants,
ne saurait suffire pour faire acquérir par la prescription
au profit de la commune un droit de propriété ni même
de servitude de passage, sans tenir compte de ce que les
faits articulés ne portaient par sur l'exercice même du
passage, mais sur l'existence et la propriété du chemin
sur lequel le passage aurait été exercé, et sur le caractère public de ce chemin ; circonstances qui étaient des
éléments nécessaires de la pertinence et de l'admissibilité de ces faits. C. cass., 28 février 1877, S. 78,1,453.

94. *Conditions de la possession de la commune.* —
La commune peut acquérir par prescription la propriété
des chemins ruraux, dans quelques conditions que ces
chemins aient été établis.

Ainsi elle peut acquérir par prescription à titre de
chemin rural, la chaussée d'un étang indépendamment
de l'étang lui-même. C. cass., 10 avril 1883.

La jouissance commune de ce chemin n'est pas un
motif pour repousser l'action de la commune, si elle n'a
pas porté de la part du contestant sur le chemin lui-
même ; il en sera ainsi, par exemple, si, s'agissant de la
chaussée d'un étang, la commune en a joui comme chemin, alors que le propriétaire de l'étang en profitait pour
la retenue des eaux. C. cass., 10 avril 1883.

Mais il faut que la possession de la commune ait eu
lieu à titre de propriétaire, et que ses actes ne prouvent

point au contraire que les faits de possession et les travaux, n'indiquaient de sa part que l'intention de faciliter un passage et d'acquérir une simple servitude sur la chaussée d'autrui et nullement la propriété de cette chaussée. C. cass., 10 avril 1883.

95. *Appréciation des faits de possession comme base de la prescription.* — C'est aux juges du fait à apprécier souverainement si, dans les circonstances où s'est produit le passage habituel des habitants sur un chemin, ce passage a pu servir de base à une prescription du sol de ce chemin en faveur de la commune. Cette appréciation leur appartient sans excès de pouvoirs, et par suite il échappe au contrôle de la Cour de cassation. C. cass., 1er juin 1824, S. 32, 1, 312 ; 7 août 1826, S. 28, 1, 32 ; 6 décembre 1841, S. 42, 1, 39 ; 16 juin 1858, S. 59, 1, 624 ; 10 mai 1881, S. 83, 1, 396.

Ce que nous disons du pouvoir des tribunaux en ce qui concerne spécialement l'appréciation des circonstances dans lesquelles se produit le passage au point de vue du caractère de la possession, pour constater si elle est de nature à conduire à la prescription, s'étend à tous les actes de possession quels qu'ils soient.

ART. 7. — *Possession ; propriété ; dépendances des chemins ; droits des riverains.*

Les contestations qui peuvent être élevées par toute

partie intéressée sur la propriété ou sur la possession totale ou partielle des chemins ruraux sont jugées par les tribunaux ordinaires.

SOMMAIRE

§ 1

Observations générales.

§ 2

Actions possessoires.

§ 3

Questions de propriété.

§ 1. — Observations générales.

96. *Objet du commentaire de cet article.* — Nous examinerons, sous l'article 7, non seulement les questions de compétence qui s'y rattachent nécessairement, mais les questions concernant la possession et la propriété des chemins ruraux et de leurs accessoires, et les droits des riverains sur ces voies.

97. *Études publiées sur la propriété des chemins ruraux.* — La propriété des chemins ruraux a donné lieu à diverses études spéciales et à des monographies dignes d'être signalées. Nous devons indiquer notamment le travail de M. le conseiller Bourguignat, *De la propriété des chemins ruraux*, dont la troisième édition a été publiée en 1881. Divers articles publiés dans le journal *l'École des communes. Des chemins ruraux*, étude doctrinale et critique de la jurisprudence en ce qui les concerne, par M. R. de Raze. *Du caractère des chemins ruraux*, par M. le conseiller Flandin. *Des chemins ruraux*, par M. Saint-Martin, juge de paix. *Des chemins*, par M. le président Petit. *Traité pratique de la voirie rurale*, 1882, par M. E. Guillaume, directeur au ministère de l'intérieur. Des dissertations ont été publiées, en annotation de divers arrêts sur la matière dans les recueils de Dalloz, dans les Pandectes françaises et spécialement dans le recueil des arrêts de Sirey, par M. Bourguignat, G. Dutruc, etc.

98. *Questions de propriété et de droit privé.* — La présente loi, disait M. Maunoury dans son rapport sur la loi de 1881 à la Chambre des députés, « se résume en ceci pour les questions de propriété et de droit privé : application absolue du droit commun. » Trib. des conflits, 29 juillet 1882, Petitjean.

99. *Effets de l'arrêté de reconnaissance sur la possession et la propriété ; renvoi.* — J'ai indiqué sous l'article 5 quelles étaient les conséquences de l'arrêté de reconnaissance en ce qui concerne l'appréciation des questions de possession et de propriété qui peuvent se produire en ces matières, je dois donc me borner à renvoyer à ce qui a été déjà dit précédemment à ce sujet.

Je me permets de rappeler qu'il a été établi dans cet article :

Que l'arrêté de reconnaissance, en ce qui concerne la possession, valait comme prise de possession en faveur de la commune, avec faculté de la contester dans l'année de la notification de l'arrêté de reconnaissance.

En ce qui concerne la propriété, elle peut être contestée à la commune tant qu'elle n'a pas été acquise par titre ou par prescription, et que celui qui la revendique peut justifier de ses droits.

§ 2. — Actions possessoires.

100. *Exercice de l'action possessoire*. — Avant la loi de 1881, les chemins ruraux pouvaient être l'objet de demandes au possessoire contre la commune. Si cela pouvait être discuté par ceux qui, comme nous, admettaient leur imprescriptibilité, il ne pouvait en être de même de ceux qui repoussaient cette imprescriptibilité, et il faut reconnaître qu'ils étaient les plus nombreux, sinon en doctrine, du moins dans la pratique. Tout intéressé pouvait dès lors former une action possessoire contre une commune pour se faire reconnaître en possession d'une portion de sol d'un chemin rural. Trib. des conflits, 27 mai 1851 (Delert), sur les conclusions conformes de M. Vuitry, alors maître des requêtes ; C. cass., 13 décembre 1864, S. 65, 1, 19 ; 24 janvier 1865, S. 65, 1, 125 ; 20 juin 1870, S. 72, 1, 132 ; Dufour, *Droit adm.*, t. 3, n° 402, p. 399 ; Curasson, revu par Poux Lagier et P. Pialat, *Comp. des juges de paix*, t. 2, n° 640, p. 253.

Aujourd'hui, en ce qui concerne les chemins ruraux, l'action possessoire ne peut être utilement intentée qu'avant l'expiration de l'année qui suit la notification de l'arrêté de reconnaissance pour les chemins reconnus ; mais en ce qui concerne les chemins ruraux non reconnus, la situation juridique est restée ce qu'elle était avant cette loi, elle est même plus franchement favorable pour les riverains.

Il en résulte que toutes les fois que les communes ou des habitants agissant soit au nom des communes, soit en leur nom personnel, lorsqu'ils sont troublés dans la possession d'un chemin qu'ils prétendent être public, et qu'ils demandent à être remis en possession de ce chemin, peuvent faire sanctionner leurs prétentions, s'ils justifient d'une possession dans les conditions légales. Cass., 16 décembre 1874, S. 75, 1, 64 ; 2 février 1875, S. 75, 1, 79 ; 14 mars 1876, S. 76, 1, 266, D. 78, 1, 62 ; 20 décembre 1876, S. 77, 1, 74 ; 20 mai 1889, S. 91, 1, 511, D. 90, 1, 247.

On ne peut refuser d'admettre une commune à prouver au possessoire, des faits tendant à établir l'existence d'un chemin public, par la constatation de l'état matériel des lieux et de l'usage public du chemin depuis les temps les plus reculés, sous prétexte que cela ne suffirait pas pour obtenir pour les habitants, par prescription au profit de la commune, un droit de passage. Cass., 28 février 1877, S. 78, 1, 453, D. 77, 1, 455.

D'autre part le droit d'agir au possessoire est également ouvert au profit de ceux qui se prétendent possesseurs de chemins reconnus, s'ils agissent dans l'année de la reconnaissance, et à toute époque, s'il s'agit de chemins non reconnus ni classés, dont la possession leur est contestée par des communes ou des habitants. Cass., 5 janvier 1855, S. 55, 1, 145 ; 10 février 1864, S. 65, 1, 257 ; 5 janvier 1869, S. 69, 1, 168, D. 69, 1, 12 ; 5 avril 1869, S. 70, 1, 124, D. 69, 1, 524 ; 26 juillet 1881, S. 82, 1, 153 ; 15 avril 1890, S. 91, 1, 125, D. 90, 1, 442.

Peut-être est-il inutile de rappeler ici que avant 1881, la Cour de cassation jugeait que lorsque les communes se prétendaient propriétaires de chemins par elles classés administrativement, cela n'empêchait pas des tiers se prétendant en possession de la faire reconnaître. Arrêts des 7 août et 18 novembre 1834 ; 5 janvier 1855 ; 23 août 1858 ; 14 novembre 1861, 10 février et 13 décembre 1864 ; 12 février 1875. Aujourd'hui lorsque la reconnaissance a été dénoncée, l'action n'est recevable que si elle est formée dans l'année de la dénonciation.

Indiquons divers cas où l'action possessoire formée par des particuliers contre des communes a été déclarée recevable.

La simple détention matérielle et actuelle, alors même qu'elle serait précaire, peut servir de base à une demande en réintégrande. Par suite cette action intentée contre une commune par un particulier en possession de la lisière d'un chemin communal limitrophe de son champ, ne peut-être repoussée par le juge sous prétexte que cette lisière du chemin n'a été laissée par la commune à la disposition de ce riverain que temporairement à titre de tolérance. La possession du demandeur n'est pas entachée de violence, alors même qu'elle aurait commencé par une voie de fait, s'il s'est écoulé un certain laps de temps entre cette voie de fait momentanée et le trouble donnant lieu à l'action. Les réclamations adressées au possesseur, n'empêchent pas sa détention d'être paisible, au sens voulu pour autoriser l'action en réintégrande. Cass., 17 novembre 1891, S. 92, 1, 64. D. 92, 1, 424.

L'arrêté administratif classant une sente parmi les chemins ruraux, constitue un trouble justifiant la recevabilité de l'action en complainte dirigée contre la commune par le possesseur du sol. Cass., 15 avril 1890, S. 91, 1, 125, D. 90, 1, 442. *Pand.*, 90, 1, 381. Jurisprudence conforme. Cass., 14 novembre 1861, S. 63, 1, 553 ; 20 juin 1870, S. 72, 1, 152, D. 72, 1, 256 ; 2 février 1875, S. 75, 1, 79 ; 18 juin 1877, S. 79, 1, 14.

Il a même été jugé que le fait par la commune d'user d'un chemin comme chemin public communal, constituait un trouble à la jouissance des riverains se prétendant propriétaires exclusifs de ce chemin, les autorisant à exercer une action en complainte. Cass., 5 avril 1869, S. 70, 1, 124, D. 69, 1, 524.

Il suffit dans tous les cas que la réclamation suscite un débat possessoire pour que l'action soit recevable. Cass., 29 mars 1858, D. 58, 1, 217 ; 1er février 1864, S. 64, 1, 353, D. 64, 1, 91 ; 2 juillet 1877, S. 78, 1, 37, D. 77, 1, 485.

Mais l'action ne pourrait être accueillie au posses-

soire à raison d'un empiétement pratiqué sur un autre
fonds que celui du plaignant. Ainsi jugé au cas où le
chemin avait été détruit ou clôturé à l'extrémité opposée à la propriété du plaignant sur le fonds de celui à
qui le trouble était reproché. Cass., 5 mars 1828 ; 6 décembre 1854, S. 56, 1, 208, D. 55, 1, 23 ; 28 octobre 1885,
S. 86, 1, 199, D. 86, 1, 309.

101. *Recevabilité de l'action possessoire s'appliquant au sol d'un chemin.* — Si les servitudes de passage ne peuvent s'acquérir par prescription, il n'en est
pas de même lorsqu'il s'agit de difficultés élevées non
seulement à raison d'un droit de passage, mais de la
propriété ou copropriété même d'un chemin. En pareil
cas, l'action possessoire est recevable et elle doit être
accueillie, si le demandeur fait la preuve d'une possession caractérisée et plus qu'annale. C. cass., 18 mars
1873, S. 73, 1, 303 ; 2 février 1875, S. 75, 1, 79. Aubry
et Rau, § 185, t. 2, p. 128 et suiv.

102. *L'exception tirée du caractère du chemin.* —
Le juge du possessoire n'est point tenu de renvoyer à
l'autorité administrative la détermination préalable de
la nature du chemin, s'il lui apparaît en fait que le terrain litigieux revendiqué par un particulier contre une
commune est distinct et séparé d'un chemin vicinal, et
que d'autre part la commune ne prouve, ni même n'ar-
ticule rien qui donne la moindre probabilité au fait de
vicinalité dont elle excipe. C. cass., 26 mars 1872, S. 72,
1, 373. Cette solution serait applicable si une contesta-

tion se présentait entre une commune et un riverain à l'occasion d'un terrain attenant à un chemin rural. C. cass., 26 juillet 1881, S. 81, 1, 153.

Toutefois, si la reconnaissance avait été justifiée, qu'elle eût été notifiée depuis plus d'un an, et que des difficultés se produisissent pour apprécier l'étendue de l'arrêté, le sursis devrait être prononcé. A défaut de reconnaissance, la commune se prévaudrait vainement du caractère de publicité du chemin, puisque ce caractère, à défaut de classement ou de reconnaissance, ne peut plus le soustraire d'après la loi de 1881, et les déclarations qui en ont accompagné le vote, à la prescription, et par suite à une possession contraire utile.

103. *Conséquences de l'action possessoire lorsque l'administration a reconnu la publicité.* — Nous avons déjà signalé sous l'article 2, les difficultés que peut présenter l'hypothèse que nous indiquons et nous avons fait connaître les moyens de solution. Nous croyons devoir insister ici pour préciser, comme nous l'avons fait dans les éditions précédentes, la portée de l'action possessoire dans le cas que nous avons prévu, et qui peut se présenter absolument dans les mêmes conditions qu'avant la loi de 1881, pour les chemins ruraux non reconnus.

Nous ne donnerions à l'action possessoire, lorsque la publicité n'est pas contestée, et notamment lorsque l'action porte sur une partie seulement de la voie, d'autre résultat que celui de préparer et de faciliter la solulion de la question de propriété au pétitoire, comme cela se pratique en matière de chemins publics vicinaux, avec cette différence toutefois, qu'en matière de chemins vicinaux la déclaration de possession qui précède la déclaration de propriété, et cette déclaration elle-même, n'empêchent pas la dépossession, et se bornent à ouvrir un droit à l'indemnité en faveur de celui qui est reconnu possesseur et plus tard propriétaire à l'encontre de la commune ; tandis qu'en matière de chemins ruraux, la déclaration de propriété entraîne la mise en possession du terrain contesté, soit par la commune, soit par le riverain également, suivant que cette déclaration intervient au profit de l'un ou de l'autre.

Jusqu'à la décision du fond, celui en faveur de qui aura été résolue la question au possessoire, devra être mis en possession, parce que jusqu'à décision définitive, rien n'établissant qu'il s'agisse réellement d'un chemin rural soit d'une voie publique, il faut bien s'en tenir à la décision de justice sur le possessoire, qui se trouve le seul document auquel on puisse en l'état se référer.

Mais si une décision administrative, en déclarant le chemin public, avait maintenu la commune dans la jouissance d'un terrain contesté. La décision au possessoire ne pourrait avoir pour résultat d'infirmer l'acte de l'autorité administrative et de fermer au public l'accès de ce chemin, c'est du moins ce que le conseil d'Etat a formellement jugé dans l'affaire Peternick par décision du 19 juillet 1821. Le juge de paix devrait se borner à déclarer en pareil cas, que l'adversaire de la commune avait la possession au moment de la déclaration de publicité, et si au pétitoire le droit de propriété était consacré au profit du possesseur, la déclaration de publicité du chemin, non classé comme vicinal, tomberait d'elle-même devant cette reconnaissance de propriété privée. C'est la théorie que j'ai déjà développée en 1850, dans mes études sur les *Servitudes de voirie*, t. 2, n° 612, p. 433 et suiv., et dans laquelle je crois devoir persister.

104. *Sursis et renvoi pour la reconnaissance préalable de la publicité.* — Le juge du possessoire devant qui on élève une exception de publicité du chemin n'est pas tenu de surseoir, alors qu'aucune déclaration de cette nature n'existe de la part de l'autorité administrative, pour que celle-ci soit mise en demeure de résoudre cette difficulté préalable. Saisi de la question de publicité incidemment et n'étant lié par aucune décision antérieure, le juge doit l'examiner au point de vue de l'appréciation de la question du possessoire qu'il doit résoudre, sans prononcer de sursis ni ordonner de renvoi. C. cass., 4 novembre 1846, S. 48, 1, 569, D. 48, 1, 54 ; 7 février 1848, S. 48, 1, 569, D. 48, 1,121 ; 6 juin 1866, S. 67, 1,257 ; 18 décembre 1866, S. 68, 1, 28 ; 20 janvier 1868, S. 68, 1,225 ; 10 novembre 1875, S. 76, 1, 78 ; 5 août 1880 ; 26 juillet 1881, S. 82, 1, 153.

La loi de 1881, comme nous le rappelons ci-après, a sanctionné cette jurisprudence, *infrà* n° 117.

12

105. *Irrecevabilité d'une action possessoire intentée pour obtenir l'annulation de décisions administratives.* — Il est de règle qu'on ne peut obtenir de l'autorité judiciaire la révision des décisions rendues par l'autorité administrative dans la limite de ses pouvoirs. Or, ce qu'on ne peut faire directement, il ne saurait être permis de le faire indirectement en fraude à la loi. Ainsi le riverain d'un chemin public conduisant à une gare, s'est pourvu devant l'autorité administrative pour obtenir des droits d'accès et de passage sur ce chemin au moyen d'une demande d'alignement ; le ministre et le préfet, par arrêtés, lui ont refusé tout accès et tout droit d'usage, même à titre de tolérance, sur ces terrains. Ces actes, notifiés au demandeur, n'ont été ni annulés, ni même attaqués par la voie contentieuse ; mais le riverain a voulu arriver à en paralyser les effets en formant une action possessoire devant le juge de paix ; celui-ci ayant accueilli cette demande, sur appel, le tribunal l'a déclarée non recevable, et le pourvoi contre cette décision a été rejeté par la Cour de cassation le 29 août 1871, S. 71, 1, 132, qui par deux fois à cette même date, a proclamé les mêmes principes. Ils se trouvent posés d'une manière plus générale dans l'arrêt de la même Cour du 6 novembre 1866, S. 66, 1, 422.

106. *Prétentions de la commune reposant sur de simples délibérations prises pour sa défense.* — Mais si les décisions administratives doivent être respectées, il faut qu'elles aient réellement ce caractère, et qu'elles aient par leur nature une force exécutoire et un caractère obligatoire pour les tribunaux. A défaut, lorsque la commune se borne à soutenir qu'un terrain qu'elle prétend être un chemin rural et qui est l'objet d'une complainte possessoire, fait partie de son domaine public municipal, le juge de paix juge de l'action, étant juge de l'exception, doit apprécier la question préjudicielle au point de vue de l'efficacité de la possession alléguée. Et si, comme je l'indiquais tantôt, cette règle peut recevoir une exception, lorsque la défense de la commune repose sur des actes administratifs, elle est appliquée à bon droit par le jugement qui constate qu'aucun acte ayant ce caractère n'est produit par la commune, qui ne se prévaut que de délibérations prises, en cours d'instance pour régulariser la procédure, C. cass., requêtes, 19 juillet 1882, ou appuyer ses prétentions en cours de procès. Cass., 29 juin 1891, à mon rapport, D. 92, 1, 271, *Pand.*, 92, 1, 344.

107. *Autorisations administratives.* — Il faudrait également bien se garder de confondre les actes administratifs portant réglementation et approbation de mesures d'administration, ayant un caractère d'administration publique, avec les simples autorisations données à des tiers par mesure de police et de surveillance.

108. *Réserve des droits privés dans les permissions administratives.* — Ces dernières ne sont données

qu'aux risques et périls de ceux qui les obtiennent et sauf
le droit des tiers, et ne peuvent créer des droits civils
ou modifier des droits existants ; elles indiquent seulement que le permissionnaire ne sera pas recherché à raison de l'acte autorisé par mesure de police ; mais elles
ne peuvent préjuger en rien des droits contestés, ni modifier des droits préexistants. Ces principes sont si justes
et d'une application tellement constante, qu'il est inutile
de rappeler pour les soutenir les nombreuses autorités
de doctrine et de jurisprudence qui leur prêtent leur appui. Aussi si un riverain de chemin public se fait autoriser à exécuter certains travaux dans son intérêt privé
sur les abords et le long de ce chemin, et même en empiétant sur sa largeur, cette permission ne lui est donnée que sous la réserve des droits des tiers ; et dans le
cas où un autre riverain se prétendrait lésé par ces
travaux dans des droits lui appartenant, il serait recevable à agir par voie d'action possessoire, pour s'opposer à ce que sa possession fût troublée, sans que le
juge du possessoire pût se déclarer *de plano* incompé-
tent, en se fondant sur l'existence de l'autorisation donnée par l'autorité municipale, et sans se prononcer, le
cas échéant, sur la nature et la destination publique de
ces travaux. C. cass., 12 novembre 1872, S. 72, 1, 376.

109. *Arrêtés portant injonction d'enlever les obs-
ta les apportés par un particulier au passage sur un
chemin.* — Les arrêtés pris par les maires pour faire
cesser les obstacles apportés par des tiers au passage

sur des chemins, ne font pas obstacle à ce que ces tiers fassent reconnaître et constater leur possession sur ces chemins, s'ils prétendent en être propriétaires. Certainement ces arrêtés sont légaux (1), mais en tant qu'ils doivent être exécutés sur des voies communales, et celui qui prétend que la voie sur laquelle on a poursuivi l'exécution est sa propriété particulière, ne peut pas être empêché de justifier cette prétention devant les tribunaux compétents, pour vider les questions de propriété ou de possession ; sinon il suffirait d'un arrêté de police d'un maire, pour dépouiller tous les propriétaires de chemins privés de leur propriété et la transférer à la commune. En pareil cas, ceux qui réclament ont le droit de faire juger, non que le maire ne devait pas pourvoir à la réglementation et à la surveillance des chemins communaux, mais que le chemin sur lequel il a voulu appliquer cette réglementation y échappait comme étant une voie privée. Ces principes ont été admis implicitement par l'arrêt de la Cour de cassation du 4 novembre 1846, S. 48, 1, 309 ; et directement, par celui du 26 juillet 1881, S. 82, 1, 153.

Lorsqu'une commune a fait dresser contre un particulier deux procès-verbaux successifs à raison de cultures effectuées sur un chemin prétendu communal, il en résulte un trouble de droit autorisant la complainte ; le délai pour l'intenter court du premier procès-verbal, surtout s'il a été suivi de poursuite et de condamnation.

(1) *Suprà*, n. 39.

Il n'en serait autrement que si, entre les deux procès-verbaux, le propriétaire avait joui du terrain en litige. Cass.,
18 août 1880, S. 82, 1, 398.

Le procès-verbal pour culture sur le chemin est un
trouble qui ouvre l'action en complainte, alors même que
au lieu d'être dressé contre le propriétaire, il aurait été
dressé contre ses fermiers ou agents (même arrêt) ; mais
pour que cet acte ait ces effets, il faut qu'il ait été dressé
par des agents compétents. Cass., 26 août 1884, S. 86,
1, 165.

110. *Droit pour les habitants de se prévaloir de
la publicité du chemin déclarée par l'autorité judiciaire.* — Bien que les décisions judiciaires ne constituent l'autorité de la chose jugée, que lorsqu'elles ont
été rendues dans les conditions prévues par la loi, et
notamment qu'elles ne sont opposables qu'aux parties
représentées au procès à l'occasion duquel elles sont
intervenues, on doit tenir que les décisions rendues entre une commune et un habitant, portant sur la publicité d'un chemin et ayant constaté cette publicité, sont
opposables à cet habitant par tous ceux qui, plaidant
avec lui à raison du même chemin, ont intérêt à se prévaloir de cette publicité. C. cass., 18 décembre 1866, S.
68, 1, 28.

111. *Action possessoire intentée par un habitant ;
cas où une autorisation est nécessaire.* — Lorsque des
riverains d'un chemin vicinal n'agissent pas en cette qua-

lité, dans un intérêt individuel et en leur nom personnel ; mais bien comme contribuables d'une commune
exerçant une action communale en maintien et garde de
la commune dans la possession et jouissance du chemin
et de ses abords, et restitution à la commune du terrain
anticipé ; aux termes de l'article 49 de la loi du 18 juillet 1837, aujourd'hui 123 de la loi du 5 avril 1884, ils
doivent se faire préalablement autoriser par le conseil
de préfecture, et après que la commune a été appelée à
délibérer sur ces actions, et qu'elle a refusé ou négligé de
les exercer. A défaut, ils doivent être repoussés comme
non recevables et sans qualité suffisante pour agir.
Besançon, 24 janvier 1863, D. 63, 2, 35 ; Cass., 26 janvier
1864, S. 64, 1, 78; Montpellier, 10 juillet 1866, sous Cass.,
24 juin 1867, S. 67, 1, 503 ; Dijon, 9 novembre 1866,
S. 67, 2, 157 ; C. cass., 5 janvier 1869, S. 69, 1, 168 ;
30 juillet 1873, S. 75, 1, 308 ; 20 février 1877, S. 78, 1, 450,
D. 77, 1, 477 ; 14 mai 1877, S. 78, 1, 451, D. 78, 1, 5 ;
20 mars 1878, D. 79, 1, 335, S. 78, 1, 207 ; Besançon,
21 décembre 1888, D. 90, 2, 52 ; Trib. de Beauvais, 21 décembre 1893, *Gaz. des Trib.*, 10 mars 1894 ; Mayjuron-Lagorsse, *Code rural*, p. 21.

Les prescriptions de l'article 49 de la loi du 18 juillet
1837, aujourd'hui remplacé par l'article 123 de la loi du
5 avril 1884, sont en effet applicables au contribuable qui
veut exercer même une action possessoire qui appartient à la commune. C. cass., 7 mars 1860, S. 60, 1,
200; 26 janvier 1864, S. 64, 1, 329 ; 20 mars 1878, S.
78, 1, 207 ; et qui pourrait compromettre ainsi, dans cer-

tains cas, les droits de celle-ci, par une défense insuffisante, ou une action mal dirigée.

Il en serait autrement si, troublés personnellement dans leur passage sur un chemin public, les riverains exerçaient, pour s'y faire maintenir ou réintégrer, une action propre et individuelle sans engager les droits de la communauté. C. cass., 31 juillet 1832 ; 4 décembre 1833 ; 12 décembre 1836 ; Besançon, 9 janvier 1863, S. 63, 2, 79, D. 63, 2, 35 ; Orléans, 8 juillet 1863, D. 63, 2, 136 ; C. cass., 24 juin 1867, S. 67, 1, 325 ; 5 janvier 1869, S. 69, 1, 168, D. 69, 1, 12 ; 3 juin 1872, S. 72, 1, 291 ; 30 juillet 1873, S. 75, 1, 308 ; 2 février 1875, S. 75, 1, 79 ; 20 février et 14 mai précités ; 12 juin 1880, S. 82, 1, 140 ; 24 mars 1885, S. 85, 1, 448 ; 19 octobre 1887, S. 87, 1, 414, D. 88, 1, 458 ; 15 mai 1889, S. 90, 1, 122 ; 22 mai 1889, S. 90, 1, 249 ; 12 décembre 1889, S. 91, 1, 387, D. 90, 5, 95 ; 23 février 1892 (Coste-Foron) ; 2 mars 1892, S. 92, 1, 151 ; Curasson, revu par Poux-Lagier et P. Pialat, *Traité de la comp. des juges de paix*, t. 2, nos 711 et 712, p. 454 et suiv. ; Proudhon, *Droit d'usage*, 2e édit., t. 3, no 781, p. 133 ; Mayjuron-Lagorsse, *Code rural*, p. 21.

Il en serait de même, à plus forte raison, si le chemin, objet de leur action, n'était point considéré par eux comme un chemin public. C. cass., 10 novembre 1875, S. 77, 1, 317.

112. *Appel et pourvoi*. — Le contribuable admis à intenter l'action en première instance à la suite de l'accomplissement des formalités prescrites par la loi, à l'occasion de la revendication d'une portion prétendue de la voie publique, n'a pas besoin d'une nouvelle autorisation pour se pourvoir soit par appel, soit en cassation contre la décision qui a repoussé cette action. C. cass., 28 juillet 1856, S. 57, 1, 283.

113. *Action ultérieure de la commune par voie de requête civile.* — Lorsque sur une instance relative à la propriété ou à la possession d'un chemin, une commune a été représentée par des habitants, qui ont été autorisés à exercer ses droits en vertu des lois de 1837 et 1884, elle ne peut être admise à agir ultérieurement par voie de requête civile, sous le prétexte qu'elle n'aurait pas été défendue. C. cass., 6 juillet 1875, S. 77, 1, 462.

Mais lorsque la complainte intentée par un habitant contre une commune a été repoussée par la raison que la possession du demandeur sur le terrain litigieux était une possession de fait non de droit, la complainte intentée peu de temps après par la commune elle-même, ne peut être déclarée irrecevable sous prétexte que la possession en fait du défendeur y ferait obstacle, l'exception de chose jugée n'étant pas justifiée, la décision manquerait de base légale, Cass., 21 juillet 1890, commune de Vigneux.

114. *Action au possessoire du défendeur au pétitoire.* — Si l'article 26 du Code de procédure dispose que le

demandeur au pétitoire ne sera plus recevable à agir au
possessoire, on doit conclure du texte même de cet article et du motif sur lequel il repose, que le défendeur au
pétitoire conserve, au contraire, toute liberté d'agir au
possessoire, même pour des troubles de possession antérieurs à la demande au pétitoire formée contre lui.
C'est ce qui a été reconnu spécialement en notre matière
par l'arrêt de la Cour de cassation du 16 décembre 1874,
S. 75, 1, 64.

115. *Action intentée par la commune.* — En ces matières les communes sont en droit d'agir au possessoire,
toutes les fois que cette voie leur paraît utile à suivre
dans l'intérêt de la communauté dont les administrateurs ont à sauvegarder et défendre les droits. Lorsque
la commune agira comme demanderesse au possessoire,
elle devra se conformer, pour l'exercice de son action,
aux règles générales de procédure établies par la loi sur
l'administration municipale en matière de demandes
possessoires formées par les communes. Loi du 5 avril
1884, chapitre 2, articles 121 à 131.

116. *Caractères de la possession.* — La possession
par un riverain du sol d'un chemin que la commune soutient être public, mais dont la reconnaissance n'a pas
été notifiée depuis plus d'un an, remplit toutes les conditions voulues par la loi pour en assurer le bénéfice
légal au possesseur, si elle est paisible, si elle n'a pas
lieu à titre précaire, par simple tolérance et d'une manière

équivoque ; mais bien au contraire d'une manière exclusive, à titre de propriétaire *animo domini*, et sans être interrompue. C. cass., 26 mars 1872, S. 72, 1, 372.

La simple détention matérielle et actuelle, alors même qu'elle serait précaire, peut servir de base à une demande en réintégrande.

En conséquence, lorsqu'une action en réintégrande est intentée contre une commune par un particulier en possession de la lisière d'un chemin communal limitrophe de son champ, le juge ne saurait rejeter cette demande sous le prétexte que cette lisière de chemin n'a été laissée par la commune à la disposition du particulier que provisoirement et à titre de simple tolérance.

La possession du demandeur en réintégrande n'est pas entachée de violence, alors même qu'elle aurait commencé par une voie de fait, s'il s'est écoulé un certain laps de temps entre cette voie de fait purement momentanée et le trouble donnant lieu à l'action.

Les réclamations adressées au possesseur n'empêchent pas non plus sa détention d'être paisible, au sens voulu pour autoriser l'action en réintégrande. C. cass., 18 novembre 1891, *Bull.*, n. 166, p. 291.

Le plus souvent les communes, pour justifier de leur possession, se prévalent du fait de passage des habitants. C'est aux tribunaux à apprécier dans chaque affaire, si en l'état des circonstances dans lesquelles le passage s'est produit, il peut constituer au profit de la commune une possession caractéristique dans laquelle elle doit être maintenue. Cass., 20 mai 1889, S. 89, 1, 511, D. 90, 1, 227, *Pand.*, 89, 1, 574.

Le fait seul du passage, le plus souvent n'est dû qu'à une tolérance sur laquelle on ne peut fonder aucun droit. Cass., 11 février 1857, D. 57, 1, 256 ; 16 juin 1858, D. 58, 1, 458 ; Paris, 11 mars 1861, D. 61, 2, 191 ; Cass., 2 février 1874, D. 74, 1, 468 ; 23 juin 1874, D. 75, 1, 124. Pardessus, *Servitudes*, n. 216 ; Demolombe, *Servitudes*, n. 777 ; Féraud-Giraud, *Servitudes de voirie*, t. 2, n. 611, p. 432.

117. *Pouvoirs d'appréciation du juge du possessoire.* — Le juge investi par une commune d'une demande au possessoire, a le droit de rechercher dans les faits de possession allégués non à titre de servitude, mais de propriété, les éléments d'appréciation propres à caractériser la possession. Et, lorsque des faits et documents par lui appréciés, il conclut que la commune a la possession utile et plus qu'annale du terrain litigieux au titre de propriétaire par elle invoqué, il ne viole nullement l'article 25 du Code de procédure civile en cumulant le pétitoire avec le possessoire, s'il se borne à rechercher l'esprit dans lequel les habitants ont joui de ce terrain, sans faire ressortir des faits de jouissance constatés, aucun droit pour la commune en dehors de sa possession. C'est ce qui a été jugé par la Cour de cassation le 26 janvier 1876, S. 76, 1, 147, à la suite d'une action formée au possessoire par une commune à l'occasion d'un réservoir, et ce qui est parfaitement applicable à une action de même nature portant sur le sol d'un chemin. Cass. 27 juillet 1874, S. 75, 1, 64.

C'est d'ailleurs un point constant en jurisprudence.
Cass., 16 novembre 1842, S. 43, 1, 243 ; 28 juillet 1856,
S. 57, 1, 283 ; 24 avril 1866, S. 66, 1, 440, D. 66, 1, 315 ;
5 avril 1869, S. 70, 1, 124, D. 69, 1, 524 ; 26 mars 1872,
S. 72, 1, 384 ; 30 décembre 1872, S. 73, 1, 77 ; 9 juin 1873,
S. 73, 1, 436 ; 1er juillet 1873, S. 73, 1, 413 ; 7 janvier
1874 (Liberman), S. 74, 1, 156, même date (Jarry), S. 74, 1,
303 ; 20 décembre 1876, S. 77, 1, 74 ; 10 mai 1881, S.
82, 1, 59 ; 1er juin 1892, S. 92, 1, 579, *Pand.*, 93, 1, 186 ;
29 novembre 1893, D. 94, 1, 405.

Au contraire, cumule le pétitoire avec le possessoire,
le jugement qui dans son dispositif déclare qu'une partie « avait la possession annale et en tout cas le droit de
se servir du chemin litigieux ». Cass., 31 juillet 1893,
Bull., n. 119, p. 190. Et d'une manière générale toute
décision qui statuant au possessoire s'occupe du fond
du droit et tranche une question de propriété, Cass.,
15 juin 1892, *Bull.*, 136, p. 207.

La présomption de propriété établie par l'article 3 de
la loi de 1881, ne s'étend pas à la possession. Cass.,
30 juin 1891 (Moreau).

La Cour de cassation a paru admettre dans bien des
décisions, qu'il appartenait au juge du fait d'apprécier
souverainement si d'après les circonstances de chaque
cause la possession était utile ou seulement précaire,
on cite dans ce sens entr'autres arrêts récents, ceux des
10 mai 1881, S. 83, 1, 396 ; 13 juin 1881, S. 82, 1, 264 ;
16 juillet 1888, S. 89, 1, 108 ; 12 février 1889, S. 90, 1, 13 ;
20 mai 1889, D. 90, 1, 247 ; 9 décembre 1889, S. 90, 1,

414 ; 18 mai 1892, S. 92, 1, 357 ; 1ᵉʳ juin 1892, S. 92, 1, 579.

Le 18 mai 1892 la Cour de cassation par un arrêt rapporté aux recueils de Sirey, 92, 1, 357 et de Dalloz, 92, 1, 297, avec des notes intéressantes, a jugé que s'il appartient aux juges du possessoire de constater les faits, le caractère légal qu'ils leur ont donné est sujet à révision. La Cour juge spécialement que lorsque le propriétaire d'un parc clos, en défendant à la complainte d'une commune qui prétend avoir, par la fréquentation des habitants, la possession d'un chemin traversant ce parc, allègue qu'on ne peut passer sans son assentiment, ledit chemin étant fermé, à l'entrée du parc, par une grille et une porte dont la clef est aux mains d'un concierge à son service, le juge du fond affirme vainement, pour répondre à l'exception de précarité soulevée, que la circulation n'est pas précaire, à raison de ce que ce concierge « a toujours, et sans observation aucune, livré passage à qui voulait passer ». Le fait ainsi retenu démontre uniquement que la tolérance était générale, ce qui ne lui enlève pas son caractère, et il n'implique nullement en lui-même que le public, pour circuler sur le chemin litigieux, pût se passer de l'agrément du propriétaire du parc.

118. *Maintenue en possession simultanée.* — Il a été jugé que lorsque dans une instance au possessoire l'une des parties justifiait que depuis plus d'un an elle a débité, scié et déposé des bois sur le terrain et en a usé suivant les besoins de son commerce, et que d'un autre côté la commune justifie que pendant ce même temps ce terrain, accessible de tous côtés, traversé par des sentiers et chemins faisant suite à des rues, a été fréquenté par le public, en exécution des mesures prises par l'administration et dont l'exécution a été facilitée par la partie adverse, le juge du possessoire pouvait maintenir simultanément les deux parties en possession de ce terrain. En pareil cas, cette disposition s'applique évidemment aux possessions déterminées qui sont indiquées par le juge pour chacune d'elles, et qui ne seraient nullement inconciliables. Les deux parties ont dès lors pu être renvoyées en l'état, à se pourvoir au pétitoire. Cass., 21 avril 1874, S. 75, 1, 56. Naudier, n° 101, p. 116.

119. *Possession simplement provisoire.* — Sous l'ancien droit, lorsque sur l'action en complainte le juge ne pouvait, après instruction par enquêtes ou autres voies, reconnaître à laquelle des deux parties qui se disputaient la possession d'un héritage ou d'un droit, cette possession appartenait, il pouvait les renvoyer à se pourvoir au pétitoire, soit purement et simplement, soit en ordonnant le séquestre de l'objet litigieux pendant le procès au pétitoire, soit en accordant pendant le même temps la *recréance*, ou la possession provisionnelle à l'une des deux parties. Le Code civil et le Code de procédure ne contenant aucune disposition contraire à cette jurisprudence, on paraît admettre qu'elle doit être encore suivie aujourd'hui. De sorte que lorsqu'une partie demande en justice d'être maintenue dans la possession libre, annale et exclusive qu'elle prétend avoir d'un chemin existant sur des terres qui lui appartiennent, si la partie adverse lui dénie la possession exclusive de ce chemin, qu'elle soutient être une voie publique comme chemin rural, et si elle prétend être elle-même en possession depuis un temps immémorial de ce chemin, le juge qui, après enquête et descente sur les lieux, déclare qu'il est impossible de reconnaître quelle est celle des deux parties qui a la possession du terrain litigieux, peut les renvoyer à se pourvoir au pétitoire en maintenant provisoirement le défendeur en possession comme habitant et lui en accordant la recréance. C. cass., 5 novembre 1860, S. 61, 1, 17. Naudier, *loc. cit.*

On trouvera dans le recueil de Sirey, sous l'arrêt du 5 novembre 1860, une note fort détaillée de M. G. Dutruc, sur la question de savoir si, lorsque les parties qui plaident au possessoire ne fournissent sur la possession à laquelle elles prétendent respectivement, que des preuves insuffisantes ou qui se neutralisent, le juge peut les renvoyer à se pourvoir au pétitoire, soit purement et simplement, soit en ordonnant le séquestre de l'objet litigieux ou en accordant la recréance ou possession provisionnelle à l'une d'elles. Je n'entrerai pas dans l'examen de cette question qui trouverait mieux sa place dans un traité sur la possession que sur les chemins ruraux.

J'adopte complétement l'opinion de M. Dutruc; ou la

possession est réclamée exclusivement par le demandeur, le défendeur se bornant à la lui contester, ou elle est demandée à la fois par les deux parties. Dans ce dernier cas, l'ancienne jurisprudence qui permettait au juge de renvoyer les parties au pétitoire, avec ou sans séquestre provisoire ou recréance et possession provisionnelle telle qu'elle est attestée par Pothier, *Traité de la possession*, n° 105, doit être encore suivie, et en cela je ne fais qu'adopter l'avis de la grande majorité des auteurs, et la jurisprudence constante de la Cour de cassation qui s'est affirmée par de nombreux arrêts. Il faut reconnaître néanmoins que sous l'ancien droit comme sous le nouveau, cette opinion trouve des dissidents, qui exigent que le juge du possessoire attribue la possession à l'une des parties, s'il ne veut commettre un déni de justice, ou tout au moins une illégalité. Si le demandeur au possessoire ne trouve chez son adversaire qu'un défendeur qui lui conteste cette possession sans la réclamer pour lui-même, de deux choses l'une, ou le demandeur justifiera sa demande, ou il ne fera qu'une justification incomplète et insuffisante ; dans le premier cas la possession qu'il réclame lui sera attribuée ; dans le second, ne justifiant pas sa demande il devra être débouté ; on déclarera nettement et définitivement qu'il n'établit pas qu'il ait la possesssion qu'il réclame, sans avoir à décider si elle appartiendrait au défendeur qui ne la réclame pas, ou à tout autre. Et dans ce cas il n'y a aucun renvoi à prononcer au pétitoire, ni de possession provisoire à attribuer à qui que ce soit.

13

120. *L'exercice d'une action possessoire peut-il motiver une poursuite pour anticipation.* — Je pose la question parce qu'elle s'est présentée devant les tribunaux. Un individu ayant été poursuivi pour anticipation sur un chemin rural, avait demandé un sursis pour justifier de sa possession. Le juge du possessoire a déclaré que les faits allégués ne prouvaient pas la possession. Le prévenu est retourné devant le tribunal de simple police, et en appel le tribunal correctionnel de Meaux, le 12 mars 1880, l'a condamné en se fondant sur ce que « pour échapper à une condamnation, le prévenu aurait dû ne prétendre aucun droit de propriété ou de possession sur le terrain limitrophe de sa marc ». La Cour de cassation a dû casser cette décision. Et en effet la contravention d'anticipation est une contravention matérielle et non intentionnelle ; la volonté de commettre une anticipation ne suffit pas pour créer cette contravention, il faut un acte matériel et personnel du contrevenant. Ch. crim., 24 décembre 1880, S. 82, 1, 487.

§ 3. — Questions de propriété

121. *Réserve des questions de propriété par les arrêtés de reconnaissance.* — Les rapports de M. Labiche au Sénat, et Maunoury à la Chambre des députés, comme le texte de la loi, indiquent que les arrêtés de reconnaissance ne préjugent en rien les questions de propriété. Ces rapports ajoutent que les arrêtés de reconnaissance n'ont pas les effets que la loi de 1836 attribue aux arrêtés de classement des chemins vicinaux, qui portent attribution de propriété au profit de la commune. Ce n'est pas le lieu d'indiquer ici en quel sens doit être entendue cette attribution de propriété par application de la loi de 1836, mais quoi qu'il en soit, il est incontestable que les effets de la reconnaissance n'ont pas, au point de vue de la propriété, la portée plus ou moins étendue que l'on peut attribuer aux arrêtés de classement des chemins vicinaux par application des dispositions de la loi de 1836 ; cette application, quant à ce, à nos matières, est écartée par la loi et par les déclarations des commissions chargées d'en expliquer la portée au Corps législatif. Exposé des motifs, *Officiel* du 31 octobre 1876, p. 7804, 3ᵉ col.

122. *Actions en justice relatives à la propriété des chemins ruraux.* — La question de propriété d'un chemin rural ou de partie de ce chemin, peut être portée devant les tribunaux par une action directe de la part du propriétaire riverain qui s'oppose à la reconnaissance, ou à la suite d'un renvoi à fins civiles prononcé sur la demande d'une personne poursuivie pour un acte auquel l'autorité administrative attribue un caractère d'abus. Elle peut même être portée devant les tribunaux directement par la commune, lorsque les prétentions contraires à sa propriété ont été suffisamment formulées.

La solution de toute question de propriété de terrain et de limite de propriété appartient aux tribunaux de

l'ordre judiciaire. Trib. civ. conflits, 29 juillet 1882,
(Petitjean).

123. *Le droit commun reste en vigueur pour résoudre les questions de propriété.* — Il a été entendu
lors de la discussion des articles 2 et 3 de notre loi, que
la commune qui justifierait qu'un chemin rural est affecté à un service public serait présumée, jusqu'à preuve
contraire, être propriétaire de ce chemin. Cette affectation vaudrait pour elle possession et aurait les conséquences juridiques de la possession ; mais en rappelant
les dispositions de la loi et les conséquences qu'elles
devaient avoir, M. Maunoury, rapporteur à la Chambre
des députés, ajoutait : « Il a été parfaitement expliqué,
lors de la discussion devant le Sénat, qu'il n'était entré
dans la pensée de personne d'introduire dans la loi une
disposition qui préjudiciât aux droits acquis tels qu'ils
résultent du Code civil interprété par la jurisprudence.
Il est donc bien entendu que le jour où la loi sera promulguée, la commune n'aura pas plus de droit qu'avant
sur la propriété des chemins ruraux et que les particuliers n'en auront pas moins.

« La loi, sur ce point, ne fait que régler la procédure
de reconnaissance des chemins. »

124. *Actions intentées par les habitants aux droits
de la commune.* — Ici se présente de nouveau la question de savoir si les habitants de la commune peuvent,
en leur nom personnel, *ut singuli*, se prévaloir de la

publicité d'un chemin et en réclamer la jouissance à ce titre? Avant la loi du 18 juillet 1837, on admettait généralement que les habitants ne pouvaient se prévaloir, *ut singuli*, d'un droit qui n'appartenait qu'à la commune. La loi de 1837, et depuis celle de 1884, ont modifié cette situation en accordant, à tout contribuable, le droit d'exercer, à ses frais et risques, et sous certaines conditions, les actions de la commune, que celle-ci refuse ou néglige d'exercer. Sous l'empire des législations antérieures, on a jugé, comme je l'indiquais tantôt, que celui qui, dans son intérêt, voulait faire décider qu'un chemin était public et communal, était irrecevable en son action avant la loi de 1837, et qu'il ne pouvait l'exercer depuis, qu'à charge de remplir préalablement les conditions exigées par l'article 49 de cette loi. C'est ce qui paraît consacré par les arrêts de la Cour de cassation des 23 février 1825, Reculard; 25 juillet 1865, Clergeaux; Besançon, 24 janvier 1863, 2e chambre, Besson. Des Cours avaient cependant admis des tempéraments à la rigueur de ce principe dans l'application qu'elles en avaient fait, comme l'établissent les arrêts de Rouen, 24 décembre 1865, Tourailles, et Bourges, 22 mai 1825, Baudat. D'autres décisions enfin semblent admettre que le principe que nous venons de rappeler ne serait pas applicable au cas qui nous occupe; c'est dans ce sens que j'indique les arrêts de Nîmes, 25 mars 1829, Ambert; de rejet de la chambre des requêtes, 20 juin 1834, Noël; d'Agen, 15 décembre 1836, Manenc; de Besançon, 14 novembre 1844, Gannard ; de la chambre des requêtes, 15 mars 1843, Collard ; de Besançon, 9 janvier 1863, 1re chambre, Guihelin.

Il nous paraît en effet nécessaire de préciser de nouveau la situation exacte qui est faite au riverain qui revendique un droit de passage sur un chemin public, ou se défend contre la prohibition qu'on veut lui imposer de se servir de ces voies. Les riverains des voies publiques, et par riverains j'entends non seulement les détenteurs de propriétés longeant ces routes, mais encore, comme l'arrêt de Besançon du 9 janvier 1863, ceux qui se servent de ces chemins au moyen des sentiers ou chemins particuliers qui y aboutissent ; les riverains des voies publiques, dis-je, ont, de l'aveu de tous, en dehors des droits généraux conférés au public, des droits propres et spéciaux, droits réels, dérivant de la situation des héritages et dont l'exercice est nécessaire, tantôt pour la desserte de ces héritages, tantôt pour l'écoulement des eaux, tantôt pour l'établissement de jours et vues. Or, en excipant de la publicité des chemins, le riverain, dans ce cas, exerce bien moins les actions de la commune qu'un droit propre et réel, afférent à son héritage spécialement, et dont on ne saurait lui contester l'exercice.

Cette observation avait été faite par Proudhon, elle est généralement acceptée et elle me paraît légitimer la situation des riverains des chemins ruraux qui, soit en demandant, soit en défendant, voudront se prévaloir, pour faire consacrer leurs droits de vue, issue et autres,

du caractère de publicité de la voie rurale. Mais la décision obtenue dans ces circonstances par l'un des riverains, si elle constitue un préjugé qui peut être pris en
sérieuse considération dans le jugement des procès de
même nature qui pourraient se mouvoir plus tard du
chef d'autres riverains, n'a pas, vis-à-vis de ces derniers
l'autorité de la chose jugée, et ne fait pas obstacle même
à ce que le propriétaire du fonds sur lequel est ouvert
ce chemin n'intente ultérieurement une action contre
d'autres habitants à raison de faits de passage par eux
exercés sur le même chemin. Arrêt de cassation de la
chambre civile du 25 août 1858, Salavy.

125. *Présomption de propriété; Renvoi.* — J'ai
déjà expliqué, sous l'article 3, si l'on devait admettre en
ces matières une présomption de propriété en faveur des
riverains ou des communes, je n'ai qu'à renvoyer à ce
qui a déjà été dit à ce sujet.

126. *D'après quels signes, et au moyen de quelles
constatations peut-on déterminer la propriété des chemins?* — Lorsque la question de propriété d'un chemin
sera portée devant les tribunaux, quelles règles devront-
ils suivre pour la vider? Lorsqu'il y aura des titres formels constatant cette propriété, aucune difficulté ne
pourra se présenter; mais on ne saurait toujours exiger
de la part de la commune des titres à l'appui de sa demande lorsqu'il s'agit de chemins publics. Les propriétés de cette nature n'étant que très exceptionnellement

constatées par des titres, ce sont des circonstances de fait, l'état des lieux, l'utilité du chemin, les actes de voirie, ou leur absence, les contrats de droit civil intervenus entre divers, les documents administratifs, etc., qui pourront servir à déterminer la nature et l'étendue des droits que réclament les communes : rejet, 5 mars 1818, commune d'Uhrweiller ; rejet, 23 février 1825, Reculard ; Agen, 23 juillet 1845, de Pezet ; Lyon, 17 février 1846, Moulin, 5 août 1880, S. 81, 1, 392 ; 6 mars 1883, S. 84, 1, 124, D. 83, 1, 265, et la plupart des arrêts cités ci-après.

Les titres privés ne pourront prévaloir contre la commune qui se prévaut de la circulation accompagnée de décisions antérieures, plans, livres, terriers, enquêtes. Cass., 28 mai 1873, S. 74, 1, 340, D. 75, 1, 127 ; Orléans, 6 mai 1885, D. 88, 2, 12.

Alors que la commune pourra se prévaloir des mentions contenues dans des titres privés, Bordeaux, 3 décembre 1874, D. 77, 2, 87 ; Orléans, 10 janvier 1884, D. 86, 2, 75 ; 6 mai 1885 ; 31 décembre 1886, D. 88, 2, 12.

On paraît admettre généralement que les clôtures latérales bordant un chemin, ne peuvent être considérées que comme une circonstance corroborant les présomptions qui se dégagent des autres faits dans chaque cause. Sirey, *Rép.*, v° *Chemin en général*, n° 64, qui cite à l'appui de cette opinion ; Cass., 21 août 1871, S. 71, 1, 241 ; Besançon, 3 juin 1874, D. 77, 2, 187 ; trib. de Mamers, 4 août 1869, sous cass., 26 décembre 1871 ; D. 71, 1, 299 ; Bourguignat, 2° édit., n° 25. J'attribuerai volontiers plus d'importance à cette circonstance, j'y trouverai, sauf preuve contraire, l'exclusion d'une propriété commune avec le champ traversé, dont le chemin se trouve séparé par une clôture.

La commune se prévaudra utilement pour justifier sa propriété, de la poursuite et de la répression des contraventions opérées à sa requête ; de la réglementation de la circulation sur le chemin par l'autorité municipale ; de la délivrance des alignements ; des travaux d'entretien et d'amélioration effectués à ses frais ; de la perception à son profit de droits de voirie ; de l'injonction aux riverains d'élaguer les arbres en bordure. Cass., 9 avril 1862, S. 62, 1, 466 ; Dijon, 9 février 1870, sous Cass., 21 novembre 1871, S. 72, 1, 90 ; Cass., 28 février 1877, S. 78, 1, 453 ; Orléans, 31 décembre 1886, D. 88, 2, 12.

127. *Quand la possession fait-elle présumer la propriété.* — M. Humbert, dans la séance du Sénat du 16 mars 1877, *Officiel* du 17, p. 2018, 2ᵉ col., disait : « Dans quel cas la possession fera-t-elle présumer la propriété ? C'est lorsqu'elle réunira les conditions prescrites par le droit commun d'après l'article 2229 du Code civil, c'est-à-dire lorsqu'elle sera continue et non interrompue, paisible, publique, non équivoque et à titre de propriétaire. La possession aura alors les caractères qui font présumer la propriété, telle est la pensée qui est, suivant moi, sous-entendue dans l'article 2... » Ces explications reçurent l'approbation du Sénat, qui renvoya même à la commission les articles 2 et 3 du projet, pour que le texte en reproduisît autant que possible la pensée. *Officiel* du 17, p. 2019, 2ᵉ col.

128 *Espèces dans lesquelles les tribunaux ont reconnu la propriété de la commune.* — Il est difficile de poser des règles absolues pour déterminer à l'avance les circonstances qui justifieront la propriété de la commune ou des riverains, car le plus souvent le même fait peut se produire dans des conditions si différentes que, décisif dans une affaire, il sera sans portée dans une autre. Les précédents que fournit la jurisprudence peuvent toutefois servir à éclairer la question et en faciliter la solution, c'est à ce titre que j'ai cru devoir en présenter un rapide exposé.

Voyons donc, d'après les arrêts, quels sont les signes et les circonstances auxquels on reconnaîtra que la propriété d'un chemin est une propriété communale ou une propriété privée.

Je cite d'abord, en suivant l'ordre chronologique, les espèces dans lesquelles la propriété communale a été déclarée par les tribunaux.

Est la propriété de la commune, le chemin partant d'un chemin public, longeant une grande quantité de bois, qui figure sur un ancien plan fait en 1781, et qui aboutit à un autre chemin public (Bourges, 18 avril 1822, Marotte).

Le chemin qui aboutit à plusieurs communes et établit entr'elles des relations utiles et nécessaires (Bourges, 30 décembre 1822, Durbois).

« Attendu que les chemins qui ne sont ni royaux, ni départementaux, ni vicinaux ou communaux, sont susceptibles d'être possédés à titre de propriété, et que dès lors il n'y a d'autres chemins privés que ceux qui sont fermés par des grilles ou barrières » (C. de cass. crim., 26 août 1825, Martin).

Un chemin ouvert par les deux bouts, dont la disposition est favorable à la circulation des passants, que les revendiquants ont qualifié chemin public jusqu'au moment de l'instance en revendication, qui est désigné dans le pays comme tendant d'un quartier à un autre, que les réclamants ont reconnu être sous la surveillance de l'administration. Rouen, 24 décembre 1825, Tourailles

Un chemin est public quand il sert de communication entre les bourgs, villages ou hameaux et que tout le monde y a passé pendant un grand nombre d'années. Bourges, 30 janvier 1826, S. 27, 2, 62, D. 27, 2, 52.

« Les chemins publics sont les communications plus ou moins importantes, suivant la classe à laquelle ils appartiennent, qui conduisent de villes en villes, ou qui servent dans le territoire des communes, hors de leur enceinte, à l'exploitation des propriétés rurales. » Cass. crim., 15 février 1828, S. 28, 1, 270.

Le chemin conduisant de village à village, et livré depuis un temps immémorial au passage, doit être considéré comme propriété communale, alors même que des propriétaires à certaines époques y auraient placé des barrières qui auraient été enlevées, que quelques personnes auraient demandé et obtenu des permissions particulières de passage ; que le pâturage y aurait été exercé sur les accotements par le public, tantôt librement, tantôt malgré l'opposition des riverains ; peu importerait que le chemin n'eût pas été porté sur le cadastre et que la commune ne l'eût pas réparé, si elle n'avait réparé aucun de ses chemins. Caen, 18 novembre 1835, Bernard, suivi d'un arrêt de rejet du 7 mars 1837.

« Attendu, en droit, que d'après la nature des choses, l'opinion des auteurs et la jurisprudence, un chemin est réputé chemin public, lorsqu'il conduit ou à un bourg, ou à une route, ou d'un chemin public à un chemin public, ou d'un village à un village, et que, consacré à l'usage du public, tout individu peut y passer à toute heure de jour ou de nuit sans aucune opposition légale de qui que ce soit. Attendu, en fait, que, reconnu et classé comme chemin public en 1719, 1738 et 1834, le chemin dont il s'agit existe de temps immémorial ; qu'il conduit de la commune de Saint-Jacques à la commune de Beuvilliers ; que les deux extrémités sont ferrées et cailloutées ; que la chaussée qui en est la continuation s'appelle chemin de Beuvilliers ; que la partie vers le chemin de Beuvilliers est bordée de deux haies qui le séparent des propriétés voisines et que le chemin aboutit par les deux extrémités à deux voies publiques : qu'en jugeant que ce chemin est public, la cour de Caen a fait une juste application de la loi ; rejette, req.. 21 juin

1836, Jehanne. Dans le même sens, M. Petit, *Des chemins*, p. 3, *in fine*.

« Ceux qui donnent accès à une fontaine publique, à un abreuvoir, à un pâturage communal, ou qui sont nécessaires à l'exploitation des différents cantons de terres arables ». Instruction du ministre de l'intérieur du 16 novembre 1839.

Le chemin qui, existant depuis un temps immémorial d'après les documents administratifs, a toujours servi de communication entre les chefs-lieux de deux communes, a été réparé sur une partie de son parcours aux frais de l'une d'elles, en vertu de délibérations de son conseil municipal, Dijon, 30 juillet 1840, commune de Saint-Jean-des-Vignes, suivi d'arrêt de rejet du 14 février 1842, S. 42, 1, 363, D. 42, 1, 165.

Un chemin qui conduit d'un village au chef-lieu de la commune en offrant à ceux qui en profitent une voie plus abrégée et praticable en toute saison, qui est entièrement distinct de la propriété des riverains, est encaissé et garni de pierres, peu importe que le propriétaire établit que ce n'est pas sur le point où le chemin est aujourd'hui tracé et où on demande à exercer le passage qu'il existait autrefois, s'il est constaté que ce sont les auteurs des revendiquants qui ont opéré eux-mêmes ce changement, et ont remplacé par le nouveau chemin un ancien chemin public qu'ils ont supprimé. Angers, 28 avril 1841, V⁰ Duport.

« Attendu qu'on ne saurait exiger de la commune de Sainte-Foy, la production de titres à l'appui de sa de-

mande ; qu'il s'agit d'un sentier ou chemin public, et
que les propriétés de cette nature ne sont jamais constatées par des titres ; que ce sont les circonstances de
fait et l'état des lieux qui peuvent déterminer la nature
et l'étendue des droits que réclament les communes ;
attendu qu'il est reconnu par toutes les parties que le
sentier dont il s'agit existe depuis un temps immémorial, qu'il est constant que les propriétaires des terrains
qui le bordent, l'ont toujours considéré comme un chemin communal ; que dans tous les cas de transmission
de propriété, à l'exception d'un seul, il a été donné pour
confin, et que la commune de Sainte-Foy produit un
acte authentique de 1626, qui assigne comme limite ce
chemin déjà désigné sous le nom de ruelle de la Na-
vaire, que les auteurs de Moulin ont eux-mêmes indiqué le sentier dont il s'agit comme limite de la propriété qu'ils lui vendaient.... Attendu que vainement on
soutient que ce sentier n'existe que par la tolérance des
propriétaires qui, à l'époque des vendanges et sans opposition de la commune, le faisaient clore à chacune des
extrémités.... Que s'il en avait été ainsi, les propriétaires contigus ne se seraient pas contentés d'une clôture
temporaire, que l'autorité pouvait permettre sans inconvénient pour et dans l'intérêt seulement de la conservation des récoltes.... » Que si la commune n'a pas fait
porter le chemin sur le cadastre, elle se considérait
comme propriétaire avant que cette qualité lui fût contestée, puisque plusieurs années avant procès, elle avait
fait figurer le chemin sur le tableau officiel dressé par

le conseil municipal et approuvé par le préfet, que plus tard, elle donnait des alignements et faisait dresser des procès-verbaux pour constater les contraventions, que dès lors, un pareil sentier est bien une propriété communale. Lyon, 17 février 1846, S. 46, 1, 485, D. 46, 4, 528.

On doit encore considérer comme communal le chemin qui met en communication un village et un bourg en traversant un village intermédiaire, bien que la circulation sur ce chemin établi à travers les héritages de divers propriétaires, soit entravée sur un point par les ruines d'une loge à cochon au sortir du bourg, si d'un autre côté elle est facilitée sur d'autres points par deux bois équarris jetés comme passerelles sur deux petits cours d'eau qu'il traverse, si nulle part la direction n'en est incertaine, quoique peu accusée dans quelques endroits, s'il est justifié par enquête qu'anciennement des haies limitaient ce chemin dans certaines parties de son parcours, et qu'on y passait de temps immémorial, notamment pour les baptêmes, les mariages, et les sépultures. Bordeaux, 11 novembre 1848, Bourgoin.

« Le chemin qui sert non seulement au passage des bestiaux et voitures qui se rendent aux champs, mais qui est encore à l'usage des voyageurs qui de jour ou de nuit se rendent au chef-lieu communal. » Cass. ch. crim., 10 avril 1856, D. 56, 5, 493.

« Sont des signes matériels et certains de la propriété d'un chemin (en dehors de l'usage des habitants), le creusement des fossés, l'empierrement et l'entretien de

ce chemin, la construction d'un monument public (l'é-
rection d'une croix par exemple), le tout aux frais de la
communauté, la circonstance qu'il sert de communication entre deux communes ou de jonction de deux chemins publics » ; Req., 11 février 1857, D. 57, 1, 256.

Une route servant de séparation entre deux héritages,
figurant sur le plan cadastral et sur l'état des chemins
ruraux arrêté par le conseil municipal et par arrêté du
préfet, séparée de certaines propriétés riveraines par les
vestiges d'un ancien mur, allant d'une voie publique à
une autre voie publique et sans cesse fréquentée par les
habitants. Rejet, 9 avril 1862, S. 62, 1, 405, D. 62, 1, 290.

« Le chemin qui relie entre elles des habitations
éparses et isolées, conduit par la voie la plus courte au
village et à la fromagerie et a servi de tout temps au
transport du lait et aux communications continuelles
avec la frontière ; qui, s'il n'est pas indiqué au plan
cadastral, figurait déjà sur le plan juridique de 1786 et
se retrouve encore sur le tableau officiel des chemins de
la commune sous le n° 39, comme sentier des Frenelots
à la Combe-Geay. » Besançon, 9 janvier 1863, S. 63, 2,
80, D. 63, 2, 35.

Si les arrêtés de classement sont insuffisants pour
établir le droit de propriété des communes, ces actes
corroborés par une longue possession déterminent le
véritable caractère de cette possession. Ils attestent le
droit auquel ont toujours prétendu les communes de se
considérer comme propriétaires des terrains sur lesquels
sont assis les chemins classés ; et joints à d'autres élé-

ments de preuves et notamment à des reconnaissances émanées de leurs adversaires, ils peuvent constituer une preuve complète du droit des communes. Rej. req., 27 avril 1864, S. 64, 1, 212, D. 64, 1, 337.

Bien que le classement des chemins ne fut pas une condition essentielle de leur publicité et de leur caractère communal, on ne saurait méconnaître l'influence des arrêtés de classement sur la solution des questions de propriété, lorsqu'ils sont corroborés par d'autres documents et par les circonstances de la cause, spécialement lorsque le chemin a été de tout temps pratiqué par les habitants de la commune ; que des actes et documents anciens le qualifient de chemin public ; qu'il a son point de départ à une voie publique et aboutit à un autre chemin public ; qu'il met en communication directe un hameau avec un village ; qu'enfin les propriétaires riverains n'en ont usé qu'à titre de chemin public et non comme d'un sentier privé d'exploitation ou de desserte. C. cass., 20 novembre 1865, S. 68, 1, 215.

« Est public un chemin qui existe depuis un temps immémorial, qui relie un hameau à une commune, qui traverse des terres appartenant à divers particuliers ; sur lequel les habitants de la commune et du hameau ont constamment passé ; qui a été porté au cadastre comme chemin public et a été inscrit au tableau des chemins ruraux sans opposition aucune » ; Aix, 16 janvier 1865, D. 65, 2, 200.

La commune prouve qu'un chemin fait partie des chemins ruraux de son territoire, lorsqu'elle établit que

14

ce chemin a été classé comme chemin rural public par une délibération de la commune à laquelle a concouru le propriétaire opposant, et qui a été approuvée par le préfet ; qu'il a toujours été possédé et entretenu comme chemin public par cette commune ; que ce chemin ne sert pas uniquement à l'exploitation des parcelles appartenant au riverain qui en revendique la propriété, mais qu'il prolonge son parcours au delà de ces parcelles et débouche sur des chemins publics qu'il met en communication ; que sa suppression nuirait à d'autres voies publiques classées et entraverait la circulation ; qu'il a toujours été fréquenté par les habitants à titre de chemin public, ce qui était attesté par une délibération du conseil municipal portant la signature du revendiquant. Rej., 16 avril 1866, S. 66, 1, 321, D. 66, 1, 311.

La circonstance qu'un chemin traverse en partie un héritage, ne constitue qu'une présomption simple qui peut être combattue par des présomptions contraires et annihilée par la possession contraire de la commune. Celle-ci, qui est affranchie de toute justification de son droit de propriété par le fait de sa possession reconnue par le juge du possessoire, fait la preuve de sa propriété lorsqu'elle établit qu'un chemin qui lui est contesté est public, qu'elle fait cette preuve non seulement par l'arrêté de classement, qui considéré isolément était insuffisant, mais par diverses circonstances, notamment : 1° que ce chemin relie en abrégeant les distances deux chemins publics ; 2° qu'il est d'une incontestable utilité pour les relations entre diverses parties déterminées du territoire ; 3° que de tout temps les propriétaires voisins, les habitants de la commune et le public en ont fait usage concurremment avec celui qui le revendique, pour leurs commodités et leurs convenances ; 4° que le passage était exercé par tous les modes, à pied, avec charrettes et pour la conduite des bestiaux en foire ; 5° que le revendiquant, en sa qualité de maire, avait fait reconnaître le caractère public de ce chemin en le faisant porter au tableau de classement des chemins communaux. C. cass., 15 juin 1868, S. 69, 1, 29, D. 68, 1, 433.

Une décision qui attribue à un particulier un ensemble de terrains limités par des lignes fixes en exécution d'une vente faite par une commune, peut laisser irrésolue la question de propriété d'un chemin traversant ces terrains et qui n'avait fait à ce moment l'objet d'aucune contestation ni d'aucun chef de conclusions. Partant les tribunaux peuvent, si une difficulté surgit ultérieurement à raison de la propriété de ce chemin prétendue à la fois par la commune et par le propriétaire du terrain traversé, examiner la difficulté sans se préoccuper de l'autorité de la chose jugée attribuée par l'une des parties aux précédentes décisions, et reconnaître la propriété de la commune. C. cass., 14 décembre 1869, S. 70, 1, 218.

La commune peut arriver à justifier la propriété d'un chemin en établissant la nature de ce chemin, son affectation à l'usage du public, la possession qu'elle en a et qu'elle en a toujours eue à titre de voie publique pour les intérêts généraux de ses habitants. Cette preuve elle la fait, en établissant que la publicité du chemin contesté résulte de circonstances ou documents exclusifs du caractère de propriété privée, lorsqu'il est établi qu'il met en communication deux rues ou chemins publics sur lesquels il débouche, qu'il a été de tout temps et sans observation de la part des riverains, affecté à la circulation publique pour la satisfaction d'intérêts communs et généraux, que dans la plupart des titres privés il est indiqué comme chemin public, que ceux qui le revendiquent contre la commune ne le font que tardivement après une sorte de reconnaissance implicite d'une absence de droit. Les mentions qui se trouvent dans d'anciens terriers ne sauraient prévaloir contre l'ensemble de ces justifications. Pau, 9 février 1870, S. 70, 2, 156, D. 71, 2, 71.

Le caractère public des chemins, lorsqu'il est établi d'une manière quelconque mais non équivoque, suffit pour les rattacher au domaine municipal. Ce caractère est justifié bien que le riverain ait un acte lui transmettant la propriété de ce chemin, mais auquel la commune est étrangère, si celle-ci établit qu'elle a toujours revendiqué l'assiette de ce chemin comme étant celle d'une voie publique lui appartenant, qu'elle s'est toujours opposée aux obstacles qui ont été apportés à la circulation sur ce chemin et a obtenu pour l'assurer des décisions qui ont été respectées, que cette voie a toujours servi aux habitants pour se rendre à l'église, que la publicité en est attestée par le livre terrier et résulte de la disposition des lieux. Pau, 2 mars 1870, suivi de rejet, 28 mai 1873, S. 74, 1, 310, D. 75, 1, 127.

Une commune justifie son droit de possession sur des chemins qui traversent une forêt, lorsqu'elle établit que loin d'avoir été créés uniquement pour permettre aux habitants d'exercer leurs droits d'usage dans cette forêt, il résulte de leur classement, des indications du plan cadastral, de la destination attestée par des titres anciens, du prolongement au dehors des limites de la forêt et des revendications en justice, la preuve non équivoque que le parcours habituel de ces voies de communication a été exercé *animo domini*. Trib. de La Rochelle, 21 août 1873, suivi de rejet le 9 décembre 1874, S. 75, 1, 161, D. 75, 1, 225.

Lorsqu'une commune demande à faire la preuve qu'elle a acquis par prescription la propriété d'un chemin, si les tribunaux, pour refuser d'admettre la preuve offerte des faits articulés et pour les déclarer non pertinents et non admissibles, se fondent uniquement sur ce que le passage continu ou accidentel des habitants ne saurait suffire pour faire acquérir par la prescription au profit de la commune un droit de propriété, sans tenir compte de ce que les faits articulés ne portaient pas sur l'exercice même du passage, mais sur l'existence et la propriété du chemin par lequel le passage aurait été exercé et sur le caractère public de ce chemin, circonstances qui étaient des éléments nécessaires de la pertinence et de l'admissibilité de ces faits; ils violent les articles 2227 et 2229 du Code civil et font une fausse application de l'article 691 du même Code. C. cass., 28 février 1877, S. 78, 1, 453.

Une commune doit être reconnue propriétaire d'un chemin lorsqu'elle appuie sa prétention à la propriété de ce chemin sur la publicité et son incontestable utilité dans l'intérêt général des communications entre plusieurs villages et hameaux, et d'autre part sur des actes de police et de surveillance exercés de tout temps par l'autorité municipale, et révélant au nom de la commune la volonté certaine et persévérante de posséder à titre de propriétaire le sol du chemin nécessaire à ses habitants ; peu importe que la commune n'y ait pas fait exercer des travaux d'entretien que la nature du sol même du chemin rendait inutiles, et que certains riverains aient parfois empiété sur le sol du chemin au moment des cultures. Rouen, 27 novembre 1877, S. 79, 2, 244.

La propriété d'un chemin est justement attribuée à une commune par l'arrêt qui constate qu'une enquête a justifié que la commune en était en possession depuis plus de cinquante ans à titre de chemin public, et dans les conditions acquisitives de la propriété par prescription. C. cass., 3 avril 1882.

Est justifié l'arrêt qui attribue la propriété d'un chemin à une commune, alors qu'il ne le fait qu'après avoir constaté, que ce chemin existe depuis un temps immémorial, tendant d'une voie publique à un étang salé qui faisait autrefois partie du domaine public, qu'il a été toujours séparé par des clôtures de l'héritage contigu, qu'il est fréquenté par la généralité des habitants des villages voisins, qui jadis y avaient établi une fontaine à laquelle ils ont substitué un lavoir et abreuvoir publics. Si le riverain y a pris des pierres, curé les fossés et pratiqué un canal pour amener les eaux sur sa prairie, cela témoigne d'autant moins de sa propriété, que ces travaux n'ont pas toujours été tolérés, que d'autres en ont fait autant et que c'est la commune qui avait construit la fontaine et y a substitué à ses frais un abreuvoir. Cass., 12 août 1884, S. 87, 1, 201.

Un chemin est légalement attribué à une commune lorsque le juge du fait affirme qu'il relie deux lieux publics, qu'il existe de temps immémorial comme chemin public, et a toujours été pratiqué comme tel. L'adversaire de la commune ne peut se prévaloir utilement d'un titre d'échange lui attribuant le chemin litigieux, alors que la possession de la commune s'est manifestée par une jouissance absolue des habitants et le soin de l'autorité municipale de mettre obstacle à tout empiétement depuis plus de trente ans. Cass., 6 août 1888, D. 90, 1, 80, S. 89, 1, 219.

Attribution de propriété à la commune d'un sentier alors que de temps immémorial, il a été l'objet d'une circulation générale et continue, qu'il sert aux communications des habitants entre deux communes, que cela est constaté dans un plan annexé à l'acte de vente consenti par l'auteur des adversaires de la commune; que celle-ci a toujours entretenu ce sentier, et que l'assiette du passage a toujours été respectée par les riverains.

Cass., 18 février 1889, S. 92, 1, 359, D. 90, 1, 323, *France jud.*, 89, p. 180.

Est attribué à une commune comme acquis par prescription un chemin mettant en communication de temps immémorial les hameaux avec d'autres chemins publics, ayant permis d'une manière continue et non interrompue aux habitants de ces hameaux d'aller au village et à l'église, exclusivement pour les baptêmes, mariages et enterrements. Lorsque des ponceaux y ont été faits d'ordre du maire, dont l'un pour relier le chemin à la grande route; que le passage exercé par les habitants n'a pas eu lieu par suite d'une tolérance, mais alors qu'ils entendaient exercer un droit. Orléans, 27 juin 1890, *La Loi*.

Est présumé public communal jusqu'à preuve contraire, le chemin dont les habitants ont joui de temps immémorial, qui n'est pas imposé et qui aboutit à un ruisseau affecté à l'usage commun. Lyon, 30 octobre 1891, *Pand.*, 92, 2, 118.

Doit être déclaré sentier public propriété de la commune, un sentier qui, remontant au delà des souvenirs des témoins entendus, a toujours été l'objet d'une circulation générale et continue; alors qu'il établit une communication directe entre diverses communes et divers hameaux, et qu'il a ainsi un caractère d'utilité et de nécessité publiques évident; il importe peu qu'il y ait entre les mêmes localités un autre moyen de communication par un chemin plus large et mieux entretenu, si ce dernier chemin n'existe que depuis quelques années, s'il est plus long et ne rend pas inutile surtout aux piétons le chemin litigieux. D'un autre côté on ne saurait reprocher à la commune d'avoir fait aucun acte de voirie sur ce sentier, les communes n'étant pas tenues d'entretenir tous les chemins ruraux, et n'ayant pas le plus souvent des ressources suffisantes pour pourvoir à cet entretien. Jugement de Cambrai du 15 juin 1894, confirmé avec adoption de motifs par la Cour de Douai, 11 décembre 1894, *France jud.*, 1895, 2. 149.

129. *Espèces dans lesquelles la propriété des chemins a été attribuée à des riverains.* — D'un autre côté les chemins ont été reconnus appartenir aux riverains, et ne point faire partie du domaine public communal dans les affaires suivantes, que j'indique également en suivant l'ordre chronologique des décisions judiciaires auxquelles elles ont donné lieu.

Le chemin existant le long du bief d'un moulin sur une chaussée établie pour retenir les eaux dans le canal, alors que les titres, soit anciens, soit récents de l'usinier, lui donnent la propriété des chaussées ou francs-bords du canal de son usine. Rej. req., 20 avril 1836, comm. de Clamecy.

S'il s'agit d'une avenue fermée ou d'un chemin pratiqué dans un terrain privé, dans l'intérêt d'un ou plusieurs propriétaires, sans que le public ait été admis à s'en servir. Instr. gén. du min. de l'int. du 24 juin 1836.

Le chemin qui communique par ses deux extrémités à un chemin public, s'il a été établi parallèlement sur le fonds voisin pour la commodité de l'exploitation de ce

fonds. Il est indifférent que le public, pour éviter les
boues, les poussières de la route voisine, s'en soit servi
habituellement et pendant longtemps, ces faits, tant
que la route voisine subsiste, ne peuvent être considérés que comme des actes de tolérance. Riom, 7 mars 1844,
S. 44, 2, 404.

Je pense qu'il faudrait décider de même si un héritage étant bordé à deux de ses extrémités par des voies
publiques et ayant son habitation placée au centre, une
voie se dirigeant en sens inverse, à partir de cette habitation, la mettait en communication avec les deux
voies publiques, il y a preuve de propriété privée, bien
que les voies publiques se trouvent ainsi réliées entre
elles, surtout si le propriétaire du fonds traversé a seul
entretenu ce chemin, concédé sur lui des droits de servitude de passage par d'anciens titres, planté des bornes
et posé des chaînes, alors même qu'on ne les aurait pas
tendues pour empêcher l'accès.

Si le chemin est établi pour l'exploitation d'un fonds
ou de certains fonds spécialement connus et désignés,
Paris, 15 novembre 1845, commune de Courtry.

Le chemin qui ne communique pas d'une commune
à une autre, ni même d'un chemin public à un autre
chemin public, et qui n'a d'autre destination que l'exploitation des propriétés particulières qui l'avoisinent.
Rej., 15 février 1847, S. 47, 1, 456, D. 47, 1, 108.

L'inspection des lieux peut servir de base au tribunal pour constater qu'un chemin est un simple chemin
de desserte de certains héritages déterminés, et n'est

pas, par suite, une voie communale. Lyon, 5 janvier 1840, S. 50, 2, 166.

La qualification de ruelle, petit chemin ou passage commun donnée à un chemin dans d'anciens titres est insuffisante pour qu'une commune puisse se faire attribuer la propriété de ce chemin. Bordeaux, 13 novembre 1852, D. 56, 2, 26.

Est un chemin privé, le passage établi sur les berges d'un moulin compris dans une adjudication nationale, lorsque ce passage est indispensable à l'exploitation de ce moulin et qu'il a été réparé plusieurs fois et à grands frais par les propriétaires de l'usine. Rej., 5 juin 1855, S. 56, 1, 444, D. 55, 1, 394.

Le passage établi accidentellement dans le lit d'un ruisseau, pendant la saison où il est à sec, ne peut constituer un chemin public. Rej., 3 avril 1856, D. 56, 1, 222.

« Le plus ou moins de fixité ou de permanence d'un chemin d'exploitation, et son plus ou moins bon état de viabilité et de conservation, ne changent ni son caractère, ni sa destination, ni les droits exclusifs de son propriétaire ; si les chemins de vidange sont ordinairement rendus à la production forestière après l'exploitation de la coupe à l'usage de laquelle ils ont été provisoirement consacrés, il est loisible au propriétaire de leur donner une assiette fixe, s'il le juge convenable, sans qu'ils cessent pour cela d'être des chemins forestiers, et, par suite, de rester en dehors de la catégorie des chemins ordinaires, par lesquels l'article 147 du

Code forestier reconnait à chacun la faculté de passer ; il n'y a pas davantage à s'arrêter à la circonstance que le chemin forestier, par lequel est passée la voiture du prévenu, aboutit à des chemins publics, et que divers habitants fréquentent; d'abord, il est dans la nature des choses qu'un chemin de vidange débouche sur une voie publique conduisant aux lieux où doivent aller les produits de la forêt; ensuite la fréquentation abusivé d'un chemin privé par des tiers n'est qu'un acte de tolérance qui ne leur confère aucun droit, de même que la concession faite à l'établissement métallurgique de Noiron, de la faculté de passer avec voitures par ce chemin, moyennant un certain prix, ne peut profiter à d'autres. » Cass. crim., 23 juillet 1858, S. 59, 1, 633, D. 59, 1, 380.

Les chemins qui n'ont pas été créés pour les besoins des habitants d'une commune, pour leur procurer des relations personnelles en leur permettant de communiquer de village à village, d'habitation à habitation, ou en leur permettant de communiquer avec les habitants des autres hameaux situés sur les communes voisines; qui, au contraire, ont été créés avec une destination toute rurale ; que les titres ne présentent point comme destinés à servir de confronts aux propriétés riveraines ; qu'ils indiquent, au contraire, comme traversant des propriétés privées dans des termes qui tendent à les représenter comme étant aussi une dépendance privée, toutefois avec leur affectation spéciale et pour servir comme chemins d'exploitation. Paris, 11 mars 1861, S. 61, 2, 497, D. 61, 2, 191.

Un sentier, étroit de 33 centimètres, non classé comme rural, ne constituant pas une voie de communication indispensable. Paris, 23 août 1861, Boudin de Vesvres.

N'est pas public le chemin qui, s'embranchant à un chemin public, aboutit d'autre part à une impasse, lorsqu'il ne sert pas à mettre en communication des populations voisines ; que son usage a toujours été restreint au service et à l'exploitation d'héritages qui, autrement, seraient enclavés ; qui n'a jamais été l'objet de la part de la commune d'un acte d'où l'on puisse inférer qu'elle l'a considéré comme public et communal, et qui a toujours été indiqué dans les titres, comme étant la propriété privée des riverains et une dépendance des héritages qui avaient le droit d'en user. Limoges, 2 juillet 1862, S. 63, 2, 35.

Lorsqu'un chemin n'a jamais été entretenu par une commune et qu'il est par sa nature une dépendance des propriétés adjacentes, il importe peu que le propriétaire du domaine voisin ait laissé passer de ce sentier dans son avenue, cette tolérance ne peut ôter au sentier son caractère privé et changer l'avenue en chemin public. Amiens, 14 juillet 1863, cité par Bourguignat, *De la propriété des chemins ruraux*, 3ᵉ édit., p. 33.

Ne saurait être considéré comme chemin public communal, un chemin qu'il est impossible de considérer comme utile et encore moins comme nécessaire à la généralité des habitants, dont la création ne peut être attribuée à l'initiative de la commune, qui dans les abornements a toujours été compris dans les propriétés privées, sur lequel la commune n'a fait aucuns travaux révélant sa propriété. Peu importe que des habitants de la commune y aient pratiqué des actes de passage et que l'administration ait cru à un moment donné devoir le classer comme chemin rural. Amiens, 30 novembre 1868, S. 69. 2, 37.

Les faits de passage par les habitants, quelle qu'en soit l'ancienneté, sont inefficaces pour constituer au profit d'une commune un droit de propriété, surtout lorsqu'ils ont eu lieu sur un chemin sans assiette fixe et sans utilité réelle pour la généralité des habitants, en l'état du voisinage de deux chemins très rapprochés suivant la même direction. L'indication de ce chemin au plan cadastral surtout par un simple pointillé, loin d'établir sa publicité, conduit à la constatation contraire. Peu importe qu'il soit bordé de fossés, si la commune n'établit pas que c'est elle qui les a fait creuser ou les a entretenus, ou a fait sur le chemin des travaux quelconques, et peu importe également que certains habitants aient considéré dans le temps ce chemin comme communal dans des pétitions adressées à l'autorité, et que certains actes lui aient donné cette qualification, en dehors de déclarations contraires contenues dans divers autres actes relatifs à des transmissions de propriété. Dijon, 9 février 1870, suivi de rejet le 21 novembre 1871, S. 72, 1, 20.

Un arrêt refuse à bon droit de concéder un chemin à une commune et l'attribue justement à ses adversaires,

lorsqu'il déclare que les titres produits et notamment
une série d'actes de vente partant du 2 thermidor an VII
jusqu'au 12 juillet 1857, attribuent à ceux-ci la propriété
exclusive du chemin litigieux ; qu'en outre leur possession s'est manifestée jusqu'au jour du procès par des
actes nombreux et conformes à leurs titres, tandis que
la possession de la commune ne s'est exercée qu'à titre
de tolérance et hors des conditions légales qui peuvent
conduire à la prescription. C. cass., 17 juin 1873, S. 73,
1, 268.

Le fait qu'un chemin relie deux voies publiques et
présente des avantages de circulation pour le public qui
expliquent l'usage que ce public en a fait, qu'il a sur
une partie de son parcours les signes extérieurs d'un
chemin public et est porté au cadastre avec ce caractère
sur cette partie, ne suffit pas pour le faire déclarer public
et communal, à défaut de tous actes de voirie et de surveillance de la part de l'autorité municipale, et en l'état
des justifications de propriété faites par l'adversaire de
la commune, et fondées sur l'origine de ce chemin, sa
destination et la constatation de signes de propriété privée que l'on relève sur la plus grande partie de son parcours. Montpellier, 7 mai 1877, sous l'arrêt de rejet. S.
79, 1, 471.

Les tribunaux refusent avec raison d'attribuer à une
commune un droit de propriété sur un chemin, lorsqu'ils constatent, que ce chemin ne présente pas par
son origine, sa construction ou sa destination les caractères d'un chemin public; qu'ils établissent, d'autre

part, que ce chemin fut primitivement créé pour desservir une parcelle de terre spécifiée par son numéro cadastral ; que ce chemin constituait une servitude de passage au profit exclusif de cette parcelle, et que les adversaires du revendiquant n'avaient jamais eu qu'une possession précaire. C. cass., 23 juillet 1878, S. 79, 1, 471.

Est suffisamment justifié l'arrêt qui repousse les prétentions d'une commune à la propriété d'un chemin qu'elle revendique comme public, en constatant, d'une part, qu'il n'établit pas une communication directe entre deux hameaux comme le prétendait la commune, qu'il n'est porté sur le plan cadastral par des lignes pleines que sur une minime partie de son parcours, qu'il n'est empierré et clôturé que sur un tiers de ce parcours ; alors que, d'autre part, dans les actes privés il est signalé comme chemin particulier dépendant de certaines terres désignées. C. cass., 16 juin 1881.

Ne peut être considéré comme chemin public communal, un chemin qui n'est pas destiné à l'usage du public, ayant été créé pour desservir des propriétés riveraines, n'ayant pas été l'objet d'un classement, et sur lequel la commune n'a jamais fait acte de propriétaire en l'entretenant. Cass., 10 mai 1881, S. 83, 1, 396.

Voyez l'arrêt de la Cour de cassation du 7 juillet 1888, S. 89, 1, 396, qui dans les circonstances relevées par le juge du fait refuse d'attribuer à une commune la propriété d'un chemin :

« Attendu que pour déterminer la nature d'un chemin, il importe de rechercher à quels besoins il répond et d'examiner les divers plans produits par les parties, les actes administratifs émanés de la commune, les titres des particuliers riverains, et en général toutes circonstances de lieux propres à révéler l'affectation publique ou privée :

« Attendu que les voies rurales doivent avant tout être caractérisées, en tant que voies communales, par leur destination d'intérêt général, c'est-à-dire faire communiquer entre eux divers lieux publics, et impliquer par cela même le passage fréquent de la généralité des habitants ».

L'arrêt, après avoir constaté que le chemin litigieux n'était destiné qu'à donner issue aux héritages qui le bordent, et après diverses constatations venant à l'appui du caractère que doit lui faire attribuer ce fait, repousse les prétentions de la commune. Trib. civ. de la Seine, 12 mai 1890, *Gaz. des trib.* du 18 juillet.

Le fait de mettre en communication deux rues, et d'être porté sur le tableau des chemins ruraux, ne suffit pas pour en faire attribuer la propriété à la commune, alors que les communications entre les mêmes rues sont assurées par des moyens plus faciles que ceux qu'offre le chemin litigieux, et que d'après l'état des lieux il paraît destiné principalement à assurer la desserte d'un particulier. Dijon, 28 mai 1890, D. 91, 2, 206.

L'arrêt qui, en l'état de la revendication d'un chemin rural par une commune, constate la circulation habituelle de la population sur ce chemin, et même des faits

15

d'entretien par la commune, peut cependant, par une appréciation souveraine, décider que les présomptions de propriété communale qui en résultent, doivent tomber devant des titres, même étrangers à la commune, que produisent ses adversaires pour repousser ses prétentions. C. cass., 13 août 1890, D. 91, 1, 244.

Sur une demande principale en revendication formée par une partie contre une commune et la demande reconventionnelle de celle-ci, si une Cour d'appel appréciant l'enquête et la contraire enquête exécutées en vertu d'un arrêt interlocutoire non frappé de pourvoi, et d'autre part les présomptions tirées de l'état des lieux, des documents et circonstances de la cause, a déclaré en fait : 1° qu'une impasse n'a jamais été affectée au service public et que jamais l'administration municipale n'a entendu la comprendre dans les dépendances du domaine public ou privé de la commune ; 2° que les riverains, spécialement le demandeur en revendication, ont toujours joui au droit de soi et que ce dernier a pendant plus de trente ans eu la possession *animo domini* de la partie du sol sur laquelle il a construit un toit à porcs ; 3° qu'il n'est pas établi que ce toit à porcs excède dans une mesure quelconque les limites de l'impasse et empiète sur une place publique comme le prétendait la commune dans sa demande reconventionnelle ; — en se fondant sur ces motifs pour reconnaître les droits du revendiquant, le juge d'appel n'a nullement violé les principes qui régissent les preuves et a déduit les conséquences de ses constatations et appréciations souveraines. Cass., 8 février 1893, commune de St-Laurent-sur-Gorre.

La commune ne justifie pas sa propriété, lorsque les titres établissent que les parcelles sises des deux côtés de la voie sont attenantes les unes aux autres, sans qu'il soit fait mention du chemin ; que d'ailleurs il est établi que le chemin n'est pas affecté à l'usage du public, et que la commune n'y a jamais fait des actes de voirie. Trib. de Beauvais, 21 décembre 1893, *Gaz. trib.*, 10 mars 1894.

La qualification de communal donnée à un chemin par erreur ou par suite d'un projet d'abandon non réalisé dans un acte de vente entre particuliers en l'absence de la commune, n'est pas une preuve de propriété pour celle-ci, alors que le chemin dont s'agit n'avait aucun caractère de chemin public. Cass., 12 novembre 1894, D. 94, 1, 560.

130. *Doctrine.* — Pour compléter cet exposé, qu'on me permettre d'y joindre l'indication de l'opinion des auteurs :

M. Ad. Chauveau, *Journal de Droit administratif*, t. 2, p. 291 : « Dans la première catégorie des chemins communaux, il faut ranger ceux qui conduisent à un abreuvoir, à une fontaine, à un hameau, et même à une commune voisine.... »

D'après M. Flandin, *Du caractère des chemins ruraux*, p. 23 : « L'inscription d'un chemin sur le tableau des chemins ruraux de la commune, ni l'arrêté de re-

connaissance du préfet ne sauraient suffire pour faire
passer un chemin dans le domaine public municipal ;
mais il résulterait de cette inscription, opérée sans opposition des riverains, un préjugé en faveur de la commune. »

M. de Cormenin énonce le même avis, *Questions de
droit adm.*, v° *Chemins vicinaux*, t. 1, p. 40.

Herman, *Encyclopédie du droit*, de MM. Sebire et
Carteret, v° *Chemins vicinaux*, n° 469 « ..... Il est
beaucoup de chemins ruraux dont la conservation est
indispensable parce qu'ils donnent accès à une fontaine
publique, à un abreuvoir, à un pâturage communal, ou
qu'ils sont nécessaires à l'exploitation de différents cantons de terres arables. »

Proudhon, *Domaine public*, t. 2, n° 634, en indiquant
les circonstances qui lui paraissent caractériser un
chemin public, énumère les suivantes :

« Quelle est l'importance du tracé matériel du chemin, et son apparence sous le rapport de l'ancienneté.

« A quelle communication il sert habituellement, et
quels sont les besoins sociaux qui paraissent en avoir
exigé la création.

« S'il a été ferré ou muni de fossés, ce qui le mettrait
hors de la catégorie des simples chemins de tolérance.

« S'il a été réparé et entretenu par la commune, comme
le sont les chemins publics...

« Depuis quelle époque il est soumis aux usages
publics.

« S'il est signalé dans le cadastre ou dans les anciens
plans comme chemin public.

« S'il est, sous la même qualité, donné dans les titres particuliers pour confins des fonds privés.

« Telles sont les principales circonstances laissées à l'appréciation du juge, et dont le concours peut servir à constituer une possession capable d'opérer la prescription acquisitive du sol. »

Le même auteur avait dit, n° 607 : « Le caractère propre de ces chemins consiste en ce qu'ils sont établis pour servir de communication entre des lieux habités, pour circuler de toute manière de paroisse à paroisse, de village à village, d'une section à une autre section de la même commune, d'un village à quelque hameau, ou même d'une route à une autre ; c'est par ce caractère visible et certain qu'on doit les distinguer pour les classer au rang des voies publiques. »

M. Troplong attribue une grande portée juridique aux faits de passage des habitants : « Les voies rurales, dit-il, existent parce que de temps immémorial les habitants d'une ou de plusieurs communes y ont passé et en ont affecté le sol à leur usage personnel. En définitive, le passage habituel du public est le créateur de la plupart des chemins ruraux. » *De la Prescription*, t. 1, n° 163.

Tout le monde sera de l'avis de M. Isambert qui, dans son *Traité de la voirie*, n° 309, dit qu'on devra considérer comme une propriété privée le chemin qui n'aboutit, comme les avenues des châteaux, qu'à une habitation particulière.

D'après M. Bourguignat, *De la propriété des chemins*

ruraux, *passim*, la propriété de la commune et le caractère de publicité des chemins, ne résultent point « de ce que les titres et les plans de propriété afférents aux fonds riverains ne comprendraient pas expressément le sol du chemin dans la contenance de ces fonds, ou même l'excluraient de cette contenance ».

Ni de ce qu'un chemin serait plus ou moins qualifié voie publique dans des actes ou contrats du droit commun.

Ni de ce qu'il aurait été classé comme public par l'autorité préfectorale.

Pour qu'il y ait une destination publique, il ne suffit pas que, par l'une de ses extrémités, un chemin touche à un lieu public, il y aurait là, au contraire, l'un des signes par lesquels se manifeste la circulation d'intérêt privé.

Viæ sæpè necessario per alienos agros transeunt, quâ non universo populo itinera præstari videntur... Hæ ergo de vicinalibus solent nasci : nam et omnes viæ ex vicinalibus nascuntur. Siculus Flaccus, p. 12.

Les simples faits de passage sont inefficaces pour l'acquisition du sol qui y sert d'assiette, *ad probandam viam esse publicam, non sufficit probare per testes quid publice seu vulgo per omnes itum fuerit per longum tempus.* Cæpella, *De servit.*, tract. 2, cap. 3. Pour être acquisitifs du sol même sur lequel ils s'effectuent, pour affecter ce sol à un usage de chemin public, les faits de passage doivent être caractérisés dans le sens où ils tendent. Il faut que les circonstances où ils s'ac-

complissent soient telles qu'il en résulte des effets semblables à ceux que produit la déclaration de publicité
émanée de l'auiorité qui ouvre une grande route ou reconnaît un chemin vicinal. Ces circonstances sont de
deux sortes. Il faut que les faits de passage soient accomplis par le public, c'est-à-dire par la généralité des
habitants et qu'ils soient accompagnés de la part des
autorités qui représentent la commune, d'actes non
équivoques manifestant pour le corps moral des habitants l'intention de posséder le chemin à titre de propriétaire. C'est à cette double condition seulement
qu'un chemin rural sera de la part de la commune l'objet d'une jouissance acquisitive de la prescription aux
termes de l'article 2229 du Code civil.

Le chemin communal qui conduit dans les communaux dont les habitants perçoivent les produits en nature, doit être considérés comme public ; mais il n'en
est pas de même de celui qui conduit à une propriété
privée de la commune, prairie, terre arable ou autre de
même nature faisant partie du patrimoine privé de la
commune et exploitée et possédée comme telle, sur
celui-là la commune a un droit de propriété également
privé et elle le possède au même titre que la terre dont
il est l'accessoire. Cette distinction que j'ai déjà faite
plus haut est également adoptée par M. Bourguignat
dans la dernière édition de son *Etude sur la propriété
des chemins ruraux*, 1881, p. 34.

Naudier, n° 81, p. 90, dit : « Sera considéré comme
chemin public tout chemin appartenant à la commune,

qui ne sera pas chemin vicinal et qui aura une affectation publique, c'est-à-dire une destination telle, et à laquelle se joindront d'autres faits qui appuieront cette présomption, l'ensemble de ces faits constituera une présomption de propriété ».

131. *Droit étranger.* — Pour qu'un chemin soit public, d'après l'avis commun des docteurs, il faut qu'il réunisse ces trois conditions : 1° que chaque extrémité aboutisse à un lieu public ; 2° que le public soit en usage d'y passer habituellement ; 3° que le sol soit public et qu'il ait été affecté à cette destination par l'autorité publique, ou bien qu'il y ait au moins une possession immémoriale, de telle façon qu'on ne puisse savoir si le chemin a été formé par des champs particuliers (Richeri, d'après la législation romaine et la jurisprudence sarde, *Jurisprudence universelle*, t. 3, § 101).

D'après les règlements annexés aux patentes royales du 29 mai 1817, les routes communales, en Sardaigne, étaient (art. 7 du premier de ces règlements), celles qui, n'étant pas classées comme royales ou provinciales :

1° Conduisent d'une ville ou d'une commune à une autre ;

2° Partant d'une route royale ou provinciale, servent de communication à la ville ou commune plus rapprochée ;

3° Conduisent aux ponts établis sur les fleuves ou à l'étranger ;

4° Servent de communication entre une ville ou une commune et les bourgs qui en dépendent ;

5° Généralement toutes celles déjà considérées précédemment comme communales, et qui, en cette qualité, étaient entretenues par les communes.

Les patentes royales du 3 mars 1838 sur les dépenses d'entretien et de construction, ont maintenu cette classification. Elle est également maintenue par l'acte royal du 26 octobre 1839 sur les prestations.

Ces divers documents admettaient tous, en Sardaigne, une classe de chemins privés grevés de servitude de passage en faveur du public pour se rendre à des propriétés communales, à des habitations séparées du chef-lieu, à des églises ou édifices publics.

132. *Influence du cadastre sur la solution de la question de propriété.* — Le cadastre aurait une très grande influence sur la solution de la plupart des difficultés qui naissent entre propriétaires ruraux, si lors de sa confection on s'était préoccupé de l'utilité qu'il pouvait avoir pour la délimitation des héritages, et que dans ce but, cette confection eût été accompagnée de l'accomplissement de certaines formalités spéciales ; mais le but principal et presque exclusif de cette vaste opération, a été l'assiette de l'impôt immobilier, et dès lors, au point de vue des questions de propriété, les énonciations cadastrales ne sauraient avoir une grande portée. La cour d'Aix, par son arrêt du 2 juin 1837, commune de Saint-Laurent-du-Var, dit : « Qu'il est de principe que les cadastres font foi jusqu'à preuve de la possession contraire fondée en titre ou en fait et rejettent sur la partie à qui les cadastres sont opposés, la charge de la preuve de cette possession contraire. » Elle a également jugé, le 8 décembre 1848, Maurel, que « dans les temps qui ont précédé la révolution de 1789, les communes composaient elles-mêmes en Provence les états de leurs impositions ; que dès lors la matrice cadastrale doit être réputée l'ouvrage de la commune, et lorsqu'une portion de terrain n'y est pas portée comme sa propriété, il s'en suit que la commune elle-même a reconnu alors que ce terrain ne lui appartenait pas ». Il me paraît qu'il y aurait dans cette jurisprudence une tendance à accorder au cadastre une influence plus grande que celle qui doit lui être réservée sur la solution des questions de propriété ; les énonciations qu'il contient doivent être prises en sérieuse considération, elles doivent être rapprochées des autres circonstances de la cause, et jointes à ces circonstances, elles pourront entraîner la décision, mais seules elles ne sauraient la justifier. La jurisprudence en général se borne à ne voir dans la non-inscription d'un chemin au cadastre qu'une faculté pour le juge de l'interpréter le cas échéant dans un sens défavorable à la commune. Dijon, 9 février 1870, sous Cass., 21 novembre 1871, S. 72, 1, 30 ; Bordeaux, 3 décembre 1874, D. 77, 2, 187 ; Orléans, 13 avril 1883, D. 86, 2, 75 ; 10 janvier 1884, D. 86, 2, 75 ; 27 octobre 1886, D. 88, 2, 12 ; Trib. de Beauvais, 21 décembre 1893, *Gaz. trib.*, 10 mars 1894. Un rive-

rain se prétendant propriétaire d'un chemin, y avait
fait des dépôts de matériaux ; poursuivi en simple police, il excipait de sa qualité de propriétaire, prétendant
la justifier par l'absence de tous titres administratifs
attribuant cette propriété à la commune, et par l'extrait
du plan cadastral, constatant que le terrain dont s'agissait était placé sur sa cote et parmi les propriétés imposées, le ministère public demanda à faire par témoins
la preuve de la propriété communale, le juge s'y opposa
sur le double motif qu'une pareille preuve était inadmissible, et qu'elle était inutile, la preuve contraire étant
faite par la production du plan cadastral. Sur pourvoi,
le jugement fut cassé le 2 mars 1865, parce qu'il reposait sur une double erreur : 1° l'inadmissibilité de la
preuve testimoniale ; et 2° « Parce que, d'un autre côté,
l'extrait du plan cadastral peut être pour le juge un élément de conviction, mais non une preuve de nature à
exclure toute preuve contraire ». Cette deuxième proposition se trouve dans l'arrêt de la Cour de cassation du
21 novembre 1871, S. 72, 1, 20. L'arrêt du 9 décembre
1874, S. 75, 1, 161, a également admis que le juge pouvait prendre en considération les énonciations du cadastre en ces matières, mais seulement lorsqu'elles sont
accompagnées de divers faits et d'autres justifications
concordantes. Amiens, 30 novembre 1868, S. 69, 2, 37 ;
Dijon, 9 février 1870, sous Cass., 21 novembre 1871,
S. 72, 1, 20 ; Paris, 3 juillet 1872, sous Cass., 17 juin
1873, S. 73, 1, 265 ; Montpellier, 7 mai 1877, sous Cass.,
23 juillet 1878, S. 79, 1, 471 ; Trib. de la Seine, 12 mai

1890, *Gaz. trib.*, 18 juillet. Ces principes sont implicitement consacrés par l'arrêt de la Cour de cassation du 27 novembre 1861, S. 62, 1, 170.

Ces mêmes principes sont applicables aux énonciations contenues dans les anciens terriers. Paris, 3 juillet 1872 suivi de rejet, 17 juin 1873, S. 73, 1, 265. Voyez sur ces diverses questions, dans le même sens, Bourguignat, *Propriété des chemins ruraux*, 1881, n° 45, p. 48, et Naudier, n°ˢ 95 et 96, p. 107 et 108.

C'est le lieu de dire ici, que si l'autorité administrative est seule compétente pour interpréter ses actes, et si cette règle est applicable au cadastre : lorsque les parties en excipent pour débattre et établir leurs prétentions respectives au droit de propriété et non pour demander qu'il soit statué sur la teneur et la confection de ce document, ni sur son maintien ou changement, l'autorité judiciaire reste seule compétente pour statuer. C. de cass., ch. civ., 27 novembre 1861, Fraix.

133. *Prescriptibilité des chemins au profit des communes ; renvoi.* — L'article 6 de la loi de 1881 concernant l'imprescriptibilité des chemins vicinaux reconnus nous ayant mis dans le cas d'étudier ce qui concerne l'application de la prescription, soit contre les communes, soit en leur faveur, nous devons renvoyer à ce que nous avons dit à ce sujet, en ce qui concerne l'acquisition du sol des chemins ruraux par les communes au moyen de la prescription.

134. *Preuve par témoins.* — Un arrêt de Toulouse

du 3 décembre 1814, Pouvillon, avait jugé qu'on ne pouvait être admis à prouver par témoins l'existence et la publicité d'un chemin, qu'il fallait en rapporter la preuve au moyen d'écrits et documents publics et authentiques, tels que cadastres, actes ou délibérations de l'administration communale, procès-verbaux, ou jugements de police ou de voirie. M. Dalloz, qui indique cet arrêt dans son *Répertoire*, v° *Voirie par terre*, n° 1347, ajoute avec raison, suivant nous : cela nous paraît une erreur ; la publicité d'un chemin, comme le dit fort bien M. Troplong, *Prescription*, t. 1, n° 162, est un fait préexistant à tout acte qui la déclare. Or, un fait peut toujours se prouver par témoins. Aussi, a-t-il été jugé le 2 mars 1865 par la Cour de cassation, chambre criminelle, « Qu'aucune disposition de la loi n'interdit de recourir à la preuve testimoniale pour vérifier si un terrain, qu'aucun arrêté administratif n'a classé parmi les rues ou chemins d'une commune, constitue ou non une place ou voie publique ; que les tribunaux peuvent et doivent en cette circonstance user de tous les modes d'instruction qui sont à leur disposition pour parvenir à la connaissance de la vérité ».

135. *Enquêtes ; habitants reprochés.* — Les habitants d'une commune appelés à déposer dans une enquête ordonnée dans un procès où la commune est en cause, et où chaque habitant a un intérêt plus ou moins direct et plus ou moins grand à voir triompher les prétentions de cette commune, sembleraient devoir rentrer dans la classe des témoins reprochables comme intéressés dans la contestation. Toutefois, l'application absolue d'une pareille règle rendrait le plus souvent impossible la preuve par témoins de certains faits indispensables à l'appréciation du juge dans les procès concernant la propriété des chemins ruraux, et d'un autre côté, si on négligeait d'une manière absolue de l'appliquer, on arriverait parfois à entendre comme témoins des personnes déposant en quelque sorte dans leur propre cause.

On est arrivé à poser les principes suivants dans la jurisprudence.

Les causes de reproche des témoins énumérées dans l'article 283 du Code de procédure civile ne sont pas strictement limitatives. C. cass., 15 février 1837, S. 37, 1, 424 ; 10 juin 1839, S. 39, 1, 760, D. 39, 2, 267 ; 17 juin 1839, S. 39, 1, 759, D. 39, 1, 245 ; 4 mai 1863, S. 63, 1, 427 ; 17 juin 1873, S. 73, 1, 268, D. 74, 1, 167 ; Toullier, t. 5, nᵒˢ 270 et suiv. ; Thomine-Desmazures, p. 334 ; Carré-Chauveau, question nᵒ 1107.

Lorsque le reproche élevé contre un témoin ne repose pas sur un texte formel portant interdiction de l'entendre, mais sur des faits qui font naître le danger du mensonge et rendent le témoignage suspect, le juge du fond a le droit d'apprécier la valeur de la déposition afin de l'admettre ou de la rejeter. C. cass., 19 décembre 1866, S. 68, 1, 83 ; 10 mars 1868, S. 68, 1, 155 ; 17 juin 1873, S. 73, 1, 268 D. 74, 1, 167.

C'est ainsi que lorsqu'il s'agira d'entendre un habitant

comme témoin dans un procès concernant la commune, dans lequel ce témoin n'a que l'intérêt général de tout habitant et non un intérêt spécial et personnel, il sera admis à déposer. C. cass., 23 mai 1827 ; 30 mars 1836, S. 36, 1, 285, D. 38, 1. 59 ; 25 janvier 1843, S. 43, 1, 244, D. 43, 1, 55 ; 19 décembre 1866, S. 68, 1, 831, D. 67, 1, 140.

Tandis que si le juge constate que cet habitant a un intérêt direct et personnel aux débats, en dehors de l'intérêt que peuvent avoir en général les habitants d'une commune, il admettra la récusation. C. cass., 23 mai 1827 ; 2 décembre 1835, S. 36, 1, 413, D. 36, 1, 29 ; 10 juin 1839, S. 3°, 1, 760, D. 39, 1, 257 ; 16 novembre 1842, S. 42. 1, 90 .

La présence d'un des habitants comme conseiller municipal dans les délibérations prises à l'occasion du procès, pourra être également une cause juste de récusation, ou n'avoir pas cette conséquence, suivant qu'elle implique une opinion bien arrêtée et manifestée sur les faits soumis à l'enquête, ou qu'elle n'a pour but que de concourir aux formalités nécessaires pour régulariser l'action de la commune en justice.

Ainsi notamment, la délibération prise pour autoriser la commune à plaider, ou autre de même nature, n'empêchera pas celui qui y figure, d'être entendu ultérieurement dans l'enquête. C. cass., 25 juillet 1826 ; Limoges, 6 mai 1835, S. 35, 2, 487 ; D. 38, 2, 168 ; Rouen, 22 janvier 1838, D. *Rép.*, n° 525 ; Caen, 8 août 1844, D. *Rép.*, n° 537 ; Bordeaux, 10 janvier 1856, S. 56, 2, 696, D. 57,

5, 318; Douai, 16 mars 1860, D. 60, 2, 111 ; C. cass.,
12 février 1862, S. 62, 1, 246, D. 62, 1, 187.

Tandis que ce témoin pourra être récusé à raison de
la part qu'il aura prise dans les discussions qui ont précédé ou accompagné ces délibérations. Bourges, 10 janvier 1831, S. 31, 2, 248, D. 31, 2, 125 ; C. cass., 2 juillet
1835, S. 35, 1, 611 ; Besançon, 21 avril 1866, D. 66, 2,
72. Boncenne, t. IV, p. 367 ; Carré-Chauveau, *Quest.*
n° 1101 *ter*.

La signature d'une pétition où le droit de la commune
est affirmé, peut être considérée par le juge du fond, suivant les circonstances, comme un acte équivalent à la
délivrance d'un certificat relatif au procès. C. cass.,
17 juin 1873, D. 74, 1, 167.

Alors que dans certaines circonstances, au contraire,
on ne pourra considérer comme présentant ce caractère
la signature d'une pétition ou d'une plainte. Colmar,
19 mars 1862, S. 62, 2, 384, D. 62, 5, 316.

Je dois ajouter que lorsqu'on a soutenu que le conseiller municipal qui avait pris part à une délibération
autorisant le procès à l'occasion duquel il est cité, ne
devait pas être entendu, on n'a pu se fonder sur la disposition de la loi qui exclut de l'enquête ceux qui ont
délivré un certificat, la loi exigeant, quant à ce, que ce
certificat ait été délivré dans des conditions déterminées.
Mais on a dû s'adresser à la libre appréciation du juge
en lui signalant une situation qui pouvait engager l'opinion du témoin et faire suspecter la liberté et la sincérité
de sa disposition. C'est ce que faisait remarquer avec

raison M. le conseiller Mazeau dans une affaire soumise à la chambre des requêtes de la Cour de cassation vers la fin mai ou au commencement de juin 1883. On comprend l'intérêt de la distinction ; si la délibération était assimilée au certificat, le témoin se trouvant dans un cas prévu par la loi, le juge devrait nécessairement admettre la récusation ; tandis que si la récusation est fondée sur un moyen non prévu par la loi, le juge a un pouvoir d'appréciation qui lui laisse la faculté de l'admettre ou de la rejeter.

136. *Décision de justice sur la publicité du chemin.* — Lorsqu'un chemin a été reconnu public par une décision de justice, si l'une des parties plaidait comme exerçant les droits de la commune, il y a dans cette décision, l'autorité de la chose jugée en faveur des habitants, puisque leurs droits ont été reconnus et proclamés, comme nous l'avons déjà indiqué, *suprà*, n° 110.

Dans le cas au contraire où le demandeur qui a obtenu gain de cause n'a agi que dans un intérêt direct et personnel, et nullement comme se substituant aux droits de la commune, il y a dans cette décision rendue sur le caractère du chemin, un préjugé de nature à influencer les décisions subséquentes dans lesquelles naîtra la même difficulté, mais on ne peut dire qu'il y ait chose jugée, puisque l'une des parties n'aura été ni en cause, ni représentée dans le procès précédent.

Il en serait surtout ainsi si le droit de passer n'avait

16

été reconnu au profit d'un plaideur que comme un droit de copropriété personnelle sur le terrain litigieux, cette reconnaissance n'impliquant nullement qu'un autre voisin a nécessairement lui aussi un droit de propriété sur ce même chemin. C. cass., 23 août 1858, S. 59, 1, 57.

137. *L'appréciation de la propriété du chemin faite par les juges du fond échappe à la censure de la Cour de cassation.* — La constatation des faits sur lesquels repose la solution de la question de publicité et de propriété est dans le domaine des juges du fond, par suite, ils statuent définitivement, quant à ce, sans que leur appréciation puisse être utilement soumise à la censure de la Cour de cassation. Dalloz, *Répertoire,* v° *Voirie par terre,* n° 1348 ; Bourguignat, *Propriété des chemins ruraux,* p. 34 ; arrêts de la Cour de cassation des 1er juin 1824, 9 août 1827, 6 décembre 1841, 20 avril 1846, 16 juin 1858, 11 mai 1868, S. 68, 1, 156 ; 17 juin 1873, S. 73, 1, 265 ; 23 juillet 1878, S. 79, 1, 471, D. 79, 1, 256 ; 3 avril 1882 ; 7 février 1883 ; 18 février 1889, S. 92, 1, 359, D. 90, 1, 323 ; 24 décembre 1889, *Pand.,* 90, 1, 257 ; 13 août 1890, D. 91, 1, 244 ; 22 décembre 1890, D. 91, 1, 297 ; 29 juin 1891, à mon rapport, D. 92, 1, 271, *Pand.,* 92, 1, 344 ; 19 octobre 1892, Société des aciéries de Longwy.

§ 4. — **Dépendances des chemins ruraux.**

138. *Dépendances des chemins ruraux.* — Je me

suis occupé jusqu'ici des difficultés que peut faire naître la reconnaissance des chemins ruraux, la fixation de leur largeur, en un mot des questions de propriété qui peuvent être soulevées à l'occasion du sol même de ces chemins. Supposons l'existence de ces chemins légalement établie et leur reconnaissance comme chemins publics non contestée, et demandons-nous ce qu'il en sera de certaines difficultés qui peuvent encore être soulevées à l'occasion de quelques-unes de leurs dépendances.

139. *Murs, ponts, talus,* etc. — Les murs qui soutiennent les chemins, les talus qui leur servent d'acottement, les ponts sur lesquels ils traversent des cours d'eau ou des ravins, et autres accessoires indispensables des chemins, ont été établis avec les chemins eux-mêmes et font partie d'une même propriété. Ce sont là des règles applicables à toutes les routes sans distinction. Dalloz, n° 1352; Cass., 20 mai 1866, S. 66, 1, 212. Ainsi jugé pour les berges par arrêt de la chambre des requêtes du 3 mars 1846, Kerantem.

Cependant il peut résulter des titres et circonstances spéciales, que la commune n'ait sur le mur qui sépare le chemin de la propriété voisine qu'une servitude *oneris ferendi,* pour le soutien des terres de son chemin. C. cass., 16 mars 1869, S. 69, 1, 337. Cela se produira notamment lorsque le mur est à la fois un mur de soutènement du chemin et de clôture de l'héritage voisin. Mais lorsqu'il s'agira d'un mur uniquement destiné à

soutenir le chemin, il devra être présumé dépendre de
la voie qui seule a pu motiver son établissement. Cass.,
12 août 1884, S. 87, 1, 201 ; 6 août 1888, S. 89, 1, 219 ;
7 novembre 1892 (Dessalles).

En pratique on est peu d'usage aujourd'hui de soutenir les voies publiques, lorsqu'on les établit, avec des
murs ; ce mode d'opérer est très coûteux, exige des parapets, qui ne le sont pas moins, pour garer les voyageurs
contre les chutes, l'entretien exige l'emploi d'ouvriers
spéciaux autres que les cantonniers ; on établit, toutes
les fois qu'on le peut, des talus en terre, ce qui ne nécessite que quelques mètres cubes de remblais de plus
au moment de l'exécution des travaux, et l'achat du sol
que doit occuper ce talus.

140. *Distinction en ce qui concerne les rives et talus.* — Toutefois, un chemin rural étant le plus souvent établi sans travaux d'art et à la suite d'un passage
immémorial, il faudrait se garder de lui attribuer toujours, en dehors des terrains livrés à la circulation, et
qui primitivement ont été le plus souvent pris aux particuliers sans indemnité, des portions de terrain qui ne
seraient pas des accessoires indispensables. Ainsi, pour
l'établissement du chemin, a-t-on établi un remblai,
évidemment les rives ou talus de ce remblai seront une
dépendance de la voie rurale et par suite la propriété
de la commune, mais si le chemin est établi à l'extrémité d'un champ, le long d'une rive, cette rive, bien
que soutenant le chemin, sera présumée une propriété

privée. Il ne faut jamais perdre de vue, dans ces questions, l'origine des chemins ruraux et n'attribuer aux communes, en dehors de ce qui est indispensable à la destination du chemin, que ce qui est prouvé formellement être leur propriété.

141. *Terres en friche au pied des murs soutenant un chemin rural.* — Il est des pays où l'on est dans l'habitude de laisser entre les murs de soutènement, placés sur la limite des héritages et la partie cultivée des champs voisins, une langue de terre en friche sur une largeur déterminée (règlement de 1757, art. 34, pour la Provence); ces précautions sont sages, puisqu'elles préviennent des éboulements, et dans le cas où il s'en présente, il ne peut y avoir aucune difficulté entre la commune et le riverain sur le point de savoir si la chute du mur est le résultat de la faute de ce dernier et le met dans le cas de faire les réparations nécessaires. Les propriétaires des champs bordant les murailles qui soutiennent les chemins feront bien d'observer cette règle. Mais si le mur soutenant une route vient à s'ébouler sur le fonds adjacent sans qu'il y ait de la faute de la part du propriétaire de ce champ, la commune devra rétablir le mur et réparer le dommage causé, Proudhon, *Domaine public*, t. 2, n° 641.

142. *Murs de soutènement des terres riveraines.* — Les murs qui dominent les routes et servent à soutenir les terres qui leur sont supérieures sont, jusqu'à

preuve contraire, la propriété des riverains, qui doivent
veiller à leur entretien et à leur conservation. Cappeau,
Législation rurale et forestière, t. 1, p. 673. Naudier,
n° 119.

I. Si les terrains laissés par les riverains en dehors
de leurs murs de clôture, le long des rues ou places publiques d'une commune, sont présumés, jusqu'à preuve
du contraire, dépendre de la voie publique, cette présomption peut, devant le juge du possessoire, céder à
celle qui résulte, pour les riverains eux-mêmes, d'une
possession annale exercée à titre non précaire.

II. Lorsqu'un jugement appréciant souverainement
d'une part les témoignages recueillis dans les enquêtes,
d'autre part, les indications fournies par les titres privés et documents administratifs versés aux débats, déclare que, pendant plus d'une année avant le trouble,
les défendeurs ont joui de l'emplacement litigieux
comme propriétaires, et en ont eu ainsi une possession
exempte de précarité, le juge a pu admettre la complainte, sans avoir égard à la présomption de propriété
invoquée par la commune. Cass., 8 février 1893, S. 93, 1,
184, D. 93, 1, 168.

Il a d'ailleurs été jugé que la présomption de doma-
nialité d'une parcelle de terrain attenant à une voie publique, pouvait être combattue par la preuve contraire ;
et que les juges pouvaient déduire cette preuve : 1° de
ce que par suite d'une rigole et d'une dépression, la
parcelle se distinguait de la voie publique et se trouvait
incorporée à la terre voisine ; 2° de ce qu'il résultait de

l'enquête que cette parcelle n'avait jamais été à un usage public, et que le voisin en avait toujours joui privativement. Cass., 27 janvier 1891, D. 92, 1, 22.

143. *Fossés*. — Les fossés qui bordent les chemins ruraux en font partie à titre de dépendance de ces voies, s'il résulte de l'inspection des lieux qu'ils ont été établis pour la conservation de ces chemins et non pour l'utilité des fonds voisins. Cass., 20 mai 1866, S. 66, 1, 212. Cappeau, *Législation rurale et forestière*, t. 1, p. 673.

Lorsque le riverain d'un chemin et des fossés qui le bordent a été maintenu au possessoire dans le droit de se servir de ces fossés pour porter des eaux servant à l'irrigation, ou pour se débarrasser des eaux superflues ; et ce à l'encontre d'une autre association d'arrosage qui voulait se servir des mêmes fossés dans le même but, et causait ainsi un trouble véritable à la jouissance de ce riverain ; la commune, propriétaire du chemin bordé par ces fossés, peut se pourvoir au pétitoire pour faire juger contre le riverain, déclaré en possession vis-à-vis d'un tiers, que ces fossés sont une propriété communale comme dépendance du chemin ; et s'il est reconnu que ces fossés, à raison de leur situation et de leur destination, étaient en effet des accessoires des chemins dont la propriété n'était pas contestable, la propriété des fossés doit être attribuée à la commune, bien qu'elle ne produise aucun titre formel et qu'elle ne justifie pas d'une prescription acquisitive ; la main-

tenue prononcée en ces circonstances au profit du riverain au possessoire, n'impliquant qu'un droit d'usage
et non de propriété. C. cass., 22 août 1866, S. 67,
1, 167.

Pour ce qui concerne l'établissement et l'entretien des
fossés par les riverains, voyez les mesures réglementaires à observer édictées par les articles 596 et suivants,
du règlement général de 1883, reproduits sous l'article 8
de la loi.

La commune qui ferait creuser un fossé le long d'un
chemin rural, devrait-elle laisser au delà de l'arête
supérieure du fossé, entre cette arête et le fonds voisin, un terrain d'une largeur déterminée, suivant les
usages locaux ? L'affirmative est professée par Garnier
(*Des chemins*, p. 319, 4ᵉ édition) et Dumay, sur Proudhon (t. 2, n° 478, p. 24), qui se fondent sur l'instruction ministérielle d'octobre 1824. Les usages locaux
peuvent beaucoup influer sur la solution de la question ;
mais ce qui ne me paraît pas admissible, et en cela je
suis d'accord avec M. Dumay, c'est l'opinion de Garnier, qui prétend que l'obligation qui existerait dans ce
cas pour la commune qui voudrait établir un fossé le
long de son chemin, n'existerait pas pour le riverain de
ce chemin si c'était lui qui voulût établir un fossé, et
que, par suite, il pourrait le placer immédiatement le
long de ce chemin. Faut-il bien au moins admettre dans
ce cas la réciprocité des obligations, et si l'on doit être
moins exigeant pour quelqu'un, ce serait au contraire,
selon moi, pour la commune dont la propriété publi-

que mérite d'être sauvegardée à tous les points de vue.

D'après l'article 1382 du Code civil l'autorité chargée de l'entretien du chemin est responsable des dommages causés aux voisins par l'accumulation des vases et immondices dans un chemin. Cass., 20 novembre 1858, S. 59, 1, 251, D. 59, 1, 20; Limoges, 19 janvier 1860, S, 60, 2, 263; Besançon, 6 mars 1883, D. 83, 2, 130. Alors même qu'aucun réglement n'aurait prescrit le curage des fossés. Cass., 15 novembre 1858; mais les tribunaux ne peuvent autoriser les riverains à y procéder eux-mêmes. Limoges, 19 janvier 1860.

144. *Arbres.* — Je ne m'occupe ici que des questions de propriété et non des servitudes ou charges qui, dans un intérêt public, peuvent être imposées sur la propriété privée; je me préoccupe donc seulement de la propriété des arbres qui sont sur les chemins ruraux ou le long de ces voies.

En ce qui concerne la propriété des arbres radiqués, sinon sur le sol même du chemin, au moins dans les talus et dépendances, il faut faire une distinction entre ceux qui ont été plantés avant la loi du 26 juillet-5 août 1790 et ceux plantés, ou qui ont cru spontanément depuis. Les premiers, d'après la loi du 28 août 1792, sont présumés appartenir aux riverains, et les communes ne peuvent les revendiquer qu'en justifiant de leur propriété par titre ou prescription.

Pour les seconds, il faudrait dire qu'aux termes des articles 552 et suivants du Code civil, ils sont réputés propriété des communes, et les riverains ne peuvent se les approprier qu'en établissant leurs droits.

Toutefois, il faut encore répéter ici ce que nous disions des talus, rives et vacants qui longent les chemins ruraux, et qui ne doivent être attribués qu'avec beaucoup de circonspection aux communes; la même observation est en effet applicable aux arbres qui bordent ces chemins et sont plus ou moins radiqués directement sur leurs dépendances. Presque toujours il faudra considérer, comme appartenant aux propriétés riveraines, les arbres qui naissent le long des chemins ruraux. Généralement, ces chemins ont trop peu d'importance pour que les communes aient fait établir des plantations régulières sur leurs accotements, comme l'État l'a fait le long de quelques grandes routes. Lorsque de pareilles plantations existent sur les bords des chemins vicinaux, il est facile de reconnaître par les différences du mode de plantation, par les variations dans les distances, dans les essences, si ce sont les riverains qui les ont établies. Quant aux arbres qui poussent naturellement, surtout dans les terrains boisés et incultes traversés par les chemins, il y a présomption de propriété en faveur des riverains; la commune ne détenant régulièrement, d'après la nature du terrain possédé, que ce qui est nécessaire à sa destination, c'est-à-dire à la circulation, n'est censée propriétaire que du terrain indispensable à cette destination, et les arbres ou arbustes forestiers irrégulièrement venus et maintenus parce qu'ils ne gênent pas la circulation, sont pla-

cés hors de la propriété du chemin et font partie des
héritages voisins sur lesquels se retrouvent les mêmes
essences, les mêmes natures de produits, et sur lesquels ces arbres se nourrissent bien plus que sous le
sol étroit et peu perméable d'un chemin public.

Au surplus, je ne puis à l'occasion de ces difficultés
que présenter des observations générales ; dans chaque
espèce, la vue des lieux, les actes de possession, les
usages locaux, les circonstances particulières doivent
impressionner le juge et lui fournir la base de sa décision. Des agents de l'administration forestière, dans un
département du Midi, avaient conçu le projet de faire
attribuer aux communes tous les arbres qui se trouvaient le long de ces chemins. Ces arbres, d'essence
forestière qui s'étaient naturellement développés hors
du sol destiné à la circulation, avaient été sans cesse
considérés par les propriétaires comme leur appartenant ; c'était même à eux qu'on s'était adressé pour
supprimer les branches qui, avançant sur la voie publique, pouvaient gêner la circulation ; ces propriétaires s'émurent des démarches des agents forestiers, et
sur leurs réclamations, la direction générale fit cesser
ce zèle irréfléchi. Alors même que ces arbres eussent
appartenu aux communes, à coup sûr on n'a jamais eu
l'idée de soumettre au régime forestier les chemins vicinaux qui traversent des propriétés privées, parce que
le long de ces chemins se trouvent certains arbres d'essence forestière. Les agents forestiers n'avaient dès lors
là rien à faire. La commune eût-elle été plus fondée,

si elle avait agi directement? Je ne le pense pas (Voy. arrêt de Paris du 9 avril 1855).

Ajoutons qu'en cas de difficultés sur la propriété des arbres radiqués le long des chemins, c'est aux tribunaux civils à statuer ; le conseil d'État l'a reconnu, pour les chemins vicinaux, notamment dans l'affaire *Dys* jugée le 15 septembre 1831, et cette jurisprudence est incontestablement applicable aux chemins ruraux.

La Cour de cassation a jugé à maintes reprises, que les arbres plantés sur un chemin public sont susceptibles d'une appropriation particulière indépendante du sol auquel ils sont attachés, et qu'on pouvait en acquérir la propriété par prescription à l'encontre de la commune. C. cass., 18 mai 1838 ; 23 décembre 1861 ; 3 février 1868, S. 68, 1, 55, D. 68, 1, 121 ; 8 juillet 1874, S. 75, 1. 250 ; 1er décembre 1874, S. 75, 1, 167 ; 21 novembre 1877, S. 78, 1, 160 ; Amiens, 26 juillet 1872, S. 72, 2, 129. C'est ce que j'ai déjà indiqué sous l'article 6 en traitant des questions de prescription.

Relativement aux mesures réglementaires imposées aux riverains par les articles 87 et suivants du règlement général de 1882, voyez le texte de ces articles sous l'article 8 de la loi.

145. *Haies.* — Les haies, plantées le long d'un chemin rural, sont présumées être la propriété des riverains qui, ayant intérêt à défendre leurs champs et leurs récoltes contre ceux qui fréquentent ces chemins, sont ordinairement les auteurs de ces plantations ; que si exceptionnellement la commune venait elle-même à établir ces clôtures, elle pourrait en justifier. Voyez pour l'établissement et l'entretien de ces haies les articles 91 et suivants du règlement de 1883 reproduits sous l'article 8 de la loi.

146. *Alluvions.* — Quelquefois les chemins publics se trouvent établis le long d'un cours d'eau ; il peut dans ce cas se former successivement et d'une manière imperceptible, le long de leurs bords, des atterrissements et accroissements que l'on nomme alluvions ; à qui appartiendront ces alluvions ? Avant 1790, des glossateurs et des arrêts attribuaient, dans ce cas, les atterrissements des fleuves et rivières aux propriétaires des fonds qui se trouvaient le long du chemin, du côté opposé à celui où coulait le cours d'eau. Voyez notamment Barthole, *De fluminibus,* lib. 1, p. 626, col. 1, et p. 628, col. 1 ; Vinnius, *De rer. div.,* § 22 ; Duperrier, *Quest. not.* liv. II, quest. 3. Il ne peut plus en être de même aujourd'hui en ce qui concerne les grandes routes et les chemins vicinaux. L'article 556 du Code civil n'attribue les atterrissements et accroissements qu'aux riverains qui joignent immédiatement le fleuve ou la rivière ; l'État étant propriétaire des grandes routes, comme les communes le sont des chemins vicinaux, c'est à eux qu'appartiennent les alluvions, qui se forment le long des chemins qui longent immédiatement des cours d'eau. La Cour de cassation l'a ainsi jugé notamment dans les arrêts des 12 décembre 1832, commune de Roques, 16 février

1836, préfet du Loiret et 26 avril 1843, Dugrivel ; Paris, 2 juillet 1831, Labbé ; Toulouse, 26 novembre 1832, Santous.

C'est également l'avis des auteurs. Daviel, t. 1, n° 133 ; Chardon, *De l'alluvion*, n° 159 ; Garnier, *Régime des eaux*, t. 1, n° 248 ; Proudhon, *Domaine public*, n° 1271 ; Carou, *Actions possessoires*, n° 179 ; Tardif et Cohen sur Dubreuil, *Législation des eaux*, t. 1, n° 64 ; Taulier, *Théorie du Code civil*, t. 2, p. 277 ; Dumont, *Organisation des cours d'eau*, n° 58, p. 94 ; Demolombe, t. X, n° 46, p. 40 ; Dalloz, n° 16 ; Massé et Vergé sur Zachariæ, t. 2, p. 112, note 15.

Cette solution est applicable aux chemins ruraux ; j'ai indiqué dès le début de cette étude qu'ils sont la propriété des communes, tandis qu'autrefois le plus grand nombre des auteurs ne considéraient ces chemins que comme des servitudes de passage qui ne déplaçaient pas la propriété, tout en modifiant considérablement l'usage de la chose. De cette propriété attribuée aujourd'hui aux communes résulte pour elles l'obligation d'entretenir ces chemins, et lorsqu'ils sont le long des cours d'eau, de les défendre contre l'invasion des eaux, à charge, dans le cas contraire, d'acheter de nouveaux terrains pour établir une nouvelle voie. *Ubi onus ibi emolumentum* ; la qualité de propriétaire du sol du chemin rural doit faire attribuer à la commune la propriété de l'alluvion qui s'y annexe ; voilà la raison légale de décider ; l'obligation de défendre le chemin contre la rivière doit faire aussi attribuer à la commune les avan-

tages qui résultent de ce voisinage ; c'est la raison d'é-
quité qui conduit à la même solution. J'aurais, il est
vrai, à reconnaître que l'organisation financière des communes leur permet rarement d'entretenir convenablement les chemins ruraux ; mais ces difficultés d'administration, ces questions de possibilité financière ne
changent rien au droit en lui-même, et nous savons que
s'il résulte du défaut d'entretien de la voie un préjudice
pour les riverains, la commune, propriétaire du chemin, sera tenue de la réparation de ce préjudice. Cour
de cassation, 30 novembre 1858, S. 59, 1, 251.

§ 5. — Droits des riverains.

143. *Droits et facultés appartenant aux riverains
des chemins ruraux.* — Les riverains des chemins ruraux sont soumis à certaines charges spéciales que je
signalerai ultérieurement en m'occupant de la police et
de la surveillance des voies rurales. D'un autre côté, il
résulte pour eux de ce voisinage certains droits que je
crois utile d'indiquer ici, à la suite de l'examen des
questions de possession et de propriété.

Ces droits sont de deux natures ; les uns résultent du
caractère même de la voie publique qui longe les héritages ; et le riverain peut en défendre directement et dans
son intérêt privé l'exercice en justice. Besançon, 31 décembre 1888, D. 90, 2, 52 ; Cass., 2 mars 1892, *Bull.*,
38, p. 65 ; les autres sont soumis à l'appréciation de
l'autorité publique qui n'en autorise l'exercice que s'il

peut se produire sans nocuité pour les intérêts publics, et la destination de la voie publique.

Les règles spéciales concernant les autorisations sont rappelées dans les articles 99 et suivants du règlement général dont on trouvera le texte sous l'article 8 de la loi.

148. *Justification en principe des droits des riverains.* — La Cour de cassation, dans plusieurs arrêts, a reconnu que, en principe et en dehors des droits d'usage que tous les habitants ont le droit d'exercer librement sur tous les chemins publics, les propriétaires riverains ont sur ces chemins des droits qu'ils tiennent de la situation des lieux et de la loi, sans qu'ils aient besoin pour les faire valoir soit d'un titre, soit, à défaut de titre, de la prescription. Ce sont les termes de l'arrêt de cassation de la chambre civile du 5 janvier 1869, S. 69, 1, 168, D. 69, 1, 12. Les mêmes principes sont encore affirmés, entr'autres décisions judiciaires, par l'arrêt de rejet des requêtes du 24 juin 1867, S. 67, 1, 325. Ces arrêts, qui constatent le droit pour les riverains de revendiquer directement et personnellement en justice l'usage des chemins qui bordent leur propriété, et de s'opposer à la gêne apportée par des tiers à cet usage, impliquent la reconnaissance en principe des droits d'issue, de circulation et autres que nous allons affirmer dans les paragraphes suivants.

149. *Droit d'accès sur les chemins publics.* — Un

des droits les plus certains pour le riverain d'un chemin public est le droit d'accès qui lui appartient sur ce chemin. Ce droit ne saurait être contesté, il appartient à chacun de se servir d'un chemin pour y circuler et en user suivant sa destination propre et spéciale ; comment ce droit pourrait-il être contesté au riverain.

Est-ce là une servitude dans le sens ordinaire du mot en droit ? Non. Le propre du domaine public c'est d'être affranchi de toute servitude au profit d'un fonds quelconque, on ne peut dès lors pas dire que le chemin public soit asservi au riverain. Mais il n'en est pas moins vrai que la contiguité des deux fonds crée entre eux un ensemble de droits et d'obligations qui constitue un régime spécial, et qui assure au riverain du chemin l'exercice de droits divers et notamment d'accès et d'issue. On s'accorde généralement assez en doctrine et en jurisprudence pour reconnaître ce principe ; toutefois la doctrine et la jurisprudence admettent que l'administration peut déclasser et supprimer le chemin et par suite priver le riverain de l'exercice des droits d'issue et d'accès dont il jouissait à charge d'indemnité. Déclasser, oui ; supprimer le chemin en tant que passage, pour moi c'est beaucoup plus difficile à admettre ; mais c'est là une question qui reviendra sous l'article 16 à l'occasion des déclassements. Pour le moment constatons le droit d'établir des accès et issues, et nous allons en signaler immédiatement les conséquences et la sanction.

150. *Gêne apportée à l'accès de la voie publique à l'encontre des riverains.* — Les modifications que l'ad-

ministration est en droit et souvent dans la nécessité
d'apporter aux voies publiques existantes, peuvent parfois rendre beaucoup plus difficile l'accès de ces voies
pour les propriétaires riverains ; en pareil cas, pourquoi
ces propriétaires seraient-ils obligés de subir sans indemnité un préjudice dans l'intérêt du public. Dans des
circonstances pareilles, l'Etat et les départements ne
font aucune difficulté pour reconnaître qu'une réparation du dommage causé est due aux riverains. Le recueil des arrêts du conseil d'Etat abonde en décisions
dans lesquelles le principe n'est nullement contesté et
dans lesquelles la difficulté à résoudre ne porte que sur
la fixation de la quotité de la somme due. Pourquoi en
serait-il autrement ici, le principe du droit à l'indemnité
repose sur les mêmes règles, et si le riverain d'une
grande route ne doit pas supporter sans indemnité les
conséquences dommageables de travaux de viabilité
entrepris dans un intérêt général très étendu, pourquoi
le riverain d'une voie rurale serait-il obligé de subir ce
dommage sans indemnité, lorsque les motifs qui font
qu'on le lui impose ne sont justifiés que par un intérêt
beaucoup plus restreint?

151. *Vues et jours.* — Le droit pour les riverains
des chemins ruraux d'ouvrir des jours et des vues sur
ces chemins a pour conséquence d'empêcher le propriétaire dont le fonds se trouve sur la rive opposée de
se prévaloir des dispositions du Code civil pour s'opposer à l'ouverture de ces fenêtres et ouvertures. Les

articles 675 et suivants sont en effet applicables aux héritages contigus ; or, des héritages séparés par un chemin public ne sont pas contigus. Cass., 1 mars 1848, S. 48, 1, 622, D. 48, 1, 157 ; 27 août 1849, S. 49, 1, 609, D. 49, 1, 227 ; Rouen, 9 décembre 1878, S. 79, 1, 147 ; Cass., 1 juillet 1861, S. 62, 1, 81, D. 62, 1, 138 ; 20 novembre 1882, à mon rapport ; 28 octobre 1891 Teyssier, *Bull.*, n° 153, p. 268 ; même lorsqu'il s'agit de balcons ; Bordeaux, 12 novembre 1889, D. 90, 2, 244.

On veut faire une distinction suivant la largeur de la voie publique qui sépare les héritages et soutenir que lorsqu'un passage a moins de 19 décimètres, c'est-à-dire une largeur moindre que celle fixée par l'article 670 du Code civil, les riverains ne pourraient ouvrir dans ce mur des vues droites ; Montpellier, 14 novembre 1856, S. 57, 2, 81 ; Agen, 21 juin 1867, S. 68, 2, 180. Mais cette prétention, qui n'est pas admise même lorsque ce n'est qu'un passage commun qui sépare les héritages ; Bordeaux, 20 juillet 1858, S. 59, 2, 350 ; à moins que cette ruelle commune n'ait d'autre destination que de servir au passage et à l'écoulement des eaux. Cass., 4 février 1889, D. 90, 1, 248, *Bull.*, p. 94, n'est pas soutenable, suivant nous, lorsque le chemin qui sépare les propriétés privées est un chemin public modifiant complètement le régime des propriétés riveraines. C. cass., 1er juillet 1861, S. 62, 1, 81, et l'arrêt des requêtes précité du 20 novembre 1882.

Je remarque que l'arrêt d'Agen du 21 juin 1867, que je citais tantôt et qui défend d'ouvrir des fenêtres

d'aspect sur le chemin commun, si on ne se trouve pas
à la distance prévue par l'article 678 du Code civil, de
la propriété vis-à-vis, autorise cependant ce propriétaire à ouvrir des portes sur ce passage.

152. *Chemins d'accès des gares de chemins de fer.*
— Il ne faudrait pas, en généralisant trop l'application
des principes que nous venons de poser, placer sous les
règles que nous indiquons les voies spéciales construi-
tes pour assurer exclusivement l'accès des gares et qui
ne sont pas placées sous le régime des voies publiques
communales. Ces dépendances des chemins de fer ont
leur régime propre, la spécialité de leur destination ne
permet pas de leur appliquer les règles faites pour les
voies publiques destinées à la circulation générale, et les
riverains de ces voies d'accès des gares dont je n'ai point
à préciser ici la situation, ne pourront pas se prévaloir des droits appartenant aux riverains des voies publiques qui n'ont point une affectation spéciale et limitée. C. cass., 29 août 1871, S. 71, 1, 132.

152ᵃ. *Écoulement des eaux ménagères.* — Il est de
principe que les particuliers riverains peuvent déverser
sur les voies publiques bordant leurs propriétés les eaux
pluviales et ménagères, sous la réserve conférée à l'administration de prendre les mesures nécessaires pour
que l'exercice de ce droit ne nuise pas à la commodité
de la circulation et à la salubrité publique. Voyez *infrà*,
nº 237.

153. *Eaux pluviales découlant des chemins publics.*
— L'emploi des eaux découlant des chemins peut, pour
certains riverains de ces chemins, être une chose utile
et ils peuvent non seulement ne pas en souffrir, mais
encore avoir intérêt à les recevoir.

Quel sera leur droit?

La question doit être examinée sous deux points de
vue : ou il s'agit de régler ce droit pour les riverains
entre eux, ou de reconnaître ce qu'il en est, par rapport
à l'administration.

J'examinerai d'abord la question sous le premier point
de vue, et pour ce faire, je me bornerai à ce que je disais à ce sujet dans les *Servitudes de voirie*, t. 2, n° 514,
p. 256 et suiv., les arrêts de la Cour de cassation des
22 avril 1863, Alric ; 18 décembre 1866, S. 66, 1, 28, D.
67, 1, 382 ; 13 janvier 1871, D. 71, 1, 148, *Bull.*, n° 9,
p. 15. rendus à l'occasion des eaux découlant d'un chemin public, étant venus depuis me confirmer dans mon
opinion.

Les eaux pluviales, tant qu'elles sont sur la voie publique, ne peuvent avoir de caractère privé ; elles appartiennent au premier occupant, qui a le droit de les
dériver sur sa propriété, et c'est seulement lorsqu'elles
sont tombées dans la propriété privée, qu'elles deviennent choses privées. Le non-exercice de la faculté accordée à tous, de faire usage de la chose publique, ne faisant perdre aucun droit, le propriétaire d'un fonds supérieur qui aurait négligé de prendre les eaux, ne peut
en être empêché lorsqu'il veut le faire ; un autre riverain

ne peut le lui défendre en lui opposant que son fait lui occasionnera un dommage, ou en excipant de la prescription ; peu importerait même que le propriétaire inférieur eût fait des travaux pour employer les eaux à son profit. A moins de titre ou de convention contraire entre les particuliers ; ce sont là des principes admis depuis longtemps, et il suffit de faire connaître les autorités nombreuses qui les ont défendus pour être persuadé qu'ils ne peuvent pas être utilement attaqués aujourd'hui.

C'était l'opinion des anciens auteurs, parmi lesquels je citerai, entr'autres : Henrys, t. 2, liv. 4, quest. 35 et 189 ; Bretonnier sur Henrys, quest. 189 ; Balbus, 2, p. 4 ; Coquille, *Coutume du Nivernais* ; Cœpola, *de Servit.* ; Dunod, *Traité des prescriptions*, part. 1re, chap. 12, p. 88, qui s'appuie sur un arrêt du Parlement de Besançon ; la règle avait été posée dans les art. 120 et 121 du Code rural ; elle est adoptée sans difficulté par les auteurs modernes, entre autres Carré, Henrion de Pansey et Curasson (ce dernier, t. 2, p. 299), dans leurs travaux sur les *Justices de paix* ; Pardessus, *Traité des servitudes*, t. 1, nos 79 et suiv. ; Garnier, *Eaux*, t. 3, no 717 ; Duranton, t. 5, no 159 ; Zachariæ, t. 2, § 236, n° 3 ; Troplong, *Prescription*, no 147 ; Proudhon, *Dom. public*, t. 4, no 1318 ; Daviel, *Cours d'eau*, t. 3, no 763 ; Demolombe, *Servitudes*, t. 2, nos 584 et 597. Voy. encore les arrêts de la Cour de cass., 21 juillet 1825, rej., ch. req., Boissière ; 14 janvier 1829, rej., ch. civ., dames Peynier ; 22 avril 1863, S. 63, 1, 479 ; 26 mars 1867, la loi du

S. 68, 1, 29 ; 22 mars 1876, S. 76, 1, 445 ; de la Cour de
Rennes, du 10 février 1826, Desmars ; de celle de Limoges, 22 janvier 1839, Bonnet ; 14 juin 1840, Bonifar-
dière ; de celle de Dijon, 17 juin 1864, S. 66, 2, 17, et de
Bordeaux, 26 juillet 1866, Lafon. On cite toutefois en
sens inverse, Nancy, 19 décembre 1868, S. 70, 2, 8, D.
71, 2, 144.

La divergence ne naît que lorsque les eaux pluviales
découlent, non de la voie publique, mais d'une propriété privée ; c'est un cas dont il ne peut être question
ici.

Mais ce droit qui existe entre les riverains n'empêche
pas l'administration de disposer des eaux comme bon
lui semble, nonobstant toute opposition et toute possession contraire, nonobstant même des ouvrages qui, s'ils
étaient faits sur la route, constitueraient, quelle que fût
la durée de leur existence, de véritables contraventions
entraînant une répression. C. cass., 18 décembre 1866,
S. 68, 1, 28 ; sans que les autorisations et permissions
puissent même conférer des droits à perpétuité et préjudicier à la liberté, pour l'administration communale,
de prendre toutes les dispositions de voirie, nécessaires
pour assurer une bonne viabilité, en modifiant, s'il est
nécessaire, le régime et le mode d'écoulement des eaux
sur la voie publique. Limoges, 1er juin 1870, S. 71, 2, 4,
M. Duranton conteste ce droit à l'administration, *Droit
français*, t. 5, n° 159: « Les eaux pluviales, dit-il, sont
au premier occupant et par droit de nature et par la disposition du Code civil, conséquemment, l'administra-

tion ne doit point en priver ceux à qui elles appartiennent....; et si elle le faisait, le propriétaire, lésé dans ses droits, pourrait incontestablement se pourvoir même devant les tribunaux. » C'est là méconnaître le droit qu'a incontestablement l'administration de disposer le sol des routes comme bon lui semble, dans l'intérêt de la viabilité, et oublier que celui qui ne fait qu'user de son droit ne peut être entravé dans cet exercice, alors surtout que c'est dans un intérêt public qu'il agit. Aussi l'opinion de M. Duranton n'est-elle point généralement partagée. L'autorité municipale ou préfectorale est chargée de pourvoir à tout ce qui est relatif à la propreté et à la salubrité des voies publiques; elle peut donner, par suite, certaine direction aux eaux pluviales, et assigner le lieu où elles se déverseront, sans que les propriétaires, qui jouissaient auparavant de ces eaux, puissent l'en empêcher et réclamer une indemnité, parce qu'ils n'ont pu acquérir ni droit, ni servitude sur la route, que leur jouissance est une simple tolérance; et parce que l'administration n'a fait qu'user de son droit: Pardessus, *Servitudes*, t. 2, p. 79; Dumay sur Proudhon, *Dom. publ.*, t. 2, p. 450. On va même jusqu'à dire, et en cela on me paraît aller bien loin, que pour assurer l'exécution des mesures de police qu'elle a prises, relativement à l'écoulement des eaux, l'administration pourrait adjuger à un individu la possession des eaux pluviales, comme cela a lieu pour les boues et immondices, et que l'adjudicataire, pendant tout le temps de son bail serait seul propriétaire des eaux. Cependant, lorsqu'il existe des habitudes prises depuis longtemps et qui ne nuisent pas à la viabilité des routes, il sera le plus souvent d'une sage administration de les conserver, et il est du devoir des administrateurs supérieurs, surtout si les changements étaient apportés par une administration municipale, de s'assurer, avant de les approuver, si c'est réellement un motif d'intérêt public qui les a fait adopter.

Les autorisations qui peuvent être données aux riverains des chemins d'y faire certains ouvrages pour jouir des eaux pluviales, ne peuvent constituer ni des droits ni des servitudes, ce sont des facilités temporaires données aux administrés, et qui sont de leur nature essentiellement révocables.

Les concessions d'eaux pluviales recueillies sur les chemins, faites par les anciens seigneurs, ne sont pas des titres valables. Trib. de Saint-Étienne, 8 février 1849, Corrompt.

Tant que les eaux captées sur le chemin public et dérivées sur le fonds voisin, sont appropriées par le propriétaire de ce fonds avec l'assentiment ou sans opposition de l'administration, il peut en disposer et dès lors il tient de l'article 1er de la loi du 29 avril 1845 le droit d'obtenir un passage sur les propriétés intermédiaires pour les conduire sur une propriété plus éloignée. Colmar, 3 février 1863; Daviel, *Comm. sur la loi de 1845*, p. 44; Demolombe, *Servit.*, t. 1, n° 208; Bourguignat, *Droit rural*, n° 829.

Il a été jugé que l'article 640 du Code civil relatif à l'obligation pour le propriétaire inférieur de recevoir les eaux qui découlent naturellement du fonds supérieur, était applicable bien que ces fonds fussent séparés par un chemin public, dans le cas où l'établissement de ce chemin pouvait être considéré comme constituant la situation naturelle des lieux. Cass. 24 juin 1867, S. 67, 1, 325, D. 67, 1, 503.

154. *Servitude d'aqueduc.* — La loi du 29 avril 1845, qui établit une servitude d'aqueduc sur les fonds intermédiaires, ne s'applique qu'à des immeubles du domaine privé, et les chemins publics restent soumis à la législation spéciale qui les soustrait à cette servitude. Dès lors, sans un consentement formel de l'autorité compétente, il ne peut être établi de canalisation sous une voie rurale faisant partie des voies publiques. Les tribunaux n'ont, quant à ce, sur ces voies, pas plus de pouvoirs et d'autorité que sur les routes nationales ou départementales. Il importe peu qu'il s'agisse d'un chemin vicinal, Dijon, 4 juillet 1866, S. 67, 2, 52, D. 66, 2, 158, ou d'un simple chemin rural, Limoges, 1er mars 1881, S. 81, 2, 84, D. 83, 2, 192; et il en est ainsi alors même que l'autorité judiciaire se bornerait à reconnaître le droit pour le propriétaire de traverser la voie publique, en laissant à l'autorité administrative le droit de prescrire les travaux qu'elle jugerait convenable et d'assurer leur exécution, Dijon, 4 juillet 1866 précité.

Ce que je dis de la servitude d'aqueduc fondée sur

29 avril 1845, relative à la conduite des eaux d'irrigation, s'applique à la servitude d'aqueduc résultant de la loi du 10 juin 1854 sur le libre écoulement des eaux provenant du drainage et assurant le moyen de s'en débarrasser. C'est l'avis de M. Bourguignat, *Guide légal du draineur*, n° 22 et 52, et Garnier, *Comm. de la loi de* 1854, p. 19.

Les autorisations données par l'administration, en pareil cas, conformément à la circulaire du 20 janvier 1855, ne le sont qu'à titre précaire et révocable ; et surtout une pareille réserve ne pourrait être considérée comme illégale. C. d'État, 8 mars 1860, Sillé.

D'autre part de semblables autorisations ne peuvent être régulièrement accordées par l'autorité judiciaire. Limoges, 1er mars 1881, S. 81, 2, 84, D. 83, 2, 192.

155. *Droits sur les cours d'eau séparés d'une propriété par un chemin public.* — Un propriétaire ne peut se prévaloir des dispositions des articles 644 et 645 du Code civil pour dériver sur ses terres les eaux d'un ruisseau, si ce ruisseau est séparé de sa propriété par un chemin public. Sa propriété, en pareil cas, ne bordant pas immédiatement l'eau courante qu'il veut s'approprier, et le chemin qui les sépare ne lui permettant pas de prétendre qu'il est propriétaire de la moitié du lit sur lequel coule le cours d'eau qu'il veut dériver. Toulouse, 26 novembre 1832, S. 33, 2, 572 ; Bordeaux, 2 juin 1840, S. 40, 2, 355 ; Angers, 28 janvier 1847, S. 47, 2, 256 ; C. cass., 27 avril 1857, S. 57, 1,

817 ; Dijon, 23 janvier 1867, S. 67, 2, 259, D. 67, 2, 216 ;
Pau, 15 juin 1886, D. 87, 2, 65 ; Daviel, t. 2, nº 598 ;
Garnier, *Régime des eaux*, t. 3, nº 771 ; Duranton, t. 5,
nº 209 ; Bertin, *Code des irrigations*, nº 63 ; Proudhon,
Domaine public, t. 4, nº 1421 ; Demolombe, *Servitudes*,
t. 1, nº 139 ; Massé et Vergé sur Zachariæ, t. 2, § 319,
note ; Aubry et Rau, § 246, t. 3, nº 47.

156. *Droits qui peuvent être concédés aux riverains sur les voies rurales*. — Il est des droits que
l'existence même des voies rurales ouvre aux riverains,
tels que les droits de jour, de vue, d'accès, d'écoulement des eaux des toits, et qui n'ont point besoin pour
être exercés d'une autorisation spéciale. Il en est d'autres, au contraire, dont l'exercice est soumis à une autorisation préalable, tels par exemple que le droit d'établir des aqueducs, des ponts et passages souterrains.
Ces permissions ne doivent être données que dans des
conditions telles que la sûreté du passage sur les voies
publiques et leur conservation ne soient point compro-
mises, et avec obligation de la part des intéressés d'entretenir les travaux et de leur faire subir les modifications que, dans un intérêt public, l'autorité municipale
jugerait utile d'imposer ; mais il ne faudrait pas déployer
en ces matières un rigorisme préjudiciable aux intérêts
privés sans utilité pour l'intérêt public, et les administrations municipales doivent au contraire profiter du
moyen que leur offriront quelquefois ces chemins et
les fossés qui les bordent pour faciliter notamment les

travaux d'irrigation et d'assèchement que le morcelle-
ment des terres et le mauvais vouloir de certains propriétaires pourraient entraver.

Mais le refus par un maire d'accorder à un particulier
l'autorisation de conduire des eaux dans son champ en
empruntant un chemin rural, ne peut être déféré au conseil d'Etat comme constituant un excès de pouvoirs.
C. d'État, 6 mars 1885, Bonhomme.

157. *Modifications apportées par arrêté aux conditions de ces concessions.* — Il a été jugé cependant que des charges nouvelles ne peuvent être imposées par un arrêté ultérieur, aux conditions imposées
dans une concession faite sur un chemin rural par une
commune à un tiers. Ainsi dans une espèce où il est
intervenu entre une commune et l'exploitant d'une carrière bordée par un chemin communal, une permission
à celui-ci de percer le rocher gisant sous le chemin, afin
de poursuivre au delà l'exploitation commencée, à la
condition que la galerie souterraine serait ouverte aux
frais de l'exploitant et qu'il paierait le prix dès lors fixé
pour les pierres extraites ; les droits et obligations résultant de cette convention et de l'exécution qu'elle a
reçue pendant plusieurs années ne sauraient être modifiés par un arrêté municipal ultérieur, qui viendrait imposer au particulier des obligations nouvelles, aggravant
celles précédemment convenues, spécialement en établissant une taxe sur les pierres passant sous la galerie.
Ch. civ. rej., 14 février 1865 ; comm. de Tabanac. L'ar-

rêt du C. d'État du 12 février 1886, Charret, est une nouvelle consécration du même principe.

Il ne faudrait pas cependant donner une extension abusive à la règle que cet arrêt paraît poser, et si au lieu de modifier des conventions tenant à l'intérêt privé, le maire avait usé du pouvoir de police qu'il tient de la loi dans un intérêt non contestable de sûreté des voies publiques, son arrêté eût été obligatoire; sauf, dans certains cas, le droit à une indemnité qui pourrait s'ouvrir au profit de la personne qui aurait à souffrir de l'exécution de la mesure prise par le maire.

158. *Conduite d'eaux privées le long des chemins.* — Un auteur provençal fait remarquer que dans ce pays on peut, d'après d'anciens règlements remontant à la reine Isabelle, à la date du 9 décembre 1440, dériver les eaux privées pour l'irrigation des terres par les chemins publics, pourvu qu'on ne nuise ni aux chemins ni aux riverains. Bomy, *Coutumes de Provence*, p. 12; Jullien, *Cout. de Prov.*, t. 2. p. 508; Cappeau, *Législation rurale et forestière*, t. 1, p. 321, n° 109, p. 674, n° 26. A défaut de coutumes locales ce droit ne saurait être revendiqué suivant moi. Cass., 26 juin 1888, S. 90, 1, 412. Toutefois l'autorité municipale doit se prêter à toutes les concessions utiles à l'agriculture sans être dommageables au public, au moyen d'autorisations spéciales et fondées en droit, surtout depuis la loi du 29 avril 1845. Ces autorisations au besoin peuvent n'être accordées que d'une manière précaire et révocable, si on craint qu'elles puissent compromettre l'intérêt public ou communal. C. d'Etat, 8 mars 1860, Sillé.

Ces autorisations, non plus que l'usage même immémorial de la part d'un propriétaire de se servir des eaux qui coulent le long d'un chemin public, ne l'autorisent pas à les faire déverser sur le chemin, en les détournant de leur cours naturel pour arroser ses propriétés, et s'il inonde et dégrade ainsi le chemin, il est passible des peines portées par l'art. 479, n° 11 du C. pén.; C. de cass., ch. crim., 3 octobre 1859, Verny Lamothe.

159. *Droits des riverains les uns par rapport aux autres.* — Nous avons déjà indiqué que le chemin rural qui sépare deux propriétés, modifie complètement le régime qui gouverne les héritages contigus, spécialement à raison du droit d'ouvrir des vues et des jours, C. cass., 20 novembre 1882. Et, en effet, dans tous les cas, il y aura lieu de prendre en considération la nature de cette propriété spéciale longeant les héritages ou les séparant pour régler les droits qui appartiennent à leurs possesseurs. Mais, d'un autre côté, l'exercice de ces droits, même précédé de permissions administratives, est subordonné à l'observation des engagements pris par les riverains entr'eux dans les contrats, et au respect des droits que les uns peuvent avoir acquis à l'encontre des autres, et c'est toujours sauf le respect dû à ces droits, que sont délivrées les permissions par l'administration ; de sorte qu'un riverain peut empêcher un autre de profiter d'une permission qu'il aurait obtenue, si elle était contraire à des droits acquis.

159². *Conséquences du déclassement ou de la suppression d'un chemin rural pour les riverains; renvoi.* — En ce qui concerne les conséquences que peut avoir pour les riverains le déclassement d'un chemin rural, ou sa suppression, voyez*infrà*, nᵒˢ 466 et suivants, 479 et suivants et spécialement 492.

§ 6. — Questions de compétence.

160. *Tribunaux compétents pour juger les questions possessoires.* — Notre article porte que toute contestation sur la propriété ou la possession totale ou partielle des chemins ruraux sera jugée par les tribunaux ordinaires. Ces mots tribunaux ordinaires ont paru donner lieu à quelque équivoque, et M. Bozérian, lors de la première délibération au Sénat, crut devoir le faire remarquer en demandant qu'il fût bien entendu qu'il n'y avait rien de changé à la législation antérieure, à savoir que si des actions pétitoires s'élevaient, elles seraient portées devant les tribunaux civils, et que s'il s'agissait d'actions possessoires, elles continueraient à être déférées aux juges de paix. M. le sénateur Labiche, rapporteur, lui répondit : Nous avons toujours considéré le tribunal du juge de paix comme tribunal ordinaire. Si nous avons ajouté le mot ordinaire au texte du conseil d'Etat, c'est que le mot tribunaux employé seul pouvait faire confusion, puisqu'il y a des tribunaux administratifs. M. Bozérian peut se rassurer, son interprétation est celle de la commission. Sénat, séance du

17 mars 1877, *Officiel* du 18, p. 2065, col. 3. La circulaire du ministre, du 27 août 1881, reproduit cette explication, que donnait le rapport de M. Maunoury à la Chambre des députés.

Donc, les questions de propriété ou de possession élevées par toute partie intéressée seront portées devant les tribunaux de l'ordre judiciaire, et jugées par eux d'après les règles de compétence qui leur sont propres d'après leur organisation ; et spécialememt les juges de paix restent compétents pour statuer sur les actions possessoires.

161. *Compétence pour la déclaration de publicité.* — Mais sera-ce au juge civil à reconnaître également la publicité du chemin, si cette question vient à naître et à se formuler à l'occasion d'un procès concernant la possession ou la propriété.

L'affirmative ne saurait être douteuse. Lorsqu'on a écrit dans les articles 2 et 3 de la loi, que l'affectation d'un chemin à l'usage du public pouvait s'établir par divers modes indiqués et constituerait une présomption de propriété au profit de la commune, il a été formellement expliqué, notamment par M. Maunoury, dans son rapport à la Chambre des députés, que la publicité du chemin, en pareil cas, ne constituait au profit de la commune qu'une possession ayant les effets et les conséquences juridiques de la possession en droit civil et en matière immobilière, et que les faits qui caractérisaient cette possession se manifestant par l'affectation à

18

l'usage du public, pouvaient être combattus par la preuve contraire, et au fond et en ce qui concerne la propriété, devaient tomber devant la justification de cette propriété, et devant une revendication opposée à une prescription qui ne serait pas trentenaire. Mais, pour toutes ces questions, le rapporteur ajoute : « La compétence des tribunaux civils est maintenue ; en un mot rien n'est changé au fond du droit, et les tribunaux auront seuls à prononcer sur les contestations à survenir ».

Donc, lorsque la question de publicité sera élevée par la commune et qu'elle n'aura pour effet, d'après la loi de 1881, que de justifier une possession ou une propriété, les juges ordinaires seront seuls compétents pour en connaître.

Cette solution, qui résulte de la volonté du législateur et des conditions dans lesquelles la loi a été faite et votée, me paraît avoir une véritable importance en l'état des difficultés de compétence auxquelles a donné lieu la solution de la question de publicité de certaines voies.

Ce résultat n'est d'ailleurs, suivant nous, que la confirmation de la jurisprudence antérieure de la Cour de cassation que nous signalions précédemment.

162. *Motifs des jugements.* — La loi du 20 avril 1810, article 7, exige que les jugements soient motivés ; ceux qui statuent sur des actions possessoires concernant des chemins sont évidemment soumis à cette règle commune ; mais il y est suffisamment satisfait par un jugement portant que l'enquête avait démontré la possession de la partie à laquelle elle avait été attribuée, et que cette possession n'était pas en opposition aux titres apparents. L'article 7 de la loi du 20 avril 1810 n'impose pas aux tribunaux l'obligation de discuter une à une les dépositions des témoins, ni de spécifier que la possession qu'ils consacrent réunit tous les caractères exigés par l'article 2229 du Code civil, il suffit qu'ils déclarent que c'est sur le résultat de l'enquête qu'ils se fondent pour maintenir l'une des parties en possession. C. cass., 20 juin 1870, S. 72, 1, 132.

L'arrêt qui déclare que l'assiette d'un chemin vicinal est établie sur les lieux litigieux, motive suffisamment le rejet des conclusions des parties tendant à prouver qu'il n'a jamais existé de chemin public sur les lieux, Cass., 19 avril 1887, D. 87, 1, 420. Il en serait de même s'il s'agissait d'un chemin rural.

163. *Tribunaux compétents pour juger les questions de propriété.* — Les explications que nous avons données plus haut en indiquant à qui appartient le jugement des questions possessoires et le texte formel de notre article 7, ne laissent aucun doute sur la compétence des tribunaux de l'ordre judiciaire pour statuer sur toutes les questions de propriété. Cependant les décisions judiciaires ont été si souvent obligées de consacrer cette règle que j'avais cru utile d'indiquer quelques-unes de celles qui ont statué plus spécialement dans les matières qui font l'objet de cette étude. Je replace en tête de cette énumération trois décisions contraires à ce principe émanant du conseil d'État et portant la date du 7 octobre 1807, Matte C. Malo; 10 novembre 1807, Royer C. Dantan, et 18 juin 1823, Raimbaut C. Mather; auxquelles je me hâte d'opposer, comme ayant consacré le principe de la compétence judiciaire, même avant notre article 7, les décisions suivantes : C. d'Etat, 16 mai 1808, Duquesne; 2 janvier 1809, Desmarets ; 24 mars 1809, Prousteau ; 4 juin 1809, Chabrié ; Bourges, 2 août 1809, Cabut ; C. d'Etat, 11 avril 1810, Dupuis ; 11 avril 1810, Comballot ; 16 mai 1810, Duquesne; 19 mai 1811, Milhiet ; 4 août 1812, Colonge ; Besançon, 18 août 1812, Jacquinot; C. d'Etat, 24 août 1812, Foucant; 18 mars 1813, de Colliquet ; 15 mai 1813, commune d'Esclaron ; 20 novembre 1816, Morel ; 23 avril 1818, Durand ; Rennes, 28 avril 1818, commune de Saint-Gondran ; C. d'Etat, 13 mai 1818, Morlé ; 3 juin 1818, Delteil; 12 août 1818, Destals ; Bourges, 31 janvier 1831, Lenthereau ; C. de cass., 22 juin 1831, Delabarre ; 15 novembre 1831, Larcher; 21 juin 1836, Jehanno; 7 mars 1838; Bernard ; Agen, 15 décembre 1838, Manenc; C. d'Etat, 21 juillet 1839, Méhouans; C. de cass., 23 juillet 1839, de Chazourmès ; 2 juillet 1840, Chiron; 10 août 1840, Baume ; 13 novembre 1849 ; C. d'Etat, 19 janvier 1850, Saint-Prix d'Audibert ; 19 janvier 1850, Dubourguet ; trib. des conflits, 27 mars 1851, Delert ; C. de cass., 18 juin 1853, S. 54, 1, 72 ; 7 juillet 1854, S. 54, 1, 749 ; C. d'Etat, 24 janvier

1856, Denizet ; C. de cass., 21 août 1856, S. 57, 1, 311 ;
16 mai 1857, Coudeville ; C. de Cass., 9 décembre 1857,
commune de Doulens ; 8 février 1858, Salle ; 27 novembre 1861, S. 62, 1, 170 ; 24 janvier 1865, Kiggen, et pour
passer immédiatement à de plus récents, C. cass.,
6 mars 1883 et C. d'État, 27 février 1862, Massé ; 25 février 1864, Marie ; 28 novembre 1873, de Bostennes ;
17 juin 1881, Gaildreau ; C. cass., 4 août 1881, S. 84,
1, 175 ; 6 mars 1883, S. 84, 1, 124 ; 22 mai 1885, S. 88,
1, 36 ; 20 décembre 1889, S. 91, 1, 95, *Pand.*, 90, 1, 317.

A cette nomenclature d'arrêts, bien incomplète quoique bien longue, ajoutons l'opinion des auteurs, et, entr'autres : de Valserre, *Droit rural*, p. 594 ; Cotelle dans
son *Droit administratif appliqué aux travaux publics*,
t. 3, n°s 230 et suiv. ; Braff, *Code des chemins vicinaux
et ruraux*, n° 304 ; Dufour, *Droit administratif*, t. 3,
n° 402, Dalloz, *Répertoire*, v^{is} *Voirie par terre*, n°s 1353
et suiv., et *Compétence administrative*, n°s 143 et suivants.

En 1881, on a voulu assurer aux tribunaux de l'ordre
judiciaire tout le contentieux auquel donneraient lieu
les questions de possession ou de propriété soulevées à
l'occasion des chemins ruraux. Ce n'était là que l'application des règles de notre droit public français, mais
l'insistance avec laquelle on l'a rappelé dans les délibérations et dans les rapports, et l'indication spéciale qu'en
fait la loi et à laquelle on a consacré un article, prouvent combien le législateur a attaché de prix au respect
de cette règle dans cette matière, et combien elle doit

être rigoureusement observée et largement appliquée.

Les tribunaux compétents pour connaitre de toutes les actions relatives à la propriété ou à la possession des chemins ruraux, sont compétents pour examiner si toutes les formalités relatives au classement de ces chemins ont été remplies. Nancy, 23 décembre 1893, D. 94, 2, 408.

Lorsqu'un chemin classé un moment comme vicinal a été déclassé et est devenu chemin rural ou d'exploitation, la revendication par un particulier d'une partie du sol, ne constitue qu'une question de propriété de la compétence du juge civil. Cass., 28 décembre 1885, S. 86, 1, 214.

164. *Interprétation d'actes administratifs.* — Si le jugement de la question de propriété donne lieu à l'interprétation d'actes administratifs, les tribunaux de l'ordre judiciaire doivent surseoir à statuer jusqu'à ce que l'interprétation ait été donnée par l'autorité administrative. C'est un principe dont il est fait journellement application, je me borne à citer au milieu d'un très grand nombre d'arrêts, les suivants, dont quelques-uns ont été rendus dans les matières spéciales dont nous nous occupons. C. cass., 27 février 1855, S. 55, 1, 801 ; 24 juillet 1861, S. 61, 1, 149 ; 8 novembre 1869, D. 69, 1, 500 ; 22 mars 1870, D. 74, 1, 366 ; 13 juillet 1870, D. 70, 1, 344 ; 23 août 1873, D. 73, 1, 384 ; 28 décembre 1874, S. 75, 1, 199 ; 6 novembre 1877, S. 78, 1, 114 ; C. d'Etat, 27 février 1880, Javet ; Paris,

27 février 1880, D. 80, 2, 172; C. cass., 28 février et 28 mai 1883.

L'incompétence des tribunaux étant d'ordre public, elle doit être prononcée d'office par les juges. C. cass., 7 juin 1869, D. 69, 1, 301.

Et cette exception peut être soulevée pour la première fois en appel, ou en cassation, par la partie qui aurait elle-même investi la justice civile du jugement de la difficulté, C. cass., 25 avril 1860, S. 60, 1, 635; 4 avril 1866, S. 66, 1, 433; à moins que l'exception soulevée pour la première fois devant la Cour de cassation soit mélangée de fait et de droit. Cass., 20 juin 1888, D. 89, 1, 282. Jurisprudence constante.

J'ai eu personnellement plusieurs fois à rappeler ces principes dans mes rapports dans diverses affaires portées devant la Cour de cassation, et dans lesquelles il en a été fait sans contestation l'application. Ils doivent être tenus comme certains.

165. *Propriété résultant d'un acte de vente nationale.* — La compétence de l'autorité judiciaire cesserait d'être applicable, spécialement dans le cas où la solution de la question de propriété dépendrait de l'interprétation d'une vente nationale. Dans ce cas, ce serait à l'autorité administrative à déterminer le sens et la portée de l'acte et à résoudre ainsi la question; c'est ce qui a été jugé bien des fois, et notamment par les arrêts de la Cour de cassation des 19 décembre 1826, Morel; 13 décembre 1830, Danjou; 13 juillet 1859, de

Seguy ; 13 juillet 1859, Bouq ; 14 mai 1873, S. 75,
1, 422 ; 26 janvier 1881, S. 82, 1, 16. L'autorité judiciaire est incompétente spécialement pour déclarer,
par voie d'interprétation, qu'une vente nationale comprend un chemin qui n'y est pas mentionné C. cass.,
28 février 1877, S. 78, 1, 453. L'autorité judiciaire doit
se dessaisir, ou surseoir à statuer seulement, suivant
que s'agissant par exemple de l'interprétation d'un acte
de vente nationale, cette interprétation est déclarative
directement de propriété en faveur de l'une des parties ;
ou que, au contraire, l'interprétation de cet acte n'a
qu'une influence indirecte, mais sérieuse, sur la solution de la question de propriété, et qu'elle doit être
prise en considération avec d'autres éléments de décision. Ajoutons que peu importerait que l'origine de la
propriété remontât à une vente nationale, si cette vente
n'était pas mise en question, et que l'acte qui servirait
à la constater étant clair et précis, la question de propriété à résoudre, en dehors de ce titre, ne donnât pas
lieu à son interprétation et laissât au juge le soin de décider, d'après les règles et les principes du droit civil.
C'est la doctrine consacrée par les arrêts du Conseil des
24 décembre 1818, de Rohan et Declercq, et 18 juin 1823,
Maranger.

Il a été également jugé que l'autorité judiciaire étant
compétente pour faire exécuter un acte administratif,
elle n'excède pas ses pouvoirs lorsque, dans une contestation portant sur le propriété d'un chemin, elle se
borne à constater que l'acte de vente par l'Etat, réserve

expressément le chemin en litige et qu'elle fait l'application de cette réserve. C. cass., 10 novembre 1874, S. 77, 1, 317.

L'autorité judiciaire pour déterminer le caractère d'un chemin peut également constater qu'il ne se trouve pas porté sur un acte de vente nationale. Cass., 20 juin 1888, D. 89, 1, 282, S. 91, 1, 438.

166. *Application des actes administratifs.* — En effet si, lorsque des actes administratifs produits ont un sens qui est obscur et ambigu, il y a lieu de recourir préalablement à l'autorité administrative pour qu'il soit procédé à leur interprétation, les tribunaux doivent au contraire en faire directement l'application lorsque leurs dispositions sont claires et formelles; cela est également de jurisprudence constante. C. cass., 26 décembre 1866, D. 68, 1, 112; 2 décembre 1868, D. 69, 1, 30; 22 août 1871, D. 71, 1, 16; 26 juillet 1871, D. 71, 1, 324; 9 janvier 1872, D. 72, 1, 56; 30 juillet 1872, D. 74, 1, 154; 2 avril 1873, S. 73, 1, 147; 20 juillet 1874, S. 75, 1, 198; 15 mars 1875, D. 75, 1, 202; 10 novembre 1875, S, 77, 1, 317; 5 avril 1876, D. 78, 1, 11; 8 novembre 1876, S. 77. 1, 100; 15 janvier 1879, D. 79, 1, 104; 29 décembre 1879; 27 novembre 1880, S. 81, 1, 388; 26 août 1881, D. 82, 1, 157; 28 février et 28 mai 1883.

Les tribunaux doivent également apprécier la portée et l'influence que peuvent avoir sur l'exécution d'obligations prises entr'eux par des justiciables, les actes administratifs intervenus avant leurs conventions comme depuis. C. cass., 28 mai 1883.

167. *Actes administratifs produits avec d'autres
documents*. — Lorsque des actes administratifs sont
produits avec d'autres documents pour éclairer la question de propriété, il est indifférent qu'ils soient ou non
clairs et certains et qu'ils soient entendus de la même
manière par les deux parties, si les tribunaux, en l'état
des autres circonstances et des autres productions, estiment que quels que soient le sens et la portée de ces
actes, la propriété doit être attribuée nécessairement à
l'une des deux parties au procès. Pourquoi en effet un
sursis et un renvoi provoquant une décision qui devrait
rester sans influence dans l'affaire. C. cass., 26 janvier
1881, S. 82, 1, 16, et 6 mars 1883, l'un et l'autre à mon
rapport ; 3 avril 1882.

168. *Caractère des actes produits en justice*. —
Nous venons de poser divers principes pour arriver à la
solution que doit recevoir, au point de vue de la compétence, la production des actes administratifs en justice. Nous croyons devoir ajouter, sans entendre abor-
der un classement général de ces actes, qu'il faudrait
se garder d'attribuer le caractère d'actes administratifs à des actes auxquels il n'appartiendrait pas. Ainsi
bien des fois, à l'occasion de contestations auxquelles
donne lieu la propriété des chemins, il est produit des
actes d'acquisition passés par les communes et sur
lesquels elles prétendent fonder leurs droits. De pareils
actes, bien que les communes y figurent représentées
par les maires, agissant en leur qualité et dans un inté-

rêt communal et qu'ils aient été reçus par des fonctionnaires, ne constituent que des actes civils passés en la
forme administrative, et dont l'interprétation appartient
le cas échéant aux tribunaux de l'ordre judiciaire devant lesquels ils sont produits. C. cass., 8 novembre
1876, S. 77, 1, 101 ; 12 juillet 1879, S. 79, 1, 470, à mon
rapport.

Nous avons indiqué plus haut, sous ce même article 7,
à l'occasion des actions possessoires, quelles pouvaient
être les conséquences de certains actes administratifs
intervenus exclusivement à l'occasion du procès, à raison de l'instance et pour sa régularisation.

168². *Détermination de la consistance du chemin.* —
S'il ne s'agit point de savoir si le chemin est ou non public mais d'en déterminer la consistance, on a attribué
compétence à l'autorité administrative. En effet lorsqu'il s'agit de déterminer les limites du domaine public,
c'est l'action administrative qui doit être mise en mou-
vement en règle générale. Trib. des conflits, 11 janvier
et 1er mars 1873. Toutefois on admet que les tribunaux
sont appelés à reconnaître si les prétentions des riverains à la propriété sont fondées et à leur réserver un
droit à indemnité. Mêmes décisions des conflits des
11 janvier 1873, Deparés, 1er mars 1873, Quillié.

En matière de chemins vicinaux l'action de l'administration n'est pas seulement recognitive, mais encore
attributive. Cass., 23 juin 1839, S. 39, 1, 858 ; 9 avril
1862, S. 62, 1, 465, D. 62, 1, 290.

En ce qui concerne les chemins ruraux il n'en est pas de même, et l'autorité judiciaire a un pouvoir plus étendu, non seulement elle peut reconnaître la délimitation lorsqu'elle se fonde sur des actes administratifs formels préexistants. Cass., 8 novembre 1876, S. 77, 1, 100, mais en se fondant sur la loi spéciale de la matière de 1881, je serais tenté de lui reconnaître le droit de déterminer la consistance du chemin rural, et à la réduire dans les limites qu'elle croit devoir attribuer à la propriété riveraine. Consulter Conflits, 29 juillet 1882, Petitjean.

ART. 8. — *Règlement sur les chemins ruraux. — Charges imposées aux riverains.*

Pour assurer l'exécution de la présente loi, le Préfet de chaque département fera un règlement général sur les chemins ruraux reconnus.

Ce règlement sera communiqué au Conseil général et transmis, avec ses observations, au Ministre de l'intérieur pour être approuvé, s'il y a lieu.

SOMMAIRE

§ 1
Règlement général

§ 2

Des charges qui pèsent sur les riverains des chemins ruraux.

§ 5

Carrières, excavations, caves sous chemins.

§ 6

Eaux, fossés (curage).

§ 1. — **Règlement général.**

169. *Origine de l'article* 8. — L'ensemble de la loi de 1881 devait amener forcément le législateur à confier au pouvoir exécutif le soin de faire un règlement pour assurer dans ses détails l'exécution de la loi. La situation était la même que celle qui s'était présentée lors de la confection de la loi de 1836 sur les chemins vicinaux, aussi a-t-on été conduit à emprunter jusqu'à la rédaction de l'article 21 de la loi du 21 mai 1836, en exécution duquel il a été fait pour les chemins vicinaux un règlement général publié en 1854, et le règlement actuel exécutoire depuis le 1ᵉʳ janvier 1871, en exécution de l'arrêté ministériel du 6 décembre 1870, de la circulaire du 26 décembre 1871, et de la lettre aux préfets du 26 décembre 1877.

130. *Pouvoir de réglementation des préfets.* — Le chef de l'Etat est ordinairement chargé de faire, sous forme de décrets ou ordonnances, les règlements nécessaires pour compléter les lois et en assurer l'exécution. Le législateur ne lui a pas laissé cette mission en ce qui concerne la loi du 21 mai 1836 sur les chemins vicinaux. Il a cru devoir la confier aux préfets parce que la voirie vicinale exige des règles de détail variant suivant les diverses circonstances, et les localités dont les besoins sont mieux appréciés par les autorités qui les constatent directement. C'est par une semblable considération que, pour l'exécution de la loi du 20 août 1881, relative à la voirie rurale, les préfets sont appelés, aux termes de l'article 8, à faire un règlement sur les chemins ruraux reconnus. Ce règlement, comme celui sur les chemins vicinaux, doit être communiqué au conseil général du département et soumis avec ses observations à l'appréciation ministérielle.

Le législateur a énuméré les matières sur lesquelles s'exercerait le pouvoir réglementaire des préfets à l'égard des chemins vicinaux. Il n'a pas indiqué d'une manière aussi précise celles sur lesquelles leur nouveau pouvoir réglementaire devrait s'exercer, mais il a entendu conférer aux préfets le droit de réglementer, relativement aux chemins ruraux reconnus, les objets qu'ils peuvent réglementer en ce qui concerne la voirie rurale. Il a seulement voulu leur laisser le soin d'apprécier, à l'égard des chemins ruraux reconnus, quels sont, dans chaque département, ceux de ces objets dont la réglementation est nécessaire ou opportune à raison des circonstances locales. Les limites du pouvoir que leur attribue l'article 8 de la nouvelle loi se trouvent ainsi implicitement indiquées par l'article 21 de la loi du 21 mai 1836, tel que l'a modifié la loi du 10 août 1871, relativement à la fixation de la largeur des chemins et à l'homologation des plans d'alignement. Ils ne peuvent dès lors arrêter ni la largeur, ni le tracé des chemins ruraux reconnus ; mais il leur appartient de déterminer l'époque à laquelle devra être acquittée la journée de prestation que les conseils municipaux ont la faculté de voter en vertu de l'article 10 de la loi du 20 août 1881 ; d'arrêter le mode d'emploi ou de conversion de cette journée en tâches ; de statuer sur ce qui est relatif à la confection des rôles, à la comptabilité, aux adjudications et à leurs formes, aux ali-

gnements individuels, aux autorisations de construire
le long des chemins, à l'écoulement des eaux, aux plantations, à l'élagage, aux fossés, à leur curage et à tous
autres détails de surveillance et de conservation. Ils
doivent examiner avec le plus grand soin quelles sont,
parmi ces matières, celles qui, dans leur département,
réclament des mesures efficaces, et édicter à leur égard
des règles analogues aux règles établies pour la voirie
vicinale.

Les préfets ont été invités à rédiger ce règlement le
plus tôt possible, à le communiquer au conseil général dans la session qui suivrait immédiatement l'achèvement de leur travail, et à l'adresser ensuite au ministre avec les observations de l'assemblée départementale.
Le ministre l'approuverait s'il y avait lieu.

La loi exige l'avis préalable du conseil général, pour
que le ministre puisse plus facilement reconnaître si le
règlement préparé, répond aux besoins auxquels il doit
satisfaire, et s'il ne conviendrait pas de le compléter ou
de le modifier.

Les préfets devaient veiller, sous le contrôle du ministre, à ce que ce règlement ne contînt que des dispositions rentrant dans la sphère du pouvoir réglementaire qui leur est conféré. Circ. min. int., 27 août
1881.

Le législateur laisse aux préfets le soin d'apprécier
quelles sont, parmi les matières de voirie rurale tombant sous l'application de l'article 8, celles qu'il convient de réglementer, puisqu'il leur donne sur ces matiè-

res le même pouvoir réglementaire que celui qui leur est attribué sur les matières semblables de la voirie vicinale. Le règlement général actuel sur les chemins vicinaux, édicté en vertu de l'article 21 de la loi du 21 mai 1836, peut leur servir de guide pour l'élaboration du règlement sur les chemins ruraux reconnus ; s'il ne contient pas certaines dispositions qu'ils croiront opportun d'insérer dans le nouveau règlement, le libellé de ces dispositions ne saurait présenter des difficultés. Le but à atteindre et la pratique des affaires leur en indiqueront la forme. L'administration centrale, en 1881, avait considéré comme superflu un modèle ou type de règlement dressé par elle.

Quant aux modèles à transmettre aux maires pour la constatation des formalités, ils doivent être établis dans les bureaux des préfectures où on peut utilement consulter les circulaires des 16 novembre 1839 et 27 août 1881, sur les chemins ruraux ; 24 juin 1836 et 6 décembre 1870 sur la voirie vicinale. Cir. min. int., 23 novembre 1881.

Le ministre n'a pas persisté dans la réserve où il s'était tenu dans cette circulaire, en laissant absolument aux préfets le soin de préparer un règlement sans leur transmettre un modèle qui leur servirait au moins de base et de guide ; et on ne saurait que l'en féliciter ; il a fait dresser un modèle de règlement que nous devons intégralement transcrire, ainsi que la circulaire dans laquelle il indique les raisons qui l'y ont déterminé.

171. *Circulaire accompagnant le modèle de règlement général des chemins ruraux.*

« *Paris, le 3 janvier 1883.*

« MONSIEUR LE PRÉFET, mon administration, par une circulaire du 23 novembre 1881, vous a fait connaître qu'elle considérait comme superflu d'établir un modèle pour le règlement prescrit par l'article 8 de la loi du 20 août 1881 sur les chemins ruraux. Le législateur vous ayant laissé le soin d'apprécier quelles seraient, parmi les matières de la voirie rurale susceptibles de réglementation, celles qu'il conviendrait de réglementer, et vous ayant conféré, sur ces matières, le pouvoir réglementaire dont vous êtes investi sur les matières semblables de la voirie vicinale, l'Administration centrale pensait que le règlement général sur les chemins vicinaux, édicté en vertu de l'article 21 de la loi du 21 mai 1836, pourrait vous servir de guide pour l'élaboration du règlement sur les chemins ruraux reconnus, sauf à l'égard de quelques objets étrangers à la voirie vicinale et exigeant des dispositions spéciales faciles à libeller. Plusieurs de vos collègues, en préparant le nouveau règlement, se sont inspirés du règlement sur les chemins vicinaux comme le recommandait la circulaire du 23 novembre 1881 ; mais beaucoup de préfets ne se sont pas bornés à reproduire les dispositions de ce règlement pouvant s'appliquer aux chemins ruraux, et à formuler certaines prescriptions spéciales à la voirie rurale : ils y ont ajouté de nombreux fragments empruntés soit à la loi du 20 août 1881, ou à d'autres lois, soit à l'instruction ministérielle du 6 décembre 1870 sur la voirie vicinale, ou à des traités, des recueils de jurisprudence. Une pareille compilation ne saurait être faite par l'Administration utilement et sans graves inconvénients, que sous la forme d'une instruction constituant une sorte de code sur un ensemble de matières de même genre, pour faciliter aux fonctionnaires ou agents des services publics l'application des règles législatives et réglementaires qui régisent ces matières. Tel a été le but de l'instruction ministérielle du 6 décembre 1870, que mes prédécesseurs ont modifiée ou complétée à plusieurs reprises. En imitant cette instruction dans le règlement sur les chemins ruraux, les préfets ont méconnu l'intention du législateur, qui est que la réglementation de la voirie rurale soit restreinte le plus possible. Ils ont, en outre, excédé la limite de leur pouvoir réglementaire. En effet, l'autorité chargée de réglementer l'exécution d'une loi n'a d'autre mission que celle d'édicter les règles de détail et de procédure nécessaires pour assurer cette exécution. Quand elle reproduit, comme articles du règlement qu'elle arrête, les prescriptions mêmes du législateur, elle leur donne l'apparence de simples dispositions réglementaires. Elle peut par suite, en amoindrir la force morale et induire en erreur sur les pénalités encourues par les personnes qui les violent. Lorsqu'elle formule en nombreux articles, dans son règlement, les opinions des auteurs, les décisions de l'Administration, celles des tribunaux adminitratifs ou judiciaires, sur les questions controversées, elle s'expose à voir fréquemment contester la légalité et même la valeur doctrinale de ce règlement.

« Désirant obvier à ces inconvénients et éviter la nécessité de faire recommencer ou refondre les règlements sur la voirie rurale qui, me seront soumis à l'avenir, je vous transmets le texte d'un de ceux qui, après avoir été modifiés conformément à mes observations, ont reçu mon approbation. Vous voudrez bien le consulter pour la rédaction du règlement que vous avez à m'adresser. Je vous prie de me mettre à même d'examiner ce règlement, avec l'avis du conseil général, le plus tôt possible.

« Il ne vous échappera pas, d'ailleurs, qu'en tenant compte des principes ci-dessus rappelés, vous pouvez édicter certaines prescriptions qui ne figurent pas dans le texte que je vous communique, et qui vous paraîtraient d'une utilité incontestable. Vous devriez, d'un autre côté, vous abstenir d'emprunter à ce texte les articles non essentiels qui seraient inopportuns ou inutiles dans votre département à raison de circonstances particulières ou locales. Mais il faut comprendre, dans tous les règlements sur les chemins ruraux reconnus, les dispositions qui ne sauraient être éliminées sans compromettre la saine exécution de la loi du 20 août 1881.

« Je citerai d'abord, comme dispositions de cette nature, celles de l'article 2 du règlement-type relatives aux plans servant de base à l'enquête qui précède les décisions par lesquelles la commission départementale prononce la reconnaissance des chemins. Cette reconnaissance ne produirait pas tous les bons résultats que le législateur a voulu en obtenir, si, après les décisions de la commission, il subsistait des doutes sur l'assiette et les limites des chemins reconnus. Pour tarir la source des innombrables procès qui ont surgi et qui continue-aient de surgir par suite de l'incertitude du tracé des voies rurales, il est indispensable que tout chemin qu'il s'agit de reconnaître soit l'objet d'un signalement exact et pré-cis. Le signalement de chaque chemin dans l'état de reconnaissance étant un peu abstrait, il y a nécessité de le compléter graphiquement au moyen d'un plan qui indique, avec la largeur du chemin sur les différents points, ses limites et les parcelles riveraines ; indépen-damment d'un croquis d'ensemble où sont tracées par de simples lignes, les diverses voies publiques de la com-mune, pour éclairer la commission départementale sur les besoins de la circulation dans la localité.

« La disposition de l'article 11 sur la rémunération du directeur des contributions directes pour l'établis-sement du rôle de prestation a été concertée entre mon administration et celle des finances. Il y a lieu par con-séquent, de la reproduire. Elle ne mentionne pas le con-trôleur des contributions directes, parce que générale-ment il n'a pas à rédiger de matrices pour les prestations de la voirie rurale, et que les réclamations qu'il aurait à examiner au sujet de ces prestations se confondraient avec celles concernant la voirie vicinale, pour l'examen desquelles il est rémunéré.

« Il importe également de reproduire l'article 76 sur

les convocations pour la création des associations syndicales. Les formalités qu'il prescrit sont nécessaires pour permettre aux intéressés, non seulement d'assister à la réunion indiquée et de s'y préparer préalablement, mais encore de prier le maire de les convoquer s'il avait oublié de le faire.

« J'appelle votre attention, Monsieur le Préfet, sur l'article 78. Il exige que les alignements et les autorisations ou permissions de voirie soient délivrés par écrit sous forme d'arrêtés. Une décision purement verbale serait frappée de nullité d'après la jurisprudence constante de la Cour de cassation. Mais, dans le but de satisfaire au vœu de plusieurs conseils généraux tendant à ce que les frais de timbre en cette matière fussent réduits autant que posssible, l'article 78 a été rédigé de manière à ne pas imposer aux pétitionnaires l'obligation de payer, dans tous les cas, une expédition timbrée. Il leur laisse la faculté de se contenter d'une note sur papier libre indiquant sommairement la date et l'objet de l'alignement, de l'autorisation ou permission.

« Enfin, les dispositions de l'article 81 sur les alignements individuels doivent nécessairement, comprendre la réserve aux termes de laquelle, lorsqu'un chemin n'a pas la largeur qui lui est attribuée par l'autorité compétente, les alignements sont délivrés selon le tracé que cette autorité a déterminé, si la commune acquiert préalablement, à l'amiable ou par expropriation, le sol à réunir à la voie publique, et, dans le cas contraire, conformément aux limites actuelles du chemin. La réserve dont il est question est indispensable, car, d'après l'article 13 de la loi du 29 août 1881, aucune parcelle de terrain dont la commune n'est pas propriétaire ne peut être incorporée à un chemin rural qu'autant qu'elle a été acquise amiablement ou par expropriation.

« J'ajouterai que je ne puis admettre, en général, dans un règlement sur les chemins ruraux, les simples références au règlement sur les chemins vicinaux. Il me semble nécessaire de libeller, avec les modifications exigées par la différence des matières, les dispositions empruntées au second règlement. Si l'on procédait autrement, les maires, les fonctionnaires ou agents municipaux feraient souvent, avec beaucoup de difficulté, l'application aux objets de la voirie rurale des dispositions édictées pour la voirie vicinale, surtout lorsqu'il y aurait à distinguer dans un même article entre les dispositions qui devraient être appliquées et celles qui ne seraient pas applicables.

« Je vous prie, Monsieur le Préfet, de m'accuser réception de la présente ciaculaire et des annexes qui l'accompagnent.

« Recevez, etc.

« *Le Ministre de l'intérieur et des cultes,*

« A. FALLIÈRES ».

---

132. *Règlement général sur les chemins ruraux.*

Nous, Préfet du département d

Vu l'article 8 de la loi du 20 août 1881 :

Vu la délibération du conseil général en date du...
Avons arrêté et arrêtons ce qui suit :

Titre Ier. — DISPOSITIONS PRÉLIMINAIRES.

173. *Ce règlement n'est applicable qu'aux chemins reconnus.* — Art. 1er. Les dispositions du présent règlement ne s'appliquent qu'aux chemins ruraux reconnus. Elles ne sont pas applicables aux rues formant le prolongement de ces chemins.

Titre II. — RECONNAISSANCE.

174. *Plans des chemins à reconnaître.* — Art. 2. Le plan qui doit être annexé à l'état de reconnaissance et doit, avec cet état, servir de base à l'enquête prescrite par l'article 4 de la loi du 20 août 1881, comprendra le nombre nécessaire de feuilles ou de sections. Il sera coté et dressé suivant une échelle assez grande pour permettre d'y indiquer les détails ci-après, qui devront y être soigneusement consignés : longueurs partielles et totale de chaque chemin, différentes largeurs, détails de toutes les parcelles riveraines avec numéros du cadastre et noms des propriétaires, lignes d'opération se rattachant à des points de repère invariables.

Un croquis d'ensemble du territoire de la commune indiquant, par des lignes de différentes couleurs, les routes nationales et départementales, les chemins vicinaux de grande et de moyenne communication, les chemins vicinaux ordinaires et les chemins ruraux sera joint pour l'enquête, au plan parcellaire et à l'état de reconnaissance et sera soumis, avec ces documents à la commission départementale (1).

Lorsque, après la décision de la commission départementale, le plan parcellaire qu'elle aura visé ne sera pas affiché en même temps que l'état annexé à l'arrêté de reconnaissance, l'affiche de l'arrêté portera que le plan est déposé à la mairie, où chacun pourra le consulter.

Titre III. — Confection des rôles de prestation (2).

135. *Confection des rôles de prestation.* — Art. 3. L'état-matrice des contribuables soumis à la prestation vicinale servira à la rédaction du rôle des contribuables soumis à la journée de prestation votée en faveur des chemins ruraux reconnus.

Art. 4. Le rôle, préparé, arrêté et certifié par le directeur des contributions directes, présentera les mêmes dispositions que celui concernant les prestations des chemins vicinaux. Le détail d'évaluation de chaque espèce de journée résultera de l'application du tarif adopté par le conseil général pour la vicinalité.

Il sera rendu exécutoire par le préfet.

Si un rôle supplémentaire est reconnu nécessaire, il sera dressé de la même manière que le rôle primitif.

(1) Voir, pour la rédaction de l'état de reconnaissance et de la décision de la commission départementale, les modèles qui se trouvent à la suite du règlement.

(2) Il y aura à faire concorder ces dispositions avec la loi en discussion au parlement depuis assez longtemps au sujet des prestations en nature, lorsqu'elle aboutira.

Art. 5. Indépendamment du rôle, le directeur des contributions directes préparera les avertissements aux contribuables.

Ces avertissements comprendront tous les détails portés au rôle ; ils indiqueront la date de la délibération du conseil municipal, ainsi que celle de la décision rendant le rôle exécutoire, et contiendront une mise en demeure aux contribuables de déclarer, dans le délai d'un mois à dater de la publication du rôle, s'ils entendent se libérer en nature, avec avis qu'à défaut de déclaration leur cote sera de droit exigible en argent.

Art. 6. Au fur et à mesure de leur rédaction, et de manière que la publication du rôle ait lieu au plus tard le 1ᵉʳ novembre, le directeur transmettra le rôle et les avertissements au préfet, qui les fera parvenir, par l'intermédiaire du trésorier-payeur général, au receveur municipal.

Ce dernier remettra immédiatement le rôle au maire de la commune qui devra en faire la publication à l'époque fixée à l'article précédent et dans les formes prescrites pour les rôles des contributions directes. Aussitôt après cette publication qui sera certifiée par le maire sur le rôle même, le receveur municipal fera parvenir sans frais les avertissements aux contribuables.

Art. 7. Si le maire négligeait ou refusait de faire la publication du rôle, ainsi que de recevoir les déclarations d'option dont il va être parlé, le préfet y ferait procéder par un délégué spécial, en vertu de l'article 15 de la loi du 18 juillet 1837.

Art. 8. Les déclarations d'option seront reçues par le maire et inscrites immédiatement, et à leur date, sur un registre spécial ; elles seront constatées, soit par la signature du déclarant, soit par une croix apposée par lui en présence de deux témoins, soit par l'annexion au registre du bulletin d'option rempli, daté, signé par le contribuable, et envoyé au maire après avoir été détaché de la feuille d'avertissement.

A défaut de l'accomplissement de ces formalités, la cote sera exigible en argent.

Art. 9. A l'expiration du délai d'un mois fixé par l'article 5, le registre des déclarations sera clos, par le maire, puis transmis au receveur municipal, qui le vérifiera et en annotera les indications dans une colonne spéciale du rôle.

Art. 10. Dans la quinzaine qui suivra, le receveur municipal dressera et enverra au préfet, pour être transmis au maire, un extrait du rôle comprenant suivant l'ordre des articles, le nom de chacun des contribuables qui aura déclaré vouloir s'acquitter en nature, ainsi que le nombre des journées d'hommes, d'animaux et de charrois qu'il devra exécuter, et le montant total de sa cote.

Cet extrait du rôle sera totalisé et certifié exact par le receveur municipal ; il comportera le résumé des cotes inscrites au rôle et l'indication du total des cotes exigibles en argent par suite de non déclaration d'option.

Le receveur municipal joindra à cet extrait un état

comprenant, pour chacune des communes de sa perception, le montant total du rôle et sa division en nature et en argent, d'après les déclarations d'option.

Art. 11. Il sera alloué au directeur des contributions directes trois centimes et demi par article pour la rédaction des rôles de prestation, l'expédition des avertissements et la fourniture des imprimés nécessaires pour ces pièces.

Les remises seront acquittées sur les ressources communales, et leur montant sera centralisé à la caisse du trésorier-payeur général, au compte des cotisations municipales.

Titre IV. — Exécution des travaux

Dispositions générales.

176. *Exécution des travaux.* — Art. 12. Les travaux des chemins ruraux sont effectués sous l'autorité du maire, chargé d'assurer, de surveiller et de constater leur bonne exécution.

Tous les agents employés au service de ces chemins sont sous ses ordres.

Section Ire. — *Prestations en nature* (1).

177. *Prestations en nature.* — Art. 13. Les travaux de prestations seront exécutés du 1er mars au 15 novembre.

(1) Voir l'observation portée en note du titre 3 *suprà* n° 175.

S'il devenait nécessaires de changer ces époques, les modifications feraient l'objet d'un arrêté spécial du préfet, rendu sur la demande du maire et l'avis du conseil municipal.

Les prestations devront être effectuées dans l'année pour laquelle elles ont été votées.

Les fermiers ou colons, qui par suite de fin de bail, devraient quitter la commune avant l'époque fixée pour l'emploi des prestations, pourront être admis à effectuer leurs travaux avant leur départ.

§ 1er. — Prestations à la Journée.

Art. 14. La durée du travail des prestataires, des bêtes de somme et de trait est fixée au minimum de dix heures par jour, non compris les heures de repos et de repos.

Lorsque les prestataires seront appelés hors des limites de la commune à laquelle ils appartiennent, et à plus de 4 kilomètres, le temps employé, à l'aller et au retour, pour parcourir les distances excédant la limite fixée, sera compté comme passé sur l'atelier.

Art. 15. Le maire déterminera :

1° La répartition des travailleurs entre chaque chemin ;

2° Les jours d'ouverture et de clôture des travaux de prestation pour chaque chantier.

Il dressera pour chaque chemin un état indiquant les prestataires qui y seront appelés et les travaux qui leur seront demandés.

Art. 16. Cinq jours au moins avant l'époque fixée pour l'ouverture des travaux, le maire fera remettre à chaque contribuable soumis à la prestation un bulletin signé de lui, portant réquisition de se rendre, muni des outils indiqués, tel jour et à telle heure, sur tel chemin.

Art. 17. Lorsqu'un prestataire sera empêché, par maladie ou tout autre motif grave, de se rendre sur le chantier, il devra le faire connaître au moins dans les vingt-quatre heures qui précéderont le jour fixé pour l'exécution des travaux.

En ce cas, le maire remettra la prestation à une autre époque, qui sera fixée d'après la nature de l'empêchement.

Art. 18. Le maire désignera pour la surveillance spéciale des travailleurs sur chaque chantier une personne présentant des garanties suffisantes.

Art. 19. L'état d'indication des travaux à faire et des prestataires convoqués sera remis au surveillant, qui fera l'appel de ces prestataires sur le lieu indiqué dans le bulletin de réquisition, marquera les absents et tiendra note de l'emploi des journées effectuées.

Art. 20. Chaque prestataire devra porter sur l'atelier les outils qui lui auront été indiqués dans le bulletin de réquisition.

Les bêtes de somme et les bêtes de trait seront garnies de leurs harnais ; les voitures seront attelées et accompagnées d'un conducteur.

Ce conducteur ne sera astreint à travailler avec les autres ouvriers commis au chargement, qu'autant que le propriétaire de la voiture sera imposé pour des journées d'homme. Dans ce cas, seulement, la journée du conducteur sera comptée en acquit de celles à fournir par le propriétaire.

Art. 21. Les prestataires pourront se faire remplacer, pour leur personne et celles des membres de leur famille, par des ouvriers à leurs gages.

Les remplaçants seront valides, âgés de dix-huit ans au moins et de soixante au plus. Ils devront être agréés par le surveillant des travaux, sauf appel au maire de la commune.

Les prestataires en nom restent responsables du travail de leurs remplaçants.

Art. 22. Le prestataire devra fournir la journée de prestation tout entière et sans interruption, sauf les cas exceptionnels autorisés par le maire.

Si le mauvais temps exigeait la fermeture du chantier, il ne sera tenu compte que des journées ou fractions de journées effectuées, et les contribuables seront tenus de compléter plus tard leurs prestations.

Art. 23. La journée de prestation ne sera réputée acquittée que si le surveillant reconnaît qu'elle a été convenablement employée. Dans le cas contraire, il ne sera tenu compte au prestataire que de la fraction de journée répondant au temps pendant lequel il aura travaillé.

Le surveillant indiquera, à la fin de chaque jour, au dos du bulletin de réquisition, le nombre et l'espèce de journées ou de fractions de journées dont le prestataire devra être acquitté. Il certifiera en même temps cet acquit dans la colonne d'émargement de l'état d'indication qui lui aura été remis.

Les difficultés qui pourraient s'élever seront résolues par le maire, sauf recours devant l'autorité compétente.

Art. 24. Lorsque les prestations seront terminées, le surveillant remettra l'état d'indication émargé au maire, qui fera la réception des travaux, en inscrira le décompte sur la dernière page de l'état d'indication, et enverra l'extrait du rôle, après l'avoir émargé, au receveur municipal, chargé d'opérer ensuite le recouvrement des journées ou portions de journées restant dues.

§ 2. — Prestations à la tâche.

Art. 25. Lorsque le conseil municipal d'une commune aura adopté un tarif pour la conversion des journées de prestation en tâches, le maire décidera si ce tarif sera appliqué à tout ou partie des travaux de prestation.

Le maire fixera les délais d'exécution des travaux et la répartition des tâches à faire sur chaque chemin par les prestataires. Il dressera les états d'indication des travaux à effectuer par chaque prestataire.

Art. 26. Le maire adressera à chaque contribuable soumis à la prestation en tâches, un bulletin de réquisition indiquant les travaux à effectuer ou les matériaux à fournir, ainsi que le délai dans lequel ces tâches devront être exécutées. Le détail et l'emplacement des travaux à faire seront inscrits sur le bulletin et indiqués sur le terrain par les soins du maire ou de l'agent préposé à cet effet.

Art. 27. La réception des travaux en tâches sera faite par le maire, soit au fur et à mesure de l'avancement des travaux, soit à l'expiration du délai fixé pour leur achèvement. Le prestataire sera convoqué pour cette réception. Il ne sera complétement libéré que si les travaux satisfont, pour la quantité et la qualité, aux conditions du tarif de conversion en tâches. Dans le cas contraire, sa cote ne sera acquittée que pour la valeur des travaux effectués. La retenue à faire pour mettre les travaux en état de réception sera déterminée par le maire, sauf recours devant l'autorité compétente.

Le maire, après avoir inscrit sur la dernière page des états d'indication le décompte résumé des travaux effectués, émargera les cotes ou parties de cotes acquittées sur l'extrait de rôle, et l'enverra au receveur municipal, chargé d'opérer ensuite le recouvrement des cotes ou parties de cotes restant dues.

SECTION II. — *Travaux à prix d'argent.*
§ 1er. — Dispositions générales.

178. — *Travaux à prix d'argent.* — Art. 28. Les travaux à prix d'argent seront exécutés par voie d'adjudication.

Toutefois, il pourra être traité de gré à gré, sur série de prix ou à forfait, avec l'autorisation du préfet :

1° Pour les ouvrages et fournitures dont la dépense n'excéderait pas 3,000 francs ;

2° Pour ceux dont l'exécution ne comporterait pas les délais d'une adjudication ;

3° Pour ceux qui, par leur nature ou leur spécialité, exigeraient des conditions particulières d'aptitude de la part des entrepreneurs.

4° Enfin, pour ceux dont la mise en adjudication n'aurait pas abouti, comme il sera expliqué ci-après.

Les travaux pourront aussi, sur l'avis favorable du conseil municipal, avec l'autorisation du préfet, être effectués par voie de régie, soit en cas d'urgence, soit lorsque les autres modes d'exécution auront été reconnus impossibles ou moins avantageux. L'autorisation du préfet ne sera pas nécessaire toutes les fois que la dépense en argent ne dépassera pas 300 francs.

Art. 29. Les projets se composeront, suivant l'importance et la nature des travaux à effectuer, des pièces indiquées au programme annexé à l'instruction générale sur les chemins vicinaux.

Tous les projets seront approuvés par le préfet, sauf dans le cas prévu à l'article 1er de la loi du 24 juillet 1867 sur les conseil municipaux (1).

Art. 30. Les devis ou cahiers des charges des adjudications et des marchés de gré à gré contiendront toujours la condition que les soumissionnaires seront assujettis aux clauses et conditions générales imposées aux entrepreneurs de travaux des chemins vicinaux.

(1) Conférer avec les articles 61, 68 et 114 de la loi du 5 avril 1884.

§ 2. — Formes à suivre pour les adjudications (1).

119. *Adjudications.* — Art. 31. Les adjudications seront passées soit dans la commune de la situation des travaux, soit au chef-lieu de canton ou à la sous-préfecture. Le bureau se composera du maire, président, et de deux conseillers municipaux. Le receveur municipal assistera à ces adjudications.

L'absence des personnes ci-dessus désignées, autres que le président, et dûment convoquées, n'empêchera pas l'adjudication.

Art. 32. Les adjudications seront annoncées au moins vingt jours à l'avance par des affiches placardées tant au chef-lieu du département que dans les principales communes de l'arrondissement et dans celles où seront situés les travaux. Elles pourront être portées à la connaissance des entrepreneurs par tous les mêmes moyens de publicité.

Les affiches indiqueront sommairement :

Le lieu, le jour, l'heure et le mode fixés pour l'adjudication et le dépôt des soumissions ;

Le fonctionnaire chargé d'y procéder;

La nature des travaux, le montant de la dépense prévue et du cautionnement à fournir, le lieu où l'on pourra prendre connaissance des pièces du projet ;

Enfin le modèle des soumissions.

Dans le cas d'urgence, le délai de vingt jours ci-des-

(1) Conférer avec l'article 89 de la même loi.

sus indiqué pourra être réduit par le préfet, sans jamais être inférieur à dix jours.

Art. 33. Les adjudications se feront au rabais et sur soumissions cachetées ; le rabais s'appliquera, non au montant total du devis, mais au prix de la série servant de base aux évaluations. Dans le cas où il serait nécessaire de fixer préalablement un minimum de rabais, ce minimum sera déterminé par le président, sur l'avis du bureau, et déposé, sous enveloppe cachetée, sur le bureau, à l'ouverture de la séance.

Art. 34. Les soumissions seront toujours placées seules dans une enveloppe cachetée portant la désignation des travaux et le nom de l'entrepreneur. Cette première enveloppe formera, avec les certificats de capacité, s'ils sont exigés, et les pièces constatant le versement du cautionnement ou un engagement valable de le fournir, un paquet également cacheté portant aussi la désignation des travaux.

Tous les paquets déposés par les concurrents seront rangés sur le bureau par le président, et recevront un numéro d'ordre.

Art. 35. A l'instant fixé par l'affiche, le premier cachet de chaque paquet sera rompu publiquement, et il sera dressé un état des pièces qui s'y trouveront renfermées. Le public et les concurrents se retireront de la salle d'adjudication, et le bureau, après avoir pris l'avis du comptable présent, arrêtera la liste des concurrents agréés. En cas de partage dans le vote du bureau, la voix du président sera prépondérante ; il en sera de même pour toutes les questions qui pourraient être soulevées pendant l'adjudication.

Art. 36. Immédiatement après, la séance redeviendra publique, et le président fera connaître les concurrents agréés. Les soumissions présentées par ces derniers seront ouvertes publiquement. Toute soumission non conforme au modèle indiqué par les affiches sera déclarée nulle.

Les concurrents qui ne sauraient pas écrire pourront faire signer leur soumission par un fondé de procuration verbale, sous la condition de le déclarer, avant l'ouverture de leur soumission, au président.

Art. 37. Le concurrent qui aura fait l'offre d'exécuter les travaux aux conditions les plus avantageuses sera déclaré adjudicataire, si son rabais remplit les conditions de minimum fixé conformément à l'article 33, et si, à défaut de la fixation de ce minimum, sa soumission ne comporte pas d'augmentation sur les prix prévus.

Dans le cas où le rabais le plus avantageux serait offert par plusieurs concurrents, il sera procédé, séance tenante, entre ceux-ci, à une nouvelle adjudication sur soumissions cachetées. Les rabais de la nouvelle adjudication ne pourront être inférieurs à ceux de la première.

Si les concurrents maintiennent les rabais primitifs, le bureau désignera celui des concurrents qui devra être déclaré adjudicataire.

Art. 38. Il sera dressé, pour chaque adjudication, un procès-verbal qui relatera toutes les circonstances de l'opération.

Art. 39. Les adjudications ne seront définitives qu'après l'approbation du préfet (1).

Dans les vingt jours de la date de cette approbation, la minute du procès-verbal sera soumise à l'enregistrement. Il ne pourra en être délivré ni expédition, ni extrait qu'après l'accomplissement de cette formalité.

Art. 40. Le cautionnement à fournir par les adjudicataires sera versé à la caisse du receveur municipal.

Art. 41. Les adjudicataires payeront les frais de timbre et d'enregistrement des procès-verbaux d'adjudication, ceux d'expédition sur papier timbré des devis et cahier des charges dont il leur sera fait remise, ainsi que ceux d'affiches et autres publications, s'il y a lieu. Il ne pourra être rien exigé d'eux au delà de ces frais.

Art. 42. Après une tentative infructueuse d'adjudication, les travaux pourront, avec l'autorisation du préfet, donner lieu à un marché de gré à gré, lorsqu'on trouvera un soumissionnaire s'engageant à les exécuter sans augmentation de prix, aux conditions du devis et du cahier des charges.

Mais si, à défaut de cette soumission, on reconnaît la nécessité d'augmenter certains prix et de modifier les conditions du cahier des charges, il sera procédé à une nouvelle tentative d'adjudication, après avoir opéré sur les pièces du projet les changements adoptés.

Dans le cas où cette seconde tentative serait infructueuse, on pourra recourir à un marché de gré à gré

(1) Loi 5 avril 1884, art. 61, 68, 111.

pour l'ensemble du projet, ou bien à plusieurs marchés distincts, en scindant les travaux soit en lots moins importants, soit selon leur nature.

Le préfet pourra aussi autoriser l'exécution par voie de régie, après la seconde tentative infructueuse d'adjudication.

§ 3. — Marchés de gré à gré (1).

180. *Marchés de gré à gré.* — Art. 43. Lorsqu'il y aura lieu de faire exécuter les travaux par voie de marché de gré à gré, le maire invitera les entrepreneurs à prendre connaissance des conditions de l'entreprise, à formuler et à lui remettre, dans un délai déterminé, leurs propositions par soumissions écrites.

Les soumissions ainsi déposées devront contenir l'engagement de se soumettre aux conditions du devis particulier des ouvrages et aux clauses et conditions générales imposées aux entrepreneurs de travaux des chemins vicinaux.

Elles tiendront lieu de devis lorsqu'elles énonceront, en outre, les quantités, les prix et les conditions d'exécution des ouvrages.

Art. 44. La soumission la plus avantageuse sera acceptée par le maire, dûment autorisé par le conseil municipal. Cette acceptation sera soumise à l'approbation du préfet.

Art. 45. La soumission à forfait des ouvrages à exécuter devra toujours contenir la mention en toutes let-

(1) Loi 5 avril 1881, art. 115.

tres de la somme fixe à payer à l'entrepreneur, laquelle somme ne pourra jamais excéder l'estimation du projet.

Art. 46. Les dispositions des articles 40 et 41 sont applicables aux soumissionnaires des marchés de gré à gré. Néanmoins le préfet pourra, sur l'avis du maire, dispenser les soumissionnaires de fournir un cautionnement.

§ 4. — Travaux en régie (1).

181. *Travaux en régie.* — Art. 47. Les travaux en régie seront exécutés sous la direction et la responsabilité du maire, autant que possible, à la tâche. A moins de difficultés, les ouvriers et les tâcherons seront payés par mandats individuels.

Art. 48. Lorsque les ouvriers ne pourront pas être payés par mandats individuels, l'arrêté autorisant la régie nommera le régisseur au nom duquel seront faites les avances de fonds, et fixera la somme qu'elles ne devront pas dépasser.

Art. 49. Cet arrêté sera pris par le maire, si la dépense ne dépasse pas 300 francs ; il devra être approuvé par le préfet, si elle dépasse cette somme.

SECTION III. — *Réception des Travaux.*

182. *Réception des travaux.* — Art. 50. Les réceptions provisoires ou définitives des travaux et fournitures effectués seront faites par le maire, assisté de deux conseillers municipaux désignés par le conseil municipal, en présence de l'entrepreneur.

(1) Loi 5 avril 1884, art. 90.

Art. 51. Les réceptions feront l'objet do procès-verbaux.

L'absence de l'entrepreneur ou des deux conseillers municipaux ne feront pas obstacle à la réception, s'ils ont été régulièrement convoqués.

Titre V. — COMPTABILITÉ DES CHEMINS RURAUX.

CHAPITRE Iᵉʳ — Vote et répartition des ressources

183. *Comptabilité.* — Art. 52. Dans la session de mai, le conseil municipal sera appelé à voter pour l'année suivante les ressources qu'il entendra affecter aux chemins ruraux (1). Il sera invité en même temps à arrêter le tarif de la conversion des prestations en tâches et à délibérer sur l'emploi du reliquat des exercices précédents. La délibération ne deviendra exécutoire qu'après l'approbation de l'autorité compétente, s'il y a lieu.

Il sera donné au directeur des contributions directes avis des votes de prestations et de centimes.

Les reliquats seront reportés au budget additionnel, en conservant leur affectation spéciale, s'il y a lieu.

Le conseil municipal répartira ultérieurement, par délibérations spéciales, l'emploi des ressources en argent et en nature selon les besoins.

CHAPITRE II. — Dispositions générales.

Art. 53. Les ressources créées pour le service des chemins ruraux, quelle que soit leur origine, et qu'elles

---

(1) Loi 5 avril 1884, art 141. Les conseils municipaux « peuvent aussi voter trois centimes extraordinaires exclusivement affectés aux chemins ruraux reconnus... »

consistent en argent ou en prestations en nature, ne peuvent, sous aucun prétexte, être appliquées à des dépenses étrangères à ce service, ni à des chemins qui n'auraient pas été légalement reconnus.

Les ressources créées en vue d'une dépense spéciale ne pourront recevoir une autre destination, à moins d'une autorisation régulière.

Tout emploi, soit de fonds, soit de prestations en nature, effectué contrairement aux règles ci-dessus, sera rejeté des comptes et mis à la charge du comptable ou de l'ordonnateur, selon le cas.

CHAPITRE III. — Comptabilité du maire.

Art. 54. Le maire est l'ordonnateur de toutes les dépenses relatives aux chemins ruraux pour lesquelles un crédit a été ouvert au budget communal ; il lui est interdit de disposer, autrement que par mandat sur les receveurs municipaux, des fonds affectés aux travaux des chemins ruraux, quelle que soit l'origine de ces fonds.

Art. 55. Tout mandat, pour être valable, devra porter sur un crédit régulièrement ouvert, et énoncera l'exercice, le chapitre, les articles et paragraphes du budget auxquels il s'applique, ainsi que le titre et le montant du crédit en vertu duquel il est délivré.

Les mandats seront remis par l'ordonnateur aux créanciers des communes, sur la justification de leur individualité, ou à leurs représentants munis de titres ou de pouvoirs en due forme.

Art. 56. Les crédits accordés pour le même exercice et le même service seront successivement ajoutés les uns aux autres, et formeront, ainsi cumulés, un crédit unique par chapitre, article ou paragraphe, selon le mode d'après lequel ils auront été ouverts.

Art. 57. Les crédits étant ouverts spécialement pour chaque nature de dépenses, les maires ne devront pas, pour quelque motif que ce soit, en changer l'affectation. Ils ne pourront non plus en outrepasser le montant par la délivrance de leurs mandats.

Art. 58. Toutes les dépenses d'un exercice devront être mandatées depuis le 1er janvier jusqu'au 15 mars de la seconde année.

Toute créance mandatée qui n'aura pas été acquittée sur les crédits de l'exercice auquel elle se rapporte, dans les délais de la durée de cet exercice, devra être mandatée à nouveau sur les crédits reportés des exercices clos.

Tout mandat émis par le maire indiquera le nombre et la nature des pièces justificatives qui s'y trouveront jointes.

Art. 59. Au fur et à mesure de chaque opération de mandement, il en sera tenu écriture sur le registre des mandats, qui doit exister dans chaque mairie.

Le maire y inscrira tous les mandats au fur et à mesure de leur délivrance, et indiquera pour chacun d'eux : 1° son numéro d'ordre ; 2° l'article du budget en vertu duquel il a été délivré ; 3° la date de sa délivrance ; 4° le nom de la partie prenante ; 5° l'objet de la dette ; 6° le montant total du mandat.

CHAPITRE IV. — Comptabilité des Receveurs municipaux.

Art. 60. Les recettes et les dépenses communales relatives aux chemins ruraux seront effectuées par le receveur municipal, chargé seul et sous sa responsabilité de poursuivre la rentrée de tous les revenus de la commune et de toutes les sommes qui lui seraient dues, ainsi que d'acquitter les dépenses mandatées par le maire, jusqu'à concurrence des crédits régulièrement accordés.

Tous les rôles de taxes, de sous-répartition et de prestations locales devront parvenir à ce comptable par l'intermédiaire du receveur des finances.

Art. 61. Toute personne autre que le receveur municipal qui, sans autorisation légale, se serait ingérée dans le maniement des deniers de la commune affectés aux chemins ruraux, sera, par ce seul fait, constituée comptable ; elle pourra, en outre, être poursuivie, en vertu de l'article 258 du Code pénal, comme s'étant immiscée sans titre dans des fonctions publiques.

Art. 62. Les receveurs municipaux recouvreront les divers produits aux échéances déterminées par les titres de perception ou par l'administration, et d'après le mode de recouvrement prescrit par les lois et règlements.

Art. 63. Ils adresseront, le 5 de chaque mois, aux maires des communes de leur circonscription, un état faisant connaître le montant des recouvrements effectués pendant le mois écoulé sur les ressources des chemins ruraux.

Art. 64. Le recouvrement des produits de chaque exercice devra être terminé le 31 mars de la seconde année, et le receveur municipal pourra être tenu de verser dans sa caisse, sauf à exercer personnellement son recours contre les débiteurs, le montant des restes à recouvrer pour le recouvrement desquels il ne justifiera pas avoir fait les diligences nécessaires.

Art. 65. Avant de procéder au payement des mandats délivrés par les maires, les receveurs municipaux devront s'assurer, sous leur responsabilité :

1° Que la dépense porte sur un crédit régulièrement ouvert, et qu'elle ne dépasse pas le montant de ce crédit;

2° Que la date de la dépense constate une dette à la charge de l'exercice auquel on l'impute, et que l'objet de cette dépense ressortit bien au service particulier que le crédit a en vue d'assurer ;

3° Que les pièces justificatives, dont le tableau est donné à l'article 71, ont été produites à l'appui de la dépense.

Tout payement qui serait effectué sans l'accomplissement de ces formalités resterait à la charge du comptable.

Art. 66. Les comptables n'ont pas qualité pour apprécier le mérite des faits auxquels se rapportent les pièces produites à l'appui de chaque mandat. Il suffit, pour garantir leur responsabilité, qu'elles soient certifiées et visées par les maires, et que le mandatement concorde avec elles.

Art. 67. Les receveurs municipaux seront tenus de

rendre chaque année un compte spécial, par commune, pour les opérations relatives aux chemins ruraux qu'ils auront effectuées.

Ce compte, dressé à la clôture de l'exercice, sera transmis, le 5 avril au plus tard, au receveur des finances, qui, après l'avoir vérifié et certifié, le fera parvenir au maire le 15 avril, pour tout délai.

Art. 68. Chaque compte, formé d'après les écritures, devra présenter la *situation* du comptable d'après le compte précédent, la *totalité des opérations* faites pendant l'exercice, tant en recettes qu'en payements, et le *résultat général* des recettes et payements à la clôture de l'exercice.

Art. 69. Les recettes et les payements relatifs aux chemins ruraux seront justifiés de la manière suivante dans les comptes communaux soumis au conseil de préfecture ou à la Cour des comptes :

184. *Justification des recettes.*

Art. 70, § 1er. — Produit des centimes spéciaux.

Extrait des rôles généraux ou spéciaux des contributions directes délivré par le percepteur, visé par le maire et le receveur des finances.

§ 2. — Prestations.

Copie de l'exécutoire, et, pour établir le montant des réductions, les ordonnances de décharge.

§ 3. — Subventions spéciales.

Arrêtés de fixation rendus par le conseil de préfecture ou décision de la commission départementale, selon que ces subventions auront été réglées dans la forme des expertises ou dans celle des abonnements.

§ 4. — Souscriptions particulières ou provenant
d'associations particulières.

Copie ou extrait du titre de souscription, ou le titre lui-même revêtu de l'acceptation du maire et rendu exécutoire par le préfet et, dans le cas de réduction du titre, les ordonnances de décharge.

§ 5. — Emprunts.

Copie de la délibération du conseil municipal, de l'arrêté du préfet, du décret ou de la loi autorisant l'emprunt. Copie certifiée par le maire des actes qui ont réglé les conditions de l'emprunt (1).

§ 6. — Aliénation de délaissés d'anciens chemins.

Arrêté préfectoral autorisant la vente ; expédition (T) du procès-verbal de l'adjudication ou de l'acte de vente à l'amiable ; décompte des intérêts, s'il y a lieu. Si le titre n'est pas apuré à la fin de l'exercice, il ne sera produit qu'un extrait sur papier libre, avec mention que le titre (T) sera produit ultérieurement.

185. *Justifications des dépenses*.

Art. 71. Toutes les pièces justificatives à produire à l'appui des mandats devront être visées par l'ordonnateur.

_____

(1) Loi 5 avril 1834, art. 141 et suiv.

§ 1er. — Prestations en nature.

Extrait du rôle établissant le relevé des journées ou des tâches effectuées en nature, émargé par le maire, et revêtu par lui de l'attestation que les travaux ont été accomplis.

§ 2. — Travaux en régie.

Autorisation du préfet de faire les travaux en régie, si les travaux à exécuter sur un même chemin s'élèvent à plus de 300 francs.

Et, selon le cas :

S'il y a un entrepreneur à la tâche, l'état (T) de ses travaux ou fournitures, certifié par lui et visé par le maire.

S'il n'y a que des fournisseurs et ouvriers employés sous la surveillance du maire : 1° les mémoires ou factures (T) certifiés par les fournisseurs et visés par le maire ; 2° les états nominatifs (1) des journées d'ouvriers dûment émargés pour acquit par la signature des ouvriers ou par celle de deux témoins du payement, certifiés par le maire ; lesdits états devront indiquer distinctement, pour chaque ouvrier, le lieu des travaux, le nombre des journées de chacun, leur prix et le total revenant à chaque ouvrier. Les avances faites à un régisseur seront justifiées par lui, suivant le cas, par les pièces ci-dessus indiquées ; à l'appui du premier payement, on produira, en outre, copie de l'arrêté du maire nommant le régisseur.

(1) (T) si la somme à payer à l'un des ouvriers est supérieure à 10 francs.

§ 3. — Travaux à exécuter en vertu d'adjudication ou de marché
de gré à gré.

A l'appui du premier à-compte, décision approbative
des travaux ; copie ou extrait du procès-verbal d'adjudication ou du marché, non timbré, mais avec mention
que l'expédition (T) sera fournie avec le mandat pour
solde. Justification de la réalisation du cautionnement
par le récépissé du receveur municipal, ou une déclaration de versement, et, suivant le cas, déclaration du
maire, approuvée par le préfet, constatant qu'il n'y a
pas eu lieu d'exiger ce cautionnement. Certificat (T) du
maire, constatant l'avancement des travaux et le montant de la somme à payer.

Pour les à-comptes subséquents, certificat (T) du
maire, rappelant les sommes payées antérieurement et
le montant du nouveau mandat à payer.

Quant au solde des travaux, expédition en due forme
du procès-verbal d'adjudication ou du marché ; devis
estimatif (1) ; bordereau des prix ; procès-verbal de réception définitive et décompte général, dressés par le
maire. Toutes ces pièces (T).

Dans le cas d'adjudication à prix ferme, il n'est pas
nécessaire de produire un décompte général, mais le
procès-verbal de réception définitive seulement.

---

(1) La soumission tiendra lieu du devis lorsqu'elle énoncera les quantités, les prix et les conditions d'exécution des ouvrages.

§ 4. — Indemnités relatives aux acquisitions d'immeubles pour travaux d'ouverture, de redressement et d'élargissement.

186. *Acquisitions d'immeubles.*

SECTION Iʳᵉ. — *Acquisition d'immeubles en cas de convention amiable .*

Art. 1ᵉʳ. — *Convention portant à la fois sur la cession et sur le prix.*

§ 1ᵉʳ. — **Terrains nus et non clos de murs ou de haies vives, indépendants des habitations.**

1° La décision de la commission départementale déclarant les travaux d'utilité publique ; cette décision accompagnée de la mention expresse qu'elle n'a été l'objet d'aucun recours.

Et dans le cas où la décision aurait été frappée d'appel : décision du conseil général ou du Conseil d'Etat ;

2° Délibération du conseil municipal (1), si la dépense totalisée avec celles des autres acquisitions déjà votées dans le même exercice ne dépasse pas le dixième des revenus ordinaires de la commune.

Et, de plus, ampliation de l'arrêté pris par le préfet en conseil de préfecture pour autoriser l'acquisition, si la dépense totalisée avec celles des autres acquisitions déjà votées dans le même exercice, dépasse le dixième des revenus ordinaires de la commune (2) ;

(1) Dans ce cas, la délibération du conseil municipal ne doit être approuvée par le préfet que s'il y a désaccord entre le conseil municipal et le maire.

(2) Conférer avec l'article 68 de la loi du 5 avril 1894.

3° Expédition ou extrait de l'acte de cession amiable ('T'), lorsqu'il est produit avec le compte final, et non timbré lorsqu'il s'agit d'une justification provisoire ; ladite expédition ou ledit extrait portant mention de la transcription et de l'enregistrement, et constatant que le vendeur a produit les titres qui établissent sa possession.

NOTA. — Les portions contiguës appartenant à un même propriétaire doivent faire l'objet d'un seul acte de vente.

Si le vendeur n'est pas l'individu dénommé à la matrice des rôles, le contrat doit indiquer comment la propriété est passée du propriétaire désigné par la matrice des rôles à celui qui consent la vente.

Si la désignation portée à la matrice des rôles est inexacte ou incomplète, le vendeur doit prouver l'inexactitude ou l'erreur par la production d'un bail, d'un acte de vente, d'un partage ou d'une acte authentique.

A défaut d'acte authentique, l'identité sera prouvée par un certificat du maire délivré sur la déclaration de deux témoins au moins. Ces justifications seront énoncées au contrat (1).

(1) Si la propriété vendue appartient en totalité ou en partie à des mineurs interdits, absents ou incapables, ce contrat doit rappeler l'autorisation donnée par le tribunal d'accepter les offres de la commune, et, si l'immeuble est d'une valeur qui n'excède pas 100 francs, relater la délibération du conseil municipal acceptant l'offre du tuteur de se porter fort pour le mineur et de faire ratifier l'acte à sa majorité.

Pour les immeubles dotaux, on devra exiger l'autorisation donnée par le tribunal d'accepter les offres de la commune, et la justification du remploi lorsqu'il est ordonné.

4° Certificat du maire constatant que, préalablement à la transcription, l'acte de vente a été publié et affiché, conformément à l'article 15 de la loi du 3 mai 1841, et suivant les formes de l'article 6.

5° Exemplaire certifié du journal où l'insertion a été faite (les formalités de publication, dont l'accomplissement doit être constaté par le certificat, portent sur l'acte de cession).

Nota. — Les formalités de publication et d'insertion doivent toujours précéder la transcription, à peine de nullité de la transcription.

6° Certificat du maire délivré huit jours au moins après les publications et affiches ci-dessus mentionnées, et constatant qu'aucun tiers ne s'est fait connaître comme intéressé au règlement de l'indemnité.

7° Certificat négatif (T) ou état (T) des inscriptions, délivré par le conservateur, quinze jours au moins après la transcription.

Nota. — Les inscriptions dont la non-existence ou la radiation doit être justifiée sont exclusivement celles dont l'immeuble se trouve grevé du chef soit du vendeur, soit du propriétaire désigné par la matrice cadastrale, ou de leurs auteurs ; il est inutile de justifier de la radiation de l'inscription prise d'office au profit du vendeur qui a traité avec la commune.

Dans le cas où il existe des inscriptions, et si le montant du prix n'est pas versé à la Caisse des dépôts et consignations :

8° Certificat (T) de radiation délivré par le conservateur des hypothèques, ou quittance notariée portant mainlevée des inscriptions :

9° Décompte en principal et intérêts du prix d'acquisition ;

10° Certificat de payement délivré par le maire ;

11° Quittance de l'ayant droit.

Les quittances peuvent être passées dans la forme des actes administratifs.

Nota. — Lorsque l'indemnité ne dépassera pas 500 fr. les pièces relatives à la purge des hypothèques et le certificat du conservateur pourront être remplacés par une délibération du conseil municipal approuvée par le préfet dispensant le maire de remplir les formalités de la purge des hypothèques ; en outre, en vertu de la même délibération, et quand même elle ne l'aurait pas spécifié l'acte ne sera pas soumis à la transcription.

En cas de consignation du montant du prix de vente à la Caisse des dépôts et consignations, on produira les pièces mentionnées ci-dessus, à l'exception de la quittance de l'ayant droit, et, lorsque la consignation est motivée par l'existence d'inscriptions hypothécaires, des états d'inscriptions qui seront remis à la Caisse des dépôts et consignations.

Et, en outre :

12° Arrêté du maire prescrivant la consignation et en énonçant les motifs ; si la consignation a pour cause l'existence d'inscriptions hypothécaires, l'arrêté visera la date de la délivrance par le conservateur de l'état d'inscription ;

13° Récépissé du préposé de la Caisse des dépôts et consignations.

§ 2. — Bâtiments, cours ou jardins y attenants, terrains clos de murs ou de haies vives.

Si l'utilité publique a été déclarée :

1° Copie du décret déclarant les travaux d'utilité publique :

2° Les pièces mentionnées au § 1er, 2° à 13°.

Si l'utilité publique n'a pas été déclarée :

1° Délibération du conseil municipal (1), si la dépense totalisée avec celles des autres acquisitions déjà votées dans le même exercice ne dépasse pas le dixième des revenus ordinaires de la commune ;

Et, de plus, ampliation de l'arrêté pris par le préfet en conseil de préfecture pour autoriser l'acquisition, si la dépense totalisée avec celle des autres acquisitions déjà votées dans le même exercice dépasse le dixième des revenus ordinaires de la commune :

2° Copie certifiée du contrat (T), lorsqu'elle est produite avec le compte final, non timbrée lorsqu'il s'agit d'une justification provisoire ; ladite copie portant mention de la transcription et de l'enregistrement, indiquant les précédents propriétaires, et constatant que le vendeur a produit les titres qui établissent sa possession ;

(1) Dans ce cas, la délibération du conseil municipal ne doit être approuvée par le préfet que s'il y a désaccord entre le conseil municipal et le maire. Conférer avec l'article 68, § 3 de la loi du 5 avril 1884.

3° Certificat (T) négatif délivré après transcription par le conservateur des hypothèques, relatant expressément qu'il s'applique aux mentions et transcriptions désignées par les articles 1er et 2 de la loi du 23 mars 1855, ainsi qu'aux transcriptions de saisies, de donations ou de substitutions.

Ou, s'il y a lieu, état (T) des inscriptions, et, en outre, desdites transcriptions et mentions.

Nota. — Les inscriptions dont la non existence ou la radiation doit être justifiée sont exclusivement celles qui intéressent les tiers, c'est-à-dire celles dont l'immeuble pourrait être grevé du chef du vendeur ou des précédents propriétaires ; il est inutile de justifier de la radiation de l'inscription prise d'office au profit du vendeur qui a traité avec la commune.

Dans le cas où ledit certificat ou état ne serait pas délivré quarante-cinq jours au moins après l'acte d'acquisition, et s'il ne résulte pas, d'ailleurs, des énonciations mêmes de l'acte que la propriété appartenait, depuis plus de quarante-cinq jours avant la transcription, à ceux de qui la commune acquiert :

4° Certificat (T) spécial, constatant, après l'expiration du délai précité, qu'il n'a pas été pris d'inscription en vertu de l'article 6 de la loi du 23 mars 1855.

Ou, s'il y a lieu, état (T) de ces inscriptions.

Dans le cas où il existerait des inscriptions, si le montant du prix n'est pas versé à la Caisse des consignations :

5° Certificat (T) de radiation desdites inscriptions,

délivré par le conservateur des hypothèques, ou quittance notariée portant mainlevée des inscriptions ;

6° Décompte en principal et intérêts du prix d'acquisition

7° Certificat de payement délivré par le maire.

Et pour établir la purge des hypothèques légales :

8° Certificat (T) du greffier du tribunal civil constatant le dépôt de l'acte d'acquisition après la transcription, et son affichage au greffe pendant deux mois ;

9° Exploit (T) de notification de ce dépôt au procureur de la République et aux parties désignées à l'article 2194 du Code civil ;

10° Exemplaire certifié du journal ou de la feuille d'annonces dans lequel a été inséré l'exploit de notification ;

11° Certificat (T) du conservateur des hypothèques constatant que, depuis la transcription jusqu'à l'expiration du délai de deux mois, à dater de l'insertion de l'exploit dans la feuille d'annonces, il n'a été pris aucune inscription sur l'immeuble vendu.

Ou, s'il y a lieu, état (T) des inscriptions.

Dans le cas où il existerait des inscriptions, si le montant du prix n'est pas versé à la Caisse des consignations ;

12° Certificat (T) de radiation desdites inscriptions, délivré par le conservateur des hypothèques ou quittance notariée portant mainlevée des inscriptions.

Nota. — Les maires des communes, autorisés à cet effet par les délibérations des conseils municipaux, approuvées par le préfet, peuvent se dispenser de remplir les formalités de purge des hypothèques pour les acqui- sitions d'immeubles faites de gré à gré et dont le prix n'excède pas 500 francs. Dans ce cas, les communes peuvent se libérer entre les mains des vendeurs, sans avoir besoin de produire un certificat du conservateur des hypothèques constatant l'existence ou la non exis- tence d'inscriptions hypothécaires, mais elles ne peuvent se dispenser de faire transcrire leur contrat d'acquisition que lorsque les immeubles ont été acquis en vertu de la loi du 3 mai 1841.

En cas d'acquisition sur saisie immobilière, les créan- ciers n'ayant plus d'action que sur le prix, il n'y a pas lieu de procéder à la purge des hypothèques légales, attendu que le jugement d'adjudication, dûment trans- crit, purge toutes les hypothèques. Il n'y a pas lieu, non plus de procéder à la purge des hypothèques sur les immeubles vendus par l'Etat, ni à celle des hypothèques légales des immeubles vendus par des départements, des communes et des établissements publics, sauf le cas exceptionnel où l'immeuble récemment acquis par le département, la commune ou l'établissement vendeur pourrait être grevé du chef des précédents propriétaires.

Si le montant du prix d'acquisition est versé à la Caisse des dépôts et consignations par suite d'obstacles au payement, tels que l'existence d'inscriptions hypothé- caires ou oppositions :

Il y a lieu de produire les pièces ci-dessus, à l'excep- tion, lorsque la consignation est motivée par l'existence d'inscriptions hypothécaires, des états d'inscriptions nᵒˢ 3ᵒ et 11ᵒ, qui sont remis à la Caisse des dépôts et consignations.

Et, en outre :

13ᵉ Arrêté du maire prescrivant la consignation, en énonçant les motifs et, si elle a pour cause l'existence d'inscriptions hypothécaires, visant la date de la délivrance des états d'inscriptions.

14ᵒ Récépissé du préposé de la Caisse des dépôts et consignations.

ART. 2. — *Convention portant accord sur la cession, mais réservant au jury la fixation du prix.*

§ 1ᵉʳ. — S'il s'agit de terrains nus et non clos de murs ou de haies vives, indépendants des habitations :

Toutes les justifications indiquées au § 1ᵉʳ, de l'article 1ᵉʳ, et, en outre : décision du jury rendue exécutoire par le magistrat-directeur, contenant règlement de l'indemnité, et, s'il y a lieu, répartition des dépens.

§ 2. — S'il s'agit de bâtiments, de cours ou jardins y attenants, de terrains clos de murs ou de haies vives :

1ᵉ Copie du décret déclarant les travaux d'utilité publique ;

2ᵒ Les pièces indiquées au § 1ᵉʳ de l'article 1ᵉʳ, sous les nᵒˢ 2ᵒ à 13ᵒ ;

3ᵒ Et, en outre, décision du jury rendue exécutoire par le magistrat-directeur, contenant règlement de l'indemnité, et, s'il y a lieu, répartition des dépens.

Art. 3. — *Convention sur le prix seulement, postérieure à la translation de propriété par voie d'expropriation, quelle que soit la nature des terrains.*

1° Copie T ou extrait (T) du jugement d'expropriation, relatant textuellement la mention de la transcription et énonçant la date de la notification ;

2° Certificat du maire constatant que, préalablement à la transcription, le jugement a été publié et affiché, conformément à l'article 15 de la loi du 3 mai 1841, et suivant les formes de l'article 6 de ladite loi ;

3° Exemplaire certifié du journal où l'insertion de l'extrait du jugement a été faite (l'insertion doit être faite antérieurement à la transcription) ;

4° Convention (T) dûment approuvée, contenant règlement de l'indemnité.

Et, de plus :

Les justifications mentionnées à l'article 1er, § 1er, sous les n°s 6°, 7°, 8°, 9°, 10°, 11°, 12°, et 13°.

SECTION II. — *Acquisition faite en dehors de toute convention amiable.*

1° Copie (T) ou extrait (T) du jugement d'expropriation, relatant textuellement la transcription et énonçant la date de la notification ;

2° Certificat du maire constatant que, préalablement à la transcription, le jugement a été publié et affiché, conformément à l'article 15 de la loi du 3 mai 1841, et suivant les formes édictées par l'article 6 de ladite loi ;

3° Exemplaire certifié de la feuille d'annonces judiciaires dans laquelle a été inséré l'extrait du jugement (l'insertion doit être faite antérieurement à la transcription).

NOTA. — Les formalités de publication, d'affichage et d'insertion mentionnées ci-dessus doivent avoir été remplies antérieurement à la transcription, à peine de nullité de la transcription.

4° Certificat négatif (T) ou état (T) des inscriptions, délivré par le conservateur des hypothèques, quinze jours au mois après la transcription.

Dans le cas où il existe des inscriptions, et si le montant du prix n'est pas versé à la Caisse des consignations.

5° Certificat de radiation (T), délivré par le conservateur des hypothèques, ou quittance notariée portant mainlevée des inscriptions.

NOTA. — Les inscriptions dont la non existence ou la radiation doit être justifiée sont exclusivement celles dont l'immeuble pouvait être grevé du chef des propriétaires désignés par le jugement d'expropriation ;

6° Certificat du maire délivré au moins huit jours après les publications et affiches ci-dessus mentionnées, et constatant qu'aucun tiers ne s'est fait connaître comme intéressé au règlement de l'indemnité ;

7° Décision du jury, rendue exécutoire par le magistrat directeur, contenant règlement de l'indemnité, et s'il y a lieu, répartition des dépens ;

8° Décompte en principal et intérêts du prix d'acquisition.

La portion des dépens mise à la charge du vendeur peut être déduite du montant du prix d'acquisition ;

9° Certificat de payement délivré par le maire ;

10° Quittance de l'ayant droit.

En outre :

En cas de consignation du prix de vente, voir section 1re, article 1er.

NOTA. — Si, par application de l'article 53 de la loi du 3 mai 1841, l'administration a fait des offres réelles, il doit être produit une expédition du procès-verbal des offres constatant le refus de l'ayant droit, ou, dans le cas d'acceptation, le payement de la somme due, et, lorsque la consignation a eu lieu, une expédition du procès-verbal de consignation.

SECTION III. — *Prise de possession, pour cause d'urgence, de terrains non bâtis.*

Art. 1er. — *Consignation provisoire.*

187. *Prise de possession d'urgence.* — 1° Copie (T) ou extrait (T) du jugement d'expropriation, relatant textuellement la mention de la transcription et énonçant la date de la notification ;

2° Certificat du maire constatant que, préalablement à la transcription, le jugement a été publié et affiché, conformément à l'article 15 de la loi du 3 mai 1841, et suivant les formes prescrites par l'article 6 de ladite loi;

3° Exemplaire certifié du journal dans lequel a été inséré l'extrait du jugement ;

(Cette mention doit être faite antérieurement à la transcription).

4° Extrait ou mention du décret qui déclare l'urgence ;

5° Jugement qui fixe le montant de la somme à consigner par l'expropriant ;

6° Arrêté du maire motivant et prescrivant la consignation provisoire, qui doit comprendre, indépendamment de la somme fixée par le tribunal, les deux années d'intérêts exigées par l'article 69 de la loi du 3 mai 1841 ;

7° Récépissé du préposé de la Caisse des consignations.

Art. 2. — *Payement du complément dans le cas où la consignation est inférieure au montant de l'indemnité.*

1° Indication du mandat, auquel copie ou extrait du jugement d'expropriation a été joint au moment de la consignation provisoire ;

2° Décision du jury, suivie de l'ordonnance d'exécution rendue par le magistrat directeur, contenant règlement de l'indemnité, et, s'il y a lieu, répartition des dépens ;

3° Décompte en principal et intérêts du prix d'acquisition, portant, s'il y a lieu, déduction des dépens mis à la charge des vendeurs. Les intérêts courent du jour où l'administration est entrée en possession ;

4° Arrêté du maire rappelant la somme précédemment consignée, ainsi que la date et le numéro du mandat primitif, déterminant le solde à consigner et ordonnant la consignation de ce solde, ainsi que la conversion de la consignation provisoire en consignation définitive.

(Cet arrêté doit expliquer si la consignation est faite à la charge ou non d'inscriptions hypothécaires, et s'il existe ou non d'autres obstacles au payement entre les mains du propriétaire dépossédé ; il doit relater, en outre, la date du certificat négatif ou de l'état des inscriptions délivré par le conservateur des hypothèques ; le certificat ou l'état lui-même est remis à la Caisse des consignations).

5° Déclaration de l'agent de la Caisse des consignations, constatant la conversion de la consignation provisoire en consignation définitive :

6° Récépissé du préposé de la Caisse des consignations.

SECTION IV. — *Indemnités accessoires en cas d'expropriation. — Indemnités mobilières, locatives ou industrielles.*

188. *Indemnités accessoires.* — 1° En cas de conventions amiables :

Convention (T) dûment approuvée, s'il y a lieu.

2° En cas de réglement par le jury :

Décision du jury, suivie de l'ordonnance d'exécution rendue par le magistrat directeur, contenant règlement de l'indemnité, et, s'il y a lieu, répartition des dépens.

SECTION V. — *Dispositions relatives au timbre
et à l'enregistrement.*

Tous les actes passés en vertu d'une déclaration d'utilité publique sont visés pour timbre et enregistrés gratis. lorsqu'il y a lieu à la formalité de l'enregistrement.

Les quittances pures et simples sont passibles du droit de timbre créé par l'article 18 de la loi du 23 août 1871.

SECTION VI. — § 1er. — Indemnités relatives soit à des extractions de matériaux, soit à des dépôts ou enlèvements de terre, soit à des occupations temporaires de terrains.

189. *Indemnités pour prises de matériaux, dépôts et occupations temporaires.*

Si l'indemnité a été fixée à l'amiable :

1° L'accord (T) fait entre l'administration et le propriétaire, et approuvé par le préfet ;

2° Certificat de paiement délivré par le maire.

Si l'indemnité n'a pas été fixée à l'amiable :

1° Extrait de l'arrêté préfectoral qui autorise les extractions de matériaux ou les occupations temporaires de terrains ;

2° Arrêté du conseil de préfecture qui a fixé l'indemnité ;

3° Certificat de payement délivré par le maire.

§ 2. — Frais de confection de rôles.

190. *Justifications pour dépenses diverses*
Extrait de l'arrêté du préfet.

Récépissé du receveur des finances.

§ 3. — Salaires des cantonniers employés sur les chemins ruraux.

Certificat de payement dressé par le maire, indiquant le montant du traitement des cantonniers et le nombre des journées pour le payement desquelles le mandat est délivré.

Art. 72. Toutes les dépenses autres que celles énoncées ci-dessus seront justifiées comme il est prescrit par les règlements sur la comptabilité communale.

CHAPITRE IV. — Inventaires. — Conservation et mouvement des objets appartenant au service.

191. *Inventaires, conservation des objets du service.* — Art. 73. Le maire tient un registre d'inventaire sur lequel sont inscrits tous les objets appartenant au service rural, et existant soit à la mairie, soit dans les divers lieux de dépôt ou magasins.

Art. 74. Tous les objets appartenant au service seront recensés et inscrits sur l'inventaire, lors de la mise en vigueur du présent règlement.

Chaque objet nouveau sera porté ensuite sur l'inventaire au moment de l'acquisition.

Les objets inscrits seront marqués des lettres S. R. incrustées dans le bois ou gravées sur le métal, et, autant que possible, ils porteront leur numéro de classement dans l'inventaire.

Art. 75. Lorsque des outils achetés aux frais du service seront remis à des cantonniers, ces outils seront, en outre, inscrits sur leurs livrets.

Titre VI. — Associations syndicales.

192. *Convocations pour la formation d'une association syndicale.* — Art. 76. Les convocations individuelles pour la formation d'une association syndicale en vue de l'ouverture, du redressement, de l'élargissement, de la réparation ou de l'entretien d'un chemin rural, seront faites par le maire au moins huit jours à l'avance.

Les bulletins de convocation indiqueront l'objet, le lieu, le jour et l'heure de la réunion.

Les mêmes indications seront, en outre, portées à la connaissance des habitants de la commune par voie de publication et d'affiche.

Titre VII. — Conservation et police des chemins.

CHAPITRE Ier. — Alignement et autorisations diverses (1).

Section Ier. — *Dispositions générales*

193. *Autorisations diverses.* — Art. 77. Nul ne pourra, sans y être préalablement autorisé, faire aucun ouvrage de nature à intéresser la conservation de la voie publique ou la facilité de la circulation sur le sol ou le long des chemins ruraux, et spécialement :

1º Faire sur ces chemins ou leurs dépendances au-

---

(1) Conférer avec les articles de la loi du 5 avril 1884.

cune tranchée, ouverture, dépôt de pierres, terres, fumiers, décombres ou autres matières ;

2° Y enlever du gazon, du gravier, du sable, de la terre ou autres matériaux ;

3° Y étendre aucune espèce de produits ou matières ;

4° Y déverser des eaux quelconques, de manière à y causer des dégradations ;

5° Etablir sur les fossés des barrages, écluses, passages permanents ou temporaires ;

6° Construire, reconstruire ou réparer aucun bâtiment, mur ou clôture quelconque à la limite des chemins ;

7° Ouvrir des fossés, planter des arbres, bois taillis ou haies le long desdits chemins ;

8° Etablir des puits ou citernes à moins de 5 mètres des limites de la voie publique.

Toute demande à fin d'autorisation desdits ouvrages ou travaux devra être présentée sur papier timbré.

Art. 78. Les autorisations seront données par le maire.

Dans aucun cas, les maires ne pourront donner d'autorisations verbales. Les autorisations devront faire l'objet d'un arrêté. Lorsque les parties intéressées le réclameront, il leur en sera délivré une expédition sur papier timbré. Dans le cas contraire, il leur sera remis, sur papier libre, une note indiquant sommairement la date et l'objet des autorisations.

Art. 79. Toute autorisation, de quelque nature qu'elle soit, réservera expressément les droits des tiers ; elle stipulera, pour les ouvrages à établir sur la voie publique ou sur ses dépendances, l'obligation d'entretenir constamment ces ouvrages en bon état. Les arrêtés d'autorisation porteront que ces autorisations seront révocables, soit dans le cas où le permissionnaire ne remplirait pas les conditions imposées, soit si la nécessité en était reconnue dans un but d'utilité publique.

Section II. — *Constructions.*

194. *Constructions.* — Art. 80. Lorsqu'il y aura lieu de dresser des plans d'alignement pour les chemins ruraux, il sera procédé à une enquête, conformément à l'ordonnance du 23 août 1835. Le conseil municipal sera toujours appelé à délibérer sur les plans. Les plans seront ultérieurement soumis, avec l'avis du maire, les observations du préfet, et les documents à l'appui, à l'approbation de la commission départementale. La décision approbative sera affichée et notifiée selon les prescriptions des articles 4 et 13 de la loi du 20 août 1881.

Art. 81. Lorsque les chemins ruraux auront la largeur légale, les alignements à donner pour constructions et reconstructions seront tracés de manière à ce que l'impétrant puisse construire sur la limite séparative de sa propriété et du chemin.

Lorsque les chemins n'auront pas la largeur qui leur aura été attribuée par l'autorité compétente, les alignements pour constructions et reconstructions seront délivrés conformément aux limites déterminées par le plan régulièrement approuvé, si la commune acquiert préalablement, à l'amiable ou par expropriation, les terrains à réunir à la voie publique ; et, dans le cas contraire, conformément aux limites actuelles des chemins.

Lorsque les chemins auront plus que la largeur légale, et que les propriétaires riverains seront autorisés, par mesure d'alignement, à avancer leur construction jusqu'à l'extrême limite de cette largeur, ils devront payer la valeur du sol du chemin ainsi concédé et de ses dépendances.

Cette valeur sera réglée, soit à l'amiable entre les propriétaires et l'administration communale, soit à dire d'experts, conformément à l'article 17 de la loi du 20 août 1881.

L'arrêté d'alignement devra faire connaître que la prise de possession ne pourra avoir lieu qu'en vertu d'une délibération du conseil municipal, régulièrement approuvée.

Art. 82. Tout ce qui concerne le mode d'ouverture des portes et fenêtres et les saillies de toute espèce sur les chemins ruraux sera déterminé par un règlement spécial arrêté par le maire, sur l'avis du conseil municipal, et approuvé par le préfet. Jusqu'à ce que ce règlement ait été fait, il y sera pourvu, dans chaque cas particulier, par le maire.

Art. 83. Les travaux à faire à des constructions en saillie sur les alignements d'un plan régulièrement approuvé ne seront autorisés que dans le cas où ces travaux n'auront pas pour effet de consolider le mur de face.

Art. 84. L'arrêté du maire portant autorisation de

construire ou de réparer fera connaître, si la demande
en est faite par les intéressés, et dans les limites nécessaires pour assurer la circulation, l'espace que pourront
occuper les échafaudages et les dépôts, et la durée de
cette occupation.

Art. 85. Lorsqu'une construction sise le long d'un
chemin rural présentera des dangers pour la sûreté publique, le péril sera constaté par le rapport d'un homme de l'art désigné par le maire. Ce rapport sera communiqué au propriétaire avec injonction de faire cesser
le péril dans un délai déterminé, ou s'il conteste le danger, de nommer un expert pour procéder, contradictoi-
rement avec l'expert de la commune qui sera désigné
dans l'arrêté municipal de mise en demeure, ainsi que
le jour et l'heure de l'opération.

Si le propriétaire refuse ou néglige de nommer son
expert, il sera procédé par l'autre expert seul, au jour
et à l'heure indiqués.

Dans le cas où l'expertise aura lieu contradictoire-
ment, et où il n'y aura pas accord entre les deux experts, le tiers expert sera nommé par le maire.

Le maire prendra ensuite un arrêté prescrivant les
mesures reconnues nécessaires et fixant un délai pour
l'exécution.

Si le propriétaire ne se conforme pas à l'injonction
dans le délai imparti, il sera dressé contre lui un procès-verbal qui sera déféré au tribunal de simple police.

Toutefois, en cas de péril imminent, les mesures
reconnues nécessaires pourront être prises d'office, sans

jugement préalable, si le propriétaire, après avoir reçu communication du rapport de l'homme de l'art constatant le péril, refuse ou néglige d'aviser lui-même dans le délai imparti par l'arrêté de mise en demeure.

Dans tous les cas, la communication du rapport de l'homme de l'art et la notification de l'arrêté de mise en demeure au propriétaire seront constatées par un certificat.

Art. 86. Les autorisations de construire ou reconstruire le long des chemins ruraux devront stipuler les réserves et conditions nécessaires pour garantir le libre écoulement des eaux, sans qu'il en puisse résulter de dommage pour les chemins.

SECTION III. — *Plantations d'arbres.*

195. *Plantations.* — Art. 87. Aucune plantation d'arbres ne pourra être effectuée le long et joignant les chemins ruraux qu'en observant les distances ci-après, qui seront calculées à partir de la limite extérieure soit des chemins, soit des fossés, soit des talus qui les borderaient :

Pour les arbres fruitiers. . .   2 mètres
Pour les arbres forestiers. . .   2 —
Pour les bois taillis. . . . .   1 —

La distance des arbres entre eux ne pourra être inférieure à 4 mètres pour les arbres fruitiers, 3 mètres pour les arbres forestiers, à l'exception des peupliers d'Italie, qui pourront être espacés de 2 mètres seulement.

Art. 88. Les plantations faites antérieurement à la publication du présent règlement à des distances moindres que celles ci-dessus pourront être conservées, mais elles ne pourront être renouvelées qu'à la charge d'observer les distances prescrites par l'article précédent.

Art. 89. Les plantations faites par des particuliers sur le sol des chemins ruraux avant la publication du présent règlement pourront être conservées si les besoins de la circulation le permettent, mais elles ne pourront dans aucun cas être renouvelées.

Art. 90. Si l'intérêt de la viabilité exigeait la destruction des plantations existant sur le sol des chemins ruraux, les propriétaires seraient mis en demeure, par un arrêté du maire, d'enlever, dans un délai déterminé, les arbres qui leur appartiendraient, sauf à eux à faire valoir le droit qu'ils croiraient avoir à une indemnité. Si les particuliers n'obtempéraient pas à cette mise en demeure, il serait dressé un procès-verbal pour être statué par l'autorité compétente.

SECTION IV. — *Plantations de haies.*

Art. 91. Les haies vives ne pourront être plantées à moins de 50 centimètres de la limite extérieure des chemins.

Art. 92. La hauteur des haies ne devra jamais excéder un mètre 50 centimètres, sauf les exceptions exigées par des circonstances particulières, et pour lesquelles il sera donné des autorisations spéciales.

Art. 93. Les haies plantées antérieurement à la pu-

blication du présent règlement à des distances moindres que celles prescrites par l'article 91 pourront être
conservées, mais elles ne pourront être renouvelées
qu'à la charge d'observer cette distance.

SECTION V. — *Élagage.*

Art. 94. Les arbres, les branches, les haies et les racines qui avanceraient sur le sol des chemins ruraux
seront coupés à l'aplomb des limites de ces chemins, à
la diligence des propriétaires ou des fermiers.

Art. 95. Si le propriétaire ou le fermier négligeait ou
refusait de se conformer aux prescriptions qni précèdent, il en serait dressé procès-verbal, pour être statué
par l'autorité compétente.

SECTION VI. — *Fossés appartenant à des particuliers*

196. *Fossés.* — Art. 96. Les propriétaires riverains
ne pourront ouvrir des fossés le long d'un chemin rural à moins de 60 centimètres de la limite du chemin.
Ces fossés devront avoir un talus d'un mètre de base
au moins pour un mètre de hauteur.

Art. 97. Tout propriétaire qui aura fait ouvrir des
fossés sur son terrain, le long d'un chemin rural, devra
entretenir ces fossés de manière à empêcher que les
eaux ne nuisent à la viabilité du chemin.

Art. 98. Si les fossés ouverts par des particuliers
sur leur terrain, le long d'un chemin rural, avaient une
profondeur telle qu'elle pût présenter des dangers pour
la circulation, les propriétaires seront tenus de prendre

les dispositions qui leur seront prescrites pour assurer la sécurité du passage ; injonction leur sera faite, à cet effet, par arrêté du maire.

197. *Ouvrages joignant ou traversant le chemin.* — Art. 99. Les autorisations pour l'établissement, par les propriétaires riverains, d'aqueducs et de ponceaux sur les fossés des chemins ruraux, règleront le mode de construction, les dimensions à donner aux ouvrages et les matériaux à employer; elles stipuleront toujours la charge de l'entretien par l'impétrant et le retrait de l'autorisation donnée, soit dans le cas où les conditions posées ne seraient pas remplies, soit s'il était constaté que ces ouvrages nuisent à l'écoulement des eaux ou à la circulation, soit si la suppression en était reconnue nécessaire dans un but quelconque d'utilité publique.

Art. 100. Les autorisations de conduire les eaux d'un côté à l'autre du chemin prescriront le mode de construction et les dimensions des travaux à effectuer par les pétitionnaires.

Art. 101. Les autorisations pour l'établissement de communications devant traverser les chemins ruraux indiqueront les mesures à prendre pour assurer la facilité et la sécurité de la circulation.

Art. 102. — Les autorisations pour l'établissement de barrages ou écluses sur les fossés des chemins ne seront données que lorsque la surélévation des eaux ne pourra nuire au bon état de la voie publique. Elles prescriront les mesures nécessaires pour que les chemins ne puissent jamais être submergés. Elles seront toujours révocables sans indemnité, soit si les travaux étaient reconnus nuisibles à la viabilité, soit pour tout autre motif d'utilité publique.

CHAPITRE II. — **Mesures de police et de conservation.**

Section Ire. — *Dispositions générales.*

198. *Mesures de police et de conservation.* — Art. 103. Il est défendu d'une manière absolue :

1° De laisser stationner, sans nécessité, sur les chemins ruraux et leurs dépendances, aucune voiture, machine ou instrument aratoire, ni aucun troupeau, bête de somme ou de trait ;

2° De mutiler les arbres qui y sont plantés, de dégrader les bornes, poteaux et tableaux indicateurs, parapets des ponts et autres ouvrages ;

3° De les dépaver ;

4° D'enlever les pierres, les fers, bois et autres matériaux destinés aux travaux ou déjà mis en œuvre ;

5° D'y jeter des pierres ou autres matières provenant des terrains voisins ;

6° De les parcourir avec des instruments aratoires, sans avoir pris les précautions nécessaires pour éviter toute dégradation ;

7° De détériorer les berges, talus, fossés ou les marques indicatives de leur largeur ;

8° De labourer ou cultiver leur sol ;

9° D'y faire ou d'y laisser paître aucune espèce d'animaux ;

10° De mettre rouir le chanvre dans les fossés ;

11° D'y faire aucune anticipation ou usurpation, ou aucun ouvrage qui puisse apporter un empêchement au libre écoulement des eaux ;

12° D'établir aucune excavation ou construction sous la voie publique ou ses dépendances.

Art. 104. Les propriétaires des terrains supérieurs bordant les chemins ruraux sont tenus d'entretenir toujours en bon état les revêtements ou les murs construits par eux et destinés à soutenir ces terrains.

Art. 105. Si la circulation sur un chemin rural venait à être interceptée par une œuvre quelconque, le maire y pourvoirait d'urgence.

En conséquence, après une simple sommation administrative, l'œuvre serait détruite d'office, et les lieux rétablis dans leur ancien état, aux frais et risques de qui il appartiendrait, et sans préjudice des poursuites à exercer contre qui de droit.

SECTION II. — *Écoulement naturel et dérivation des eaux.*

199. *Écoulement des eaux.* — Art. 106. Les propriétés riveraines situées en contre-bas des chemins ruraux sont assujetties, aux termes de l'article 640 du Code civil, à recevoir les eaux qui découlent naturellement de ces chemins.

Les propriétaires de ces terrains ne pourront faire

aucune œuvre qui tende à empêcher le libre écoulement des eaux qu'ils sont tenus de recevoir, et à les faire séjourner dans les fossés ou refluer sur le sol du chemin.

Art. 107. L'autorisation de transporter les eaux d'un côté à l'autre d'un chemin rural ne sera donnée que sous la réserve des droits des tiers. Il y sera toujours stipulé, pour la commune, la faculté de faire supprimer les constructions faites, soit si elles étaient mal entretenues ou si elles devenaient nuisibles à la viabilité du chemin, soit dans le cas où tout autre intérêt public, quel qu'il fût, rendrait la mesure utile ou nécessaire.

SECTION III. — *Mesures ayant pour objet la sûreté des voyageurs.*

200. *Excavations.* — Art. 108. Il est interdit de pratiquer, dans le voisinage des chemins ruraux, des excavations de quelque nature que ce soit, si ce n'est aux distances ci-après déterminées, à partir de la limite desdits chemins, savoir :

Pour les carrières et galeries souterraines.	8 mètres
Les carrières à ciel ouvert.	5 —
Les mares publiques ou particulières. . .	2 —

Les propriétaires de toutes excavations pourront être tenus de les couvrir ou de les entourer de murs ou clôtures propres à prévenir tout danger pour les voyageurs et toute dégradation du chemin.

Art. 109. MM. les sous-préfets, maires, adjoints, commissaires de police, gendarmes, gardes champêtres, directeurs des contributions directes, percepteurs, .receveurs municipaux, sont chargés, chacun en ce qui le concerne, de l'exécution du présent arrêté réglementaire qui sera inséré au *Recueil des actes administratifs de la Préfecture* et publié dans toutes les communes du département par les soins de MM. les maires, après avoir été approuvé par M. le Ministre de l'intérieur.

Fait à   , le   18

Le Préfet d

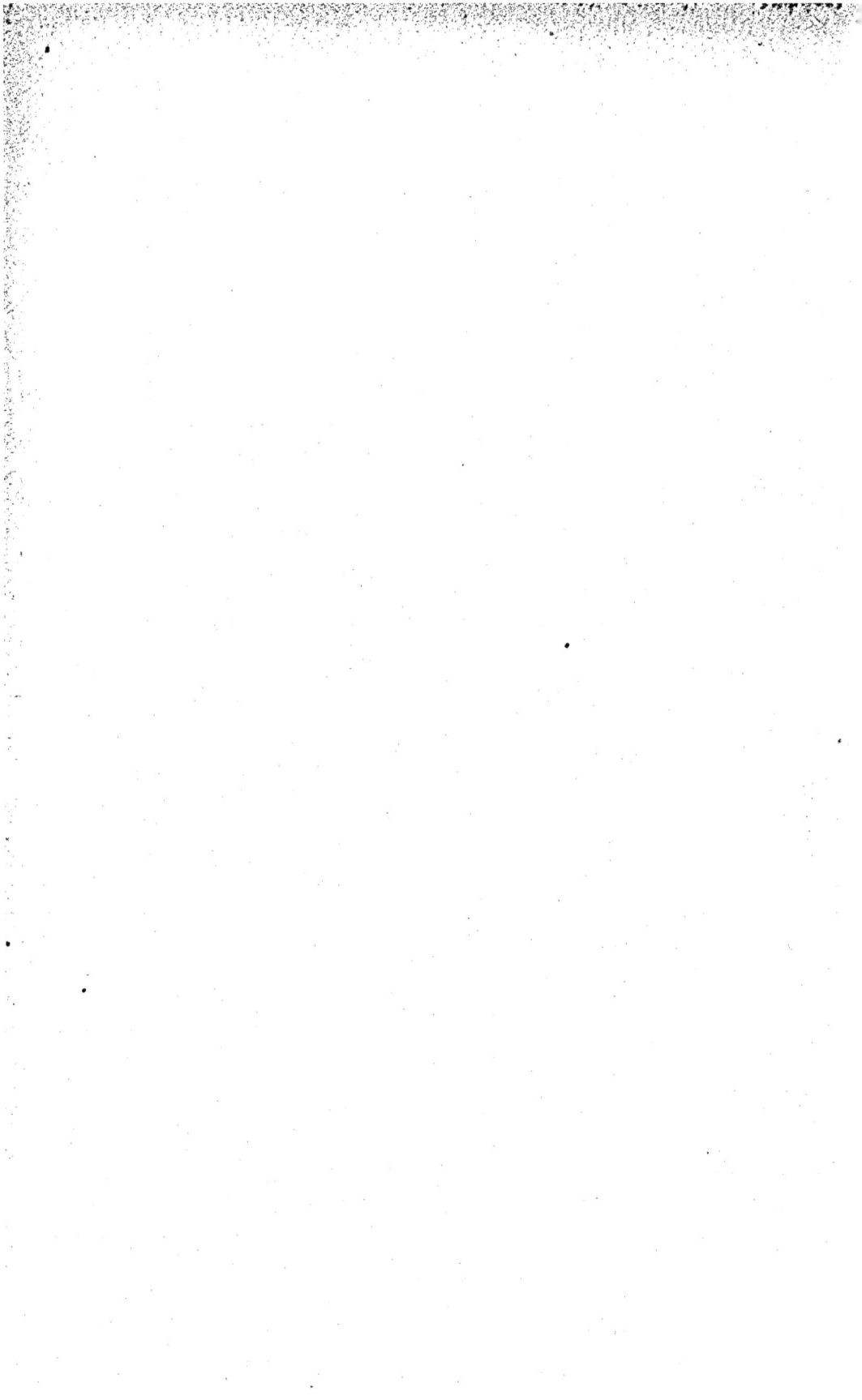

201. *Formules.*

DÉPARTEMENT

ARRONDISSEMENT d

CANTON d

Commune d

TABLEAU GÉNÉRAL

des Chemins ruraux dont la reconnaissance est proposée en exécution de la loi du 20 août 1881

NUMÉROS D'ORDRE	DÉNOMINATION sous laquelle LE CHEMIN est communément désigné	DÉSIGNATION		
		DU POINT où il commence	DU LIEU vers lequel il tend, des lieux qu'il traverse, tels que hameaux, ruisseaux guéables, ponts, etc.	DU LIEU où il se termine
1	2	3	4	5

LONGUEUR TOTALE du chemin sur le territoire de la commune.	PARCELLES RIVERAINES		Largeur actuelle du chemin sur les différents points de son parcours	Longueurs partielles correspondant aux différentes largeurs.	LARGEUR A CONSERVER ou à attribuer au chemin et que proposent			OBSERVATIONS	Largeur fixée par la commission départementale
	NOMS des propriétaires	SECTION et numéro du cadastre			le maire	le conseil municipal	le sous-préfet		
	7	8	9	10	11	12	13	14	15

CERTIFICAT DE PUBLICATION

Le Maire de la commune de   certifie :
1° Que le tableau d'autre part est resté déposé à la mairie pendant quinze jours, du
                         au   , conformément à l'article 3 de l'ordonnance
du 25 août 1835 ;
2° Que le plan parcellaire correspondant audit tableau est resté déposé à la mairie pendant
le même laps de temps ;
3° Que les habitants ont été, dans la forme accoutumée, invités le
                    à prendre connaissance, dans ce délai, desdits tableau et plan à la mairie, et à
y présenter leurs observations ou réclamations pendant trois jours, les
        18   , à M.   , commissaire enquêteur, délégué à
cet effet par arrêté préfectoral du   18   .
        Fait à   , le   18   .
                                        Le Maire,

DÉLIBÉRATION DU CONSEIL MUNICIPAL

L'an mil huit cent quatre vingt   , le   , à   heures
du   le Conseil municipal de la commune de   s'est réuni au
lieu ordinaire de ses séances, sous la présidence de M.   , en vertu de l'arrêté préfectoral du   18   .
        Étaient présents :
        Absents : MM.
        L'assemblée étant en nombre pour délibérer, M.   , membre du
Conseil municipal, élu secrétaire, a accepté ces fonctions.
        Le Maire a ensuite déposé sur le bureau : 1° le tableau d'autre part ; 2° le plan parcellaire
correspondant audit tableau ; 3° le procès-verbal d'enquête.
        Le Conseil, après avoir examiné ces différents documents,
        Considérant...
        Est d'avis qu'il y a lieu de reconnaitre les chemins ruraux portés au tableau sous les
n°°   et d'en fixer la longueur, la largeur et les limites conformément
aux indications portées aux colonnes   et à celles du plan parcellaire correspondant.
        Fait en séance, à   , les jour, mois et an susdits, et ont, les mem-
bres présents, signé après lecture.

                                        Pour expédition conforme :
                                        Le Maire,

ARRÊTÉ DE RECONNAISSANCE

La Commission départementale,
Sur la proposition du Préfet,
Vu le tableau de reconnaissance d'autre part ;
        le plan parcellaire y annexé ;
        le procès-verbal d'enquête ;
        la délibération du Conseil municipal de la commune d   , en date
du   18   ;
        la loi du 20 août 1881 ;
Considérant...
                        ARRÊTE :
        ART. 1°. — Les chemins ruraux portés au tableau d'autre port sous les n°°
        , sont et demeurent reconnus,
        ART. 2. — La longueur, la largeur et les limites de ces chemins sont fixées conformément
aux énonciations des colonnes...... dudit tableau et aux indications du plan parcellaire susvisé,
lesquels tableau et plan resteront annexés à la présente décision (1).
                Fait à   , le   18   .

_____

(1) Dans le cas où la largeur du chemin serait augmentée ou diminuée, on devrait indiquer
sur le plan parcellaire par des lignes et des teintes spéciales le tracé actuel et le nouveau
tracé.

§ 2. — Des charges qui pèsent sur les riverains des chemins ruraux.

202. *Charges imposées aux riverains*. — Nous avons indiqué, sous l'article précédent, que les riverains des voies publiques rurales profitaient de ce voisinage et pouvaient exercer certains droits dans l'intérêt de leurs fonds, notamment en ce qui concerne l'établissement des jours et vues, des issues, etc. D'un autre côté, ce voisinage leur impose diverses charges, qui étaient commandées par la nature même des voies publiques et leur contiguïté à ces voies. Ces charges consistent notamment dans diverses obligations auxquelles ils sont soumis, lorsqu'ils veulent construire ou planter le long de la voie publique, lorsque l'entretien de cette voie exige qu'on s'approvisionne près d'elle des matériaux nécessaires, ou que l'on emprunte temporairement les terrains voisins, etc. Ces matières étant prévues dans le règlement que nous venons de rapporter, nous allons les étudier ici. Quelques-unes constituent souvent moins des gênes au fond, qu'en la forme ; c'est ainsi notamment que parfois elles n'obligent qu'à requérir des permissions qui appellent la surveillance de l'administration sans lui permettre même d'empêcher l'exécution des projets des riverains ; d'autres cependant atteignent le fonds lui-même et peuvent donner lieu à indemnité, en cas de préjudice portant atteinte à un droit acquis.

203. *Caractère des permissions de voirie données*

par l'administration ; droits des tiers (1). — Toutes les permissions données par l'administration en matière de voirie, ne sont données que sous la réserve des droits des tiers. L'administration constate que l'objet de la demande ne porte que sur un projet dont la réalisation n'est pas contraire aux lois et règlements et à l'intérêt public ; mais si les particuliers se sont soumis par suite de conventions spéciales, ou d'une situation exceptionnelle, à des obligations les uns vis-à-vis des autres, l'obtention de ces autorisations ne les délie pas de leurs obligations réciproques et ne leur permet pas de se soustraire à leur exécution. C. d'État, 15 décembre 1859 (Klein) ; 1er juillet 1869, Le Brun de Blou, entr'autres ; et parmi un très grand nombre de décisions de l'autorité judiciaire : Angers, 27 février 1857, S. 57, 2, 251 ; Riom, 7 juillet 1869, S. 69, 2, 320, D. 70, 2, 30, et les arrêts de la Cour de cassation des 10 novembre 1841, S. 42, 1, 178 ; 12 juillet 1842, S. 42, 1, 593 ; 7 février 1852, S. 52, 1, 606 ; 23 novembre 1868, S. 69, 1, 175.

Ces citations pourraient être considérablement multipliées.

Mais ici encore, il ne faudrait pas donner à ce principe une portée exagérée et en conclure que, en se fondant sur ce que les riverains des voies publiques ont le droit de se servir de ces voies pour leurs jours et leurs accès, on ne pourrait régulariser le tracé de ces voies, et que les riverains qui se prétendraient lésés

---

(1) Voyez *suprà*, nos 107 et suiv. ; 156 et suiv., 193 et suiv.

par ces modifications auraient le droit, en dehors de titres spéciaux modifiant entr'eux leurs droits respectifs, de s'opposer aux constructions élevées sur le nouvel alignement qui mettrait leurs propres constructions en retrait ou en saillie. En pareil cas, le permissionnaire aurait le droit de réaliser la permission obtenue, sauf au voisin son action en indemnité contre la commune, à raison des dispositions prises dans un intérêt de voirie à son préjudice. C. cass., 16 mai 1876, S. 78, 1, 27.

§ 3. — Alignements et constructions.

204. *Alignements et constructions.* — Tout ce qui concerne l'alignement et les permissions nécessaires pour construire le long des chemins ruraux reconnus, se trouve prévu par les articles 77 et suivants du règlement général de 1883. Il nous a paru cependant utile d'entrer dans quelques explications, parce que l'arrêté préfectoral n'est applicable qu'aux chemins reconnus, et les chemins ruraux non reconnus restent quant à ce sous le régime de la réglementation ancienne. Cette observation est applicable aux plantations, fossés, excavations.

205. *De la nécessité de rapporter une autorisation préalable et l'alignement ; état de la question avant la loi de 1836.* — Une des plus importantes des charges qui pèsent sur les riverains des voies publiques, est l'obligation où ils sont de rapporter une autorisation préalable, lorsqu'ils veulent construire le long de ces voies ; cette obligation pèse-t-elle sur les riverains des chemins ruraux ? Avant la loi de 1836 sur les chemins vicinaux, la question s'était présentée pour ces chemins ; elle était très controversée ; nombre de décisions du Conseil et d'arrêts de la Cour de cassation, notamment les arrêts des 14 septembre 1827 et 1er février 1833, se fondant sur le principe qu'il est de droit public en France, qu'aucune construction ne peut être légalement entreprise sur ou joignant immédiatement la voie publique, qu'après avoir demandé et obtenu à cet effet l'autorisation du fonctionnaire compétent, avaient jugé que les riverains des chemins vicinaux étaient tenus de se munir d'une autorisation pour construire le long de ces voies ; des auteurs partageaient cet avis ; d'autres soutenaient que cette obligation n'existait que dans les communes où une prescription de l'autorité locale l'avait spécialement établie.

206. *État de la question en ce qui concernait les chemins ruraux avant la loi de* 1881. — L'article 11 de la loi de 1836 a sanctionné l'existence de cette obligation à l'égard des chemins vicinaux ; mais la question subsistait entière pour les chemins ruraux. Peut-être disions-nous, devrait-on suivre le principe général que posait la Cour de cassation dans l'arrêt du 1er février 1833, Boudrel, que j'indiquais tantôt.

Le chemin rural est un chemin public, et à ce titre

la servitude d'alignement semble devoir être appliquée aux riverains. C'est l'opinion de MM. Jousselin, *Servitudes d'utilité publique*, t. 2, p. 425 ; Foucart, t. 3, n° 1355 ; Serrigny, *Questions de droit adm.*, p. 133, n° 85 ; Proudhon, *Dom. public*, t. 2, n° 583 ; Herman, *Traité de voirie vic.*, n° 940, et les dissertations insérées dans le *Courrier des Communes*, année 1841, p. 321 et suiv., et dans les *Annales des chemins vicinaux*, 2° partie, t. 3, p. 150.

Je ne puis admettre, avec certains auteurs, que dans ce cas l'application de la servitude d'alignement puisse avoir pour objet d'augmenter la largeur de la voie rurale en empiétant sur les propriétés privées, ce que j'aurai à contester de nouveau ; mais elle aura pour but et pour résultat de préserver ces voies contre les usurpations et les empiétements. Ce sera même un acte de prudence de la part du riverain de s'y soumettre, puisque dans le cas où il bâtirait sans autorisation, il pourrait, en empiétant de bonne foi sur le sol d'un chemin rural dont les limites ne sont pas nettement tracées, s'exposer à voir démolir ses constructions, si cet empiètement venait à être ensuite constaté. Cass., 25 mai 1849, Rousseau.

Je dois reconnaître que la Cour de cassation qui, dans plusieurs arrêts, et notamment par celui du 22 février 1839, Crepin, avait décidé que la prohibition de construire sans autorisation était applicable à tous riverains joignant une voie publique quelconque, a modifié depuis sa jurisprudence et en a restreint l'application, et

de nos jours il a été décidé nombre de fois par elle, que
les riverains des chemins ruraux n'étaient pas soumis à
l'obligation de demander l'autorisation préalable de
construire en vertu des règles générales de notre droit
et en l'absence de tout règlement administratif local.
Ch. crim., 7 juillet 1854, D. 55, 1, 42 ; 4 juillet 1857,
Guerin ; 21 janvier 1859, Claudon ; 11 janvier 1862,
D. 62, 1, 441 ; 20 février 1862, D. 62, 1, 441 ; 19 juillet 1862, Laux, D. 63, 1, 441 ; 14 février 1863, D. 63,
1, 392 ; 17 juillet 1863, Raffard ; 2 mars 1865, S. 65, 1,
387 ; 17 août 1865, S. 66, 1, 183. Dans le même sens ;
Braff, n° 316 ; Chauveau, *Journal de droit adm.*, t. 5,
p. 207, t. 6, p. 163, t. 11, p. 225 ; Lagarde, *Moniteur
des trib.*, 1859, p. 25. La même question va se reproduire
au sujet des plantations.

207. *Sous la loi de* 1881. — La loi de 1881 n'a pas
sensiblement modifié cette situation légale. L'arrêt de
la Cour de cassation du 30 janvier 1892 rendu dans l'affaire Prévotel porte :

« Sur le premier moyen pris de la violation des art. 471,
§ 5, du Code pénal, de l'édit de 1607 et de la loi du 21 mai
1836, en ce que le jugement attaqué aurait relaxé le prévenu, alors qu'il était constant qu'il avait élevé un mur
sur un chemin public, sans autorisation et sans s'être
conformé aux règlements de voirie ;

« Attendu que les constructions à élever le long des
chemins ruraux ne sont régies ni par l'édit de décembre
1607 spécialement applicable à la voirie urbaine, ni par
la loi du 21 mai 1836 sur les chemins vicinaux ;

« Que le jugement attaqué constate, d'une part, que le chemin le long duquel Prévotel aurait fait le travail reproché est un chemin rural, et que, d'autre part, dans la commune où est situé ce chemin, il n'existe aucun arrêté municipal, ni une mesure administrative quelconque imposant aux propriétaires riverains des chemins ruraux l'obligation de demander, soit une autorisation, soit un alignement, lorsqu'ils veulent effectuer des travaux le long des chemins ruraux dont il s'agit;

« Attendu que, dans cette situation, c'est avec raison que le jugement attaqué a prononcé la relaxe du prévenu. »

D'autre part en provoquant les administrateurs à prendre des arrêtés de cette nature, au moins pour les chemins reconnus, l'autorité a assuré par ces mesures administratives, l'application aux riverains des chemins ruraux des règles sur l'alignement, et des mesures de voirie relatives aux constructions.

208. *L'obligation existe toutes les fois qu'un arrêté l'a imposée.* — Si la servitude d'alignement, soit en ce qui concerne l'obligation de demander l'autorisation de construire, soit en ce qui concerne l'obligation de rapporter l'alignement, n'existe pas pour les riverains des chemins ruraux par la force seule des règlements généraux, elle peut être imposée par les maires au moyen d'arrêtés spéciaux.

La légalité de pareils actes semble aujourd'hui reconnue par tous : C. de cass., 10 juin 1843, Des Cottes

Marcy ; 21 décembre 1844, Carrière ; 12 janvier 1856,
D. 56, 1, 142 ; 25 juillet 1856, Nadaud Beaupré ; 4 juillet 1857, D. 57, 1, 378 ; 21 janvier 1859, D. 60, 5, 418 ;
7 juillet 1860, Duplessis ; 29 août 1861, D. 62, 1, 98 ;
11 janvier 1862, S. 62, 1, 104, D. 62, 1, 441 ; 20 février
1862, S. 62, 1, 898, D. 62, 1, 441 ; 19 juillet 1862, Laux ;
14 février 1863, D. 63, 1, 392 ; 17 juillet 1863, S. 63, 1,
553 ; 2 mars 1865, S. 65, 1, 387 ; 17 août 1865, S. 66, 1,
183.

MM. Braff, nº 316 ; Chauveau Ad., *Journal du droit
adm.*, t. 3, p. 402, t. 5, p. 207, et t. 6, p. 162 ; Lagarde,
Moniteur des trib., 1859, p. 45 ; Foucart, t. 3, nº 1355 ;
Solon, *Chemins vic.*, p. 86 ; Jousselin, t. 2, p. 425 ; Aucoc, *L'école des communes*, 1863, p. 57 et suiv. ; E. Guillaume, *Voirie rurale*, nº 92, p. 127 et suiv.

Tout en admettant que l'obligation de demander l'a-
lignement existe même en l'absence d'un arrêté, M. Serrigny, *Questions de droit adm.*, p. 134, nº 87, dit : « Du
reste, pour lever le doute, il est convenable que le maire,
dans chaque commune, prenne un arrêté réglementaire
à l'effet d'interdire aux riverains de construire le long
de ces chemins ruraux sans avoir préalablement demandé
et obtenu la permission. »

209. *Cette obligation peut-elle être imposée par un
arrêté préfectoral?* — M. Adolphe Chauveau, *Journal
de droit adm.*, t. 5, p. 207, et t. 6, p. 163, cite un arrêté
du préfet de Vaucluse, à la date du 26 mai 1856 qui, dans
ce département ; défendait de faire aucune construction

ou plantation le long des rues, promenades et chemins simplement communaux, sans qu'au préalable le riverain ne se fût pourvu auprès de l'administration municipale d'une autorisation écrite d'alignement, sauf recours devant le préfet. D'après M. Chauveau cet arrêté s'appliquant à tout le département, était légal et il faut bien procéder ainsi quand on ne peut vaincre autrement la négligence et l'incurie des administrations municipales.

La jurisprudence de la Cour de cassation reconnaît aux préfets le droit de prendre des arrêtés de police prescrivant des mesures de sûreté générale et de sécurité publique, pour toutes les communes du département. Ce droit dérive de la nature de leurs pouvoirs, et je crois qu'il s'étend en effet aux matières qui nous occupent, tant qu'ils conservent le caractère de généralité d'application que présente l'arrêté du préfet de Vaucluse.

Aujourd'hui cette solution s'appuie sur l'article 8 de la loi de 1881, qui charge les préfets de faire un règlement général pour l'exécution de cette loi. Et le règlement de 1883, dont nous rapportions tantôt les termes dans ses articles 77 et suivants, détermine ce qui concerne ces autorisations et la délivrance des alignements.

Il est le cas à ce sujet de faire observer que, aux deux premiers paragraphes de l'article 8 qui constituent aujourd'hui notre loi, la commission du Sénat avait proposé de joindre un troisième paragraphe ainsi conçu : ce règlement statuera sur les alignements, les autorisations de construire le long des chemins, les plantations et tous autres détails de surveillance et de conservation des chemins. M. le sénateur Clément a demandé et obtenu la suppression de ce paragraphe; il a expliqué pourquoi: il redoutait une concentration de pouvoirs entre les mains des préfets qui annulerait l'action et le pouvoir municipal. La commission a admis la suppression, mais en combattant le système défendu par M. Clément, le rapporteur a expliqué qu'en reprenant la rédaction proposée par le Conseil d'Etat, la commission n'entendait nullement affaiblir par là le pouvoir de réglementation confié aux préfets. Si la loi n'avait eu pour objet que de maintenir les anciens pouvoirs conférés aux maires par les lois antérieures, elle eût été inutile; d'un autre côté, l'expérience prouvait que les lois de cette nature avaient besoin d'être complétées par des instructions et des mesures administratives dont l'expérience signalait la nécessité. Il ne faut pas se faire de trop grandes illusions sur la situation et les aptitudes de la plupart des administrateurs des communes rurales. La loi de 1836 a eu raison de ne pas y compter avec trop d'abandon. On craint que la réglementation des chemins ruraux par les préfets soit excessive, c'est pour éviter cet écueil qu'on n'avait pas admis purement et simplement une réglementation générale des chemins ruraux, et que l'on exigeait qu'il fut procédé à une réglementation spéciale variable selon les localités, tout en présentant une certaine uniformité désirable. Dans cette mesure, cette uniformité est nécessaire et on ne pourrait l'obtenir en laissant cette réglementation aux maires de chaque commune et en permettant à ces maires qui se succèdent, souvent à de courts intervalles, de la modifier.

L'arrêté pose le principe du règlement qui permettra d'obliger les intéressés à demander les alignements et l'autorisation de construire quand cela sera nécessaire, mais sans spécifier ces matières nominativement, comme devant faire nécessairement l'objet du règlement, ce qui était compris dans le troisième paragraphe de l'article par voie d'amendement au projet, modification qui est retirée. Séance du Sénat du 17 mars 1877, *Officiel* du 17, p. 2.068, 2ᵉ et 3ᵉ col.

210. *Elle existe lorsqu'un arrêté municipal contient une défense générale de construire sans autorisation.* — Il a été jugé que l'arrêté qui porte la défense de construire sans autorisation préalable le long des chemins vicinaux, rues, places, et autres voies publiques, comprend dans ses prescriptions les chemins ruraux.

211. *C'est au maire à donner la permission de bâtir et l'alignement.* — Je ne vais point entrer ici dans l'examen de toutes les questions concernant les alignements et permissions de voirie : il est cependant certaines règles dont il est nécessaire d'indiquer l'application dans les matières qui nous occupent. Ainsi il faut tenir que c'est aux maires à donner les alignements et permissions de bâtir le long des chemins ruraux. Ici s'applique en effet dans toute sa vérité la règle posée par le président Henrion de Pansey, *Du pouvoir muni-*

cipal, chap. 8, *Chaque maire est voyer dans sa commune*, Règlement général de 1883, art. 78.

Les alignements et permissions de construire ne peuvent dès lors être donnés par le préfet, à moins de refus du maire de statuer, refus régulièrement constaté, comme il était dit en l'article 15 de la loi du 18 juillet 1837, aujourd'hui art. 85, loi de 1884.

Ils ne peuvent être donnés par le conseil de préfecture, ni par un agent-voyer. Un adjoint et un conseiller municipal n'ont qualité qu'en cas d'empêchement ou d'absence du maire, ou en cas de délégation.

J'ai examiné avec beaucoup de détails ces questions dans mon travail sur les *Servitudes de voirie*, t. 1. Je ne puis reproduire ici les développements auxquels a donné lieu cet examen.

212. *Recours contre la décision du maire.* — Le recours contre la décision du maire doit, le cas échéant, être portée devant le préfet : c'est la conséquence de notre organisation administrative en France. La loi du 18 juillet 1837 avait sanctionné au besoin ce droit dans les articles 9 et 10, § 1, il a été maintenu par les articles 90 et suivants de la loi de 1884. Le recours peut être formé par le demandeur en alignement, par des tiers et par le maire lui-même.

Ce recours ne peut être porté devant le conseil de préfecture, ni devant les tribunaux. Toutefois, sur ce dernier point, nous verrons bientôt que l'arrêté pourrait être indirectement réformé par l'autorité judiciaire, si le maire, en le prenant, avait dépassé les limites de ses pouvoirs.

La décision du préfet peut être déférée au ministre et en cas d'excès de pouvoirs au conseil d'Etat.

Le développement et la justification des règles que nous venons de poser, se trouvent dans les numéros 60 et suivants de nos études sur les *Servitudes de voirie*, tom. 1.

213. *Formalités à remplir pour obtenir l'autorisation.* — Il résulte de l'examen que nous avons fait dans cet ouvrage, t. 1, p. 130 et suivantes, numéros 63 à 94, des diverses questions concernant les formalités à remplir pour obtenir l'alignement et la permission de construire ;

1° Que l'autorisation peut être demandée par les propriétaires, architectes et ouvriers ;

2° Que la demande doit être faite par écrit, et indiquer suffisamment la nature des constructions à élever, et préciser le lieu où on se propose de les édifier ;

3° Être écrite sur papier timbré ;

4° Que les autorisations doivent être formelles et données par écrit, emplacées au besoin par un agent de l'administration, sans qu'il soit besoin que l'acte qui les constate soit signifié ;

5° Qu'elles doivent être généralement sans réserves, ni conditions particulières ;

6° Qu'elles sont valables pour un an, en ce sens que

les travaux doivent être commencés dans l'année de la délivrance de l'alignement;

7° Que la bonne foi ne peut suppléer à l'autorisation;

8° Qu'il est utile, dès que les constructions sont commencées, qu'un agent de l'administration vienne s'assurer, si on s'est conformé à l'autorisation, obtenue au moyen d'un recollement.

314. *L'autorisation doit être donnée par écrit.* — L'autorisation doit être donnée sous forme d'arrêté, de décision administrative, d'acte administratif, peu importe; mais comme nous venons de le dire, elle ne peut être ni tacite ni verbale; cela a été décidé nombre de fois en matière de grande voirie et de voirie urbaine. Les rédacteurs des *Annales des chemins vicinaux*, 2ᵉ partie, t. 3, p. 151, font observer que cette obligation est spécialement applicable aux chemins ruraux, et ils ajoutent que le propriétaire riverain d'un de ces chemins, qui aurait commencé ses constructions sans être muni d'une autorisation écrite, serait exposé à des poursuites.

Cela a été formellement jugé par arrêt de la Cour de cassation de la chambre criminelle, à l'encontre de M. de Suze qui, riverain du chemin rural n° 6 de la commune de Mur-de-Barrez, avait commencé des constructions en vertu d'une autorisation verbale. « Attendu, porte l'arrêt, que l'article 3 du règlement municipal défend aux riverains d'établir ou réparer aucune clôture sur les chemins ruraux sans demander l'alignement au maire, ce qui implique l'obligation de ne commencer les travaux qu'après l'avoir obtenue; attendu que les alignements ne peuvent être valablement donnés que par écrit; qu'un alignement verbal est sans valeur juridique ; que cependant il résulte des explications du prévenu, insérées au procès-verbal dont copie lui a été notifiée avec l'exploit d'assignation, qu'il a commencé la reconstruction d'un mur de clôture le long du chemin rural n° 6 sur un simple alignement verbal, dont le sens a été depuis, le sujet d'une controverse entre les parties, et qu'il l'a continuée pendant trois semaines avant qu'intervint l'alignement écrit, lequel n'a été donné que le 29 avril 1862; qu'en procédant ainsi, de Suze a contrevenu à l'article 3 de l'arrêté réglementaire du 10 avril 1851 et encouru la peine de l'article 471, n° 15 du Code pénal, et que le juge de police a commis une violation de ces articles en prononçant un acquittement, casse, etc. »

Dans sa circulaire du 3 janvier 1883, le ministre de l'intérieur insistait sur la nécessité de délivrer par écrit une autorisation qui, sans cela, serait nulle. Mais dans le but de satisfaire au vœu de plusieurs conseils généraux, pour réduire autant que possible les frais de timbre, il a inséré sous l'article 78 du règlement général la disposition spéciale dont nous avons donné tantôt la copie littérale.

215. *Il faut l'avoir obtenue avant de commencer les travaux.* — Et maintenant est-il nécessaire d'ajouter qu'il ne suffit pas d'avoir demandé l'autorisation, mais

qu'il faut l'avoir obtenue avant de commencer les travaux, pour ne pas commettre une contravention ? En
matière de grande voirie et de voirie urbaine, l'affirmative ne peut faire doute, voyez : cons. d'Etat, 20 juillet 1832, Lara ; 20 juillet 1832, Denis ; 18 janvier 1845,
Lordonné. Les anciens règlements sur la voirie, actuellement en vigueur, punissent en effet non point ceux qui
construisent sans avoir demandé l'autorisation, mais
sans en avoir obtenu les alignements et autorisations ;
Déclaration du 10 avril 1782 ; Arrêt du conseil du 27 février 1765. Si en matière de chemins ruraux le doute
était permis, c'est que d'après la jurisprudence, les auteurs et même la circulaire de l'Intérieur du 16 novembre 1839, « l'action de l'autorité administrative en ce qui
concerne les chemins ruraux, n'était à peu près que préventive, c'est-à-dire qu'elle avait pour objet de les défendre contre les anticipations et les dégradations. » Dans
aucun cas, comme nous le verrons bientôt, l'administration ne peut par voie d'alignement augmenter la largeur de la voie publique ni la rectifier, dès lors il sem-
blerait qu'en ces matières il pourrait suffire que l'administration fût avertie des projets de construction pour
veiller à ce que des anticipations n'eussent pas lieu sur
la voie publique ; toutefois la Cour de cassation dans
l'arrêt du 23 janvier 1864, que nous rapportions dans le
numéro précédent, dit avec beaucoup de raison, que le
règlement qui défend aux riverains de faire aucune construction sur les chemins ruraux, sans demander l'alignement au maire, implique l'obligation de ne commencer

les travaux qu'après l'avoir obtenu. Et cette jurisprudence nous paraît aussi légale que sage dans la pratique.

216. *L'alignement donné par le maire ne peut attribuer au chemin une largeur plus grande que l'étendue de la propriété communale, ni restreindre cette largeur.* — En donnant l'alignement, les maires doivent s'arrêter aux limites actuelles de la voie publique qu'ils sont chargés de défendre contre toute usurpation ; mais ils ne peuvent forcer les riverains à s'établir en arrière de ces limites, pour donner une plus grande largeur au chemin. C'est ce qui résulte de l'ensemble des règles que nous avons posées concernant le régime des chemins ruraux. Ce principe est généralement admis par la jurisprudence et les auteurs, comme cela résulte des indications données dans le numéro qui suit. Par conséquent, le propriétaire que l'alignement donné obligerait à abandonner une partie de sa propriété à la voie publique, pourrait ne pas en tenir compte et s'établir sur la limite de son héritage, surtout si aucun arrêté spécial ne lui prescrivant de demander la permission de bâtir, il n'avait fait sa demande que pour faire fixer d'une manière certaine la largeur reconnue du chemin devant cette propriété. La demande d'alignement librement formée par le propriétaire, dans ce cas ne peut être considérée comme un engagement de céder à la commune une partie de son terrain, et l'arrêté du maire n'a pu légalement lui en imposer l'obligation (C. de cass., 7 juillet

1854, S. 54, 1, 749; 17 juillet 1863, 30 janvier 1868, S. 69, 1, 94).

Toutefois si les chemins n'avaient pas la largeur qui leur aurait été attribuée par l'autorité compétente, les alignements pour constructions et reconstructions devraient être délivrés comme il est dit dans l'article 81 du règlement général de 1883 rapporté ci-dessus.

Si les maires ne peuvent élargir les chemins ruraux par simple voie d'alignement, notamment en l'absence de tout plan approuvé et réalisé par l'acquisition des terrains, ils ne peuvent pas davantage modifier la largeur de la voie publique par mesure de rétrécissement. C. d'Etat, 7 janvier 1869 (commune de Bourg-le-Roi).

217. *Plans d'alignement.* — M. R. de Raze, dans son travail sur la propriété des chemins ruraux, p. 44 et suivantes, s'exprime ainsi au sujet des plans des chemins ruraux :

« Pour couronner cette organisation de la viabilité rurale, pour sauvegarder les chemins, en maintenir à tout jamais l'existence, la largeur, l'emplacement et la direction, il devenait indispensable d'en fixer invariablement, avec la propriété privée, les limites séparatives que celle-ci ne pourrait jamais dépasser, en un mot d'en arrêter l'alignement.

« Cet alignement fixé par l'autorité, en vertu des pouvoirs à elle confiés par la loi, non seulement en ce qui concerne les rues et places dépendant de la voirie urbaine, mais encore et aussi les chemins de toute espèce composant la voirie rurale, sanctionnés par la jurisprudence, enseignés par la doctrine, consiste en un plan géométrique, figurant et cotant mathématiquement les chemins et leurs limites par deux lignes parallèles à leur axe.

« L'alignement figuré par ce plan est soumis d'abord au conseil municipal, qui l'examine comme ensemble. Le projet détaillé livré à une enquête régulière, reste déposé pendant quinze jours à la mairie et mis à la disposition des intéressés, prévenus à cet effet par les moyens accoutumés de publicité. A l'expiration de ce délai, un commissaire reçoit pendant trois jours les observations, réclamations et oppositions qui peuvent être faites.

« L'enquête close, le maire soumet les projets, les pièces à l'appui et les oppositions aux délibérations du conseil municipal.

« Le travail et l'instruction terminés dans la commune, les pièces sont adressées au préfet qui les approuve et en retourne, pour être déposée dans les archives de la commune, une copie officielle.

« Ces formalités préliminaires accomplies, il est pris par le maire, en ce qui concerne les chemins ruraux, un arrêté qui rend cet alignement définitif et obligatoire.

« Les parties intéressées ayant eu le droit et la possibilité de réclamer pendant le cours de chacune des opérations de l'établissement du cadastre, du tableau des chemins et du plan d'alignement, avant et même après leur clôture, pendant le délai imparti qui en a

suivi le dépôt, il est de toute évidence que si elles ne
l'ont pas fait, c'est parce qu'elles leur ont sciemment,
volontairement donné leur consentement et leur approbation. »

J'ai cité ces lignes pour indiquer les formalités qu'a-
vait autrefois à remplir une commune qui voulait faire
arrêter le plan d'alignement de ses chemins ruraux, ce
qui, il faut bien le reconnaître, se présentait très rarement ; mais plusieurs principes énoncés dans la citation
en dehors des formalités à remplir, étaient formellement
en désaccord avec la jurisprudence et la plupart des
auteurs.

Ainsi la Cour de cassation décidait journellement que
les autorités administratives, dans l'alignement des chemins ruraux, ne pouvaient attribuer à la voie publique
que la largeur qu'elle devait avoir d'après ses limites
vraies et certaines, sans pouvoir attribuer à cette voie
des terrains appartenant à des riverains, ces terrains
fussent-ils nécessaires pour faire disparaître les plis et
coudes, ou donner à la voie une largeur indispensable
aux besoins de la circulation : C. de cass., ch. crim.,
7 juillet 1854, Chambourdon ; 11 janvier 1862, de Turenne ; C. d'Etat, 2 septembre 1862, Chicard ; cass.
ch. crim., 17 juillet 1863, Raffard ; 23 janvier 1864, de
Suze. Le Conseil d'Etat a la même jurisprudence, arrêt
du 2 septembre 1862 (Chicard), au rapport de M. Aucoc.
Cet avis, repoussé par M. Serrigny, *Questions de droit
adm.*, n°ˢ 85 et suiv., p. 133 et suiv., est accepté par
Chauveau Ad., *Journal de droit adm.*, t. 11, p. 225 ;

Herman, *Voirie vicinale*, n°° 914 et 941 ; par les rédacteurs des *Annales des chem. vic.*, 2° partie, t. 3, p. 151 ; Aucoc, *École des Communes*, 1863, p. 57.

Aujourd'hui si l'alignement impliquait l'incorporation au chemin de parcelles appartenant aux riverains, il faudrait procéder en exécution de l'article 13 de la loi de 1881, et si les terrains incorporés à la voie publique n'étaient point cédés à la commune, celle-ci devrait les acquérir à l'amiable ou par expropriation, et dans le cas contraire l'alignement continuerait à être délivré conformément aux limites actuelles des chemins. Rég. gén., 1883, art. 81 ; E. Guillaume, *Voirie rurale*; n° 42, p. 46.

D'un autre côté, le plan d'alignement doit être homologué par la commission départementale. E. Guillaume, *Voirie rurale*, n° 91, p. 124.

218. *L'autorisation préalable est-elle nécessaire pour exécuter de simples réparations à des constructions existantes ?* — Du moment où l'on reconnaît que l'obligation de demander l'alignement le long des chemins ruraux ne peut être imposée aux propriétaires riverains qu'afin de prévenir des anticipations, et qu'on ne pourrait obliger ces propriétaires à reculer leurs constructions, il est évident qu'on ne peut défendre aux riverains de faire aux constructions existantes toutes les réparations qu'ils entendent y faire, mêmes celles réputées confortatives, pourvu qu'il ne s'agisse pas d'additions aux constructions anciennes dépassant la ligne des constructions existantes et empiétant sur la voie publique. Il semble dès lors inutile de se pourvoir d'une autorisation préalable lorsqu'il s'agit de faire de simples réparations d'entretien ou de consolidation à d'anciennes constructions placées le long des chemins ruraux ; toutefois, comme les maires ont le droit de soumettre les riverains à l'obligation de réclamer ces autorisations, si un arrêté municipal existe et que le riverain ne s'y soit pas soumis, il pourrait encourir une peine, et il doit dès lors présenter sa demande et attendre la réponse avant de commencer ses travaux. Cela a été jugé, implicitement au moins, dans ce sens, par divers arrêts de la chambre criminelle, 11 janvier 1862, de Turenne, et le 23 janvier 1864, de Suze, pour ne citer que ces décisions.

219. *Constructions prescrites par les tribunaux civils.* — Tout ce qui concerne les constructions à élever le long des voies publiques, et des voies rurales en particulier, est dans les attributions des autorités administratives au point de vue de la délivrance des permissions et des alignements. Cependant les tribunaux civils peuvent, dans l'appréciation des droits réciproques et privés de deux riverains, déclarer que l'un d'eux sera obligé de faire telle construction le long de la voie publique dans l'intérêt de l'autre, s'ils reconnaissent qu'une pareille demande est fondée ; ils statuent en pareil cas sur des droits privés et n'empiètent nullement sur les attributions de l'administration. C. de cass.,

30 juillet 1873, S. 75, 1, 308. Mais, même dans ce cas, avant d'entreprendre les travaux ordonnés, celui qui est condamné à les exécuter, doit demander l'autorisation et l'alignemet au maire, lorsque la construction doit être exécutée le long d'un chemin vicinal.

319ᵛ. *Taxes municipales perçues à l'occasion de la délivrance des alignements.* — La délivrance des alignements et permissions de construire ou réparer peut donner lieu à l'établissement de taxes municipales de voirie, aux termes de l'article 133 § 8 de la loi du 5 avril 1884. Ces tarifs doivent être votés par le Conseil municipal et soumis à l'approbation du préfet. Le recouvrement des droits est confié au receveur municipal.

---

§4. — Plantations.

320. *Plantations.* — Il faut se reporter aux articles 87 et suivants du règlement général de 1883, pour se rendre compte du régime sous lequel sont placées les plantations le long des chemins ruraux reconnus.

D'un autre côté, nous avons indiqué sous l'article 7 de la loi, les questions de propriété qui s'y rapportaient.

Nous plaçons ici les développements qui nous paraissent utiles pour compléter les dispositions des articles du règlement sur les chemins reconnus, et tracer le régime des riverains des chemins non reconnus.

321. *Autorisation préalable.* — Ici, comme en matière de constructions, on tient qu'il n'est pas défendu de planter le long des chemins ruraux sans en avoir demandé l'autorisation, s'il n'existe pas d'arrêtés spéciaux enjoignant de se soumettre à cette formalité, C. de cass., ch. crim., 12 janv. 1856, Blaise ; 25 juillet 1856, Nadaud Beaupré ; 20 février 1862, Martin ; 17 août 1865, Lallemand ; Dijon, 15 décembre 1876. S. 77, 2, 53. C'est admettre implicitement que la contravention existerait, si on avait fait des plantations le long des chemins ruraux sans avoir demandé préalablement l'autorisation, alors qu'un arrêté municipal l'aurait ordonné, et reconnaître à l'autorité municipale le droit de prendre un pareil arrêté.

Le règlement général que doit prendre le préfet en exécution de l'article 8 de la loi de 1881, doit porter défense de faire des plantations à une distance déterminée des chemins ruraux, dans les conditions indiquées dans les articles 87 et suivants du règlement général de 1883.

222. *Pourvoi contre les arrêtés des maires.* — Bornons-nous à rappeler ici, que le pourvoi contre les arrêtés des maires, pris en ces matières, doit être porté du maire au préfet et du préfet au ministre, lorsqu'on se croit fondé à en demander le retrait ou la modification, à moins que ces arrêtés ne contiennent des excès de pouvoir. Dans ce cas le recours contentieux administratif est permis, et si la contestation est portée devant les tribunaux civils, ceux-ci doivent ne pas s'y arrêter. Ce sont là des principes généraux sur les attributions et les pouvoirs des maires que nous indiquons sans les développer, ne perdant pas de vue l'objet spécial de cette étude.

Le recours au préfet contre l'arrêté du maire est en quelque sorte encore plus justifié depuis la loi de 1884, puisque le maire est appelé à se conformer en ces matières aux règlements généraux pris par les préfets dès que ceux-ci ont procédé à cette règlementation.

223. *La défense de planter sans autorisation, ne s'applique pas à l'établissement de simples poteaux.* — Il a été jugé, le 17 août 1865, par la chambre criminelle de la Cour de cassation, dans l'affaire Lallemand, S. 66, 1, 183, D. 66, 1, 43, que la défense édictée par un arrêté municipal de faire des plantations sans autorisation le long des chemins ruraux, ne pouvait atteindre l'établissement de poteaux placés par un riverain le long de ces chemins.

On ne peut appliquer en effet à la plantation de poteaux, les règles concernant la plantation des arbres. Mais si ces plantations, par suite d'un défaut de solidité ou toute autre cause, menaçaient la sûreté des chemins, nul doute que l'autorité ne pût prendre des mesures générales pour les empêcher et faire ensuite l'application de ces arrêtés aux contrevenants, en supposant qu'elle ne pût immédiatement les empêcher dans l'intérêt de la sûreté des voies publiques.

224. *Recepage et élagage.* — « Un obstacle qui nuit souvent à la liberté du passage sur les chemins ruraux,

portent les instructions ministérielles du 16 novembre
1839, est celui résultant de l'excroissance des haies et
des arbres plantés le long de ces chemins ; et les maires
ont toujours le droit et le devoir d'y pourvoir, car cela
rentre dans la série des mesures que la loi des 16-24 août
1790 les autorise à prendre pour assurer la sûreté et la
commodité du passage sur des voies publiques... En
conséquence, si les racines des plantations faites le long
des chemins ruraux anticipent sur le sol de ces chemins
de manière à gêner la circulation, ou même à restreindre graduellement leur largeur, les maires peuvent et
doivent prendre un arrêté pour ordonner le recepage de
ces racines. De même si le branchage des haies ou des
arbres, en s'avançant au-dessus des chemins ruraux,
fait obstacle au libre passage des voitures, les maires
doivent en ordonner l'élagage. Le refus d'obtempérer à
ces arrêtés serait constaté par procès-verbal et déféré au
tribunal de simple police... »

Ces instructions indiquent suffisamment combien l'é-
lagage et le recepage est nécessaire pour assurer la libre
circulation sur les voies rurales, et nous ne sommes pas
étonnés que des conseils généraux, dans plusieurs de
leurs sessions, aient attiré sur ce point l'attention de
l'autorité.

Les articles 94 et 95 du règlement général ont prévu
ces opérations et le refus des riverains d'y procéder.

D'autre part le propriétaire riverain d'un chemin rural
a le droit d'obliger la commune à couper les branches
d'arbres qui s'avancent sur son fonds. Le non-exercice

de ce droit pendant de longues années ne peut autoriser à se prévaloir de la prescription. Le riverain conserve également toujours le droit de couper sur son fonds les racines des arbres plantés en dehors sur le chemin. Trib. d'Apt, 11 février 1890, *Gaz. trib.*, 12 octobre.

225. *Droit pour les maires de l'ordonner.* — Le maire a donc le droit et même le devoir, ajoute l'instruction ministérielle, que nous venons de citer, de prendre des arrêtés pour ordonner l'élagage et le recepage des haies et arbres bordant les chemins ruraux et pouvant nuire à leur viabilité. C'est également l'avis des auteurs, parmi lesquels j'indique MM. Bost, nos 82 et 145 ; Dalloz, Vo *Voirie par terre*, no 1370 ; *Annales des ch. vic.*, 2e part., t. 3, p. 152 ; la jurisprudence de la Cour de cassation s'est prononcée dans le même sens, C. cass., 2 janv. 1857, Benoit ; 8 février 1870, D. 70, 2, 420.

Nous croyons que ce droit existe encore même depuis la loi de 1881, tant que les préfets n'ont pas fait de règlement général, ou s'ils n'en faisaient pas mention dans cet acte. Mais s'ils ont arrêté des dispositions qui règlent cette matière, les maires n'auront qu'à les faire exécuter en s'y conformant. Dijon, 15 décembre 1876, S. 77, 1, 53.

226. *Pas de contravention sans l'existence d'un arrêté qui l'ordonne.* — Bien que d'après les lois, il soit défendu d'une manière générale d'encombrer les voies publiques et d'y rien faire qui entrave la circulation, on tient cependant que la gêne qui résulterait de l'excroissance des arbres plantés sur les bords d'un chemin rural, ou du développement de leurs branches, n'engagerait pas assez directement le fait de l'homme pour motiver une poursuite contre le riverain, et on exige qu'il existe un arrêté préalable qui ordonne le recepage et l'élagage, pour que ce riverain puisse être poursuivi, s'il refuse d'obtempérer à cet arrêté. Bost, n° 82 ; Dalloz, n°³ 1368 et 1370 ; E. Guillaume, *Voirie rurale*, n° 94. Ch. crim. rejet, 2 janvier 1857, Benoit.

227. *Les maires peuvent-ils prendre des arrêtés permanents en ces matières ?* — Les instructions ministérielles du 16 novembre 1839, au sujet des arrêtés pris par les maires pour le recepage et l'élagage des arbres bordant les chemins ruraux, portaient : « Cet arrêté étant permanent, devrait être soumis pour être exécutoire, aux formes prescrites par l'article 11 de la loi du 18 juillet 1837. » — Les rédacteurs des *Annales des chemins vicinaux* pensent au contraire que le maire ne peut pas prendre en ces matières d'arrêtés permanents, qu'il ne peut prendre que des arrêtés spéciaux au moment où le mal se produit et est signalé, sans que ces arrêtés puissent avoir un caractère de permanence, t. 3, p. 152, et t. 7, p. 206. Il n'y aurait, suivant eux, d'exception à cette règle générale que dans le cas où il existerait dans le département, comme dans l'ancienne province de Normandie, par exemple, d'anciens règlements relatifs aux plantations. M. Ad. Chauveau, *Journal de droit adm.*, t. 5, p. 207 et t. 6, p. 162, admet au contraire la

légalité d'un arrêté permanent pour l'élagage et le recepage. La matière est incontestablement de la compétence
des maires, et leur pouvoir étant, en matière de police,
un pouvoir préventif et de règlementation bien plus que
de répression, il me paraît bien plus légal qu'ils l'exercent d'une manière générale par des défenses qui préviennent les inconvénients auxquels les mesures prises
doivent parer, que par des arrêtés pris pour empêcher
que les faits fâcheux pour la viabilité publique ne se per-
pétuent lorsqu'ils se sont déjà produits.

Nous pensons également que ce droit existe pour le
maire, si le préfet n'use pas du pouvoir qu'il a d'après
la loi de 1881 de prendre un arrêté général d'exécution
de la loi de 1881, et d'y comprendre la réglementation
relative à ces matières. Il est, il est vrai, peu probable
qu'il manque à ce devoir, surtout depuis que l'envoi
d'un type de règlement général comprenant les plantations le long des chemins ruraux, lui a été adressé par
le ministre de l'intérieur ; et on pourrait croire que nous
nous livrons ici à une reproduction un peu trop bienveil-
lante et beaucoup trop complète de notre édition précédente ; mais qu'on n'oublie pas que l'article 8 de la loi
porte que le règlement du préfet pour assurer l'exécution
de la loi, ne peut porter que sur les chemins ruraux
reconnus, que le plus grand nombre des chemins ruraux
se trouvera hors de cette catégorie et qu'il importait de
préciser dès lors, au moins à ce point de vue, le pouvoir
des maires, bien qu'il leur soit laissé fort peu d'initiative
en ce qui concerne les chemins ruraux reconnus, mais

alors qu'elle reste entière pour les autres qui peuvent
être fort nombreux.

228. *Exceptions de propriété.* — S'il est enjoint
par un arrêté municipal à des riverains d'un chemin,
d'élaguer et receper les plantations faites le long de ce
chemin, ceux-ci peuvent refuser d'obtempérer à cet arrêté s'ils se prétendent propriétaires du chemin et qu'ils
lui contestent le caractère rural et communal, à charge,
bien entendu, de faire juger le bien fondé de leurs prétentions. Ch. crim., 10 octobre 1856, Dujonhamel ; ch.
civ. cass., 13 décembre 1864, Aubier. Nous aurons d'ailleurs à étudier ces diverses questions lorsque nous nous
occuperons de la répression des contraventions, et des
exceptions que peuvent faire naître les poursuites de
ces contraventions.

Bornons-nous à indiquer ici, que les arbres plantés
sur les chemins avant la loi des 28 août-14 septembre
1792, sont présumés la propriété des riverains, tandis
que ceux plantés depuis sont la propriété des communes
à moins que les riverains aient acquis cette propriété
même par prescription, abstraction faite de la propriété
du sol du chemin lui-même. Cass., 23 décembre 1861 ;
1er décembre 1874 ; Naudier, no 64, p. 69, no 117, p. 142.

Toutes les difficultés qui peuvent être soulevées à
raison de l'attribution de la propriété des arbres sont de
la compétence de l'autorité judiciaire.

229. *Réglementation des plantations, essences, dis-*

tance de la voie publique. — M. Herman, *Voirie vicinale*, n° 939, les rédacteurs des *Annales des chemins
vicinaux*, 2ᵉ partie, t. 3, p. 152 et t. 7, p. 206, et
M. E. Guillaume, *Voirie rurale*, n° 94, p. 133, soutiennent que l'autorité administrative ne peut, à moins
qu'il n'existe d'anciens règlements ou des usages locaux,
rien prescrire quant à la distance des plantations, ni
quant à l'espacement des arbres. Cette opinion semble
s'appuyer implicitement sur la circulaire ministérielle
du 16 novembre 1839. J'avais adopté l'opinion contraire dans la première édition, et j'y persiste aujour-
d'hui. En effet depuis, M. Dalloz nous semble avoir dit
avec beaucoup de raison, V° *Voirie par terre*, n° 1369 :
« les plantations rapprochées des chemins peuvent
nuire considérablement à leur état de viabilité en y entretenant une humidité constante. Or, l'autorité municipale, en ordonnant de faire ces plantations à une certaine distance du chemin, prescrit une mesure destinée
à contribuer au bon état de la voie, et par conséquent
ne fait, à notre avis, que remplir la mission qui lui a
été confiée de veiller à la sûreté et à la commodité du
passage sur les voies publiques. D'ailleurs, la commune
peut, en cas d'impraticabilité du chemin, être déclarée
responsable du dommage causé aux propriétés riveraines par les voyageurs qui sont obligés de s'y frayer un
passage, il est donc juste de lui reconnaître le droit de
faire disparaître ou au moins diminuer la cause qui tend
à augmenter et à prolonger l'impraticabilité ». Aussi,
l'avis de M. Dalloz est-il partagé par Ad. Chauveau,

Journal du droit adm., t. 5, p. 207 et t. 6, p. 162 ;
Serrigny, *Questions de droit adm.*, p. 133 ; *Courrier
des communes*, année 1841, p. 321 ; Jousselin, t. 2, p. 425.
E. Guillaume, *Voirie rurale*, n° 74, p. 133, n'admet ce
droit que pour le préfet et non pour le maire.

La Cour de cassation ne semble pas être d'un avis
contraire à celui que nous exprimons, car en relaxant
des poursuites, un contrevenant qui avait établi ses
plantations sur le bord d'un chemin rural, elle dit dans
son arrêt du 12 janvier 1856, Blaise : « Que si un arrêté du préfet des Ardennes, en date du 10 août 1852,
approuvé par le ministre de l'intérieur le 1ᵉʳ décembre
suivant, ordonne l'observation d'une distance d'un demi-mètre pour la plantation de haies le long des chemins vicinaux, cette mesure est particulièrement restreinte aux chemins de cette classe ; qu'elle n'a pas été
étendue, par un arrêté de l'autorité municipale, aux
chemins ruraux ou communaux, et que, dans le silence
de celle-ci, comme dans le silence de la loi, la sentence
attaquée a pu dire qu'il n'y avait aucune infraction punissable : rejette ». Il semble donc qu'on peut inférer
de cet arrêt, que si un arrêté de l'autorité municipale
avait fixé une distance pour les plantations à faire le
long des chemins ruraux, le fait reproché au contrevenant aurait cessé d'être permis, pour devenir délictueux.
C'est-à-dire que l'arrêté du maire aurait dû être respecté
et exécuté et qu'il eût été légal.

Toutefois M. Dalloz pense que le maire ne doit pas
fixer une distance supérieure à celle qui est déterminée

par l'article 671 du Code civil (1), le droit du maire de veiller à la conservation du chemin ne pouvant aller jusqu'à lui permettre d'exiger des riverains des sacrifices de propriété ou autres.

Le règlement général de 1883 fixe cette distance pour les arbres (art. 87) et pour les haies (art. 91) ; en ce qui concerne les chemins ruraux et réglementés par l'autorité administrative en vertu de l'article 8 de la loi de 1881. Mais pourrait-il être étendu par le maire aux chemins non reconnus ?

(1) Les articles 671, 672 et 673 du Code civil tels qu'ils ont été modifiés par la loi du 20 août 1881, sont ainsi conçus :

Art. 671. — Il n'est permis d'avoir des arbres, arbrisseaux et arbustes près de la limite de la propriété voisine, qu'à la distance prescrite par les règlements particuliers actuellement existants, ou par des usages constants et reconnus, et, à défaut de règlements et usages, qu'à la distance de deux mètres de la ligne séparative des deux héritages pour les plantations dont la hauteur dépasse deux mètres, et à la distance d'un demi-mètre pour les autres plantations.

Les arbres, arbustes et arbrisseaux de toute espèce, peuvent être plantés en espalier, de chaque côté du mur séparatif, sans que l'on soit tenu d'observer aucune distance, mais ils ne pourront dépasser la crête du mur.

Si le mur n'est pas mitoyen, le propriétaire a seul le droit d'y appuyer des espaliers.

Art. 672. — Le voisin peut exiger que les arbres, arbrisseaux et arbustes, plantés à une distance moindre que la distance légale, soient arrachés ou réduits à la hauteur déterminée dans l'article précédent, à moins qu'il n'y ait titre, destination du père de famille ou prescription trentenaire.

Si les arbres meurent ou s'ils sont coupés ou arrachés, le voisin ne peut les remplacer qu'en observant les distances légales.

Art. 673. — Celui sur la propriété duquel avancent les branches des arbres du voisin peut contraindre celui-ci à les couper. Les fruits tombés naturellement de ces branches lui appartiennent.

Si ce sont les racines qui avancent sur son héritage, il a le droit de les couper lui-même.

Le droit de couper les racines, ou de faire couper les branches est imprescriptible.

230. *Application des dispositions du Code civil sur les distances à observer pour les plantations faites sur la limite de deux héritages voisins.* — L'opinion que nous venons d'indiquer nous semble d'autant plus sage en ce qui concerne les chemins non reconnus, auxquels l'article 8 de la loi de 1881 n'est pas applicable, que si on ne l'adopte pas, il faudra tenir que le riverain d'un chemin rural pourra planter sur la limite extrême de son héritage, ce qui aurait les plus grands inconvénients, car on sait que l'article 671 du Code civil, qui règle les distances à observer pour les plantations faites sur la limite de deux héritages voisins, n'est pas applicable aux riverains des voies publiques. M. Braff, n° 314 ; *Annales des chemins vicinaux*, 2ᵉ partie, t. 3, p. 152 ; Dalloz, *Voirie par terre*, nᵒˢ 630 et 1368 ; Bost, nᵒˢ 82 et 182 ; Garnier, p. 314 ; C. d'État, 16 février 1826, Quesney ; C. de cass., ch. crim., 12 janvier 1856, Blaise.

Toutefois il a été jugé que la commune qui fait des plantations sans observer les dispositions de l'article 671 du Code civil, doit des réparations à régler par les tribunaux, si elle cause un dommage aux voisins. C. d'État, 29 juillet 1882, Petitjean. Fuzier-Herman, *Rép.* Vᵒ *Chemins ruraux*, nᵒˢ 175, 176.

231. *Arbres plantés sur le chemin.* — Si les arbres plantés sur le chemin rural lui-même, appartiennent à un riverain par concession ou à tout autre titre, il peut les élaguer, les abattre sans autorisation, et les remplacer même, mais dans ce dernier cas à condition d'avoir le consentement de la commune; Bost, n° 84; Dalloz, n° 1366; à moins que son titre ne lui confère ce droit directement; Dalloz, n° 1366.

Le maire peut toujours ordonner l'abatage de ces arbres, sauf indemnité, si la sûreté du passage l'exige, parce que l'administration ne peut aliéner son droit de police sur les chemins publics; Bost, n° 85; Dalloz, n° 1366. Naudier, n°s 15 et suiv. et 117.

A plus forte raison, l'abatage peut-il être ordonné si la plantation a eu lieu sans droit ni titre; Dalloz, n° 1366; cass., ch. crim., 14 octobre 1854, Nicolas.

§ 5. — Carrières, Excavations.

232. *Distances à laisser entre les carrières et les chemins publics.* — « En ce qui concerne l'ouverture et l'exploitation des carrières, au moins dans certaines localités, ces travaux ne pourront être entrepris et poussés qu'à une distance déterminée des deux côtés des chemins à voitures, de quelque classe qu'ils soient. Les chemins ruraux sont compris dans cette dénomination générale. Jousselin, *Servitudes d'utilité publique*, t. 2, p. 425. Cette distance devait être de 30 toises d'après les ordonnances de 1741 et de 1772, et seulement de 8 toises d'après la déclaration du roi du 17 mars 1788; mais elle a été encore réduite par des règlements spéciaux applicables aux divers départements.

Le règlement général de 1883 indique 8 mètres pour les galeries souterraines et 5 mètres pour les carrières à ciel ouvert, il défend de creuser des puits et citernes à moins de cinq mètres de la voie publique sans autorisation (1).

233. *Attributions des préfets et maires.* — Les préfets et les maires ne peuvent prendre des arrêtés spéciaux pour modifier la distance déterminée par les règlements généraux pour l'ouverture des carrières, alors même que cette distance dans certains cas particuliers leur paraîtrait insuffisante pour garantir la sûreté de la voie publique, à moins que ces arrêtés ne soient pris par les préfets modifiant leurs règlements antérieurs et dans la même forme et les mêmes conditions de publicité et d'instruction ; parce que s'ils peuvent prendre des arrêtés pour assurer l'exécution des lois et règlements, ils ne peuvent modifier ces règlements ; Dalloz, *Commune*, n°ˢ 658, 695 et suiv., *Voirie par terre*, n° 1376 ; l'arrêté serait légal si, respectant la distance déterminée par les règlements, il se bornait à proscrire aux abords des chemins, certains modes d'exploitation dangereux pour la sûreté publique. Dalloz, *loc. cit.*; Bost, n° 106.

Les maires peuvent aussi prendre des arrêtés pour faire combler les excavations pratiquées près des chemins ruraux et qui menaceraient la sûreté des passants

(1) Pour plus amples explications consulter Féraud-Giraud, *Code des mines et mineurs*, 3 vol. in-12.

et de la circulation, argument de l'arrêt de cass. du 17 mars 1838.

234. *Caves; excavations.* — Les sieurs Gallé et consorts possédaient des caves établies sous un chemin rural appartenant à la commune de Turquant; ils se plaignirent de ce que des charrettes du sieur Robin, pesamment chargées, fréquentaient ce chemin, et menaçaient la solidité de ces caves. Ils l'assignèrent devant le tribunal pour qu'il lui fût fait inhibition de passer à l'avenir avec charrettes sur ce chemin. Le tribunal ayant ordonné un interlocutoire, appel fut émis de ce jugement, et la Cour d'Angers, le 23 février 1843, décida que le sieur Robin, en se servant de ce chemin rural pour tous usages, n'avait pu encourir de reproches et que l'administration seule aurait le droit de restreindre l'usage de ce chemin. Il résulte de cette jurisprudence que si les sieurs Gallé avaient pu acquérir par le temps un droit à conserver leurs caves sous ce chemin rural, ce droit ne pouvait aller jusqu'à les autoriser à apporter des entraves à la circulation dans l'intérêt de la conservation de ces caves.

Il est interdit d'une manière générale de pratiquer dans le voisinage des chemins ruraux des excavations de quelque nature que ce soit, si ce n'est aux distances ci-après déterminées, à partir de la limite desdits chemins, savoir :

Pour les carrières et galeries souterraines.   8 mètres

Les carrières à ciel ouvert. . . . . 5 —

Les mares publiques ou particulières . . 2 mètres

Les propriétaires de toutes excavations pourront être tenus de les couvrir, ou de les entourer de murs ou clôtures propres à prévenir tout danger pour les voyageurs et toute dégradation du chemin (Règlem. gén. 1883, art. 108).

A rapprocher toutefois de ce que nous disions tantôt pour les carrières déjà réglementées.

———

§ 6. — Eaux, Fossés.

235. *Obligation pour les riverains de recevoir les eaux découlant des chemins ruraux.* — Les riverains doivent recevoir les eaux qui découlent du chemin ; bien que ce soient les dispositions du Code qui sont ici applicables, il ne faudrait pas les appliquer avec trop de rigueur, et on ne serait pas fondé à se plaindre de simples modifications que la destination du terrain en chemin, peut faire éprouver aux pentes, pour se refuser à recevoir les eaux des chemins ruraux (Dalloz, V° *Voirie par terre*, n° 678 et 1334. Règlem. gén. de 1883, art. 106).

236. *Eaux descendant naturellement des propriétés riveraines sur les chemins.* — Les eaux qui descendent sur les chemins et provenant des propriétés riveraines, doivent être reçues sans qu'on puisse les faire refluer sur le fonds d'où elles proviennent, lorsque ce n'est que par suite de l'état naturel des lieux que l'écoulement a lieu sur la voie publique ; peu importe qu'elles s'y rendent par la superficie du sol ou par infiltrations. C'est au propriétaire du chemin à le défendre par des fossés contre les effets dommageables de ces eaux et à les diriger sans nuire à d'autres riverains.

237. *Écoulement des eaux pluviales et ménagères.* — Les riverains peuvent même faire écouler sur ces voies les eaux pluviales tombant des constructions élevées sur leurs bords. Code civil, art. 681 ; Solution implicite, Cass., 3 juin 1891, D. 92,1,264. Sauf aux maires à prescrire les mesures nécessaires pour que cet écoulement ait lieu sans dommage pour le chemin. Quant aux eaux ménagères on peut aussi tolérer qu'elles coulent le long des chemins, lorsque la conservation des chemins et la salubrité publique le permettront. J'ai développé plus longuement, en essayant de les justifier, les règles que je pose ici dans mes études sur les *Servitudes de voirie*, t. 2, n° 515, p. 259 et suiv.

238. *Fossés des chemins ruraux.* — S'il est nécessaire pour l'assèchement des chemins et l'écoulement des eaux d'établir des fossés, ils doivent être creusés aux frais et par les soins de la commune sur le terrain qui lui appartient, sans que les riverains puissent être obligés par arrêté municipal de les ouvrir chez eux : Dalloz, n° 1371 ; Bost, n° 161. Si l'administration, au lieu de les établir sur le sol faisant partie du terrain communal, les ouvrait sur le sol dépendant du voisin, celui-ci pourrait les combler impunément (Rej. ch. crim., 4 janv. 1862, Desguez).

D'un autre côté, bien que nous ayions dit tantôt que les riverains sont tenus de recevoir les eaux découlant du chemin, si l'établissement de fossés se prolongeant assez longtemps sans déversoirs ou ponceaux sous le chemin pour dévier les eaux, rendait ces eaux nuisibles aux voisins, ceux-ci seraient en droit d'obtenir la réparation du dommage causé ; sans que, suivant moi, ils pussent faire détruire un ouvrage destiné à assurer la viabilité d'un chemin public, et l'empêcher d'être une mare ou un bourbier impraticable, au lieu d'être un chemin viable.

Il est défendu d'établir dans les fossés des barrages, écluses, passages permanents ou temporaires, sans autorisation préalable du maire (Règl. gén. de 1883, art. 77).

De les détériorer d'une manière quelconque (art. 103).

De mettre à rouir le chanvre dans les fossés (art. 103).

Il n'y a ni usurpation, ni dégradation d'un chemin public par le riverain devant la propriété duquel l'autorité fait creuser un fossé et qui a placé des planches mobiles sur ce fossé, pour pouvoir accéder à sa propriété, inabordable sans cela (C. cass. crim., 20 janvier 1882) ; en ce sens, deux arrêts de rejet, l'un d'un pourvoi du ministère public près le tribunal de simple police de Carpentras (Vaucluse), l'autre du ministère public près le tribunal de simple police de Saint-Claude (Jura).

239. *Curage des fossés établis par la commune.* — Si le fossé a été établi par la commune et lui appartient, c'est à elle à pourvoir au curage à ses frais, et on ne peut mettre ce soin à la charge des riverains (arrêt de rejet, ch. crimin., du 5 janvier 1855, Villote ; Garnier, *Légis. et jurisp. nouvel. sur les chemins*, p. 116) ; si la commune les laissait dans un tel état d'abandon qu'il pût en résulter un préjudice pour les riverains, ceux-ci pourraient obtenir des dommages-intérêts (C. de cass., 30 novembre 1858, commune de Planzat).

240. *Rejet des terres sur les propriétés riveraines.* — Les terres provenant du curage ne peuvent être rejetées sur les terres voisines sans le consentement de propriétaires (Dalloz, n° 1372 ; Bost, n° 168).

Mais, en fait, le rejet est généralement si peu onéreux et quelquefois même si avantageux, que le plus souvent la commune n'éprouvera aucune difficulté quant à ce.

L'instruction générale du 6 décembre 1870, sur l'exécution de la loi de 1836 concernant la voirie vicinale, porte que les matières provenant de la chaussée, des accotements, des fossés et talus dépendant des chemins vicinaux, pourront être au besoin déposées sur les propriétés riveraines. En cas d'opposition, il sera procédé comme en matière d'occupation temporaire des terrains. Toutefois ces produits ne pourront être déposés sur les propriétés riveraines qu'après l'enlèvement des récoltes (art. 57).

241. *Enlèvement par les propriétaires des terres provenant du curage.* — D'un autre côté, les riverains, pas plus que tous autres, ne peuvent sans autorisation s'approprier les terres provenant du curage des fossés des chemins ruraux effectué par les soins de la commune (Dalloz, n° 1372; ch. crim., 10 janvier 1863, S. 63, 1, 406).

242. *Fossés établis par les riverains.* — Les riverains des chemins ruraux peuvent établir eux-mêmes des fossés le long de ces chemins.

Ces fossés doivent être creusés à leurs frais.

Ils pouvaient être établis sur la limite extrême de la voie, sans laisser d'espace libre entre eux et la voie, à moins que le contraire ne fût établi par des anciens usages ou d'anciens règlements locaux (Req., 3 janvier 1854, Bacquelin-Goy).

Les propriétaires de ces fossés sont chargés de leur entretien.

Il appartient au maire d'ordonner, en vertu du décret des 16-24 août 1790, le curage des fossés appartenant à des particuliers et longeant les chemins ruraux, lorsque ces fossés, par leur mauvais état d'entretien, peuvent nuire à la viabilité du chemin.

Il a été jugé qu'ils pouvaient aussi empêcher ce curage, si l'approfondissement des fossés en gênant l'écoulement des eaux et les rendant stagnantes, crée des exhalaisons malsaines (C. de cass., ch. crim., 11 février 1830, Boudrelt).

Si la profondeur de ces fossés créait des dangers pour la sûreté de la voie, le maire pourrait ordonner qu'ils fussent fermés le long de cette voie par des pieux (C. de cass., 4 janvier 1840, Lacoste).

Le règlement général de 1883, art. 96, défend aux riverains d'ouvrir des fossés à moins de 60 centimètres de la limite du chemin, et les oblige à leur donner au moins un talus d'un mètre de base sur un mètre de hauteur.

Ces fossés doivent être entretenus de manière à ne pas nuire à la viabilité du chemin (art. 97).

Si les fossés établis présentaient des dangers pour la circulation, les riverains seraient obligés d'exécuter les mesures prescrites pour la sécurité du passage par arrêtés des maires (art. 98).

L'ouverture des fossés devra toujours être précédée d'une autorisation du maire (art. 77), cette autorisation est toujours révocable (art. 79).

Il appartient aux tribunaux de l'ordre judiciaire de statuer sur les différends auxquels peut donner lieu la propriété des fossés longeant les chemins ruraux. Jusqu'à preuve contraire, ils doivent être considérés comme des dépendances de ces chemins, lorsqu'ils paraissent établis dans l'intérêt de leur conservation ; à ce titre s'ils dépendent des chemins ruraux reconnus, ils ne peuvent être acquis par les riverains par prescription. Les articles 666 et suivants du Code civil révisés en août 1881 doivent être pris en considération, le cas échéant, pour l'attribution de la propriété.

26

243. *Conduites d'eaux privées le long des chemins, droits des propriétaires séparés d'un cours d'eau par un chemin rural; droit aux eaux pluviales découlant des chemins publics. Renvoi.* — Ce qui concerne les matières contenues sous ce sommaire a été examiné sous l'article 7, à l'occasion de l'exposé des droits des riverains. Nous y renvoyons, ne nous occupant ici que plus spécialement des charges qui pèsent sur eux.

---

§ 7. — Fouilles, occupations temporaires; mesures générales de police.

224. *Renvoi.* — Nous étudierons sous l'article 14 ce qui concerne l'obligation pour les riverains de subir des extractions de matériaux et occupations temporaires pour les travaux de réparation et d'entretien des chemins ruraux. C'est sous l'article 9 que nous nous occuperons des mesures générales de police concernant les chemins ruraux.

---

§ 8. — Passage sur les propriétés riveraines, en cas d'impraticabilité des chemins ruraux.

245. *Droit de passer sur les terres voisines en cas d'impraticabilité des chemins.* — Il est aujourd'hui de doctrine et de jurisprudence constantes, que l'on peut se frayer un passage sur la propriété riveraine d'un chemin public lorsque ce dernier est impraticable, que cette impraticabilité provienne de ce que la route a été complètement emportée, ou qu'elle soit simplement accidentelle.

Cette doctrine et cette jurisprudence sont fondées sur l'article 41 du titre 2 de la loi des 28 septembre-6 octobre 1791, qui n'a fait elle-même que sanctionner une nécessité à laquelle il aurait bien fallu se soumettre, alors même qu'elle n'aurait été écrite dans aucune de nos lois. Aussi a-t-elle été reconnue dans toutes les législations. Voyez pour l'Angleterre l'acte III de Georges IV, chap. 126, n° 111. La loi 14, § 1, au Dig., liv. 8, tit. 6, *quemadmodum servitutes amittuntur* ; Dupont, art. 17, *Cout. de Blois* ; Delalande, *Cout. d'Orléans* ; d'Argentré, art. 54, *Cout. de Bretagne* ; Basnage, Bérault, Godefroy, Flaust, art. 622, *Cout. de Normandie* ; Domat, tit. 2, sect. 13, n° 8 ; Poquet de Livonnière, règle 17, tit. *des Servitudes* ; Dubreuil, *Cout. de Provence*, édit. 1815, p. 15 ; Legrand, *Cout. de Troyes* ; Ferrière, V° *Chemin*, et de nos jours Neveu-Derotrie, les *Lois rurales*, p. 86 ; Toullier, t. 3, n° 557 ; Pardessus, *Servit.*, n° 226 ; Husson, t. 2, p. 506 ; Proudhon, *Dom. public*, t. 1, n° 264 ; Jousselin, t. 2, p. 546 ; Garnier, *Traité des ch.*, p. 25 et 495, et *Législ. nouvel. sur les ch.*, p. 267 ; Sauger, *Louage*, n° 579 ; Dalloz, V° *Voirie par terre*, n° 1401 ; Foucart ; Aubry et Rau et mes *Servitudes de voirie*, t. 2, n° 564 et suiv. ; arrêts de la Cour de cassation des 29 messidor au VIII et 14 thermidor an XIII ; 16 août 1828 ; 11 août et 21 nov. 1835 ; 24 décembre 1839, Blandin et Radais ; 17 février 1841, Lecamus ; 21 juin

1844, Prestat ; 27 juin 1845, Wehrung ; 12 novembre 1847, Lunel ; 20 juin 1857, Sergeron ; 1 juin 1866, Chambert ; 11 février 1870, Sollier ; 10 mai 1881, Com. de Boulvé, à mon rapport ; et les arrêts cités sous les numéros qui suivent.

246. *Le droit existe-t-il sur les chemins ruraux ?* — Je trouve dans le *Journal des conseillers municipaux* de 1843, p. 365, une consultation dans laquelle on soutient que cette charge n'est pas applicable aux riverains des chemins ruraux, il est vrai que la consultation distingue diverses classes de chemins ruraux, et que si elle veut parler des chemins privés, je n'ai ici ni à contredire l'opinion de ces auteurs, ni à l'approuver. Ces Messieurs se fondent, pour soutenir la négative, sur ce motif notamment, que l'entretien des chemins ruraux n'est point une charge communale, et que par suite, les communes ne seraient point obligées de payer le dommage qui résulterait pour les riverains du passage exercé sur les fonds de ceux-ci. Avant de rechercher à la charge de qui sera l'indemnité qui pourra être due dans ce cas, voyons si le droit au passage existe.

La servitude sanctionnée par la loi des 28 septembre-6 octobre 1791 est mentionnée dans le titre des biens ruraux et de la police rurale ; elle est édictée d'une manière générale, sans distinction, pour tous les chemins publics. Il est, en effet, difficile d'admettre des distinctions dans l'application d'une règle fondée sur la nécessité. Une pareille disposition a son principe dans un droit naturel, le droit de passer, la nécessité sociale de maintenir la libre circulation du public. Les chemins ruraux sont destinés à mettre un canton rural, un hameau en communication avec un village, une ville, un abreuvoir, une chapelle, une grande route ; il est impossible de supprimer des communications de cette nature. Aussi est-on généralement d'avis qu'il est permis de passer sur les fonds voisins en cas d'impraticabilité des chemins ruraux : rej., 16 août 1828, Charpentier ; 11 août 1835, S. 35, 1, 577 ; 24 décembre 1839, Blandin ; 21 juin 1844, S. 44, 1, 793 ; 27 juin 1845, sur les conclusions conformes du procureur général Dupin, S. 45, 1, 770 ; 12 novembre 1847, S. 48, 1, 752 ; 10 janv. 1848, S. 48, 1, 303 ; 20 juin 1857, S. 57, 1, 706 ; D. 57, 1, 374 ; 1ᵉʳ juin 1866, S. 67, 1, 91, D. 66, 5, 127 ; 11 février 1870, D. 70, 1, 55 ; 10 mai 1881, à mon rapport qui se trouve reproduit, S. 82, 1, 59 ; 9 décembre 1885, S. 86, 1, 153 ; *sic* : Solon, *Chemins vic.*, p. 88 ; Foucart, t. 3, nᵒ 1356 ; Jousselin, t. 2, p. 427 ; Dalloz, *Rép.*, Vᵒ *Voirie par terre*, nᵒˢ 1390 et suivants ; Limon, *Usages du Finistère*, p. 117 ; Neveu-Derotrie, *Les lois rurales*, p. 856 ; Bourguignat, *Traité du droit rural*, p. 78, et sous l'arrêt de la Cour de Montpellier du 1ᵉʳ décembre 1873, S. 74, 2, 97. La Cour de cassation aurait décidé, dit-on, le contraire par un arrêt de rejet du 17 février 1841, S. 41, 1, 246, dont M. Garnier, *Législat. nouv. sur les ch.*, p. 268, adopte la doctrine, et cette doctrine est défendue dans le *Journal des Conseillers municipaux*, 1843, p. 365, et le *Journal des Communes*, t. 18, p. 158 ; mais, comme on vient de le voir, cet arrêt serait en dissidence complète quant à ce, avec la propre jurisprudence de la Cour suprême.

L'exposé des motifs de la loi sur les chemins ruraux tient l'article 42, titre 2, de la loi du 28 septembre 1791, relatif au droit de passage sur les propriétés riveraines en cas d'impraticabilité des routes, comme encore en vigueur (*Officiel* du 31 oct. 1876, p. 7803, 2ᵉ col.)

947. *Le droit existe, que les fonds riverains soient clos ou non*. — Une fois qu'il est reconnu en principe que cette charge est applicable aux riverains des chemins ruraux, il faut admettre les solutions diverses auxquelles ont donné lieu les difficultés qu'a fait naître dans la pratique cette charge.

Ainsi le droit de se frayer un passage sur les fonds riverains existe alors même que ces fonds seraient clos. Il résulte formellement de l'article 41, titre 2, de la loi des 28 septembre-6 octobre 1791, que tout voyageur peut déclore un champ pour se frayer une route lorsque le chemin public est impraticable, peu importe la manière dont la clôture est faite, mur, planches, haies, fossés ; il est bien entendu toutefois que le droit de déclore ne donne pas celui de renverser tout ou partie des bâtiments.

Mais de ce que la loi de 1791 porte que le voyageur pourra, en cas d'impraticabilité de la route, se frayer un chemin sur le fonds riverain après avoir fait une brèche, pourrait-on en conclure qu'il n'aurait pas le droit de

passer si l'héritage voisin n'était pas clos? Je ne cite
cette objection que parce que M. Dupin, dans son réqui-
sitoire présenté à la Cour, dans l'affaire jugée le 27 juin
1845, a cru devoir la prévoir, et voici comment il y répond : « On n'objectera pas sans doute que l'article 41
ne considère comme licite que le fait de déclore un
champ pour y passer, à raison de l'impraticabilité du
chemin ; car, il est évident que si le droit que donne la
loi, dans un esprit d'intérêt général, va jusqu'à permettre dans ce cas de renverser une clôture, le fait de passer sur un terrain non clos, dans le même cas, est à plus
forte raison un fait licite. Aussi est-ce avec ce caractère
de généralité, que la jurisprudence de la Cour a considéré que devrait être appliqué l'article dont il s'agit,
dans son arrêt du 26 mai 1836 ». *Servitudes de voirie*,
t. 2, n° 569.

Il en résulte que l'on ne peut reprocher à une personne qui en cas d'impraticabilité du chemin public
qu'elle suit, a passé sur un fonds riverain, de n'avoir
pas suivi une autre voie qui aurait pu la conduire à destination. Toulouse, 25 juin 1879, D. 80, 2, 107; Cass.,
9 décembre 1885, S. 86, 1, 153, D. 87, 1, 64.

Mais le droit de passer sur le terrain voisin d'un chemin public impraticable n'autorise pas d'abandonner
ce chemin pour le porter au delà des terres voisines,
joindre un chemin appartenant exclusivement à un propriétaire, et à s'en servir pour atteindre le lieu où on voulait aboutir en usant du chemin devenu impraticable,
Riom, 11 juillet 1821.

248. *Quels qu'en soient les propriétaires des fonds riverains.* — La faculté de passage peut être exercée sur les bois et forêts de l'Etat, des départements, des communes et autres établissements publics, soumis ou non au régime forestier, comme sur les bois des particuliers (Rej., 16 août 1828, Charpentier ; 5 décembre 1833, Prévaux). On cite comme contraire un arrêt de Metz du 28 juin 1824, Champagne.

Elle ne peut être exercée sur les dépendances du domaine public dont la destination est inconciliable avec cette charge. Fuzier-Herman, *Rép.*, V° *Chemin en général*, n. 132.

Il a été jugé que le passage sur la digue d'un canal, interdite à la circulation du public, longeant un chemin public impraticable, s'il a causé des dommages, rend l'auteur passible de l'amende édictée par l'article 11 de l'arrêt du Conseil du 24 juin 1877, C. d'Etat, 4 juin 1852, Rousseau.

Elle peut être également exercée sur les biens des mineurs, femmes mariées sous le régime dotal et autres incapables.

249. *Qui peut l'exercer ?* — L'expression *voyageur* dont se sert la loi de 1791, ne doit pas être entendue dans un sens restreint. Elle comprend, dans sa généralité même les habitants qui voudraient aller d'un point à l'autre de leur commune ; elle s'entend de toute personne qui a besoin de se servir du chemin rendu impraticable, qu'il s'agisse de simple passage, des besoins d'une

exploitation rurale ou d'un transport quelconque. Dumay sur Proudhon, t. 2, p. 811, 814 ; Garnier, p. 496 ;
Bost, n° 195 ; Dalloz, n° 1404 ; Jousselin, t. 2, p. 427 ;
Féraud-Giraud, *Servit. de voirie*, n° 570 ; Garnier, *Des
chem.*, p. 496, et *Législ. nouvel. sur les chem.*, p. 267 ;
Ch. civ. cass., 10 janvier 1848, S. 48, 1, 303, D. 48, 1,
36 ; crim. rej., 20 juin 1857, S. 57, 1, 706, D. 57, 1, 374 ;
1er juin 1866, S. 67, 1, 91, D. 66, 5, 157.

250. *De quelle manière peut-il s'exercer ?* — Le passage sur la propriété voisine peut être employé pour le
même usage auquel était destinée la route devenue impraticable ; ainsi il sera permis, suivant le cas, d'y passer à pied, avec des bêtes de somme et même avec des
charrettes. Garnier, *Chemins*, p. 496 ; Dalloz, n° 1405 ;
Ch. crim. rej., 21 juin 1844, Prestat ; cass., 27 juin 1845,
Wehrung ; rej., 12 nov. 1847, Lunel.

Le voyageur, en se frayant un passage sur le fonds
riverain, doit, autant que possible, choisir le trajet le
moins dommageable au riverain, pour ne point être
accusé d'avoir agi *animo nocendi* ; et si un chemin est
déjà pris sur l'un des fonds riverains, il ne peut être
permis d'en établir un second sur le fonds opposé, de
manière à ce qu'il subsiste en même temps un double
passage ; ce qui n'empêche pas, lorsque l'impraticabilité se renouvelle périodiquement, que le chemin ne
puisse être pris alternativement à droite et à gauche,
comme Toullier faisait remarquer que cela se passait
en Bretagne.

Lorsque l'un des héritages riverains est clos et que l'autre ne l'est point, c'est sur ce dernier qu'il faudra autant que possible établir de préférence le chemin.

Il peut être pris sur des terres ensemencées, plantées d'arbres ou de vignes, ou chargées de récoltes (Ch. crim., rej., 21 juin 1844, Prestat; crim. cass., 27 juin 1845, Wehrung; 20 juin 1857, Bergeron).

Sur des terrains en nature de bois et soumis au régime forestier (Rej., 16 août 1828 et 21 novembre 1835; Grenoble, 9 mai 1834, Cavrot et Frenois).

Mais non à l'aide d'une déviation sur un terrain qui ne toucherait pas à la route (Dalloz, n° 1406).

251. *Qui reconnaît l'impraticabilité?* — J'ai sans cesse rappelé dans les paragraphes précédents qu'il n'était permis de passer sur les fonds riverains d'une route que dans le cas où la route était impraticable. On comprend, dès lors, combien il est important de se fixer sur l'autorité compétente pour apprécier ce point de fait.

M. Garnier, dans son *Traité sur les chemins*, p. 26, attribue au préfet la reconnaissance de cette impraticabilité. Je crois envisager la question sur son véritable point de vue, en faisant observer que dans aucun cas on ne peut imputer à celui qui passe sur le fonds riverain une contravention de voirie, et par suite un fait de la compétence de l'administration, ni des tribunaux administratifs. En effet, la loi défend à qui que ce soit de passer dans les champs où il n'a pas acquis par un moyen légal le droit de passage; elle défend parti-

culièrement au voyageur qui suit un chemin public, de
sortir de sa route et de se frayer une voie nouvelle
dans les propriétés privées. La loi, en disposant ainsi,
n'a nullement en vue un intérêt de voirie ou de circulation, un acte d'administration, elle veut sauvegarder
la propriété privée contre les dommages que lui porte-
raient des personnes qui ne la respecteraient point. Il
est indubitable que ce n'est point à l'administration ni
aux tribunaux administratifs à réprimer les atteintes
portées à la propriété privée des particuliers, et que ce
soin ne peut appartenir qu'aux tribunaux ordinaires,
de sorte que l'individu qui, en quittant la route sur laquelle il se trouvait, grande route, chemin vicinal ou
chemin rural, peu importe, s'introduit dans une propriété riveraine, commettra une contravention du ressort des tribunaux de simple police, et, pour la répression de cette contravention devra être cité devant ces
tribunaux. Il est de règle en France que c'est au juge
du fait à connaître de l'exception ; si le contrevenant,
devant le tribunal de simple police, allègue qu'en sortant de la voie publique et en suivant la propriété privée riveraine, il a fait un acte licite, parce que la route
était impraticable, c'est au juge appelé à statuer sur le
fait, à reconnaître s'il doit admettre l'exception et à apprécier s'il doit ou non condamner. Aussi voyons-nous
que l'article 41, titre 2, de la loi des 28 septembre-
16 octobre 1791, a laissé au juge de paix de canton le
soin de décider si le chemin public était ou non impraticable. Dans les diverses espèces déférées à la Cour de

cassation, et que nous avons citées précédemment, les tribunaux de police ont toujours apprécié la question d'impraticabilité, et jamais la Cour de cassation n'a considéré ce fait comme un abus de pouvoir. Je ne vois pas pourquoi on devrait s'écarter de cette opinion, que j'ai déjà défendue dans les *Servitudes de voirie*, t. 2, n° 572.

La solution devrait être la même si la question était portée par voie d'action civile devant les tribunaux civils, ce serait à eux à reconnaître s'il y avait lieu ou non à l'application de la loi de 1791, en appréciant si le chemin était ou non impraticable. Rennes, 31 janvier 1880, S. 81, 2, 62.

259. *Est-il dû une indemnité au riverain?* — Le passage sur les fonds riverains en cas d'impraticabilité des routes, leur cause un préjudice dont les riverains doivent être portés à demander la réparation; sont-ils fondés, dans ce cas, à demander une indemnité? Il en est qui refusent toute indemnité; le passage est suivant eux le résultat d'une force majeure qu'on ne peut reprocher à personne, et celui qui en souffre doit en supporter sans se plaindre les conséquences. D'autres distinguent; ainsi M. Proudhon, *Domaine public*, n° 264, dit : « S'il n'y a point eu de clôture brisée, il n'est point dû d'indemnité au propriétaire du fonds, puisque la loi ne lui en accorde qu'en cas de renversement de sa clôture, et non pour le simple fait de passage qui ne peut entraîner qu'un faible dommage. » Si j'admettais une distinction, je préférerais distinguer entre le cas où l'impraticabilité est le résultat exclusivement d'un fait de force majeure et celui où il est dû au défaut d'entretien ou au vice de construction du chemin.

Dans l'ancien droit, le système de l'indemnité paraissait généralement prévaloir, quoiqu'il ne fût pas admis partout, comme en témoigne l'article 37 du règlement provençal. M. Toullier, de nos jours, s'est exprimé ainsi, t. 2, n° 557 : « Si la voie publique est momentanément devenue impraticable, par quelque cause que ce soit, le propriétaire riverain doit donner un passage sur son fonds ; mais il doit être indemnisé par la Commune, si c'est un chemin vicinal, ou par tous ceux qui doivent contribuer à la réparation du chemin, si l'entretien est à la charge des particuliers ».

Plusieurs auteurs se sont prononcés dans le même sens (Garnier, p. 26 ; Pardessus, *Servitudes*, n° 226 ; Henrion de Pansey, *Des justices de paix*, chap. 22, § 3 : de Villeneuve, *Recueil d'arrêts*, observations sur l'arrêt de rejet de la Chambre des requêtes du 11 août 1835 (aff. Delpy) ; Dalloz, n° 1410 ; voyez encore, sur cette question, la *Revue de législation et de jurisprudence*, de Wolowski, t. 4, p. 238). Nous ne pouvons que partager l'avis de ces jurisconsultes, comme nous l'avons déjà fait, *Servitudes de voirie*, t. 2, n° 573. Le principe de l'indemnité est posé dans la loi de 1791, titre 2, art. 41, et lorsque cet article a parlé surtout du cas où il faudrait déclore la propriété voisine pour se frayer un passage, sa disposition a un caractère démonstratif, mais non

restrictif. On ne peut rien reprocher au voisin ; si on
commet, dans un intérêt public, des dégâts chez lui, le
droit à la réparation est ouvert, quelle que soit l'importance de ces dégâts. Il est d'ailleurs inexact de dire que
le simple passage à travers un champ, lorsqu'on n'a
point été obligé pour l'exercer, de briser des clôtures,
ne peut entraîner qu'un faible dommage, car le passage
peut s'exercer alors à travers des semis et des plantations, et causer un préjudice réel très grave, dont l'effet
peut se faire sentir au même moment et dans l'avenir.
Aussi M. Dumay, t. 1, note, au n° 264, p. 335, dans l'édition du *Domaine publique*, de Proudhon, qui a été publié à Dijon en 1844, ne balance-t-il pas à combattre
l'opinion de Proudhon ou du moins la distinction qu'il
veut établir en matière d'indemnité. La Cour de cassation, dans divers arrêts, a plus ou moins explicitement
admis le droit à l'indemnité, dans le cas d'un dommage
quelconque souffert par le riverain d'une route impraticable (Cass., 14 thermidor an XIII, comm. de Saint-
Hippolyte ; req., rej., 11 août 1835, Delpy ; req., rej.,
24 décembre 1839, Blandain et Radais ; req., rej., 17 février 1841, Lecamus ; cass. crim., 27 juin 1845, Wehrung).

253. *Qui doit la payer.* — Il est indubitable que
celui qui est chargé de pourvoir à l'entretien de la route
devra supporter l'indemnité qui pourra être due ; or,
comme nous établirons plus tard que l'entretien des chemins ruraux est une charge communale, c'est à la com-

mune à payer l'indemnité due aux riverains qui ont supporté un dommage à la suite de l'impraticabilité de ces
chemins, comme c'est à elle de subir tous les dommages
résultant en général du défaut d'entretien de ces chemins, ce que j'ai établi en m'appuyant sur les arrêts de
la Cour de cassation des 17 mars 1837, 8 mai 1856 et
30 novembre 1858.

Il y a ici de plus un argument de texte à invoquer,
puisque l'article 41 du titre 2 de la loi de 1791, met ces
indemnités à la charge des communes, et si je n'admets
pas que cette indication doive sortir à effet lorsque le
passage a lieu à raison de l'impraticabilité des routes
qui n'ont aucun caractère communal, il est impossible
de repousser l'application littérale de la loi pour ces dernières. C'est dans ce sens que la Cour de cassation l'a
jugé à l'occasion des chemins vicinaux, dans ses arrêts
des 27 juin 1845 et 10 janvier 1848; et spécialement des
chemins ruraux dans ceux, des 11 août 1835, S. 35, 1, 577;
21 juin 1844 et 16 août 1848 ; 30 novembre 1858, S. 59,
1, 251 ; Limoges, 19 janvier 1860, S. 60, 2, 263, et 28 juin
1869, S. 69, 2, 286, D. 70, 2, 93 ; C. cass., 1ᵉʳ juin 1866,
S. 67, 1, 91 ; 11 février 1879, S. 79, 1, 168 ; 10 mai 1881, à
mon rapport reproduit S. 82, 1, 59, D. 81, 1, 449 ; 9 décembre 1885, S. 86, 1, 153. Voyez dans le même sens Proudhon, *Dom. public*, t. 1, n° 264 ; Toullier, t. 3, n° 557 ;
Jousselin, t. 2, p. 428 ; Solon, *Ch. vic.*, p. 88 ; *Courrier
des Communes*, 1835, p. 171 ; Dalloz, nᵒˢ 1412 et suiv. ;
Bourguignat, note à l'arrêt de Montpellier du 1ᵉʳ décembre 1873, S. 74, 2, 97. Prévost, *Ch. vicinaux*, p. 211 ;

Aubry et Rau, t. 3, p. 33, § 244 ; *contrà*, cependant Cappeau, *Législation rurale et forestière*, t. 1, p. 682, n°32 ; Bost, n° 191 ; Dumay sur Proudhon, t. 2, p. 815 ; Cabantous, *Répétit.*, 6ᵉ édit., n° 560, et ch. civ., rej., 17 février 1841, S.41,1,246. Toutefois cet arrêt est moins formel qu'il le paraîtrait au premier abord, car il a statué dans une espèce où le caractère de chemin public n'était pas constaté par le juge du fond ; mais il faut reconnaître que la doctrine attribuée à tort à l'arrêt de 1841 de la Cour de cassation, est adoptée par les cours de Rennes, 31 janvier 1880, S. 81, 2, 62, et de Montpellier, 26 novembre 1873, S. 74, 2, 97, *Gaz. trib.*, 19 décembre.

La dernière opinion repose sur cette idée, fausse suivant nous et que nous aurons à combattre, que les communes ne sont pas tenues d'entretenir les chemins non classés comme communaux, et qu'elles ne doivent dès lors pas payer les dommages résultant de ce défaut d'entretien. Il faut distinguer à ce sujet entre les obligations générales, celles résultant du droit civil, réglant les rapports avec les tiers et celles résultant pour les communes des règlements intérieurs d'administration. On ne veut pas que les communes qui n'ont que des revenus suffisants pour faire face aux dépenses obligatoires et à l'entretien des chemins vicinaux, portent leurs fonds sur les chemins ruraux ; c'est là une mesure administrative commandée par une situation financière qui ne modifie pas le droit de propriété des communes sur les chemins ruraux, avec l'obligation accessoire de réparer les dommages résultant de cette propriété. Je tenais d'autant plus à insister sur ce point que M. Dalloz a paru croire, V° *Voirie par terre*, n° 1414 que j'étais de ceux qui pensent que les communes ne pouvant employer librement leurs fonds sur les chemins ruraux, ne sont dès lors pas tenues de réparer les dommages qu'ils occasionnent; au n° 534 des *Servitudes de voirie*, je n'ai entendu soutenir qu'une chose, à savoir que l'article 41 de la loi de 1791 qui met à la charge des communes l'indemnité à payer pour passages sur les riverains des routes impraticables, ne devait pas être entendu d'une manière trop générale, et au point de mettre cette indemnité à la charge des communes, lorsque l'entretien de ces routes n'est pas à leur charge, comme cela a lieu pour les routes nationales et départementales, qui n'appartiennent pas aux communes; Cass., 11 août 1835, S. 35, 1, 577; mais pour les chemins qui sont la propriété des communes, tels que les chemins vicinaux et ruraux, l'entretien est à la charge des communes, qui y pourvoient dans la limite des crédits ouverts et des possibilités financières, et les conséquences du défaut de réparation sont également à leur charge; c'est ce que j'ai d'ailleurs formellement soutenu au n° 698, t. 2 des *Servitudes de voirie*, et dans la première édition de ce travail sur les chemins ruraux, p. 45. Cet avis est partagé par Naudier, n° 78 et suiv., 139.

Si celui qui se fraye un passage le long d'un terrain riverain d'une voie publique impraticable, causait des dommages aux champs, en dehors du passage qu'il a le

27

droit de pratiquer, il en serait seul responsable sans que la commune pût être actionnée en réparation.

D'autre part, si celui qui est obligé de subir un préjudice à raison de ce passage était la cause de l'impraticabilité du chemin par son fait, ou sa faute, ou la faute de ceux dont il doit répondre, et même de son prédécesseur, il cesserait d'être recevable à demander une indemnité à la commune. Limoges, 18 juin 1869, S. 69, 2, 286, D. 70, 2, 93.

254. *Qui doit la régler?* — Si j'examinais la question d'une manière générale, au point de vue des diverses routes qui peuvent par leur impraticabilité donner l'occasion de passer chez les riverains et d'y causer des dommages, elle pourrait présenter des incertitudes sur le point de savoir qui des tribunaux administratifs ou civils serait compétent. Mais à l'occasion des dommages résultant du passage sur les terres riveraines d'un chemin rural, la difficulté ne peut naître, et la compétence administrative ne saurait être légalement revendiquée. Naudier, n° 139, p. 176.

Les juges ont un pouvoir discrétionnaire pour apprécier l'existence et l'importance du préjudice. Cass., 2 avril 1878, S. 80, 1, 119 ; 9 janvier 1882, S. 84, 1, 271. C'est également à eux à apprécier les rapports de cause à effet entre la faute reprochée et le préjudice. Cass., 20 janvier 1880, S. 81, 1, 359. Ils peuvent donc déclarer souverainement que le préjudice causé par les dépenses nécessitées par l'impraticabilité, sont postérieures et indépendantes en tout ou en partie de cette impraticabilité. Cass., 6 février 1894, S. 94, 1, 309.

255. *Difficultés sur la nature des chemins; compétence.* — Ce serait à l'autorité administrative à prononcer préalablement sur le caractère de la voie, si la commune, menacée de voir mettre l'indemnité à sa charge par le motif que le chemin sur le bord duquel le passage a eu lieu était communal, soutenait que c'est une grande route dont l'entretien est à la charge de l'Etat. Arrêt de cass., du 14 thermidor an XIII, comm. de Saint-Hyppolyte. *Sic*: Jousselin, t.2, p.428; Naudier, n° 139, p. 177.

---

§ 9. — Dommages divers.

256. *Dommages divers.* — L'exécution des travaux sur les chemins ruraux donne lieu à des dommages de diverses natures ; les uns exigent la cession de terrains, cette cession doit être précédée d'une vente volontaire, et à défaut, d'une expropriation ; les autres consistent dans des gênes apportées temporairement à la circulation, à des préjudices temporaires résultant de dégâts accidentels, à des préjudices permanents tels que des gênes dans les communications avec la voie publique, privation de jours et autres.

Les règles à suivre sont celles qui sont applicables en général à tous les travaux publics. Je ne les rappellerai pas ici ; le faire sans entrer dans certains détails

serait une indication inutile dans la pratique. Entrer
dans des détails serait entreprendre un traité spécial,
car je crois bien en 1845 avoir publié un volume sur
cette matière en particulier, volume aujourd'hui disparu
et dans tous les cas actuellement fort peu utile ; des
questions alors difficiles et discutées ayant disparu et
des difficultés nouvelles ayant surgi, je me borne donc
à signaler les deux règles suivantes.

257. *Droit à l'indemnité.* — Les dommages, pour
la plupart, donnent droit à une réparation, c'est-à-dire
au paiement d'une indemnité correspondante au préjudice causé, à moins qu'ils ne soient qu'indirects et qu'ils
ne consistent que dans une gêne de circulation temporaire et inévitable pour tout travail d'entretien.

Il ne faudrait pas se référer à l'article 1382 du Code civil, comme on le fait trop souvent, pour rechercher si
cette réparation est due ou non. Cet article se plaçant en
face d'un délit ou quasi-délit, n'autorise une demande en
réparation du préjudice que s'il y a une faute de la part
de l'auteur. Or, l'administration qui exhausse le sol
d'une route devant votre maison, pour améliorer la circulation sur une voie publique, ne commet aucune faute,
et elle doit cependant réparer le préjudice qu'elle vous
cause en vous imposant une gêne dans vos accès sur
cette voie publique dans un intérêt public. C. d'Etat,
22 novembre 1889, Freyssenet.

C'est la commune, qui fait exécuter les travaux, qui
doit faire face au paiement des indemnités.

Toutefois l'Etat est responsable à l'exclusion de la commune des dommages résultant des travaux de rectification d'un chemin rural, alors que ces travaux ont été exécutés par le Génie sous la seule autorisation du maire, et que d'après la convention intervenue avec la commune, celle-ci ne devait aucunement contribuer aux dépenses. C. d'Etat, 10 mai 1889, ministre de la guerre.

Dans le cas où une association syndicale s'est substituée à elle pour les travaux, on a dit que c'était l'association qui devrait payer. Je le pense également, mais comme le chemin public n'en reste pas moins la propriété de la commune, que les travaux exécutés par le syndicat sont soumis à la surveillance du maire, et que l'association n'agit en définitive que pour le compte de la commune, je ne vois pas comment on pourrait déclarer irrecevable une demande qui serait formée en pareil cas directement contre la commune et son maire la représentant.

Le concours donné par un riverain aux travaux n'implique pas par lui-même l'abandon des réclamations qu'il formulerait pour dommages; ainsi jugé en matière de chemins vicinaux. C. d'Etat, 23 novembre 1888.

258. *Compétence.* — Dans le cas où un arrangement amiable ne peut intervenir pour la fixation du chiffre de l'indemnité, ou s'il y a désaccord sur le principe lui-même, s'agissant de dommages causés par l'exécution de travaux publics, ce seront les tribunaux administratifs qui en connaîtront. E. Guillaume, *Voirie rurale*, n° 55,

p. 68; à moins que la commune n'eût agi que pour la satisfaction d'un intérêt privé. Trib. des Conflits, 22 juillet 1887, Petitjean.

ART. 9. — *Police* ; *contraventions* ; *répression*.

L'autorité municipale est chargée de la police et de la conservation des chemins ruraux.

SOMMAIRE

§ 1

Pouvoirs de l'autorité administrative

§ 2

Contraventions

§ 1. — Pouvoirs de l'autorité administrative.

259. *Obligations qui résultent de la reconnaissance pour l'administration.* — La reconnaissance par l'autorité administrative impose aux maires et aux agents municipaux le devoir de veiller sur les chemins ruraux, et d'empêcher notamment qu'ils ne soient l'objet d'empiétements et d'usurpations de la part des riverains. Cela est formellement indiqué soit par les instructions ministérielles du 16 novembre 1839, soit par les auteurs qui les ont commentées, et aujourd'hui par l'article 9 de la loi de 1881, et les actes et instructions concernant son exécution. Et en effet les procès-verbaux dressés dans ce cas contre les contrevenants les soumettraient à des condamnations auxquelles ils ne pourraient échapper qu'en prouvant dans certains cas leur droit de propriété. Ces exceptions seront plus tard l'objet d'un examen particulier.

260. *Action préventive de l'autorité administrative.* — Le ministre de l'intérieur, résumant ses instructions du 16 novembre 1839, disait alors : « L'action de l'autorité administrative, en ce qui concerne les chemins ruraux, n'est donc à peu près que préventive, c'est-à-dire qu'elle a pour objet de les défendre contre les anticipations et les dégradations, et de faire disparaître les obstacles qui seraient de nature à gêner la sûreté et la commodité du passage sur ces voies publiques ; toutefois, cette action préventive importe assez aux intérêts agricoles, pour qu'elle doive être exercée avec suite et fermeté ». La circulaire du 24 juin 1836 contenait les mêmes idées.

La nouvelle loi, en ce qui concerne les chemins non reconnus, n'a pas modifié ces pouvoirs que les autorités administratives tenaient des lois constitutives de leur organisation. Mais, pour les chemins reconnus, l'article 8 de la loi, en attribuant aux préfets un droit spécial de réglementation, les a accentués d'une manière notable pour cette classe de chemins ruraux, tandis que les autres restaient sous l'empire des anciennes lois.

Le règlement général de 1883, art. 77 et suivants, auxquels on pourra se reporter, puisque j'en ai reproduit le texte sous l'article précédent, indique les matières qui peuvent être le plus habituellement l'objet d'une réglementation spéciale, sous le titre VII, conservation et police des chemins.

261. *Sur quoi se fonde l'action de l'administration.* — Cette action et ce pouvoir se fondent sur l'article 3 de la loi des 16-24 août 1790, qui comprend parmi les objets confiés à la vigilance et à l'autorité des corps municipaux, *tout ce qui intéresse la sûreté et la commodité du passage dans les rues, quais, places et voies publiques*; et pour les chemins ruraux reconnus elle se fonde en outre sur l'article 8 de la loi de 1881.

262. *Par qui elle est exercée; maires.* — Confié aux corps municipaux par la loi de 1790, ce pouvoir par suite des modifications apportées à notre organisation administrative, est aujourd'hui passé dans les attributions des maires, soit au pouvoir administratif actif, par opposition aux corps administratifs délibérants. Il est exercé plus spécialement par le maire, et, à défaut, par ceux que la loi spéciale charge de les remplacer, d'après des règles générales sur l'administration municipale que nous n'avons pas à rappeler ici. Dufour, t. 3, p. 405, nº 404.

Pour les chemins ruraux reconnus, il est attribué aux préfets, quant aux mesures générales de réglementation à prendre, et aux maires quant à leur exécution. Pour les chemins non reconnus, la réglementation, comme l'exécution des mesures prises, sont confiées à l'autorité municipale; l'article 9 de la loi de 1881 est très formel, et ne peut laisser de doutes sur l'autorité des maires en ces matières.

Cet article est la reproduction littérale du premier paragraphe du même article du projet. C'est une juste application des principes déjà contenus au moins en germe dans l'ancienne législation. Propriétés de la commune, les chemins ruraux doivent être surveillés par le corps d'habitants qui en est propriétaire. Exposé des motifs, *Officiel* du 31 octobre 1876, p. 7804, 3° col.

L'article 9 ne fait que confirmer en effet une attribution qui appartenait déjà aux maires d'après les lois des 16-24 août 1790, titre II, art. 3, et 18 juillet 1837, art. 10 et 11, et que leur a confirmé la loi du 5 avril 1884, il leur permet de réglementer non seulement les objets de police concernant les chemins ruraux non reconnus, mais encore concernant les chemins reconnus, lorsqu'ils n'auront pas été réglementés par les préfets en vertu de l'article 8 de la nouvelle loi. Les maires continuent d'exercer cette attribution sous le contrôle des préfets et conformément aux articles 91 et suivants de la loi du 5 avril 1884. Les infractions à leurs arrêtés tombent sous l'application de l'article 471 du Code pénal. Circ. min., 27 août 1881.

263. *Pouvoirs des préfets*. — Les préfets ne peuvent prendre des arrêtés de police pour la sauvegarde et la conservation d'un chemin rural appartenant à une commune spécialement (Solon, *Chem. vic. et rur.*, p. 85). A moins qu'ils n'aient à vaincre le refus ou la résistance du maire ; dans ce cas, après due constatation, le préfet pourra agir directement ou par délégation, l'article 85 de la loi du 5 avril 1884 nous paraît formel dans ce sens, puisqu'il dispose que « dans le cas où le maire refuserait ou négligerait de faire un des actes qui lui sont prescrits par la loi, le préfet, après l'en avoir requis, pourra y procéder d'office par lui-même ou par un délégué spécial. »

M. Ad. Chauveau pense que les préfets pourraient directement prendre des arrêtés en ces matières, si au lieu d'avoir pour objet tel chemin déterminé, ou les chemins ruraux d'une commune, ils réglementaient les chemins ruraux d'un département, et il cite un arrêté pris dans ces conditions par le préfet de Vaucluse, *Journal de droit adm.*, t. 5, p. 207, et t. 6, p. 163. M. Dalloz, V° *Voirie par terre*, n° 1423, ne paraît pas partager l'avis de M. Chauveau, j'ai cependant cru devoir m'y ranger par des motifs que j'ai déjà indiqués, et en l'état de l'article 8 de la loi de 1881, cela n'est plus contestable pour les chemins reconnus.

Mais tout le monde sera d'accord pour admettre que, en l'absence d'un arrêté municipal spécial, on ne peut appliquer aux chemins ruraux les arrêtés pris par les préfets pour réglementer la voirie vicinale. Bost, n° 80 ; Dalloz, n° 1423 ; ch. crim., 30 mai 1840, Marette.

264. *Depuis la loi de* 1881. — Nous avons déjà eu l'occasion d'indiquer les dispositions de l'article 8 de la loi de 1881, chargeant les préfets de faire un règlement

pour l'exécution de cette loi dans leur département. Le
ministre, qui avait d'abord songé à leur laisser une
initiative complète pour la préparation de cet acte, a cru
plus tard utile de leur transmettre un projet de règlement
pour les guider dans leur travail. Nous avons reproduit
ces instructions sous l'article 8 ; on y trouvera sous les
articles 77 et suivants, une série de dispositions concernant la conservation et la police des chemins, que nous
nous dispenserons de reproduire ici.

265. *Étendue du pouvoir des maires.* — M. Ad.
Chauveau dit dans son *Journal de droit administratif*,
t. 10, p. 359. « Il serait plus logique de considérer les
chemins ruraux comme des propriétés ordinaires donnant lieu à une action civile et non à une action répressive, mais j'ai cédé à une jurisprudence constante de
la Cour de cassation qui crée pour ainsi dire, comme
les anciens parlements, une règle de simple police, règle
acceptée généralement. » Je ne crois pas que cette base
fut suffisamment solide pour y fonder un système juridique. Si on ne pouvait s'établir que sur les arrêts de
la Cour de cassation pour constituer le pouvoir réglementaire et de police des maires en ces matières, et le
pouvoir répressif des tribunaux, il faudrait bien sortir
d'une pareille voie, aucuns tribunaux ne pouvant en
France placer sous la juridiction répressive, des faits
que la loi ne considère pas comme des délits, des crimes ou des contraventions. C'est en considérant les
chemins ruraux comme des chemins publics, ce qui est

leur véritable caractère, que l'on a pu les défendre au
moyen de l'action préventive des maires et de l'action
répressive des tribunaux, et sur ce point tout le monde
est d'accord ; pourquoi sur bien d'autres points se re-
fuse-t-on à leur attribuer le bénéfice des conséquences
forcées auquel conduit la reconnaissance de publicité
d'un chemin ?

Les maires doivent donc s'attacher à faire disparaître tous obstacles gênant la circulation sur les chemins
ruraux, et à les défendre notamment contre les anticipations et les usurpations ; avis du Conseil d'Etat du 21 août
1839 ; instructions ministérielles des 24 juin 1836 et
16 novembre 1839 ; Dufour, *Droit adm.*, t. 3, p. 406,
n° 404 ; Chauveau, t. 3, p. 405, t. 5, p. 207 ; Braff, n° 296 ;
Dalloz, n° 1423, et les nombreux arrêts cités ci-après.

Nous avons déjà indiqué dans un des paragraphes
précédents, l'étendue et la portée de leurs arrêtés en ces
matières, et nous avons accompagné l'indication des
principes de certaines règles d'application en ce qui
concerne spécialement les permissions de voirie, constructions, plantations, etc., sous l'article 8 de la loi.
Nous n'y reviendrons pas ici.

La portée de ces arrêtés au point de vue des questions
de publicité et de propriété a fait l'objet d'un examen
particulier, et motivera encore quelques observations
lorsqu'il sera question des exceptions préjudicielles soulevées devant les tribunaux de police par les délinquants.

La circulaire ministérielle du 16 novembre 1839 fait
justement remarquer que les arrêtés réglementaires pris

par les maires en ces matières doivent, aux termes de l'article 11 de la loi du 18 juillet 1837, être adressés au sous-préfet; que le préfet peut les annuler ou en suspendre l'exécution et qu'ils ne sont exécutoires qu'un mois après la remise de l'ampliation constatée par les récépissés donnés par le sous-préfet. La circulaire du 27 août 1881, pas plus que la loi de 1884, ne modifient ces instructions.

Lorsque l'action administrative n'a pas été suffisante pour prévenir les contraventions, elles doivent être constatées et réprimées conformément aux règles que nous allons indiquer.

En ce qui concerne les chemins ruraux reconnus, les maires doivent assurer les mesures prises par les préfets dans les règlements généraux sur ces chemins, d'après l'article 8 de la loi de 1881, et ils ne sauraient en modifier les dispositions. Toutefois ils conservent le droit non seulement de réglementer les objets de police concernant les chemins ruraux non reconnus, mais encore ceux relatifs aux chemins reconnus tant que le préfet aura négligé de le faire. Circ. min. int.,27 août 1881.

Notre loi, comme en témoigne l'article 9, a voulu conserver aux maires la police et la conservation des chemins.

On a paru craindre qu'on n'obtînt cependant pas des maires tout ce qu'on devait en espérer, et déjà bien avant la loi de 1881, je vois ces craintes manifestées, notamment dans le travail de M. Saint-Martin, juge de paix, sur les chemins ruraux, spécialement

p. 1, 5 et 9. Mais il était assez difficile de faire autrement et de centraliser directement le service des chemins ruraux entre les mains des préfets. Lors de la discussion de la loi de 1881, on s'est récrié contre une prétention de cette nature. Toutefois, en ces matières comme dans toutes les matières administratives, les préfets exercent un pouvoir de surveillance et de contrôle (Circ. min., 27 août 1881), et tout au moins d'avis et de conseil, dont ils peuvent utilement user dans l'intérêt de la gestion des intérêts communaux.

366. *Restrictions au droit de passage, apportées par les maires sur les chemins ruraux reconnus.* — Le devoir de l'administration est de veiller à ce que les chemins, et spécialement les chemins reconnus, ne soient pas l'objet d'usurpations et de détériorations, mais la qualité de chemin public, constatée par cette reconnaissance, ne permet pas à l'administration de restreindre la liberté de circulation sur ces voies, par des motifs qui seraient d'intérêt privé. Ainsi, un maire avait cru devoir interdire pendant quelque temps la circulation sur un chemin rural, dans la partie où il traversait certains champs de vignes. Le but de la mesure était de prévenir des maraudages que l'on pourrait commettre dans ces vignobles. Procès-verbal fut dressé contre une personne qui avait contrevenu à cette prohibition. La Cour de cassation déclara que le pouvoir des maires ne pouvait aller jusqu'à interdire aux citoyens l'exercice des droits que la loi leur accorde, et spécialement la jouissance des sentiers publics qui traversent les propriétés sur lesquelles des récoltes existent. C. cass., 14 janvier 1881 ; Herman, *Voirie vicinale*, n° 913.

Il a été jugé que c'était à bon droit que le juge de police avait refusé d'appliquer l'article 471, n° 18, du Code pénal, à un individu inculpé d'avoir passé avec voiture sur un sentier, en contravention à un arrêté préfectoral, lorsque cet acte administratif, simple arrêté de classement des chemins ruraux, ne contenait aucune prohibition de cette nature ; et que d'ailleurs il était constaté que depuis son classement cette voie avait été améliorée de manière à rendre possible la circulation en voiture. Cass., 28 octobre 1892, *Bull.*, n° 266.

L'autorité qui ne peut restreindre le droit de passage d'une manière arbitraire et dans un intérêt exclusivement privé, n'userait que d'un droit lui appartenant, si dans un intérêt public de sécurité elle interdisait temporairement le passage sur une voie publique dont la solidité serait suspecte. C. d'Etat, 28 mars 1885, Vivarés, S. 87, 3, 2. Les auteurs du répertoire publié sous la direction de M. Fuzier-Herman pensent, que par mesure de police, un maire pourrait empêcher les voitures de passer sur certaines portions de chemin les jours de foire et marché, et même en sens inverse les piétons d'y circuler au moment où doit s'effectuer une importante circulation de voitures. *Rép.*, V° *Chemin en général*, n°ˢ 98, 99.

267. *Abornement des chemins ruraux.* — Est une mesure très utile pour prévenir les empiétements et les usurpations, et doit être fait en se conformant aux principes posés dans l'article 13 de la loi de 1881. S'ils peuvent être remplacés par des plans d'alignement, ils n'en sont pas moins très utiles pour signaler aux riverains qui ne pourraient pas toujours consulter ces plans, les limites de leur héritage, et pour permettre aux cantonniers et agents de surveillance de s'assurer facilement que ces limites n'ont pas été dépassées.

Le défaut d'abornement ne peut faire excuser une contravention de dégradation et d'anticipation, sous prétexte de bonne foi. C. cass., 8 août 1862, D. 63, 1, 387. Consulter toutefois l'arrêt du Conseil d'Etat du 25 mars 1892, Basiliens de Prades.

268. *Terrains voisins de la voie publique et confondus avec elle.* — Un arrêté municipal, dans l'intérêt de la sûreté publique, peut prescrire aux propriétaires des terrains qui avoisinent un chemin public, de prendre des mesures pour prévenir les accidents que pourrait occasionner l'établissement de puits restant ouverts à ras de terre. Mais dans ce cas il doit se borner à ordonner des mesures générales de précaution, sans pouvoir prescrire un moyen unique et spécial pour arriver à ce résultat, sinon la mesure indiquée constituerait une atteinte au droit de propriété et un abus de pouvoirs. C. cass., 1er mai 1868, S. 68, 1, 187.

En principe, les maires sont autorisés à prendre des

arrêtés généraux pour assurer la police sur les terrains
voisins de la voie publique et qui se confondent en fait
avec elle, bien qu'appartenant à des riverains. C. cass.,
5 février 1844, S. 44, 1, 253 ; 5 mars 1863, S. 64, 1, 150 ;
26 juin 1863, S. 64, 1, 151; 9 mai 1867, S. 67, 1, 269.

D'un autre côté, ce pouvoir de police qui peut aller
jusqu'à défendre aux voisins d'user de leur propriété
d'une manière qui menace la sûreté de la circulation par
des abus de jouissance, ne saurait aller jusqu'à les obliger à des travaux spéciaux destinés à prévenir l'effet de
circonstances atmosphériques pouvant menacer la sûreté de la voie. Ainsi, forcer les riverains dont les terres
sont en nature de montagnes à surveiller les roches qui
menacent de glisser, prévenir les effets du délit des roches résultant des dégels, etc. Il n'y aurait que le cas où
l'éboulement proviendrait du fait du riverain et non
d'un fait naturel indépendant de sa participation, qui
pourrait entraîner une responsabilité pour ce riverain.

269. *Mesures de police ; responsabilité*. — Une
très grave question s'est élevée sur le point de savoir
si les fonctionnaires sont responsables personnellement
des conséquences de mesures de police qu'ils prennent,
ou qu'ils ne prennent pas, lorsqu'il en résulte un préjudice pour des tiers. En dehors de leur responsabilité
personnelle, leurs actes, en pareil cas, n'engagent-ils
pas la responsabilité de l'Etat, si ce sont des préfets qui
ont agi ou dû agir, des communes, si l'action appartenait aux maires. Ce sont là des questions très graves

dont l'examen mériterait des développements qui ne peuvent trouver leur place dans un travail sur les chemins ruraux, bien qu'elles puissent recevoir leur application en ces matières. On a exonéré les communes de toute responsabilité en pareil cas, dans un arrêt de Bordeaux, 18 mai 1841, S. 41, 2, 436; Sourdat, *Responsabilité*, t. 2, n° 1369. Le même principe a été appliqué en faveur de l'Etat; C. d'Etat, 5 mars 1880, Bitton. Mais le système contraire sert de base à bien des décisions de justice, parmi lesquelles on peut citer Cass., 30 novembre 1858, S. 59, 1, 251; Limoges, 19 janvier 1860, S. 69, 2, 263; Toulouse, 8 mai 1863, S. 63, 2, 231; Cass., 17 février 1868, S. 68, 1, 148.

Nous pensons que le fait doit influer considérablement sur l'application du droit. Il nous paraît difficile d'admettre en principe que l'acte du fonctionnaire, alors même qu'il est régulier et légal, et le décharge personnellement de toute responsabilité, puisqu'il n'est en pareil cas que l'accomplissement du devoir, n'engage pas la responsabilité du corps moral ou administratif, Etat, département ou commune, dans l'intérêt duquel il est accompli, s'il cause préjudice à autrui; d'un autre côté, si ce préjudice n'est que le résultat d'une mesure prévue par les lois et règlements, et à laquelle le citoyen doit se soumettre, par suite d'une disposition expresse de ces lois ou règlements; si elle n'a rien d'exceptionnel, de privativement nuisible, elle doit être supportée sans indemnité, comme résultat des charges qui pèsent réciproquement sur tous les membres de l'association elle-même.

Il y a également une différence à faire entre l'acte actif, ou soit la mesure prise, et l'acte passif, ou soit le défaut par le fonctionnaire de la prendre. Et encore ici faudrait-il distinguer entre les mesures qu'il devait prendre d'après les lois et règlements et celles qu'il pouvait prendre, c'est-à-dire qui, sans lui être imposées par l'accomplissement rigoureux de ses devoirs, rentraient dans les limites de sa compétence.

Enfin si le fonctionnaire dépasse les limites de ses pouvoirs, et surtout s'il agit en dehors de l'action qui lui appartient, il doit être personnellement tenu des conséquences de ses actes illégaux, s'ils sont préjudiciables. La délégation d'un pouvoir public ne pouvant couvrir les abus de ce pouvoir, et légitimer, ni même excuser les actes commis en dehors des limites de la délégation reçue, et autoriser à tout faire impunément.

§ 2. — Des contraventions.

270. *Des contraventions de police.* — Je n'ai pas à faire ici un exposé de toutes les contraventions de police prévues par le Code pénal dans son livre IV, art. 464 et suivants, même en me limitant aux chemins et voies publics en général, je ne puis que renvoyer aux traités généraux sur le Code pénal, je me bornerai à relever quelques décisions intervenues en ces matières, concernant les chemins ruraux spécialement, elles me paraissent être des précédents utiles à consulter.

Les mots chemins publics, voie publique qui se trouvent dans les articles 479, n° 11, du Code pénal et 471, n° 4, du même Code comprennent tous les chemins qui appartenant à la commune font partie de son domaine public. Mais un chemin privé peut être grevé, au profit des habitants d'une commune, d'une servitude de passage sans cesser d'être privé et d'appartenir à un particulier. La voie publique communale est, comme le disait la loi romaine, *cujus etiam solum publicum est*. La Cour de cassation le 7 juillet 1888 (S. 89, 1, 396), au rapport de M. le conseiller de Larouverade, en l'état d'une constatation en fait : 1° que la commune n'avait qu'un droit de passage sur un chemin désigné ; 2° que le sol de ce chemin ainsi que les fossés et plantations avaient toujours appartenu à un particulier ; a décidé « qu'en présence de cette double constatation le caractère purement privé de ce chemin se trouvait nettement déterminé ; qu'on ne saurait en effet considérer comme un chemin public, au sens légal, une voie de communication dont l'assiette et les dépendances n'appartiennent pas au domaine public communal, et sur laquelle existe une simple servitude de passage ; alors même que cette servitude s'exercerait au profit de la commune entière ; qu'un tel chemin constitue une propriété privée, et que le droit de la commune garanti par la loi civile ne peut donner lieu, au point de vue spécial des infractions prévues par l'article 479, n° 11, du Code pénal, à une action devant les tribunaux de simple police ».

Les mêmes principes avaient déjà servi de base à l'arrêt de la même Cour du 3 mai 1861 (S. 62, 1, 1003).

270ᵇ. *Constructions sans autorisation.* — Il a été
jugé que c'est avec raison que le juge de police ren-
voie de la plainte, un prévenu auquel le ministère public reprochait d'avoir bâti un mur sur un chemin
public, si le jugement attaqué constate que le chemin
est rural, qu'il n'existe pas dans la commune de plan
général, ni d'alignement, qu'aucune mesure n'a été prise
proscrivant aux particuliers de demander l'alignement
ou la permission de bâtir. L'édit de 1607 ne s'appliquant
qu'à la voirie urbaine, et la loi du 21 mai 1836, qu'aux
chemins vicinaux. Cass., 30 janvier 1892, *Pand.*, 93,
1,269.

Lorsqu'un individu poursuivi pour avoir fait des constructions sur une voie publique communale, soutient
devant le juge de police que les travaux ayant été exécutés sur une route nationale, ce serait le Conseil de
Préfecture qui serait compétent : « Le tribunal de simple
police a à rechercher quel est le caractère de la voie où
les constructions ont été faites, et à décider lui-même,
d'après les plans et les documents qui lui sont soumis,
si le terrain litigieux appartient à la grande ou à la
petite voirie. » Si, au lieu de cela, il se borne à déclarer
que le prévenu ne justifie pas que le terrain fait partie
de la grande voirie, le tribunal viole, pour insuffisance
de motifs, l'article 7 de la loi du 20 avril 1810. Cass.,
17 juin 1882, S. 83, 1, 440.

Voyez encore *infrà*, n° 279.

271. *Anticipations et usurpations.* — Les anticipations et usurpations sont les contraventions dont les chemins ruraux ont plus particulièrement à souffrir.

Il résulte des principes généraux qu'elles sont punissables alors même qu'elles n'auraient pas été défendues par des actes spéciaux, la loi punissant elle-même directement de pareilles entreprises sur les chemins publics.

Il a été jugé spécialement en ce qui concerne les chemins ruraux :

Que l'anticipation sur un chemin rural, dont la largeur est fixée par le préfet, constituait une contravention, alors même qu'il n'existerait pas un abornement déterminant les limites. C'est au riverain à rechercher et à faire déterminer où passent ces limites, si cela est incertain, avant de commencer les travaux (ch. crim. cass., 8 août 1862, D. 63, 1, 387).

Il y a usurpation dans le fait d'avoir placé des chasse-roues le long d'un chemin public, devant une construction, peu importe l'usage, et on ne peut pas dire qu'ils ne rétrécissent pas la voie, mais guident seulement les roues. L'administration est seule juge en pareil cas de savoir ce qui est utile ou nuisible à la viabilité (ch. crim. cass., 17 août 1865, Lallemand).

L'anticipation constitue une contravention, alors même qu'elle n'aurait pas entravé la circulation (ch. crim., 17 janvier 1845, Roche).

Il y a usurpation dans le fait d'avoir, en curant et réparant un fossé existant le long du chemin, anticipé sur sa largeur (ch. crim., 5 novembre 1825, Roger ; 13 novembre 1841, Bellonnet ; 13 décembre 1843, Chatou).

Dans le fait d'avoir planté une haie d'échalas penchant sur un chemin, ou une haie morte, de manière à rendre la circulation plus difficile (ch. crim., 18 octobre 1836, Bernot ; 7 février 1856, Andréani).

Mais à défaut d'arrêté, la plantation faite le long d'un chemin rural, sans observer les distances fixées par l'article 671 du Code civil, ne constitue pas une contravention. La contravention n'existerait que si on ne se conformait pas en agissant ainsi aux prescriptions d'un arrêté préexistant. Fuzier-Herman, *Rép.*, V° *Chemins ruraux*, n° 207. On ne pourrait considérer comme une usurpation sur la largeur d'un chemin, le fait d'avoir laissé les branches des arbres s'étendre sur le chemin, si cela n'avait causé aucune gêne pour le passage. Cass., 24 octobre 1823, Piquot. Toutefois s'il existait un arrêté concernant l'élagage, auquel on ne se fût pas conformé, il y aurait contravention à cet arrêté pouvant motiver des poursuites.

Il y a contravention dans le fait de labourer une partie du chemin en cultivant son champ (ch. crim., 30 mai 1846, Foulachon).

D'empiéter sur le chemin, bien qu'au moment de la constatation on ait restitué à la voie publique la partie usurpée (ch. crim., 4 avril 1851, Aribaud).

L'usurpation sur les dépendances du chemin, les berges par exemple, est une contravention comme l'usurpation sur le chemin lui-même (ch. crim., 27 juillet 1855, Cocher).

Mais l'usurpation d'une parcelle de terrain communal

placée le long d'un chemin public, mais n'en faisant pas partie, ne constitue pas l'usurpation justiciable du tribunal de simple police. Cass., 22 février 1894, *Pand.*, 95, 1, 150.

Il a été jugé en matière de voirie vicinale, qu'une anticipation constitue toujours une contravention, même eût-elle été autorisée, spécialement par un alignement donné contrairement aux limites fixées pour le chemin, par un arrêté préfectoral. C. d'Etat, 28 décembre 1849, commune de Beauzac.

On doit juger de même pour l'occupation sans autorisation d'une partie d'un chemin public. C. préfect. Seine, 2 février 1883.

Pour la construction d'un aqueduc souterrain. Cass., 17 janvier 1845, D. 45, 4, 546 ; 5 juin 1856, S. 56, 1, 921, D. 56, 1, 309 ; 10 novembre 1870, S. 72, 1, 90, D. 71, 1, 128.

Mais il n'y a pas de contravention de la part d'une personne qui a occupé le sous-sol, notamment par la pose de tuyaux, après une autorisation régulière. Même décision du Conseil de préfecture.

Et si la personne autorisée à établir un tuyautage en poterie, ne peut en poser un second en fonte en les juxtaposant, et étendre ainsi sans le concours de l'autorité la permission qu'elle a reçue, elle peut modifier ce travail en substituant la fonte à la poterie ; lorsque l'autorisation d'établir des tuyaux, dans les conditions où elle a été délivrée, n'a pas été restreinte à la nature des tuyaux à employer.

272. *Réclamations produites en justice.* — Une personne était poursuivie pour avoir dégradé un chemin rural, et anticipé sur ce chemin, elle demande un sursis pour justifier sa possession, mais sa prétention est repoussée par le juge du possessoire ; elle revient alors devant le tribunal de répression, où elle est acquittée sur le chef de dégradation, mais condamnée sur le chef d'anticipation. Le juge se fonde sur ce que le prévenu a élevé une réclamation au possessoire et que, pour échapper à une condamnation, il aurait dû ne prétendre aucun droit de propriété ou de possession sur la partie du chemin rural. Cette décision a été cassée, la contravention d'anticipation est une contravention matérielle et non intentionnelle. La volonté de commettre une anticipation ne suffit pas pour créer cette contravention, il faut un acte matériel et personnel imputable au contrevenant. C. cass., ch. crim., 24 décembre 1880, S. 82, 1, 487, D. 81, 1, 280.

273. *Embarras; dépôts.* — Il y a contravention de la part de quiconque embarrasse la voie publique sans nécessité, sans qu'il soit nécessaire d'un arrêté préalable qui défende de pareils actes, cette défense étant écrite dans la loi pénale; ch. crim., 30 juin 1843, Delorme; 28 mars 1844, Morel; 6 septembre 1844, Rivet ; 15 octobre 1852, Fleury ; 19 février 1858, Dufour.

Cette prohibition d'embarrasser la voie publique s'entend de tous dépôts.

Même du dépôt de matériaux destinés à la réparer et

amoncelés sans indication administrative sur un seul point (ch. crim., 16 décembre 1853, Barrois).

De dépôts de fumiers (ch. crim., 1er décembre 1848, Getten ; 20 décembre 1850, Bonnefoy).

De pailles et litières placées sur un chemin rural pour les faire pourrir (ch. crim., 9 juin 1854, Alligaud).

D'abandon de charrette attelée ou non (ch. crim., 3 octobre 1825, Pernette ; 23 mars 1832, Labille ; 3 décembre 1841, Louazel ; 28 octobre 1843, Grumeau ; 2 octobre 1851, Martin ; 13 mars 1856, Geffrani ; 21 août 1857, Sébor).

S'il y a eu nécessité d'effectuer le dépôt, il n'y a plus de contravention. C. pénal, art. 471, n° 4.

C'est aux tribunaux à apprécier si cette nécessité existe.

Elle ne peut s'entendre que d'un dépôt accidentel, momentané ou de force majeure, mais non de dépôts journaliers, permanents et successifs ; cela a été jugé très souvent en matière de voirie urbaine, et spécialement en matière de voirie rurale, à l'occasion de matériaux déposés sur un chemin rural pour y être répandus et incorporés : ch. crim., 16 décembre 1853, Barrois ; 8 mai 1856, Prégaton.

Les terrains non clos bordant les voies publiques, bien que se trouvant en fait souvent livrés au public, ne sont pas soumis de plein droit aux mesures édictées dans l'intérêt de la circulation sur la voie publique, et notamment aux dispositions de l'article 471, n° 4, du Code

pénal, concernant l'éclairage des dépôts de matériaux.
Toutefois l'autorité municipale, si ces dépôts présentent
des dangers pour la sûreté des communications, peut ordonner de prendre les précautions convenables par des
arrêtés spéciaux. C. cass., crim., 26 juin 1863, D. 63,
1, 387.

274. *Embarras causés par suite des influences atmosphériques.* — Les embarras causés par suite des
influences atmosphériques, c'est-à-dire étrangers au fait
de l'homme, ne sauraient être mis à sa charge. Ainsi le
riverain d'une route n'est pas responsable des embarras
qui peuvent se produire sur cette route par suite d'éboulements de terres supérieures, déterminés par l'influence des pluies, ou autres faits de force majeure. Il en
est ainsi des rochers que les froids et dégels délitent et
détachent des masses où ils étaient adhérents. Le principe se trouve posé dans les arrêts de Poitiers, 6 mai
1856, S. 56, 2, 470 ; Paris, 14 février 1832, S. 32, 2, 329 ;
C. cass., 29 novembre 1832, S. 32, 1, 19 ; Solon, *Servit.*,
n° 51 ; Demolombe, *Servit.*, t. 1, n° 56 ; dans le même
sens, arrêt de la Cour supérieure de justice de Luxem-
bourg du 29 avril 1880, S. 81, 4, 33.

275. *Détériorations ; enlèvement de terres ; inon-
dations.* — Toute détérioration des chemins ruraux est
une contravention, si elle a lieu en dehors des actes que
comporte ce chemin, d'après sa destination de voie publique.

Pour que la dégradation constitue une contravention punissable, il faut qu'elle soit commise sur un chemin public; ainsi l'enclavé qui passerait sur des terres communales et y pratiquerait un chemin pour atteindre une route, ne pourrait être poursuivi en simple police sous le prétexte qu'il aurait commis la dégradation d'un chemin public, Cass., 21 janvier 1882, D. 83, 1, 154; même principe, Cass., 3 avril 1856, S. 56, 1, 556, D. 56. 1. 222.

Il n'est pas nécessaire pour qu'il y ait contravention que la viabilité ait été empêchée ou gênée; ch. crim., 17 janvier 1845, D. 45, 4, 546; ni que l'acte ait été commis sur le chemin, il suffit qu'elle soit la conséquence des travaux exécutés, même chez lui, par le riverain. C. cass., 30 décembre 1859, D. 63, 1, 383.

La réparation de la dégradation avant jugement ne fait pas disparaître la contravention; ch. crim., 14 juillet 1849, Angelini.

L'enlèvement des terres et graviers sur un chemin rural est une contravention, et on ne peut se prévaloir, pour la faire disparaître, de l'usage général où on serait dans le pays de prendre des terres sur les terrains communaux, cet usage général ne peut être applicable aux chemins publics; ch. crim., 1er mars 1844; 24 mars 1848, D. 48, 5, 373; 25 juillet 1856, Thonnel; 2 août 1862, Esseline, S. 64, 1, 102, D. 63, 1, 387; 2 août 1862, Lebrun, S. 64, 1, 102, D. 63, 1, 387; 10 janvier 1863, D. 63, 1, 269; 17 août 1865, S. 66, 1, 183.

Mais si l'usage de prendre des terres spécialement sur les chemins existe, la contravention disparaît; ch. crim., 2 décembre 1837, Gounelle.

Toutefois cet usage peut être abrogé par arrêté administratif, s'il est nuisible à la viabilité; ch. crim.,
1er mars 1844, D. 45, 5, 451 ; 23 juillet 1868, D. 69, 1,
409. Ces arrêts ont été rendus en matière de voirie vicinale.

Le fait de celui qui, ayant enlevé la terre, la rempla-
cerait par des cailloux qu'il prétendrait être plus avantageux pour la solidité et la viabilité du chemin, ne
ferait pas disparaître la contravention ; ch. crim .,
17 août 1865, S. 66, 1, 183, D. 66, 1, 43.

De même si on prétend que l'enlèvement des terres
et graviers a amélioré le chemin ; ch. crim., 18 novembre 1838, Beaussier ; 26 avril 1867, S. 68, 1, 90, D. 67,
1, 410.

La contravention existe alors même que les terres enlevées proviennent des raclures des accotements mises
en tas par les cantonniers; ch. crim., 10 janvier 1863,
S. 63, 1, 406, D. 63, 1, 269.

Ou qu'elles proviennent du curage des fossés ; ch.
crim., 2 mai 1845; Hélie et Chauveau, *Théorie du
Code pénal*, 3e édit., t. 6, p. 411.

La détérioration constitue une contravention, si elle
a lieu par suite de l'inondation du chemin public déterminée par l'établissement d'un barrage; ch. crim.,
18 avril 1842, Vaudier ; 18 mars 1848 ; 30 décembre 1859,
Ricord.

Ou si elle résulte du déversement des eaux sur ce chemin pour l'arrosage des propriétés riveraines, quels que
soient les usages, et le droit que le riverain puisse avoir

aux eaux d'un canal longeant le chemin. Ch. crim.,
3 octobre 1835, Verny-Lamothe ; 4 juillet 1844, Tardif.

La dégradation des dépendances des chemins est une
contravention comme la dégradation du chemin lui-
même, ainsi jugé pour les fossés qui les longent et en
dépendent. Ch. crim., 15 février 1856, Joly ; 5 juin 1856,
Delort.

Mais le simple déplacement de terres déposées sur
la route devant la maison d'un riverain pour en faciliter l'accès, ne peut être considéré comme un enlèvement, bien que ces terres aient été placées sur ce lieu
par le cantonnier en exécution d'ordres reçus. C. cass.,
26 avril 1867, S. 68, 1, 90.

Il y a dégradation ou détérioration d'un chemin public par le riverain qui construit un aqueduc sans autorisation, bien qu'il n'ait pas entravé la circulation et
qu'il fût en possession du droit de recevoir sur son
fonds des eaux traversant le chemin. C. cass., 10 novembre 1870, S. 72, 1, 90.

Il y a également dégradation d'un chemin public dans
le fait du riverain qui y pratique une excavation, en établissant un bourrelet autour au moyen des terres enlevées, pour y recueillir des eaux nécessaires à abreuver
les bestiaux, et le contrevenant ne peut être excusé sous
le prétexte que ces abus sont d'un usage fréquent dans
le pays, et qu'il avait laissé un passage libre suffisant
sur le chemin. C. cass., 27 juillet 1878, S. 79, 1, 287,
D. 78,1,441.

Est une dégradation punissable, le fait de barrer le

fossé du chemin pour y maintenir de l'eau, alors même qu'il n'en résulterait pas une dégradation effective pour le chemin lui-même. C. cass., 18 mars 1848.

Mais l'enlèvement d'objets apportés par les riverains pour faciliter leur passage personnellement ne constitue pas une dégradation du chemin. Ainsi, un pont a été emporté ; pour faciliter le passage à pied un riverain place une planche sur le cours d'eau qu'un autre enlève. Ce dernier ne peut être condamné pour dégradation de chemin public. C. cass., 8 mars 1844, D. 45, 4, 547.

276. *Passages temporaires établis sur les fossés.* — Nous avons déjà dit qu'on ne pouvait poursuivre pour usurpation ou dégradation d'un chemin rural le riverain qui, pour pénétrer sur son fonds ou en sortir, a placé des planches sur un fossé, C. cass., ch. crim., 20 janvier 1882 ; mais si un arrêté défendait de pareilles entreprises sans autorisation, le contrevenant non autorisé pourrait être poursuivi pour contravention à cet arrêté. Comme il pourrait l'être même en l'absence de tout arrêté si, pour se frayer un accès sur la voie à travers le ruisseau, au lieu de placer des objets qui lui permissent de le franchir, il dégradait les accotements du chemin.

277. *Propreté et salubrité des chemins.* — Le maire peut prendre sous la sanction de l'article 471, n° 15, du Code pénal et en vertu des pouvoirs que lui donnent les lois des 16-24 août 1790, 18 juillet 1837, 20 août 1881 et 5 avril 1884, des arrêtés pour empêcher que les riverains des chemins ruraux n'usent de ces voies de manière à compromettre leur propreté et leur salubrité.

278. *Constructions menaçant ruine.* — La loi des 16-24 août 1790, titre XI, art. 3, enjoint aux maires de veiller dans l'intérêt de la sécurité du passage sur les chemins publics, à la solidité des constructions riveraines. Règlement de 1883, art. 85.

Lorsqu'une maison menace ruine, il doit enjoindre au propriétaire de la démolir, ou de la réparer suivant les cas.

Suivant qu'il y a ou non péril imminent, il doit agir en se conformant aux règles tracées suivant le cas, c'est-à-dire en exécution des déclarations des 18 juillet 1729 et 18 août 1730, de l'arrêt du Conseil du 18 août 1730 et des commentaires qu'en ont faits en les appliquant l'arrêt de la Cour de cassation du 25 avril 1857, et les arrêts du Conseil d'Etat des 23 juillet 1841, Havet ; 26 mai 1845, Chauvin ; 9 février 1854, Corre ; 24 février 1860, Loudières ; 24 février 1870, Blanc ; 4 mai 1870, Boncorps ; 16 mai 1872. Voyez à ce sujet les ouvrages sur la voirie de MM. Daubenton, Husson, etc. J'ai consacré un chapitre entier à ce qui concerne les édifices menaçant ruine, dans mon travail sur les *Servitudes de voirie,* t. 1, n°° 231 à 248, p. 365 à 418, il m'est impossible de me recopier ici avec additions.

279. *Violation des arrêtés municipaux et préfectoraux.* — Nous avons indiqué les cas dans lesquels les préfets et les maires peuvent prendre des arrêtés, notamment en ce qui concerne les alignements et permissions le long des chemins vicinaux pour construire et planter. Les infractions aux arrêtés légalement pris constituent encore une série de contraventions punissables.

Il en est de même des infractions aux arrêtés ou règlements concernant la police et la conservation des chemins ruraux reconnus, pris par les préfets en exécution de l'article 8 de la loi de 1881.

280. *Bonne foi.* — La bonne foi du contrevenant ne fait pas disparaître la contravention. C'est là une règle aujourd'hui admise par la doctrine comme par la jurisprudence ; j'ai fait remarquer dans mes études sur les *Servitudes de voirie*, t. 1, nᵒˢ 90 et 337, qu'elle était applicable en matière de voirie. Des décisions nombreuses s'y sont conformées ; je me borne à citer : 17 novembre 1838 ; 25 mai 1849, D. 49, 5, 409 ; 3 août 1849, D. 49, 5, 108 ; 29 juillet 1858, D. 63, 5, 403 ; 30 décembre 1859, S. 60, 1, 183, D. 63, 1, 383 ; 8 août 1862, S. 64, 1, 102, D. 63, 1, 387 ; 17 août 1865, S. 66, 1, 183, P. 66, 1, 43 ; 26 avril 1867, S. 68, 1, 90 ; 27 juillet 1878, S. 79, 1, 287, D. 78, 1, 44.

Le caractère plus ou moins inoffensif du fait reproché, également ne ferait pas disparaître la contravention. Cass., 17 janvier 1845, D. 45, 4, 546 ; 18 mars 1848, D. 48, 5, 777 ; 30 décembre 1859, cité ; 10 novembre 1870, S. 71, 1, 90, D. 71, 1, 128 ; 27 juillet 1878, S. 79, 1, 287, D. 78, 1, 441.

§ 3. — Constatation des contraventions.

281. *Maires et adjoints.* — Les maires et adjoints doivent dresser ou faire dresser des procès-verbaux contre ceux qui commettent des usurpations sur le sol des chemins ruraux, qui les dégradent, soit par des enlèvements de pierres, terres et gazons, soit par des dépôts, ou de toute autre manière ; en un mot contre tous ceux qui commettent des contraventions. Loi du 30 août 1880, art. 9 ; 5 avril 1884, art. 91 ; avis du Conseil d'Etat du 21 août 1839 ; instr. min. du 16 novembre 1839 ; arrêt du Conseil d'Etat du 16 novembre 1846, Coigny ; Husson, p. 1002 ; Dumay sur Proudhon, t. 2, nos 613 et suiv. ; Jacques de Valserres, *Manuel de droit rural*, p. 593 et suiv. ; Jousselin, t. 2, p. 424 ; Solon, *Ch. vic.*, p. 88, etc. ; Dalloz, V° *Voirie par terre*, n° 1425 ; *Annales des chemins vicinaux*, 2e partie, t. 3, p. 155.

282. *Commissaires de police.* — Les commissaires de police ont aussi qualité pour constater ces contraventions : avis du Conseil d'Etat du 21 août 1839 ; Dalloz, n° 1425.

283. *Gendarmerie.* — Les gendarmes ont aussi le droit de constater les contraventions commises sur les chemins ruraux. Ce droit leur était reconnu par la circulaire ministérielle du 10 avril 1821, sous laquelle écrivaient dans le même sens MM. Cochet de Savigny et Perrève, *Dictionnaire de gendarmerie*, 5ᵉ édition, Vᵒ *Voirie (petite)* ; il est mentionné dans les articles 313 à 316 du décret du 1ᵉʳ mars 1854 ; Dalloz, nᵒ 1425.

284. *Gardes-champêtres.*—Ce droit appartient également aux gardes-champêtres : loi des 28 septembre-6 octobre 1791, tit. 2, art. 1 et 40; C. d'instr. crim., art. 16; avis du Conseil d'Etat du 21 août 1839; *Annales des chemins vicinaux*, 2ᵉ partie, t. 3, p. 155; Dalloz, nᵒ 1425, alors même qu'il ne s'agirait que de simples embarras passagers, qui ne feraient que diminuer la liberté du passage, tel que le fait d'avoir répandu des herbes sur un de ces chemins pour faire du fumier : arrêt de cass. du 1ᵉʳ décembre 1827, Gourel.

L'attribution faite aux gardes-champêtres pour constater les contraventions sur les chemins ruraux, a été encore reconnue par la Cour de cassation dans ses deux arrêts des 8 août 1862, D. 63, 1, 387, et 62, 5, 346, et 4 novembre 1869, D. 69, 1, 189.

285. *Agents du service rural.* — En un mot, comme le dit l'instruction ministérielle du 16 novembre 1839, les constatations doivent être faites par tous fonctionnaires ou agents ayant qualité pour verbaliser sur les délits ruraux. Dufour, t. 3, p. 405, nᵒ 404 ; Solon, *Ch. vic.*, p. 88).

286. *Défaut de qualité des agents du service vicinal.* — Les agents spéciaux créés pour le service de la voirie vicinale par la loi du 21 mai 1836 sont sans qualité : Solon, *Ch. vic.*, p. 88 et *Code adm.*, p. 529 ; cass., 23 janvier 1841, Vve Jeannin ; et surtout en ce qui concerne les agents-voyers : rej., 13 décembre 1843, Chaton ; et Dufour, *Droit adm.*, t. 3, p. 406, n° 401 ; *Annales des chemins vicinaux*, 2ᵉ partie, t. 3, p. 155 ; Dalloz, n° 1425 ; Guillaume, *Voirie rurale*, n° 106, p. 148.

On a désiré que ce défaut de qualité vînt à cesser à l'avenir, le conseil général des Ardennes, dans sa session de 1864, a demandé que les cantonniers-chefs pussent constater les contraventions sur tous les chemins publics communaux. Peut-être serait-il en effet utile qu'une surveillance pût être exercée sur ces chemins par les agents-voyers, mais aujourd'hui cette attribution ne leur est point donnée par la loi, et il serait assez anormal d'attribuer à des agents d'un service spécial, un droit de surveillance en des matières étrangères à leur service.

Toutefois il est bien entendu que si le maire a choisi un agent du service vicinal pour l'attacher régulièrement au service rural, comme cela lui est recommandé par les instructions ministérielles : cet agent deviendra apte à constater les contraventions sur les chemins ruraux, sans distinction entre les chemins reconnus ou non, les uns et les autres faisant partie des chemins ruraux sur lesquels doit s'exercer la surveillance de l'autorité municipale.

287. *Mode de constatation.* — Des procès-verbaux doivent être dressés pour constater les contraventions.

Ils doivent être écrits sur papier timbré ou visés pour timbre, et, enregistrés en débet dans les quatre jours de leur date. L. 13 brumaire an VII, art. 12; 22 frimaire an VII, art. 20, 68 et 70; 25 mars 1817, art. 74. Les gardes-champêtres seuls sont obligés d'affirmer les leurs dans les vingt-quatre heures de la rédaction.

Ces procès-verbaux sont transmis au commissaire de police faisant fonction de ministère public près le tribunal de simple police qui doit connaître de la contravention.

S'ils constataient des délits ou des crimes, ils devraient être transmis au procureur de la République de l'arrondissement.

----

§ 4. — Mesures provisoires.

288. *Compétence.* — Nous avons eu plusieurs fois occasion de faire remarquer que les actes de l'administration portant reconnaissance des chemins ruraux n'empêchaient pas les questions de propriété de se produire, et nous avons établi que lorsque ces questions sont résolues en faveur des riverains, cette reconnaissance restait sans effet, et le chemin conservait son caractère de propriété privée. Mais pendant le procès l'autorité administrative peut-elle conserver provisoirement le chemin à la disposition du public?

Pendant de longues années le Conseil d'Etat a répondu affirmativement à cette question, tantôt en ordonnant lui-même au revendiquant de remettre les lieux en l'état primitif jusqu'au jugement du fond : 24 mars 1809, Prousteau ; soit en reconnaissant le droit de l'ordonner, au conseil de préfecture : 11 avril 1810, Dupuis ; 18 août 1811, Robin ; au maire ; 4 juin 1809, Chabrié ; 24 mars 1809, Prousteau ; 8 mars 1811, Bigot ; 3 mars 1812, Laverins ; ou au préfet ; 16 mai 1810, Guyon ; 29 septembre 1810, Duchaume ; 19 mai 1811, Milhiet ; 13 janvier 1813, Beaufleury ; 18 juin 1821, Peterinck ; 2 février 1825, Armfield ; 16 février 1825, Presson ; 6 janvier 1830, Dupeyron ; tantôt en déclarant que la commune, jusqu'à décision contraire, devait rester en possession d'un chemin qu'elle prétendait être communal : 4 août 1812, Colonge ; 24 août 1812, Foucaud ; 18 mars 1813, Cazoni. L'arrêt de la Cour de cassation du 12 février 1834, Folliet, pouvait être invoqué en faveur de cette jurisprudence ; mais le Conseil d'Etat, par d'autres décisions, et la Cour de cassation dans les arrêts les plus récents, ont refusé de reconnaître à l'autorité administrative le droit de prendre des mesures provisoires pour maintenir le public temporairement en jouissance du terrain contesté jusqu'à décision définitive. C. d'Etat, 27 mai 1816, Lantier ; 3 juillet 1818, Delteil ; 20 février 1822, Dervaux Paulin ; 27 février 1862, Masse ; 25 février 1864, Marie ; 28 novembre 1873, comm. de Bastennes. M. Dalloz, *Répertoire*, V° *Voirie par terre*, n° 1451, dit qu'il préfère cette dernière solution. M. Herman, *Traité de voirie vicinale*, n° 935, sans partager cette préférence, dit : « Comme c'est l'autorité judiciaire qui est, en définitive, appelée à prononcer sur les contraventions de cette nature, nous croyons qu'il est prudent que l'autorité administrative s'abstienne de toute mesure provisoire qui pourrait être contredite par le jugement à intervenir ; il ne peut résulter de cette abstention un inconvénient bien grave pour les communications, puisqu'il ne s'agit que d'un chemin reconnu trop peu important pour être classé parmi les chemins vicinaux. »

Le maire n'aura donc d'autre voie à suivre que l'action devant les tribunaux, soit au possessoire, soit au pétitoire.

Il faut reconnaître que l'attente de la décision au fond pourra dans certains cas être très préjudiciable à une agglomération plus ou moins grande d'habitants, qui seront ainsi privés pendant assez longtemps de leurs moyens de communication, car on sait combien sont longs au civil les procès portant sur des questions de propriété, et qui en matière de chemins entraînent le plus souvent des descentes de juge, des rapports d'experts et des enquêtes.

Nous croyons que lorsque par une décision préfectorale un chemin aura été porté dans le tableau des chemins publics de la commune, le maire devra assurer la liberté de circulation sur ce chemin, jusqu'à ce qu'une décision de justice, faisant droit à l'exception élevée par l'habitant, ait paralysé l'effet de cet arrêté, et dans ce cas nous pensons que le maire a le droit de prendre toutes les mesures provisoires nécessaires, parce que la loi des 16-24 août 1790, non seulement lui donne ce

droit, mais lui impose le devoir de veiller à la sûreté et
à la commodité du passage sur toutes les voies publiques. A cela on objecte que c'est la question par la
question et que la difficulté consiste tout entière à savoir si le chemin ou le passage intercepté est public ou
non. A quoi je réponds : il est dans les attributions de
l'autorité administrative de reconnaître les choses qui
font partie du domaine public. Pas un tribunal ne ferait une pareille reconnaissance si elle se présentait en
dehors d'une contestation judiciaire. Le préfet a donc
pu reconnaître la publicité du chemin, que les effets de
cette reconnaissance soient différents suivant qu'il sa-
gira d'une grande route, d'un chemin vicinal ou d'un chemin rural, soit; mais jusqu'à ce que par voie d'exception
une décision judiciaire l'ait rendue inefficace, elle subsiste et elle doit être respectée. Entre une décision de l'autorité compétente et une simple prétention d'un adminis-
tré, il ne me paraît pas que l'on puisse hésiter. Je ne
conçois pas pourquoi il en serait autrement si la reconnaissance de publicité n'intervenait qu'au moment où le
trouble est apporté à la jouissance du public, les pouvoirs et les attributions conférés à l'autorité administrative pour reconnaître les limites du domaine public
général ou municipal sont ici les mêmes, et le droit de
surveillance sur la voirie rurale donné aux autorités
municipales par la loi de 1790 existe également. L'administration a donc, suivant moi, le droit de prescrire les
mesures provisoires pour assurer la libre circulation
sur les voies qu'elle reconnaît publiques, et qui étaient

laissées à la disposition du public au moment où ces
mesures étaient prises; et ces mesures devront être exécutées, jusqu'à ce que l'attribution de propriété à un
tiers par les tribunaux, vienne détruire l'effet de cette
déclaration de publicité. Ce droit, le maire l'a pour les
chemins ruraux comme il l'a pour les moindres rues
des plus petits villages, pour lesquelles on paraît cependant moins le lui contester, bien que la situation juridique soit la même.

Mais si le maire a ce droit, comme le reconnaît
M. Herman, *Traité de voirie vicinale*, n° 930, devra-
t-il s'abstenir d'en user comme cet auteur le lui con-
seille, pour ne pas s'exposer à voir l'effet de son arrêté
annulé par la décision judiciaire ? Je ne le pense pas.
En ce qui concerne la déclaration de publicité, si cette
crainte devait arrêter l'administration, elle ne devrait
jamais la prononcer, car elle s'expose toujours à ce que,
sur un chemin d'une étendue plus ou moins grande, un
riverain puisse un jour revendiquer la propriété du sol
occupé en tout ou partie par le chemin, et s'il réussit,
rendre illusoire la reconnaissance de publicité. En ce
qui concerne l'arrêté ordonnant des mesures provisoires,
l'administration n'a pas à redouter un échec, puisqu'elle
prend une mesure qui n'aura de portée que jusqu'à
décision judiciaire et qui dès lors, au moment où cette
décision interviendra, aura produit tout l'effet qu'on devait en obtenir; au surplus, si à ce point de vue l'objection devait être acceptée, elle paralyserait toutes les
procédures en référé, le juge de référé pouvant le plus

souvent craindre que les mesures qu'il ordonne ne soient pas consacrées par le juge du fond.

Ce n'est pas que je veuille dire que le maire devra dans tous les cas faire cesser l'obstacle apporté par un riverain du chemin rural au passage exercé par les habitants ; aux termes de l'article 3 du titre II de la loi des 16-24 août 1790, les maires ont le droit de prendre des arrêtés pour faire cesser sur le champ le dommage causé à la voie publique, s'ils estiment que l'urgence, dont ils sont seuls les appréciateurs, ne permet pas d'attendre que la justice ait prononcé. Dès lors, s'il n'y a aucune nécessité à prendre des mesures préparatoires, ils devront s'abstenir; mais s'il y a urgence à empêcher que le sol d'un chemin déclaré public par l'autorité administrative soit défoncé, à ce qu'il soit intercepté par une construction, une barrière ou un fossé, etc., je pense que le maire pourra prendre un arrêté pour suspendre l'effet de ces entreprises, jusqu'à ce qu'il ait été statué par l'autorité compétente. C'est là une opinion que je soutiens d'autant plus volontiers que je la crois aussi légale en principe qu'utile et sage dans la pratique.

Nul doute que le pouvoir de prendre des mesures provisoires n'existe pour l'administration, dans le but de faire cesser le trouble apporté à l'usage du chemin à l'encontre du public, lorsque le chemin a été légalement reconnu. Règlement de 1883, art. 105.

389. *Ouverture temporaire des chemins à la circulation.* — Les maires, lorsqu'il s'agit de chemins ruraux, ne tiennent pas des lois des 24 août 1790 et 22 juillet 1791, ni de toutes autres, le droit de déclarer l'existence et la publicité des chemins dont de simples particuliers sont en possession, et d'ordonner même à titre provisoire qu'ils seront ouverts à la circulation. C. cass., 21 août 1856, S. 56, 1, 34 ; 16 mai 1857, S. 57, 1, 799.

Ce n'est que dans le cas où le chemin serait en fait ouvert à la circulation et livré au public au moment où le propriétaire y mettrait obstacle, que le maire pourrait provisoirement prendre des mesures pour le maintien de cet état de choses, jusqu'à décision de l'autorité judiciaire, sur la question de possession ou de propriété. C. d'Etat, 17 juin 1881, Gaildraud.

290. *Contrôle des préfets sur les arrêtés des maires portant suppression d'obstacles sur les chemins.* — Si les maires peuvent prendre des arrêtés pour ordonner l'enlèvement d'obstacles placés sur des chemins qu'ils considèrent comme communaux et publics, alors que la propriété en est contestée ; ces mesures ne peuvent être prises par eux en exécution de la loi de 1884, que sous la surveillance de l'autorité supérieure. De sorte que les préfets, en rapportant ces arrêtés, n'excèdent pas les pouvoirs qu'ils tiennent de cette loi, et les communes ne peuvent se pourvoir au contentieux contre les arrêtés préfectoraux qui interviennent dans ces circonstances, parce qu'ils constituent un acte de pure administration, C. d'Etat, 18 novembre 1881, ville d'Issoudun.

§ 5. — Poursuites.

291. *A qui appartient l'action en répression*. — Les poursuites sont exercées sur l'envoi des procès-verbaux faits par les fonctionnaires et agents ayant qualité pour constater les contraventions ; elles sont dirigées par les fonctionnaires chargés de l'exercice de l'action publique devant les tribunaux compétents, C. cass., 20 mars 1884.

292. *Parties civiles*. — Les simples citoyens n'ont pas qualité pour agir, à moins qu'ils ne procèdent par la voie de l'action civile en se prévalant d'un droit privé et personnel, auquel il aurait été porté atteinte par le fait constituant une contravention. C. cass., 5 juillet 1839, *Bull. crim.*, n° 218 ; 15 novembre 1839.

Mais le riverain d'une voie publique est recevable à faire valoir, dans son intérêt privé, les droits qu'il tient sur cette voie de la situation des lieux et de la loi, même sans être contraint d'emprunter l'action de la commune et d'observer les formalités prescrites par l'article 123 de la loi du 5 avril 1884. Ce riverain, si la publicité du chemin n'est pas contestée, a dès lors qualité pour demander en son nom personnel la répression de toute entreprise ayant pour résultat de gêner la circulation sur ce chemin. Cass., 10 novembre 1875, S. 77, 1, 317, D. 76, 1, 328 ; 19 octobre 1887, S. 87, 1, 414 ; 15 mars 1889, *Bull.* n° 110, p. 164 ; 22 mai 1889, S. 90, 1, 249 ; 12 décembre 1889, S. 91, 1, 386 ; 2 mars 1892, S. 92, 1, 151, *Pand.*, 93, 1, 80. Fuzier-Herman, *Rép.*, V° *Chemin rural*, n° 219, *Chemin en général*, n⁰ˢ 160 et suiv. Voyez toutefois *infrà*, n⁰ 299.

293. *Intervention d'une commune; autorisation*. — La commune qui intervient dans une poursuite intentée par le ministère public contre quelqu'un qui a barré un chemin, et qui réclame des dommages-intérêts, doit être préalablement autorisée; mais le juge qui, sur l'exception de propriété soulevée par le prévenu, accorde un sursis, peut déclarer que la commune pendant ce délai, aura de son côté à se pourvoir d'une autorisation, sans repousser immédiatement l'intervention. C. cass., ch. crim., 22 juillet 1882, D. 83, 1, 183.

§ 6. — Tribunaux compétents.

294. *Compétence du tribunal de simple police*. — C'est aux tribunaux de simple police qu'il appartient de connaître des contraventions commises sur les chemins publics, cela résulte textuellement des dispositions contenues dans plusieurs des articles placés sous le livre 4 du Code pénal, et il est incontestable que ces dispositions sont applicables aux chemins ruraux, la loi les ayant édictées pour toutes les voies publiques communales qu'une législation spéciale n'a pas placées sous un régime exceptionnel. C'est ce que j'ai déjà fait remarquer, *Servitudes de voirie*, t. 1, p. 260, n° 148, t. 2, p. 541, n° 694. La jurisprudence de la Cour de cassation est formelle, comme on peut s'en convaincre en consultant les arrêts cités sous les numéros qui précèdent et suivent, et c'est l'avis de l'administration et des auteurs. Avis C. d'Etat, 21 août 1839 ; Ad. Chauveau, *Journal de droit adm.*, t. 3, p. 405, t. 5, p. 207, t. 10, p. 359 ; Dalloz, V° *Voirie par terre*, n° 1426 ; Dufour, t. 3, p. 393, n° 400 et p. 405, n° 404 ; Rousset, *Dict. de voirie*, p. 67 ; Solon, *Ch. vic. et ruraux.*

295. *Usurpations et anticipations.* — En ce qui concerne les usurpations, la question de compétence a été assez longtemps controversée, la difficulté naissait de la combinaison de divers textes, notamment de l'article 8 de la loi du 9 ventôse an XIII et de l'article 479 du Code pénal ; mais la modification apportée en 1832 au texte de cet article a fait cesser la controverse, et on reconnaît aujourd'hui que les tribunaux de simple police sont seuls compétents, à l'exclusion des conseils de préfecture, pour connaître notamment des usurpations et anticipations commises sur les chemins ruraux. Qu'on me permette de citer ici un grand nombre d'autorités qui se sont prononcées dans ce sens, cela indique d'un côté que la controverse a été sérieuse et d'autre part, qu'elle n'est actuellement plus possible. Avis du Conseil d'Etat du 21 août 1839 ; instr. min. int. des 24 juin 1836 et 16 novembre 1839 ; arrêts du Conseil des 23 juin 1819, Chapuis ; 5 novembre 1818, Regnault ; 5 février 1834, d'Assouville ; 6 février 1837, d'Assonvillez ; 2 janvier 1836, Gruter ; 10 août 1843, Vergnes ; 18 janvier 1845,

Poignant ; 26 juin 1845, de Charpin ; 6 février 1846, de Drée, etc. ; arrêts de la Cour de cassation des 21 avril 1841, 13 décembre 1843, 19 septembre, 20 août, 20 et 26 décembre 1851, 27 juillet 1854, 21 janvier 1859, 7 avril 1866, 15 mars 1889, etc. ; *Dict. de l'adm. française*, V° *Ch. vic.*, n° 179 ; Dufour, *Droit adm.*, t. 3, p. 405, n° 404 ; Jousselin, t. 2, p. 425 ; Foucart, t. 3, n° 1355 ; Solon, *Ch. vic.*, p. 86 ; Bost, *Ch. ruraux*, p. 37 ; Herman, *Voirie vic.*, p. 341, n°ˢ 921 et 922 ; *Courrier des communes*, 1845, p. 312 ; Le Berquier, *Guide des maires*, p. 123 ; Solon, *Code adm.*, p. 529, n° 3882 ; Dumay sur Proudhon, t. 1, n° 465, t. 2, n°ˢ 618 et suivants ; Husson, t. 2, n° 1002 ; Serrigny, t. 2, n° 708 ; *Annales des chemins vicinaux*, 2ᵉ partie, t. 3, p. 154 ; Braff, n° 312 ; Bourguignat, *Droit rural*, n° 615, p. 193 ; Dalloz, V° *Voirie par terre*, n° 1426 ; Bost, n°ˢ 44 et 128 ; Fuzier-Herman, *Rép.*, V° *Chemins ruraux*, n° 209, *Chemin en général*, n° 219.

C'est aux tribunaux de police et non aux conseils de préfecture que continuera à être confiée la répression des infractions aux arrêtés du maire, et des usurpations commises sur les chemins ruraux reconnus ou non reconnus. Rapport de M. Labiche au Sénat. Cette déclaration, conforme au texte de la loi, fait disparaître en ces matières toutes les distinctions qu'on a essayé de faire entre les diverses contraventions, pour attribuer la répression de certaines d'entr'elles aux tribunaux de police, alors qu'on réservait le jugement des autres, notamment de celles qui concernaient les usurpations, aux conseils de préfecture. Circ. min. int., 27 août 1881.

296. *Dégradations.* — Le tribunal de simple police est également compétent pour connaître des dégradations, enlèvements de pierres, terres et gazons etc. sur les chemins ruraux. Avis du Conseil d'État, 21 avril 1839 ; circ. min. int., 16 novembre 1839 ; Herman, *Courrier des communes*, Berquier, Solon, Dumay, Husson ; *Dict. de l'adm. française* ; Dalloz, Braff, Bourguignat ; *Annales des chemins vicinaux, loc. cit.*

297. *Embarras sur la voie publique.* — Des embarras et dépôts sur la voie publique ; arrêts de la Cour de cassation des 29 juin 1820, Bréau ; 19 juin 1846, Hervé ; 9 juin 1854, Alligand ; 8 mai 1859, Boyron.

298. *Violation de règlements municipaux et préfectoraux.* — Des violations des règlements municipaux et préfectoraux sur l'obligation de demander une permission avant de construire ou planter le long des chemins ruraux, sur le recurage des fossés longeant ces chemins, sur l'élagage des arbres, et autres matières du ressort des autorités municipales ou préfectorales, en exécution des articles 8 et 9 de la loi de 1881. Arrêts de la Cour de cassation des 10 juin 1843, Descottes-Marcy ; 21 décembre 1844, Carrière ; Herman ; *Courrier des communes, Annales des chemins vicinaux* ; Braff, etc., *loc. cit.*

299. *Réparations civiles.* — Le juge de police compétent pour statuer sur les contraventions est également compétent pour statuer sur les réparations civiles auxquelles ces condamnations peuvent donner lieu. Guillaume, n° 111 ; Naudier, n° 143 ; Fuzier-Herman, *Rép.*, V° *Chemin rural*, n° 211 et *infrà*, n° 319 ; Dalloz, n° 1426. Il doit dès lors, sur la demande qui lui en est faite, ordonner la restitution de terrains usurpés par les riverains, et la remise des lieux dégradés en l'état où ils étaient avant la contravention. Cour de cassation, 20 décembre 1851, Carrière ; 7 juillet 1860, Duplessis ; 14 février 1863, Barre ; 14 février 1863, Daguin ; 7 avril 1866, Trotier, D. 68, 1, 287 ; Trib. des conflits, 17 mai 1873, Desanti.

Toutefois les tribunaux de police ne peuvent connaître de l'action civile en réparation des dommages provenant des délits et contraventions, qu'accessoirement à l'action publique et par le même jugement, de sorte que s'ils se sont abstenus de statuer sur ces réparations en déclarant la culpabilité et en prononçant la peine, ils ne peuvent être saisis de nouveau de l'affaire au point de vue des réparations seules. Rej., 7 juillet 1860, Chaumillon. Ils ne peuvent même, s'ils ont été investis en même temps des deux actions directement, surseoir à statuer sur les réparations en prononçant sur la contravention Ch. crim., 7 juillet 1860, Duplessis.

Des auteurs pensent que dans ce cas il ne reste plus à la commune, qui n'a pas obtenu devant le tribunal de simple police la réparation du dommage, que la voie

civile ordinaire devant les juridictions civiles. Je crois
qu'avant de suivre ces voies ordinairement longues et
coûteuses, il vaudrait mieux que le maire, une fois la
contravention constatée et prouvée, invitât le contrevenant à réparer le préjudice causé par la contravention, et comme cette réparation consiste le plus souvent
à mettre en état un chemin dégradé ou à lui restituer
des parcelles usurpées, le maire, faute par le contrevenant de déférer à son injonction, pourrait prendre un
arrêté pour proscrire cette mesure et poursuivre devant
le tribunal de simple police le cas échéant pour contravention à cet arrêté, en demandant en même temps au
tribunal de police la double consécration de cet arrêté
au point de vue répressif et des réparations civiles.

§ 7. — Preuve des contraventions.

300. *Preuve des contraventions*. — Aux termes de
l'article 154 du Code d'instruction criminelle, les contraventions sont prouvées, soit par procès-verbaux ou
rapports, soit par témoins, à défaut de rapports et procès-verbaux, ou à leur appui.

Ce n'est point ici le lieu de donner le commentaire
de cet article sur lequel les criminalistes ont fait de véritables traités, aussi me bornerai-je à signaler quelques
cas bien rares où son application aux contraventions
commises sur les chemins ruraux, a donné lieu à des
difficultés sérieuses et spéciales.

301. *Aveux.* — L'aveu du prévenu peut suffire pour déterminer la conviction du juge et pour servir de base à une condamnation. Toutefois, lorsque le prévenu d'anticipation sur la voie publique, après avoir prétendu qu'il est propriétaire du terrain sur lequel on lui reproche d'avoir commis l'usurpation, offre de céder une autre partie de terrain lui appartenant pour y établir la voie publique, cette offre n'entraîne pas de sa part nécessairement la reconnaissance du fait de l'usurpation. Ch. crim. 14 août 1813, Dubarret.

302. *Procès-verbaux ; constatation de publicité du chemin.* — Il a été jugé que les procès-verbaux dressés par les maires, pour constater une anticipation sur un chemin rural, font foi de leur contenu lorsqu'il n'est pas fait la preuve contraire, et à défaut de cette preuve, le juge de police ne peut relaxer le prévenu. Ch. crim., 21 janvier 1859, Claudon.

Une décision semblable a été rendue en ce qui concernait la constatation d'un empiètement sur un chemin rural, contenue dans un procès-verbal de garde-champêtre. C. cass., 8 août 1862, D. 63, 1, 387.

Qu'en est-il de la constatation de publicité du chemin ? On dit les procès-verbaux font foi des faits matériels qu'ils constatent et non des appréciations qu'ils contiennent. C'est un principe que je ne considère pas comme contestable en ces matières. Or la fréquentation habituelle et continue d'un chemin par le public c'est un fait qui, suivant les conditions dans lesquelles

il s'exerce, peut-être suffisant ou non pour créer un droit;
mais, je le répète, c'est un fait, et lorsqu'un procès-verbal constate que le fait d'usurpation ou toute autre contravention a été commis sur un chemin livré au public
qui y exerce un passage libre et continu, il y a deux
faits constatés par ce procès-verbal, de sorte que le juge
de police pourra bien encore apprécier les effets légaux
de cette circulation libre par le public, mais à défaut de
preuve contraire il devra la tenir pour constante, sauf à
en tirer telles conséquences que de droit. Mais il faut
qu'il se livre à cette appréciation et il ne peut, « sans
« recourir à aucune information, sans entendre aucun
« témoin, sans procéder à aucune vérification et par
« conséquent sans que le fait de publicité du chemin
« constatée par le procès-verbal dressé par l'adjoint et
« le garde-champêtre ait été débattu par la preuve con-
« traire, écarter l'application de l'article 479, n° 11 du
« Code pénal, par le motif que ce chemin n'étant pas
« classé, ne pouvait réputé chemin public. » C. cass.,
10 avril 1856, D. 57, 1, 24.

Le garde-champêtre de la commune de Saint-Sétur
ayant dressé un procès-verbal pour dégradation d'un
chemin public, le prévenu est acquitté sur le motif que
le chemin est une rue qui échappe à la surveillance du
garde. La Cour de cassation rend, le 8 août 1862, D. 62,
5,346, un arrêt qui casse par le motif que « le procès-
« verbal constatait une contravention sur le sol d'un
« chemin public spécialement destiné aux besoins de
« l'agriculture, et que le procès-verbal n'ayant pas été

« débattu par la preuve contraire, devait faire foi en jus-
« tice ».

On peut s'appuyer pour corroborer cette jurisprudence
notamment sur les arrêts de la Cour de cassation des
16 mai 1846, D. 46,4,533, et 23 juin 1859, Pie et Couzy,
et autre du 8 août 1862, Corroy, D. 63, 1, 388.

Cependant je dois reconnaître, comme je l'ai déjà indiqué, que la Cour de cassation a très souvent jugé formellement que le procès-verbal constatant une contravention sur un chemin public, ne faisait pas foi de la
publicité de ce chemin et que non seulement, ce qui n'est
pas contestable, cette déclaration devait tomber par
suite de la preuve contraire et de l'appréciation du juge,
mais encore qu'il suffisait que le prévenu se contentât
de contester cette publicité sans être tenu d'opposer aucune preuve ou indication à l'appui de cette contestation,
pour que le poursuivant, obligé d'établir ce caractère de
publicité du chemin comme constituant la contravention,
fût forcé de faire cette preuve en justifiant l'indication
du procès-verbal qui, sur la dénégation du prévenu,
était considérée comme non écrite. C. cass., 4 décembre
1857, S. 58,1,322 ; 15 novembre 1860, D. 63,5,408 ; 30 juillet 1869, S. 70,1,279 ; 5 août 1880, S. 81,1,392 ; 3 février
1883 ; 28 février 1891, *Bull.*, n° 53, p. 95, D. 92,1,143,
Pand., 91,1, 305 ; 29 mai 1891, *Bull.*, p. 214, D. 91,1,441,
S. 94, 1, 431, *Pand.*, 92, 1, 85.

Au surplus nul doute que la constatation de la publicité
faite par le maire ou le garde-champêtre dans son procès-
verbal, ne puisse être combattue et tomber devant la

preuve contraire. C. cass., 15 novembre 1850, Demars.

303. *Preuve de la publicité en dehors du procès-
verbal.* — Si la constatation de la publicité ne résultait
pas des circonstances de fait révélées par le procès-verbal, le juge de police ne pourrait refuser au ministère
public le droit d'en fournir autrement la preuve. Le sieur
Crouzier cité devant un tribunal de police pour avoir
embarrassé la voie publique, a soutenu que les terres
sur lesquelles des pierres avaient été déposées par lui,
n'étaient pas une voie publique. En l'absence de document administratif propre à établir la nature réelle du
terrain, et pour suppléer à l'insuffisance du procès-verbal, le ministère public avait demandé à faire entendre
des témoins, à quoi il fut autorisé par un jugement pré-
paratoire.

Au jour du renvoi s'est présenté le maire de la commune assigné comme témoin, et malgré l'insistance du
ministère public à user du droit qu'il tenait de la loi
et du jugement, le juge de police a refusé de recevoir
la déposition du maire, par le motif que la preuve testimoniale, était d'une part inadmissible pour établir la
publicité du chemin, laquelle ne pouvait résulter que
de la production de titres, d'arrêtés de classement ou
autres, et d'autre part, de ce qu'elle était inutile, le prévenu produisant un extrait du plan cadastral comprenant le terrain dont il s'agissait dans les propriétés imposées.

En l'état de ces faits dont je copie l'exposé dans l'arrêt de la Cour de cassation du 2 mars 1865, un pourvoi fut formé, et la chambre criminelle de la Cour suprême a cassé le jugement de simple police, parce que, d'après elle, il reposait sur une double erreur de droit ; qu'aucune disposition de la loi n'interdit de recourir à la preuve testimoniale pour vérifier si un terrain, qu'aucun arrêté administratif n'a classé parmi les rues ou chemins d'une commune, constitue ou non une place ou voie publique ; que les tribunaux peuvent et doivent, en cette circonstance, user de tous les modes d'instruction qui sont à leur disposition pour parvenir à la connaissance de la vérité ; que d'un autre côté, l'extrait du plan cadastral peut être pour le juge un élément de conviction, mais non une preuve de nature à exclure toute preuve contraire.

Aux termes de l'article 5 de la loi du 20 août 1881, l'arrêté régulier de reconnaissance non contesté dans l'année de la notification produit tous les effets que le droit commun attribue à la possession.

<hr/>

§ 8. — Questions préjudicielles.

304. *Règles générales concernant le renvoi à fins civiles.* — Lorsque le prévenu d'une contravention, reconnaissant le fait qui lui est imputé, répond à la poursuite : *feci, sed jure feci*, cette exception qui repose sur l'allégation d'un droit de propriété ou de possession forme une exception véritablement préjudicielle, car, en la supposant reconnue ou justifiée, elle est de nature à faire disparaître la contravention : elle oblige dès lors les juges saisis de la poursuite, à surseoir au jugement du délit, jusqu'après décision par le tribunal compétent. C'est une règle forcément admise en matière criminelle et qui se trouve textuellement écrite dans l'article 182 du Code forestier.

Nous ne pouvons pas suivre dans tous ses développements cette règle de notre droit, nous nous bornerons à indiquer qu'il résulte de l'ensemble de la doctrine et de la jurisprudence que l'exception préjudicielle est admissible : 1° lorsqu'on excipe d'un droit de propriété ou autre droit réel ; 2° lorsqu'elle est fondée sur un titre apparent, ou sur des faits de possession équivalents, personnels au prévenu ; 3° enfin, lorsque le titre produit, ou les faits de possession articulés, sont de nature à ôter au fait objet de la poursuite, tout caractère de contravention.

Ainsi, en prenant un exemple dans la jurisprudence intervenue sur des contraventions en matière de chemins ruraux, il a été décidé, qu'il n'y avait pas lieu à renvoi à fins civiles dans le cas où un arrêté ayant enjoint l'arrachage d'arbres plantés sur un chemin rural, le contrevenant n'exciperait point de la propriété mais seulement de la possession de ces arbres. Dans ce cas la propriété n'étant pas contestée, la possession ne peut détruire la désobéissance à l'arrêté pris par l'autorité administrative, et l'exception ne peut être admise puisque, prouvés que fussent les faits de possession allégués et non contestés, la contravention subsisterait toujours. Ch. crim., 14 octobre 1854, Nicolas, S. 54, 1, 828, D. 56, 1, 420.

D'un autre côté, lorsque dans une instance en réparation d'un délit ou d'une contravention une exception de propriété est élevée, le juge peut admettre l'exception et surseoir à statuer sur le fond de la prévention sans que la partie poursuivante ait spécialement conclu au renvoi à fins civiles. Il suffit qu'aux termes de l'article 182 du Code forestier, pour que l'exception préjudicielle doive être admise et le sursis prononcé, que le prévenu l'ait élevée et qu'elle se présente dans les conditions et avec les caractères qui sont déterminés au paragraphe 2 de cet article. Dans le cas où il y a lieu à prononcer le sursis le juge n'a pas à renvoyer l'affaire pour continuer l'instruction, par exemple entendre des témoins à la requête du ministère public poursuivant. Cass., 4 août 1893, *Pand.*, 95, 1, 155.

305. *Délai pour faire statuer sur l'exception.* — En ce qui concerne spécialement le délai dans lequel le contrevenant, qui a soulevé l'exception, devra faire juger par le tribunal compétent le mérite de cette exception, il est bon de faire observer que d'après l'article 182 du Code forestier, qui est considéré comme applicable en toutes matières criminelles, le jugement de sursis doit fixer un bref délai dans lequel la partie qui aura élevé la question préjudicielle, devra saisir les ju-

ges compétents de la connaissance du litige, et justifier
de ses diligences, sinon il sera passé outre. Toutefois,
en cas de condamnation, le montant des amendes, restitutions et dommages-intérêts sera versé à la Caisse
des dépôts et consignations, pour être remis à qui il
sera ordonné par le tribunal qui statuera sur le fond du
droit.

C'est par application de ces règles qu'il a été jugé par
la chambre criminelle de la Cour de cassation les 4 décembre 1857, S. 58, 1, 322, dans l'affaire Collier et
23 juillet 1858 dans l'affaire Tétart, que si le délai
imparti à celui à qui on impute une contravention commise sur un chemin rural, pour se pourvoir à fins civiles, est expiré sans que les diligences aient été faites
pour saisir le juge compétent, le tribunal de répression
doit passer outre au jugement de la contravention et
refuser d'accorder un nouveau délai.

308. *Exceptions de propriété.* — Quelques doutes
s'étaient élevés sur la question de savoir si l'exception
de propriété est recevable lorsque des poursuites sont
dirigées contre un individu pour dégradation, usurpation ou toute autre contravention commise sur un
chemin rural. Ces doutes provenaient de ce qu'il n'est
jamais permis de disposer des choses que l'autorité
publique a déclaré faire partie du domaine public ; mais
lorsqu'il s'agit de chemins ruraux non classés comme
vicinaux, les actes de l'autorité administrative portant
reconnaissance de ces voies n'ayant pas pour effet de

placer dans le domaine public les propriétés privées,
sous la seule réserve d'une indemnité, il est généralement reconnu, que celui qui sera poursuivi pour contravention sur un chemin rural, sera toujours recevable
à élever l'exception de propriété, puisque s'il la faisait
juger à son profit la contravention disparaîtrait. La plupart des auteurs que nous allons citer indiquent que
lorsque l'exception préjudicielle de propriété en matière de chemins ruraux est portée devant le juge de
simple police, celui-ci doit, non point se dessaisir, mais
surseoir à prononcer jusqu'à ce qu'il ait été statué sur
la question préjudicielle par le juge compétent. C. d'État
7 août 1810, Bonnet ; 13 janvier 1813, Gaudricault ;
11 avril 1810, Moullette ; Trib. des conflits, 27 mars
1851, Delort ; 25 février 1862, Masse ; 25 février 1864,
Grollier ; 9 juin 1882, Maixent ; 19 juin 1891, Tardieu ;
arrêts de la Cour de cassation, chambre criminelle, des
7 messidor an IV, Robert ; 27 germinal an IX, Savard ;
9 fructidor an X, Giron ; 26 frimaire an XI, Loché ;
7 nivôse an XII, Jacotot ; 22 frimaire an XIII, Boyer ;
20 prairial an XIII, Avrillaud ; 22 messidor an XIII, Du-
mesnil ; 7 novembre 1806, Martin ; 19 novembre 1806,
Billon ; 12 novembre 1807, Vaubert ; 30 janvier 1808,
Gobin ; 5 janvier 1809, Darnis ; 10 février 1809, Palle ;
9 octobre 1810, Thieriot ; 21 février 1811, Lecaron ; 26 juin
1812, Frapin ; 1er août 1823, Paulin ; 30 juillet 1825,
Méry ; 19 juin 1829, Mangin ; 10 juin 1843, de Béarn ;
8 mars 1844, Sebastiani ; 6 février 1845, Lettré ; 26 septembre 1845, Gineste ; 11 octobre 1845, Ganville ; 1er mars

1849, Michel ; 1ᵉʳ mars 1849, Lanzai ; 6 septembre 1850,
Plisson ; 3 avril 1851, de Saulxures ; 18 juin 1853, S.
54, 1, 72 ; 29 juillet 1853, Cherfallot ; 27 juillet 1854,
Raymond Parent ; 5 janvier 1855, Villote ; 29 mars 1855,
Gaillard ; 19 avril 1855, Nicolas ; 12 janvier 1856, Blaise ;
10 octobre 1856, Dujonhannel ; 17 juillet 1857, Choquet ;
7 juillet 1860, Duplessis ; 14 novembre 1861, Dubois ;
14 février 1863, Poulain ; 8 février 1878, D. 79, 5, 347 ;
4 août 1881, S. 84, 1, 175 ; 23 juin 1881, D. 82, 1, 237 ;
22 mai 1885, S. 88, 1, 36 ; 20 décembre 1889, S. 91, 1,
90, *Pand.*, 90, 1, 317 ; 30 janvier 1891, Prévotel ; *Annales des chemins vicinaux*, 2ᵉ partie, t. 3, p. 154 ; Dalloz, Vᵒ *Voirie par terre*, nᵒ 1427 ; Merlin, *Rép.*, Vᵒ *Chemin public*, nᵒ 6 ; Henrion, *Comp. des jug. de paix*,
ch. 22, § 1 ; Toullier, t. 3, nᵒ 504 ; Proudhon, nᵒ 621 ;
Dumay sur Proudhon, t. 2, p. 552 ; Garnier, p. 202 ;
Curasson, *Comp. des jug. de paix*, t. 1, p. 87 ; Bost,
nᵒˢ 23, 60, 65, 94, 118, 131 ; Neveu Derotrie, *Droit rural*, p. 332 ; Herman, *Voirie vicinale*, p. 344, nᵒˢ 924 et
925 ; Husson, p. 1002 ; Solon, *Ch. vic.*, p. 87 ; Cotelle,
t. 4, p. 367, nᵒ 785.

Le prévenu poursuivi pour anticipation résultant de
cultures, ne pourrait élever comme moyen de défense
une exception fondée sur un défaut d'abornement préalable, c'était à lui à le réclamer avant ses cultures s'il
le jugeait nécessaire. C. cass., crim., 8 août 1862, D. 63,
1, 387.

Lorsque la personne poursuivie prétend que les travaux par elle exécutés et qui lui sont reprochés comme

constituant une dégradation d'un chemin public, ont été faits sur un terrain qui lui appartenait et ne dépendait pas du chemin dont la limite avait été déterminée par un bornage régulier et contradictoire ; le juge de police a qualité pour apprécier cette défense et peut s'éclairer par une enquête, sans avoir à prononcer aucun sursis ni renvoi. C. cass., 3 janvier 1879, S. 79, 1, 486.

Il faut pour que le juge soit arrêté par la production de cette exception, qu'elle puisse être considérée comme sérieuse. Cass., 23 août 1879, S. 81, 1, 185.

Elle n'est recevable que si le prévenu excipe d'un droit personnel. Il a été jugé qu'elle ne pourrait être opposée par un sous-locataire ou propriétaire prétendu. Cass., 18 janvier 1890, D. 90, 1, 287.

307. *Renvoi à fins civiles ; intervention de la commune.* — Lorsque sur la poursuite du ministère public une personne est citée devant ' ribunal de simple police pour avoir intercepté un chemin public, et que le maire de la commune intervient comme partie civile, sans y être autorisé, pour demander des dommages-intérêts, si le contrevenant conclut à ce que la commune soit déclarée non recevable comme non autorisée, et à ce qu'il lui soit accordé à lui-même un délai pour faire statuer au pétitoire sur son droit de propriété sur ce chemin, le juge de simple police peut prononcer un sursis pour permettre à la fois à la commune d'obtenir l'autorisation qui lui est nécessaire, et au prévenu de

faire juger la question de propriété. Le ministère public
est resté en effet partie principale et l'intervention de la
commune n'a pas modifié la situation du prévenu vis-à-
vis le poursuivant, et le prévenu vis-à-vis du ministère
public, n'en a pas moins à faire la preuve de la propriété
pour justifier son exception. Peu importe qu'il prétende
que vis-à-vis la commune il doit conserver le rôle de
défenseur. C. cass., ch. crim., 22 juillet 1882, D. 83, 1, 183.

308. *L'exception de possession.* — L'exception de
possession annale, comme celle de propriété, est-elle
également recevable et doit-elle motiver un sursis de la
part du juge de répression ?

Nous admettons que le contrevenant renvoyé à fins
civiles pour établir sa propriété, peut agir au possessoire
pour arriver ensuite à faire reconnaître cette propriété
par le juge du pétitoire, et en cela nous ne saurions dis-
céder de la jurisprudence de la Cour de cassation, attestée entr'autres par les arrêts des 22 mai 1863 et 13
janvier 1864 ; mais la Cour suprême va plus loin et par
sa jurisprudence la plus récente elle juge qu'on peut
exciper directement devant le juge de police de la possession annale, c'est-à-dire obtenir de lui un sursis
pour faire statuer sur cette possession, décembre 1860,
Roche ; 14 novembre 1861, Dubois ; 15 mars 1889, Com.
de Thennelières, etc., et par suite que, lorsque la possession annale est juridiquement reconnue en faveur du
prévenu, cette déclaration est, comme celle de propriété,
de nature à enlever au fait poursuivi le caractère de

31

contravention ; que dès lors c'est à bon droit, qu'en pareil cas, le juge de police se fonde sur cette reconnaissance pour acquitter le prévenu ; 1er décembre 1860, Roche ; 23 janvier 1864, de Suze. En l'état d'une jurisprudence si formelle et aujourd'hui si constante, il n'y a qu'à conseiller de s'y soumettre, et moins que personne je ne songe à la combattre. Si elle n'existait pas, je dirais qu'à la suite du renvoi à fins civiles, la personne poursuivie pourra se pourvoir au possessoire pour se donner le rôle de défendeur sur l'action au fond, et que, à ce point de vue, il peut lui être avantageux de suivre cette voie, qui ne lui est fermée par aucune disposition légale, mais j'aurais ajouté que, après la décision rendue sur le possessoire, elle ne pouvait se dispenser d'obtenir une décision sur la question de propriété, la possession dans ce cas n'étant le plus souvent que le fait d'une contravention. Il est fâcheux que l'on puisse ainsi dire en définitive, je repousse la poursuite en usurpation en prouvant que j'ai usurpé, et cela est d'autant plus regrettable qu'en ces matières la surveillance étant presque nulle, la découverte et la répression de la contravention peuvent se faire attendre plus longtemps.

En d'autres termes, sans la jurisprudence de la Cour de cassation, j'admettrais l'action possessoire pour arriver à une décision définitive sur la question de propriété, mais non comme un moyen, non seulement de prescrire la contravention, mais encore la réparation du préjudice causé à la chose publique et même la propriété. De même qu'en matière de chemins vicinaux on admet que l'on suive la voie possessoire pour arriver à une déclaration de propriété donnant lieu à une indemnité, je voudrais ici qu'on ne pût suivre l'action possessoire que pour arriver à la détermination de la propriété qui, si elle était résolue en faveur du délinquant, ferait non seulement disparaître la contravention, mais encore consoliderait la propriété entre ses mains. Au surplus, ce système va se reproduire plus tard avec plus de développements lorsque j'aurai à examiner de nouveau la question de prescription des chemins ruraux au titre de l'aliénation de ces chemins, tout au moins quant aux chemins reconnus et déclarés imprescriptibles par la loi, je ne saurais abandonner mon opinion personnelle.

309. *Exception de publicité du chemin.* — La loi pénale ne punit que les contraventions commises sur les chemins publics, il peut dès lors se faire que la personne poursuivie demande à être relaxée des poursuites, sur le motif que le chemin sur lequel la contravention aurait eu lieu n'est pas un chemin public.

On avait décidé plusieurs fois que dans ce cas le tribunal de répression devait surseoir à statuer, et renvoyer devant l'autorité administrative pour qu'il fût prononcé par elle sur la publicité du chemin. Ch. crim., 7 février 1845, Rampon; 12 juin 1845, v° Lignon; 26 septembre 1845, Gineste; 11 octobre 1845, Lebrun; 12 février 1848, Calmels; 25 février 1858, S. 58, 1, 324.

Depuis, la Cour de cassation a adopté une jurispru-

dence contraire ; cette jurisprudence se trouve ainsi formulée dans l'arrêt de la chambre criminelle du 3 avril
1851, Brandeault de Saulxures : « La justice répressive,
lorsqu'elle est légalement saisie de la poursuite d'un
crime, d'un délit ou d'une contravention, devient par
cela même juge des exceptions invoquées en défense,
toutes les fois que celles-ci n'ont pas été formellement
réservées par la loi à un autre pouvoir ; qu'ainsi, lorsque la publicité d'un chemin sur lequel a été commise
l'infraction poursuivie en devient une circonstance
constitutive ou aggravante, le juge de l'action a compétence pour statuer sur l'exception de non-publicité. D'où
il suit qu'en conservant dans la cause la connaissance
de la question de savoir si le chemin du Près-du-Bois
était public, le tribunal correctionnel jugeant en appel
de simple police, s'est conformé aux vrais principes de
la matière ».

C'est dans ce même sens qu'ont été rendus les arrêts
des 4 janvier 1828, S. 28, 1, 217 ; 3 avril 1851 ; 12 août
1852, Beaulieu ; 15 octobre 1852, S. 53, 1, 318 ; 29 juillet 1853, Cherfallot ; 9 février 1856, Troubadi ; 10 avril
1856, Gérard ; 27 décembre 1856, S. 57, 1, 312 ; 4 décembre 1857, S. 58, 1, 322, D. 58, 1, 94 ; 8 février 1858,
S. 59, 1, 944 ; 20 février 1858, Mibert ; 25 février 1858,
Auché ; 22 juillet 1848, Costel ; 5 août 1859, Giraud ;
15 novembre 1860, Demars et Bouchand ; 25 janvier
1861, Vilcoq ; Paris, 13 août 1868, P. 69, 2, 73 ; Cass.,
14 janvier 1874, D. 77, 5, 465 ; 10 novembre 1875, S.
76, 1, 78 ; 5 août 1880, S. 81, 1, 392 ; 15 mars 1889, *Bull.*,

n° 110, p. 164, D. 89, 1, 435 ; 18 janvier 1890, D. 90, 1, 287, *Pand.*, 90, 1, 379 ; 28 février 1891, *Bull.*, n° 53, p. 95 ; 29 mai 1891, S. 94, 1, 431, D. 91, 1, 441, *Pand.*, 92, 1, 85 ; 30 juillet 1891, *Bull.*, n° 155, p. 271, *Pand.*, 92, 1, 80.

Surtout en l'absence d'arrêté de classement, ch. crim. rej., 4 décembre 1857, S. 58, 1, 322.

Et de tout autre acte administratif attribuant au chemin un caractère de publicité. Ch. crim., 22 juillet 1858, Costel ; 5 août 1869, Giraud ; 21 novembre 1861, Mazon ; 19 juillet 1862, Laux.

S'il existait un acte administratif établissant cette publicité, il devrait être respecté. Cass., 23 juillet et 20 novembre 1858 et 15 juillet 1875 au *Bulletin* ; 27 novembre 1880, S. 81, 1, 388.

Ainsi s'il existe un arrêté de classement, ce titre doit être respecté, jusqu'à ce que l'autorité administrative supérieure l'ait réformé, ou que l'autorité judiciaire en ait détruit la portée par suite de son appréciation en ce qui concerne la propriété. Ch. crim., 20 novembre 1858, Sermet ; Dalloz, *Voirie par terre*, n° 1438 ; Bost, n°° 13 et 255.

Le tribunal de police ne dépasse pas ses pouvoirs s'il ne fait en pareil cas qu'appliquer les actes administratifs produits. Ch. crim., 25 janvier 1861, Vilcoq.

Il en serait autrement s'il y avait lieu à interpréter ces actes. Cass., 26 août 1859, Sermet ; 6 août 1892, S. 92, 1, 480.

A défaut d'arrêté de classement et d'actes adminis-

tratifs constatant la publicité, le tribunal de police a à
rechercher et à juger, au point de vue de l'affaire qui lui
est soumise, si la publicité existe ou non ; mais il ne
peut se fonder sur le simple défaut d'actes administratifs pour déclarer l'absence de publicité. Ch. crim.,
10 avril 1856, Gérard ; 21 janvier 1859, Claudon ; 6 décembre 1851, Jouet.

Si le procès-verbal constatant la contravention constate également que le chemin sur lequel elle a été commise est un chemin public, le juge de police, lorsque la
preuve contraire n'est pas faite, ne peut repousser cette
constatation de publicité. Ch. crim. cass., 10 avril
1856, Gérard ; 23 juillet 1858, Tétard ; 8 mars 1862,
Cloup.

Il aurait ce droit si au contraire la preuve contraire
était rapportée. Ch. crim., 15 novembre 1860, Demars.

Si le chemin avait été, de l'aveu de tous, un chemin
public et que le contrevenant prétendît qu'il avait perdu
ce caractère, lorsque le fait qu'on lui reproche a été
commis, ce serait à l'autorité administrative à déclarer
si en effet ce chemin a perdu son caractère de publicité.
Ch. crim., 27 décembre 1856, S. 57, 1, 312, D. 57, 1, 96 ;
Cass., 6 août 1892, S. 92, 1, 480.

Le sursis devrait être accordé, si la personne poursuivie pour avoir intercepté en partie un chemin, tout en
reconnaissant que ce chemin est public, soutenait être
en droit d'en réduire la largeur en vertu de titres particuliers, ce serait alors une question de propriété et non
de publicité qui serait à juger. Ch. crim., 17 juillet 1857,
Choquet.

C'est au juge de police à reconnaître si le fait relevé comme constituant une contravention a eu lieu sur un terrain faisant ou non partie du chemin. Cass., 3 janvier 1879, S. 79, 1, 486.

Lorsqu'un particulier, poursuivi par un autre pour violation de propriété à la suite d'un fait de passage, soutient que le chemin sur lequel il est passé est un chemin public, c'est une véritable question de propriété qui s'élève entr'eux et non de publicité, et cette action est de la compétence du juge civil et nullement du tribunal de police. Ch. crim., 14 germinal an XIII, Augy ; 28 août 1828, Goupil ; Dalloz, *loc. cit.*, n° 1445.

En ce qui concerne la publicité, voyez ce qui a été dit sous l'article 2, et précédemment sous notre article 9, à raison des déclarations de publicité faites dans les procès-verbaux de contravention.

310. *Classe de la voie.* — Nous venons d'examiner les difficultés auxquelles peuvent donner lieu les exceptions de non-publicité du chemin élevées par les contrevenants ; il est possible que la publicité n'étant point contestée, on soit en désaccord sur le point de savoir à quelle classe appartient la voie publique sur laquelle la contravention a eu lieu, rue, chemin vicinal, route, chemin rural. C'est dans ce cas à l'autorité administrative à résoudre préalablement la question qui n'est pas du domaine du juge de police. Ch. crim., 7 février 1845, Rampon ; 13 juillet 1861, Chicard ; 8 août 1862, Cloup. Consulter toutefois Cass., 17 juin 1881, S. 83.1.440, lors-

que les limites des voies soumises à des régimes différents ne sont pas contestées et qu'il s'agit seulement de
déterminer le lieu où la contravention a été commise.

311. *Effets du renvoi à fins civiles.* — Le prévenu
renvoyé sur sa requête à fins civiles, doit justifier sa
demande devant les tribunaux civils, il ne pourrait laisser cette preuve à la charge de celui qui le poursuivait
devant le tribunal de répression. Ch. crim., 25 septembre 1835, Moreau ; 17 novembre et 21 décembre 1860 ;
11 avril 1861 ; 18 août 1884, S. 87, 1, 201 ; Bourguignat,
Des chemins ruraux, p. 4, etc.

Le tribunal de simple police, en prononçant le renvoi, ne pourrait mettre cette preuve à la charge du ministère public, en lui accordant un délai pendant lequel
la commune ou lui feraient la preuve de la propriété communale devant les tribunaux civils, en l'état de la prétention du contrevenant qui alléguerait que le chemin
est sa propriété privée. Ch. crim., 17 octobre 1834,
Boilat.

Si des difficultés sont élevées par le contrevenant sur
les limites d'un chemin rural, c'est encore à ce dernier
qui présente l'exception, à rapporter cette délimitation,
que l'on s'adresse pour la faire aux tribunaux, ou à l'autorité administrative. Ch. crim., 21 décembre 1860,
Brassart.

Enfin et en un mot, c'est à celui qui obtient un sursis
aux poursuites en soulevant une exception, à demander au tribunal compétent et à obtenir de lui la solution
de la question réservée.

A l'expiration du délai accordé au prévenu pour faire juger l'exception, il doit être passé outre au jugement s'il ne justifie pas avoir investi de l'exception le tribunal compétent. C. cass., ch. crim., 4 décembre 1857, S. 58, 1, 322.

§ 9. — Prescription.

312. *Temps nécessaire pour prescrire.* — Les contraventions de simple police seront prescrites après un an révolu à compter du jour où elles ont été commises, même lorsqu'il y aura eu procès-verbal, saisie, instruction et poursuite, si dans cet intervalle il n'est point intervenu de condamnation. Code d'inst. crim., article 640.

313. *Prescription en cas d'usurpation.* — En se fondant sur cet article 640, la Cour de cassation juge, que la prescription de la condamnation portant sur l'usurpation d'un chemin public au moyen d'ouvrages sur ce chemin, court à partir de la construction de cet ouvrage, et qu'on ne peut considérer cette usurpation comme une contravention successive et continue se renouvelant indéfiniment et ne pouvant se prescrire. Cass., 16 décembre 1842 ; rej., 27 avril 1843 ; cass., 12 décembre 1845, 3 mai 1850, 13 mars 1852, 27 mai 1854, etc. Mais si la peine est prescrite, les tribunaux, à titre de réparation civile, doivent ordonner que les lieux soient remis par le contrevenant en l'état où ils étaient avant son fait, bien que cet acte, par suite du bénéfice du temps, ne puisse donner lieu à une condamnation à l'amende, parce qu'on ne peut acquérir des droits privés au détriment du public sur la chose publique, par le fait de l'inaction ou de la coupable négligence de celui que la loi charge de surveiller cette chose. Le principe a été admis par les arrêts de la Cour de cassation des 10 avril 1841, 29 juin 1844, 2 janvier 1847, 14 octobre 1852, etc. Si le défaut de surveillance avait permis à l'ouvrage de subsister pendant plus de trente ans sur les chemins ruraux non reconnus et susceptibles d'être prescrits, non seulement il devrait être maintenu, mais il ferait passer dans la propriété du riverain le sol sur lequel il aurait été établi.

Il est bien entendu que le juge de répression ne peut connaître de la demande en réparation, dans le cas où la contravention a été prescrite par un an, que s'il a été investi par la citation première de la connaissance de la contravention elle-même. On ne pourrait former une demande distincte en réparation du préjudice devant le juge de police, sans le saisir de la connaissance de l'action publique en répression ; rej., 27 mars 1852, Bastard. Nous allons avoir occasion de revenir sur ces questions.

§ 10. — Pénalités.

314. *Les pénalités sont édictées par le Code pénal.* — Les articles 471, §§ 4, 5 et 15, et 479, §§ 11 et 12 du Code pénal, déterminent les peines qui sont applicables pour les diverses contraventions commises sur les chemins ruraux.

Depuis la loi de 1881, le pouvoir des maires continue à trouver sa sanction dans ces dispositions de loi. Rapport de M. Labiche au Sénat.

L'amende ayant le caractère de peine, elle ne peut être prononcée contre un être moral, une société anonyme par exemple, pour embarras sur la voie publique. Cass., 17 décembre 1891, S. 92, 1, 167.

315. *Dépôts, etc.* — L'article 471, n° 4, est applicable notamment à ceux qui ont fait des dépôts de fumiers et autres objets sur les chemins ruraux. Cass., 6 février 1845, D. 45,4,547; 16 décembre 1853, Barrois; 8 mai 1856, Prigaton; Dalloz, n° 1424; alors même qu'il n'existerait pas des arrêtés spéciaux pour les défendre. Cass., 11 janvier 1846, Barasseau, et 9 juin 1854, D. 55,1,414.

Peu importe qu'une partie seulement du fumier eût été déposée par la personne poursuivie (Cass., 28 août 1858), et que, depuis plus de trente ans, on fût dans l'habitude de faire de semblables dépôts (même arrêt).

Le même article est applicable à ceux qui ont intercepté les communications. Ch. crim., 5 août 1859, Giraud.

L'article 471, n° 6, est applicable à ceux qui jettent ou déposent sur la voie publique, devant leurs habitations des choses de nature à nuire par leur chute ou leurs exhalations.

Article 471, n° 12, à ceux qui imprudemment jettent des immondices sur les passants.

Article 471, n° 7, à ceux qui laissent sur ces voies des objets pouvant servir aux malfaiteurs à commettre des délits ou des crimes.

316. *Violation des arrêtés municipaux et préfecto-raux.* — L'article 471, n° 5, doit être appliqué à celui qui viole un arrêté municipal, ou le règlement général du préfet, concernant la défense de construire ou planter sans autorisation préalable. Ch. crim., 12 janvier 1856, Blaise ; A. Chauveau, t. 6, p. 163 ; Dalloz, n° 1424.

Cet article, même numéro, est encore applicable à celui qui résiste à l'arrêté du maire lui enjoignant de démolir un édifice menaçant ruine.

Le n° 15 de l'article 471 doit être appliqué à ceux qui violent les arrêtés des maires ou préfets, pris pour assurer la conservation des voies publiques et la commodité, la liberté et la sécurité de la circulation sur ces voies.

L'article 475, n° 7, est applicable à ceux qui laissent divaguer des animaux malfaisants ou féroces sur des chemins ruraux ; mais les porcs n'étant point placés dans cette classe, cette disposition de loi n'est pas applicable à leurs propriétaires, qui ne peuvent être poursuivis que s'il existe un arrêté spécial et pour contravention à cet arrêté. Cass., 9 décembre 1854, de Lahaye.

317. *Détériorations, usurpations, etc.* — La pénalité édictée par l'article 479, n° 11, est applicable à celui qui a barré un chemin rural, à celui qui l'a coupé, Cass., 18 novembre 1853, ou dégradé, circ. minist., 15 novem-

bre 1839 ; cass., 3 octobre 1835, Verny-Lamothe ; 18 novembre 1853, D. 53, 5. 480 ; 15 février 1856, D. 56, 1,
349 ; 26 avril 1869, D. 69, 1, 410 ; Braff, n° 313 ; Dalloz,
n° 1424 ; à celui qui a usurpé sur sa largeur, Cass.,
13 décembre 1843, D. 45, 4, 543 ; 27 juillet 1854, Raymond ; 8 août 1862, D. 63, 1, 387 ; 17 août 1865, Lallemand ; 18 janvier 1890, D. 90, 1, 287, *Pand.*, 90, 1, 379 ;
circ. min., 16 novembre 1839 ; Braff, n° 312 ; Boùrgui-
gnat, *Droit rural*, p. 193, n° 715 ; Dalloz, n° 1424 ; qui
a enlevé des arbres en dépendant. C'est le n° 12 du même article qui punit la contravention lorsqu'il y a eu
des enlèvements non autorisés de pierre, de gazon, etc.
Cass., 14 juillet 1849 ; 2 mai 1845 ; 2 août 1862, Esseline ;
2 août 1862, Lebrun ; 10 janvier 1863, Laporte ; 17 août
1865, Lallemand.

Mais le fait de ne s'être pas conformé aux conditions
d'un arrêté autorisant un riverain à pratiquer certains
travaux, constitue non un fait de dégradation puni par
l'article 479, n° 11 ; mais de contravention à l'arrêté,
puni par l'article 471, n° 15. C. cass., 18 juin 1869, D.
70, 1, 379.

318 . *Peines édictées par les articles 471, 474,
475 et 479 du Code pénal.* — L'article 471 prononce
une peine de 1 fr. à 5 fr. d'amende.

L'article 474 porte, que l'emprisonnement pendant
trois jours au plus, aura toujours lieu, en cas de récidive, contre les personnes mentionnées dans l'article
471.

L'amende prononcée par l'article 475, est de 6 à 10 fr. La peine de 5 jours d'emprisonnement au plus est prononcée en cas de récidive.

L'article 479 édicte contre les contrevenants qu'elle désigne, une amende de 11 à 15 fr., et un emprisonnement pendant cinq jours contre les récidivistes.

319. *Réparation du dommage.* — La destruction des ouvrages portant préjudice à la voie publique doit être prononcée toutes les fois qu'il y a lieu : par exemple lorsqu'une construction empiète sur la voie publique. Cass., 21 mars 1846, D. 46, 4, 519 ; 20 décembre 1851, Carrière ; 26 juin 1850, veuve Auroy ; 7 avril 1866, Trotier, *Bull. crim.*, 28 juin 1872, D. 75, 5, 492 ; 30 novembre 1872, D. 73, 5, 492 ; 25 janvier 1873, D. 73, 1, 47 ; 1ᵉʳ février 1873, D. 73, 5, 492 ; 20 novembre 1873, D. 75, 1, 324.

Le tribunal de police ne peut même, dans ce cas, donner un sursis pour effectuer cette démolition. C. de cass., 18 décembre 1840, 8 juillet 1843.

Mais, dit avec raison la Cour de cassation, dans son arrêt du 2 janvier 1847 (affaire Chefdebien): « La démolition des constructions faites sans autorisation préalable le long des chemins publics, soit vicinaux, soit ruraux, ne doit, aux termes de l'article 161 du Code d'instruction criminelle, être ordonnée par le jugement qui réprime le non accomplissement des formalités préalables, que lorsqu'elles présentent un empiètement sur la largeur légale de la voie publique, puisque, dans le cas contraire, il n'en résulte aucun dommage pour la petite voirie » (Décision semblable le 11 janvier 1862, de Turenne ; 15 juillet 1864, D. 67, 5, 451 ; C. d'Etat, 14 août 1871). Je me suis élevé, dans un article inséré dans la *Revue de législation*, contre l'ancienne jurisprudence résultant de divers arrêts de la même Cour, aux termes de laquelle la démolition devait être ordonnée dans tous les cas.

Le tribunal de police doit ordonner les autres mesures nécessaires pour réparer le préjudice causé par la contravention, comme cela a déjà été indiqué plus haut, lorsque j'ai eu à examiner la compétence de ces tribunaux.

Cette réparation doit être encore ordonnée alors même que le tribunal de police reconnaissant la contravention, déclarerait qu'il n'y a pas de peine à prononcer parce qu'elle serait couverte par la prescription. Ch. crim., 25 janvier et 30 novembre 1843 ; *Annales des chem. vic.*, 2e partie, t. 3, p. 155.

D'un autre côté, si, lorsqu'il y a dommage les juges ne peuvent se borner à appliquer la peine, et s'ils doivent encore prononcer la réparation, ils ne peuvent se borner à prononcer la réparation sans appliquer de peine. Cass., 18 décembre 1846, Legcay.

C'est aux maires à assurer l'exécution des dispositions des jugements concernant les réparations civiles. Naudier, n° 167 ; Fuzier-Herman, *Rép.* V° *Chemins ruraux*, n° 212.

320. *La loi de* 1791 *est inapplicable à ceux qui ont embarrassé les chemins ruraux.* — Je disais tantôt que l'article 471, § 4 du Code pénal, qui punit ceux qui ont embarrassé la voie publique en y déposant ou y laissant sans nécessité des matériaux, ou des choses quelconques, qui empêchent ou diminuent la liberté ou la sûreté du passage, était applicable aux chemins ruraux. Cette opinion est contraire à celle qui a été professée par MM. Chauveau Adolphe et Faustin-Hélie (*Théorie du Code pénal*, t. 6, p. 308, 3ᵉ édition) et Morin (*Répert. du droit crim.*, Vᵒ *Embarras de voirie*, nᵒ 2). Suivant ces auteurs, de pareilles contraventions tomberaient sous l'application du Code rural des 28 septembre-6 octobre 1791, et les trois arrêts de la Cour de cassation des 1ᵉʳ décembre 1827, 15 février 1828 et 24 avril 1829, semblent donner à cette doctrine l'appui de leur autorité. Mais la règle que nous avons posée, admise par Henrion de Pansey, *Compétence des juges de paix*, chap. 12, § 2; Bourguignon, *Jurisprudence des Codes criminels*, t. 3, p. 512; Garnier, *Des chemins*, p. 509, 3ᵉ édition; Foucart, *Droit public*, t. 2, p. 403; Bost et Daussy, *Législation et jurisprudence des tribunaux de police*, p. 226; de Villeneuve, *Recueil des arrêts*, année 1856, 1ʳᵉ partie, p. 383 note, est sanctionnée par la jurisprudence la plus récente de la Cour suprême, comme cela résulte des arrêts des 6 février 1845, 9 juin 1854, 3 mai 1856, 2 janvier 1857, 28 août 1858.

§ 11. — Recours contre les jugements de simple police.

321. *Voies de recours.* — Les jugements rendus par défaut par les tribunaux de police peuvent être frappés d'opposition, dans la forme et les délais déterminés par les articles 151 et suivants du Code d'instruction criminelle.

Les jugements rendus en matière de police pourront être attaqués par la voie de l'appel, lorsqu'ils prononceront un emprisonnement, ou lorsque les amendes, restitutions et autres réparations civiles excèderont la somme de cinq francs, outre les dépens (art. 172 et suiv. C. instr. crim.).

Les arrêts et jugements rendus en dernier ressort, en matière de police, pourront être déférés à la Cour de cassation (art. 407, 413 et suiv., 416 et suiv., C. d'instr. crim.).

§ 12. — Crimes et Délits.

322. *Crimes et délits.* — En dehors des contraventions concernant la police des chemins et leur conservation à l'encontre des entreprises de leurs riverains spécialement, les voies publiques, peuvent être encore l'occasion de crimes et délits.

De crimes, par exemple, dans le cas des articles 437 du Code pénal, visant les destructions de ponts, digues et chantiers, 381 et suivants concernant les vols de matériaux.

De délits, articles 375 et 401, pour vols de matériaux sans circonstances aggravantes ; 257, punissant quiconque aura détruit, abattu, mutilé ou dégradé des monuments, statues ou autres objets destinés à l'utilité ou à la décoration publique ; 438, l'opposition par des voies de fait à la confection des travaux autorisés par le gouvernement ; 412, l'entrave à la liberté des enchères ouvertes pour l'adjudication des travaux.

Les faits ainsi prévus par nos lois pénales, dont les chemins ruraux sont l'objet ou dont ils ont à souffrir, placent leurs auteurs sous le coup de ces lois.

Nous n'avons pas à expliquer ici comment ces crimes et délits sont constatés, ni comment leurs auteurs doivent être poursuivis et jugés, il nous faudrait pour cela faire un cours de droit pénal.

ART. 10. — *Entretien ; ressources.*

Elle pourvoit à l'entretien des chemins ruraux reconnus, dans la mesure des ressources dont elle peut disposer.

En cas d'insuffisance des ressources ordinaires, les communes sont autorisées à pourvoir aux dépenses des chemins ruraux reconnus, à l'aide soit d'une journée de prestation, soit de centimes extraordinaires en addition au principal des quatre contributions directes.

Les dispositions des articles 5 et 7 de la loi du 24 juillet 1867 seront applicables, lorsque l'imposition extraordinaire excédera 3 centimes.

SOMMAIRE

§ 1
Utilité de l'entretien des chemins ruraux

§ 2
À la charge de qui est cet entretien

§ 3
Responsabilités résultant de l'entretien et du défaut d'entretien

§ 4
Voies et moyens

§ 1. — Utilité de l'entretien des chemins ruraux.

363. *Utilité de cet entretien.* — Nous avons déjà eu souvent occasion de faire remarquer toute l'utilité des chemins ruraux, et d'indiquer que l'existence de communications faciles entre la ferme, la forêt et la voie vicinale ou nationale, est une des premières nécessités pour l'agriculture et les populations rurales. Nous n'insisterons pas ici sur ces vérités que personne ne conteste, et dont le développement entrerait plutôt dans le cadre d'études agronomiques que judiciaires, mais nous ne pouvons nous empêcher de regretter que la plupart des chemins ruraux soient restés si longtemps impraticables une grande partie de l'année, ou ne puissent encore de nos jours être fréquentés que par des charrettes peu chargées, et en faisant courir des dangers aux récoltes, aux attelages et aux conducteurs.

La loi de 1881 a eu pour but de remédier au mal, espérons qu'elle l'atténuera si elle ne le fait pas entièrement disparaître.

324. *Comment il devrait s'effectuer.* — La circulation sur ces chemins n'étant pas active, leur entretien serait facile à peu de frais et pourrait être dès lors une charge peu lourde quoique très profitable. Je tiens en effet que l'entretien des voies rurales doit être fait avec sagesse, sans luxe, de manière à assurer la possibilité et la sûreté des communications seulement. Les sinuosités sont ici indispensables, il faut savoir accepter les rampes même fortes : il suffit qu'en toute saison la voie donne un passage sûr aux gens et aux bêtes. Je connais des communes où quelques jours de travail de mois en mois, consacrés par le cantonnier communal aux chemins ruraux, suffisent pour assurer leur viabilité. Que faut-il en effet le plus souvent, pour que ces chemins soient toujours praticables ? Dévier par quelques coups de pioche les eaux qui les ravineraient, jeter çà et là quelques terres ou gravier, déplacer quelques gazons, etc. ; toutes choses qui, faites à temps, assurent le parcours d'un chemin, alors que cette voie deviendrait impraticable si des réparations faciles ne suivaient pas immédiatement certaines détériorations.

§ 2. — A la charge de qui est cet entretien.

395. *L'entretien doit-il être mis à la charge des riverains ?* — En se fondant sur cette règle d'équité qui veut que ce soient ceux qui sont plus directement appelés à profiter d'une chose qui soient chargés de sa conversation, on a soutenu que c'était aux riverains des chemins ruraux à les entretenir. Cette opinion, souvent combattue par le *Courrier des communes*, se trouve défendue notamment dans un article inséré, année 1848, p. 194 ; elle est soutenue par Berquier, *Guide des maires*, p. 374 ; *la Mairie pratique*, p. 474 ; elle essaie de s'appuyer sur un arrêt de rejet de la Cour de cassation du 17 février 1841, Lecamus. Elle avait été admise dans quelques-unes de nos anciennes provinces ; je la retrouve notamment dans l'article 3 de notre règlement provençal sur les chemins. Les conseils généraux consultés par le ministre, entrant dans la voie que semblait leur ouvrir la circulaire qui les investissait de la question, avaient été généralement d'avis, que si ce n'est pas la règle adoptée par nos lois, ce devrait au moins être celle qu'il serait juste qu'elles vinssent sanctionner. Ad. Chauveau, *Journal de droit adm.*, t. 2, p. 393.

Ce système contraire au principe de la coopération commune aux charges communales de la part des habitants de la même commune, au caractère de propriété communale des chemins ruraux, n'avait été accepté ni en doctrine, ni en jurisprudence, ni en pratique administrative. J'indiquerai tantôt comment, sans mettre cet entretien à la charge directe et personnelle des riverains, on a essayé de réclamer un concours de leur part (1).

386. *L'entretien est à la charge de la commune.* — On a répondu que les chemins ruraux n'étant pas à la disposition et à l'usage exclusif des riverains, mais appartenant aux communes, et étant destinés à l'usage du public sans distinction, la dépense de leur entretien ne pouvait être laissée à la charge des riverains; que la commune, qui retirait des habitants les redevances nécessaires pour faire face aux charges et besoins publics, était seule obligée de réparer et d'entretenir ses chemins ruraux. Et lorsque, armés de l'arrêt de la Cour de cassation du 17 février 1841, les défenseurs de l'opinion contraire disaient : Aux termes de la loi du 21 mai 1826 les chemins vicinaux légalement reconnus sont *seuls* à la charge des communes, on leur répondait : Ouvrez la loi de 1836, l'article 1er porte : *Les chemins vicinaux légalement reconnus sont à la charge des communes, sauf les dispositions de l'article 7* (relatives aux chemins de grande communication). Cette disposition met bien à la charge des communes les chemins vicinaux, parce

qu'en faisant une loi sur ces chemins, il fallait bien dire
à la charge de qui serait leur entretien, mais elle ne dit
pas que les autres voies publiques, qu'elle n'avait pas
à réglementer et qui appartiennent aux communes, rues,
places ou chemins ruraux, seront entretenus par les riverains. Il est évident encore, ajouterons-nous, que cet
entretien ne pourra avoir lieu au moyen de ressources
spéciales créées pour la réparation des chemins vicinaux
par la loi de 1836 ; mais qu'importe sur quels fonds doit
être fait cet entretien, qu'il soit obligatoire ou facultatif,
il ne s'agit pas moins ici d'une propriété publique communale dont l'entretien, en règle générale, doit être à la
charge de la commune, quelles que soient en fait ses
ressources et ses possibilités.

Aussi, de nos jours, reconnaissait-on généralement
que c'était aux communes à entretenir leurs chemins
ruraux, et qu'elles ne pouvaient s'en exonérer en mettant
tout ou partie de cet entretien à la charge des propriétaires riverains, qui auraient un intérêt particulier au bon
état de viabilité de ces voies. Avis du Conseil d'Etat du
21 août 1839 ; instr. min. de l'intérieur du 16 novembre
1839 ; arrêt de la chambre civile de la Cour de cassation
du 11 août 1835, S. 35, 1, 577 ; ch. crim., 5 janvier 1855,
Villote ; ch. crim., 20 juin 1857, S. 57, 1, 706 ; ch. civ.,
30 novembre 1858, S. 59, 1, 251 ; Caen, 1er mars 1839 ;
Limoges, 19 janvier 1860 ; C. cass., 1er juin 1860, S. 67,
1, 91 ; Limoges, 28 juin 1869, S. 69, 2, 286 ; *Courrier des
communes*, années 1836, p. 171, 1840, p. 39, 1841, p. 325 ;
Solon, *Droit adm.*, p. 529 ; Devilleneuve, *Recueil des*

lois et arrêts, en note de divers arrêts et notamment, 1840, 1re partie, p. 559 ; *Annales des chemins vicinaux*, 2e partie, t. 3, p. 149 ; Dalloz, Vo *Voirie par terre*, 1377 et suiv. ; Proudhon, t. 2, n° 614 et suiv. ; Bost, n° 30 ; Dufour, *Droit adm.*, t. 3, p. 403 ; Ad. Chauveau, *Journ. de droit adm.*, t. 2, p. 291 ; Rousset, *Dict. de voirie*, p. 66 ; Solon, *Chem. vic. et rur.*, p. 85 ; Prevost de Brebières, *Ch. publics*, p. 211. J'ai défendu cette opinion dans les *Servitudes de Voirie*, t. 2, n°s 698 et 700.

Cette solution, généralement admise avant la loi de 1881, n'est plus discutable aujourd'hui sous l'empire de cette loi, et notamment en l'état de la disposition formelle de l'article 10. Et il ne faudrait pas conclure de ce que cet article porte que l'autorité municipale pourvoit à l'entretien des chemins ruraux reconnus, que la commune n'a à sa charge que l'entretien des chemins reconnus. Cette disposition de l'article 10 n'est restrictive et limitative qu'en ce qui concerne les ressources exceptionnelles qu'elle autorise les communes à créer pour l'entretien des chemins ruraux reconnus. Les communes ne peuvent pas avoir recours à de pareilles impositions pour l'entretien des chemins non reconnus ; mais ces chemins, tant qu'ils restent leur propriété, avec le caractère de voie publique, les soumettent à raison de cette propriété et de cette affectation, à des obligations qu'elles doivent remplir, à peine de supporter les conséquences dommageables de l'inaccomplissement des obligations qui pèsent sur elles.

397. *Cette règle s'applique aux dépendances des chemins tels que les fossés et les travaux d'art.* — Si les communes sont en principe tenues de l'entretien des chemins ruraux, c'est à elles qu'incombe la charge d'entretenir les fossés ; arrêts de la Cour de cassation des 5 janvier 1855, 13 août 1857 et 30 novembre 1858, et généralement tous les travaux d'art, murs, ponts, etc. qui en dépendent.

398. *Murs de soutènement* (1). — Les murs de soutènement de la voie, sont à la charge du propriétaire du chemin que ces murs soutiennent, et la commune, s'il s'agit d'un chemin rural, doit non seulement rétablir le mur s'il s'écroule, mais encore réparer le dommage que la chute peut occasionner, à moins que la chute ne soit le résultat des entreprises du riverain.

En ce qui concerne les murs qui soutiennent au contraire les terres riveraines, c'est aux propriétaires à les tenir en bon état de conservation, à déblayer immédiatement la route, et à les rétablir au plus tôt, si en s'écroulant ils gênent la circulation.

Le règlement sur les chemins de Provence, art. 34, mettait à la charge des propriétaires des terres inférieures l'entretien des murailles qui soutenaient les chemins, à moins que ces propriétaires ne consentissent à laisser en friche une banquette ou talus de quatre pans de largeur dans leur fonds attenant à ces murailles.

(1) Voyez *suprà* nos 139, 142.

L'entretien des murailles supérieures était à la charge
des propriétaires des fonds qu'elles soutenaient. En cas
de ruine, les propriétaires, à la charge de qui étaient
les réparations, répondaient des événements qui en
étaient la conséquence et étaient tenus de mettre les
lieux en état dans les trois jours.

329. *Réparations à faire à un mur de clôture sou-*
tenant un chemin public. — Lorsque le mur de clôture
d'un jardin appartenant au propriétaire de ce jardin,
soutient le sol d'un chemin public et que la commune
a sur le mur une servitude *oneris ferendi*, le propriétaire du fonds servant n'étant tenu à rien pour l'exercice
de la servitude, mais seulement à souffrir cette servitude, la commune seule est obligée de faire les réparations nécessaires pour que la servitude dont s'agit
puisse continuer à être exercée sur ce mur. C. cass.,
16 mars 1869, S. 69, 1, 337. C'est le même principe
adopté généralement par les auteurs modernes, quelle
que soit la controverse qui a pu exister sous l'empire
du droit romain, il a servi également de base à l'arrêt
de la Cour de cassation du 7 décembre 1859, S. 60, 1,
333.

330. *Ponts établis par des tiers.* — Toutefois si les
communes sont obligées d'entretenir les ponts construits par elles sur les chemins pour faciliter la circulation, et si elles doivent les défendre contre les attaques
des eaux, elles ne sauraient être tenues de l'entretien

de ces mêmes ponts, s'ils avaient été construits dans un intérêt privé pour la conduite des eaux d'un canal, ou l'écoulement des eaux d'un fonds ; dans ce cas, les travaux construits par des tiers et dans leur intérêt devraient être entretenus par eux. Dumay sur Proudhon, t. 2, n° 477, p. 23; *Courrier des communes*, 1845, p. 362; Bost, n° 34 ; Dalloz, n° 1383.

331. *Rétablissement des communications interrompues par des travaux publics*. — Il est possible que par suite de l'exécution des travaux publics, tels que canaux et surtout chemins de fer, des chemins ruraux soient coupés, et que la communication soit momentanément interrompue; elle doit être rétablie aux frais de la caisse qui pourvoit au paiement de ces travaux, et par les soins de ceux qui les exécutent, d'après les plans approuvés par l'autorité compétente ; mais une fois les communications rétablies, si l'entretien des objets d'art dépendant du canal ou du chemin de fer reste à la charge du concessionnaire, l'entretien du chemin proprement dit, des rampes et remblais et du sol de ce chemin indépendant du canal et du chemin de fer, bien qu'il ait été modifié par celui qui a exécuté les travaux publics, ne peut être laissé indéfiniment à la charge de ce dernier, et il retombe, après l'exécution des raccordements et du rétablissement de la voie et sa mise en état, à la charge du propriétaire de cette voie rurale, ou soit de la commune s'il s'agit d'un chemin rural (Paris, 12 novembre 1853).

339. *Modifications apportées aux chemins ruraux par les chemins de fer.* — En général, les modifications dans le tracé des chemins ruraux qui sont la conséquence de l'établissement des chemins de fer et qui ne font que changer le tracé, doivent être réglées par une décision du ministre des travaux publics non susceptible de recours contentieux, et en dehors des arrangements qui pourraient intervenir entre les compagnies et les communes. C. d'Etat, 21 janvier 1881, com. de Thil. Habituellement elles ne donnent pas lieu à des indemnités. Le chemin de fer est seulement obligé de mettre les chemins rendus en état de viabilité.

C'est ce qui a été jugé pour les chemins vicinaux. C. d'Etat, 20 mars 1862, chemin de fer des Carmaux ; 8 février 1864, com. d'Arnouville ; 14 août 1865 ; chemin de fer de Paris à la Méditerranée. Mais cela est applicable aux chemins ruraux, les raisons de décider étant les mêmes. C. d'Etat, 23 février 1870, chemin de fer d'Orléans.

La commune est recevable à réclamer une indemnité dans le cas où le raccordement n'a pas été opéré conformément aux prescriptions administratives, et qu'il en résulte pour elle un dommage. C. d'État, 23 février 1870 précité.

Elle a également le droit de réclamer une indemnité, si la modification lui impose des charges nouvelles anormales ; par exemple si, par suite de la modification du cours d'un ruisseau, elle se trouve obligée, pour amener le libre écoulement des eaux et rétablir la circulation interceptée par elles, de faire exécuter sur le chemin des travaux d'entretien et de réparation. C. d'Etat, 23 février 1870, précité.

J'ai longuement étudié les questions qui naissent à l'occasion des modifications des voies publiques par les chemins de fer, dans un volume de 700 pages publié sous le titre de : *Des voies publiques et privées modifiées, détruites ou créées par suite de l'exécution des chemins de fer*, 1878. Je me laisserais peut-être trop complaisamment aller à des développements qui prendraient ici trop de place, si j'entrais dans l'examen de ces mêmes questions. Je ne puis qu'engager ceux que leur étude intéresse à se reporter à mon travail, s'ils pensent qu'ils pourront le consulter avec utilité.

333. *Qui peut ordonner des travaux de réparation et d'entretien sur les chemins ruraux?* — Nous allons avoir à rechercher quels sont les voies et moyens que les communes ont à leur disposition pour faire face aux travaux d'entretien des chemins ruraux. Nous devons nous borner à poser ici quelques règles : ainsi ces travaux ne peuvent être faits que sous la surveillance et l'autorité des maires (Règl. gén. de 1883, art. 12) et le contrôle de l'autorité supérieure, dès qu'ils sont exécutés par la commune ; c'est une conséquence forcée de l'état de minorité des communes placées sous le pouvoir tutélaire de l'administration supérieure, d'après l'ensemble de nos lois administratives.

D'un autre côté, cette dépense n'est point obligatoire

mais simplement facultative ; par suite, aux termes de la loi sur l'administration communale, l'autorité ne peut contraindre les communes à la faire malgré elles. Dal-loz, n° 1378 ; Art. 10 et 19 de la loi de 1881.

Enfin l'autorité judiciaire ne pourrait elle-même ordonner des travaux de cette nature du moins directement. Un riverain ayant eu à se plaindre des dommages causés par le défaut d'entretien d'un chemin rural avait actionné une commune devant l'autorité judiciaire, et un jugement du tribunal de Clermont-Ferrand, avait alloué des dommages-intérêts au plaignant, et ordonné l'exécution de certains travaux pour prévenir le retour de ces dommages. La cause fut portée en appel, puis en cassation, où se débattirent diverses questions que nous n'avons pas à indiquer ici ; renvoyée devant la Cour de Limoges, un arrêt fut rendu le 19 janvier 1860, S. 60, 2, 263, par les chambres réunies, on y lit : « Attendu que pour assurer l'exécution de son jugement, le tribunal a autorisé de Montonel, dans le cas où la commune de Planzat ne ferait pas dans un délai déterminé les travaux ordonnés, à les faire exécuter lui-même, et que cette disposition, en autorisant éventuellement à opérer des travaux sur un terrain communal, entreprend sur le pouvoir administratif, et qu'il convient d'adopter un autre mode d'exécution. Confirme au principal ; dit que dans le cas où la commune ne ferait pas exécuter les travaux ordonnés dans le délai de quarante jours à partir de la signification de l'arrêt, elle serait passible de 5 fr. de dommages-intérêts par chaque jour de retard ».

On n'a qu'à se reporter aux articles 12 et suivants du règlement de 1883, reproduits sous l'article 8 de la loi de 1881, pour trouver avec les plus grands détails les règles applicables à l'exécution des travaux. Il peut être utile de consulter quelques explications déjà présentées et que nous rappellerons ultérieurement sous l'article 10, en ce qui concerne le caractère de ces travaux et les règles de compétence.

§ 3. — Responsabilités résultant de l'entretien et du défaut d'entretien.

334. *Dommages résultant de l'entretien.* — Les communes sont tenues de réparer les dommages qui résultent pour les riverains de l'entretien et surtout des travaux opérés pour améliorer la viabilité de leurs chemins. C'est une obligation à laquelle sont soumis l'État et les départements, à raison des grandes routes, et le principe est applicable aux communes quelle que soit la classe des chemins à l'entretien desquels elles doivent pourvoir, chemins vicinaux ou ruraux reconnus ou même non reconnus, comme l'a admis la Cour de Besançon, dans ce dernier cas, par son arrêt du 6 mars 1883, D. 83, 2, 130. Quant au principe : Laferrière, *Traité de jurid. adm.*, t. 2, p. 157 ; Fuzier-Hermann, *Rép.*, V° *Chem. en général*, n°s 152 et suiv.

335. *Impraticabilité des chemins publics ; passage sur les fonds riverains ; renvoi.* — J'ai déjà indiqué

sous l'article 8, que lorsque les chemins ruraux sont
impraticables par suite de l'absence de tout entretien,
ou d'un entretien insuffisant, et que ceux qui les fréquentent sont obligés de se frayer un passage sur les propriétés riveraines, c'est aux communes à supporter la réparation du préjudice causé à ces riverains ; je n'ai qu'à
renvoyer ce qui a été dit à ce sujet, *suprà* n° 253.

336. *Dommages causés aux fonds riverains par le
défaut d'entretien.* — Dans le cas où la commune, par
suite du défaut d'entretien des chemins ruraux, laisserait s'accumuler des vases et immondices et causerait
par suite un dommage aux propriétés voisines, elle serait tenue de la réparation d'un préjudice résultant
ainsi de sa faute. C. cass., 30 novembre 1858, S. 59,
1, 251 ; Limoges, 19 janvier 1860, S. 60, 2, 263.

337. *Gêne apportée à la circulation par l'influence
des agents atmosphériques.* — Si les communes doivent
la réparation des dommages qui sont la conséquence du
défaut d'entretien normal de leurs chemins vicinaux, si
elles doivent les entretenir de manière à ce qu'ils assurent un passage possible, sinon facile, à ceux qui sont
dans la nécessité de les fréquenter : on ne saurait les
rendre responsables des résultats des faits de force majeure qu'elles ne pouvaient empêcher de se produire. Il ne
faudrait point pousser trop loin cette exception en ce qui
concerne leur responsabilité pour le passage opéré sur
le fonds voisin par suite de l'impraticabilité des routes ;

mais on ne pourrait obliger une commune à assurer
la sûreté d'une route rurale tracée le long de rochers, en
l'obligeant à prévenir par ses travaux sur la montagne
entière, les éboulements et les chutes de rochers que
l'action des gelées peut déterminer. Pas plus qu'à empêcher les mouvements du sol sur lequel la route est établie, si ce terrain est mouvant, par des travaux si considérables qu'ils seraient en fait impraticables pour elle.
Il y aura dans de pareilles circonstances à examiner si
l'on peut reprocher une faute sérieuse à la commune,
et c'est là une question de fait dans l'appréciation duquel
entrent des circonstances très variables et souvent très
nombreuses, sur lesquelles on ne peut s'expliquer à
l'avance. Il faudra aussi ne jamais perdre de vue qu'un
sentier communal, reconnu ou non, ne peut être tracé et
entretenu le long d'un torrent ou à travers des montagnes abruptes, dans des conditions de sûreté et de facilité de parcours où serait établie une route nationale, et
ce serait réduire les communes à faire fermer tous les
chemins qui, en pays de montagne, présenteraient des
dangers de parcours, que de les obliger, sous peine de
dommages-intérêts, à réparer tous les préjudices que
peuvent supporter ceux qui les fréquentent.

338. *Compétence.* — Lorsqu'un accident est causé
sur un chemin vicinal par suite de l'éboulement d'un
mur de soutènement qui, par suite de son vice de
construction, s'affaisse sous le poids d'une voiture qui
suit ce chemin ; on a jugé que les tribunaux adminis-

tratifs étaient seuls compétents pour connaître de la demande en dommages-intérêts auxquels cet accident donne lieu, en faisant rentrer cette demande sous l'application de l'article 4 de la loi du 28 pluviôse an VIII. C. d'Etat, 2 décembre 1881, Joullié. Les travaux effectués sur les chemins publics des communes étant des travaux publics, les mêmes règles de compétence devraient être suivies qu'il s'agisse de travaux sur les chemins vicinaux ou sur les chemins ruraux. Argument des arrêts du Conseil d'Etat des 20 décembre 1863, 30 mars 1867, 15 mai 1869, 5 août 1869, 13 juin 1873, 2 décembre 1881 ; Conflits, 22 avril 1882, 17 avril 1886, 11 juillet 1891 ; C. cass., 5 mai 1885, S. 88, 1, 102, D. 85, 1, 339. *Contrà*, C. d'Etat, 12 janvier 1870. On sait, d'autre part, qu'après quelque hésitation, on admet aujourd'hui que l'article 4 de la loi du 28 pluviôse au VIII est applicable, qu'il s'agisse de travaux en cours d'exécution ou de travaux achevés.

Mais si les règles de compétence, applicables en matière de travaux publics, doivent être étendues aux chemins ruraux, il ne faudrait pas abuser de cette règle par une extension excessive. Ainsi, s'il s'agit de réclamations élevées contre les communes par suite de dommages résultant du défaut d'entretien, on ne pourra exciper des règles de compétence en matière de travaux publics, puisqu'on se plaint précisément de ce que la commune n'en a pas fait exécuter, l'action est fondée en pareil cas sur une faute reprochée à la commune, faute tout à fait étrangère à l'exécution de travaux publics et les règles de compétence exceptionnelles édictées à raison de ces travaux par la loi de l'an VIII, ne peuvent être appliquées en notre matière.

§ 4. — Voies et moyens.

339. *Voies et moyens.* — Après avoir posé la règle que l'entretien des chemins ruraux est une charge communale, et qu'il doit avoir lieu par les soins et sous la surveillance de l'autorité municipale, soit que l'on s'en tienne aux anciennes lois, soit que l'on se rapporte à la loi spéciale de 1881, reste à expliquer comment s'appliquera cette règle, dont la difficulté d'exécution provenait le plus souvent de l'impossibilité où étaient la plupart des communes d'avoir des fonds disponibles.

Je ne me bornerai pas à faire l'exposé du système financier sanctionné par la loi de 1881 en ce qui concerne les chemins ruraux, parce qu'il n'est applicable qu'aux chemins ruraux reconnus et que les chemins ruraux non reconnus restent sous l'empire des anciennes règles, il est dès lors utile de les faire connaître non seulement comme historique d'un état de choses antérieur, mais encore comme exposé d'une situation encore en vigueur, en ce qui concerne les chemins ruraux non reconnus.

340. *Quels fonds pouvaient y être employés avant la loi de* 1881. — L'instruction ministérielle du 16 novembre 1839 portait : « Il n'est qu'un seul cas où l'administration municipale pourrait faire quelque chose pour les chemins ruraux : c'est celui où une commune peut entretenir ses chemins vicinaux sur ses seuls revenus sans avoir recours aux prestations ni aux centimes spéciaux, et où, toutes ses dépenses obligatoires assurées, le conseil municipal voudrait affecter quelques fonds à l'entretien des chemins ruraux, sous l'approbation, bien entendu, de l'autorité qui règle le budget ; mais ce cas sera bien rare, puisque, ainsi que cela résulte du rapport présenté par le ministre sur le service vicinal de 1838, il n'y avait dans toute la France que 1391 communes qui avaient pu assurer, sur leurs seuls revenus, l'entretien des chemins vicinaux. Presque partout, il faut donc le reconnaître, les communes seront dans l'impossibilité de rien faire pour la réparation des chemins ruraux, c'est une conséquence de la classification de nos voies publiques secondaires, qui a mis à la charge des communes les plus importantes de ces voies de communication, sous le titre de *Chemins vicinaux.* Si un chemin rural venait, par l'effet de quelque circonstance, à acquérir assez d'importance pour que son entretien fût indispensable ou seulement utile aux intérêts de la commune, on pourrait, en remplissant les formalités voulues, le porter dans la catégorie des chemins vicinaux, ce qui permettrait alors de pourvoir à son entretien sur les ressources créées par la loi du 21 mai 1836 ».

Conformément à ces instructions on était d'avis que les communes ne pouvaient employer à la réparation et à l'entretien des chemins ruraux, que les fonds restant libres après satisfaction des dépenses obligatoires et des dépenses nécessaires à la viabilité des chemins vicinaux. Bost, n° 32; Dalloz, n° 1381; *Annales des chemins vicinaux*, 2ᵉ partie, t. 3, p. 147; Cotelle, t. 4, p. 365, n° 778 ; Dufour, t. 3, p. 403, n° 403; Rousset, *Dict. de Voirie*, p. 66. Explications données au Sénat dans la séance du 22 juin 1862, *Moniteur* du 24, p. 925.

341. *Loi du 21 juillet* 1870. — La loi de 1870 avait autorisé les communes dans lesquelles les chemins vicinaux classés étaient terminés à appliquer aux chemins ruraux une partie disponible de leurs prestations. On a dit bien souvent que c'était une faculté dont très peu de communes avaient pu user, cependant, d'après les travaux de la société des agriculteurs de France sur le Code rural, publiés en 1878, p. 16, au moment où la loi de 1870 a été adoptée, il y avait 5,000 communes sur 36,000 qui avaient achevé leurs chemins vicinaux et pour lesquelles la mesure était applicable.

342. *Insuffisance de ces ressources.* — Néanmoins reconnaissons que la part faite aux réparations et à l'entretien des chemins ruraux sur les finances municipales par les règlements et instructions ministérielles, était presque nulle. C'était là un régime financier bien fâcheux, car il maintenait dans une inviabilité funeste les chemins destinés à l'agriculture et ceux qui sont appelés à rendre les services les plus importants aux nombreuses communes rurales. Aussi, les conseils généraux, mis en demeure de s'expliquer, par la circulaire du ministre du 22 juin 1853, ont-ils toujours vivement réclamé contre le maintien du *statu quo* ; et les journaux agricoles notamment, se sont fait souvent les échos des plaintes des agriculteurs ; entre autres le *Journal d'agriculture pratique*, année 1852, t. 2, p. 428.

343. *Impositions extraordinaires.* — Pour parer à ces inconvénients, on s'était demandé si les communes ne pouvaient pas recourir au vote d'impositions extraordinaires, de manière à ne pas nuire aux exigences des services communaux et vicinaux, en faisant face d'un autre côté à un service d'un intérêt majeur pour les habitants. L'administration, dans ses instructions, paraissait repousser en principe ces moyens, auxquels on ne pouvait recourir d'après Bost, nº 31 ; Braff, nº 310 ; Chauveau Adolphe, *Journ. de droit adm.*, t. 2, p. 292.

Nous avons été frappé des observations suivantes insérées dans les *Annales des chemins vicinaux*, 2ᵉ partie, t. 3, p. 148 ; M. Dalloz est arrivé à adopter l'opinion qui en découle, nº 1380, et nous nous y rangeons d'autant plus volontiers que la loi du 5 avril 1884 nous y a autorisé .

« Dans l'état actuel de la législation, est-il dit dans les *Annales*, il est donc généralement impossible aux communes d'appliquer à l'entretien de leurs chemins ruraux aucune portion de leurs ressources ordinaires ou spéciales, mais les conseils municipaux ne pourraient-ils, avec le concours des plus forts contribuables, voter à cet effet des impositions extraordinaires ? La circulaire du 16 novembre 1839 dit, que les impositions de cette nature, votées en exécution de l'article 6 de la loi du 28 juillet 1824, ne peuvent être employées que sur des chemins vicinaux. Nous comprenons parfaitement qu'on ne puisse donner une autre destination à ces impositions, qui sont votées en vertu d'une disposition de loi concernant les chemins vicinaux, et qui ont, dès lors, pour objet de subvenir à une dépense obligatoire en principe. Mais toutes les impositions extraordinaires ne sont pas destinées à pourvoir à des dépenses obligatoires. L'article 40 de la loi du 18 juillet 1837 prévoit le cas où des communes demanderaient à s'imposer extraordinairement pour des dépenses non obligatoires, or c'est le cas qui nous occupe ; et nous ne voyons en droit aucune raison qui puisse s'opposer à ce que les demandes de cette nature soient favorablement accueillies. Le Conseil d'Etat, il est vrai, a émis, dans sa séance du 21 août 1849, l'avis qu'il n'y avait pas lieu d'autoriser une imposition extraordinaire votée par une commune pour la réparation de ses chemins ruraux. Il s'est fondé sur ce que les communes devaient appliquer leurs ressources de toute nature à la mise en l'état de viabilité des chemins vicinaux, avant de s'occuper de l'amélioration des autres voies publiques. En fait, le Conseil d'Etat nous paraît avoir raison ; il est rationnel, ainsi que nous l'avons déjà fait observer, de commencer d'abord par réparer les voies de communication les plus importantes ; mais il ne serait peut-être pas toujours sans inconvénient d'appliquer cette doctrine d'une manière trop absolue. Telle circonstance, en effet, pourrait se présenter où une commune se trouverait dans l'obligation de recourir à une contribution extraordinaire. Ainsi, par exemple, si pour rétablir la circulation interceptée par suite d'un accident quelconque, une commune se voyait dans la nécessité d'opérer le redressement d'un chemin rural, comment pourvoirait-elle aux dépenses de cette opération si le recours à une imposition extraordinaire lui était interdit? En vain dirait-on que le chemin peut être déclaré vicinal ; la commune peut avoir intérêt à ne pas se créer l'obligation d'entretenir un chemin d'une étendue peut-être considérable. Il serait bien rigoureux de lui imposer cette charge pour la mettre à portée de rétablir la circulation interceptée. Aussi nous pensons que l'imposition extraordinaire dont nous venons de parler, n'a pas été autorisée parce qu'elle s'appliquait d'une manière générale à tous les chemins ruraux de la commune ; mais qu'il n'en eût pas été ainsi si elle avait eu pour objet des travaux à exécuter sur un chemin déterminé, et dont la nécessité eût été bien constatée. Il faut donc conclure de ces observations que le vote d'une contribution extraordinaire, en cette matière, n'est pas absolument interdit ; mais qu'au point de vue d'une bonne administration, l'autorité supérieure a le droit d'apprécier dans quels cas il y a lieu d'y donner suite ».

344. *Résumé de la situation financière antérieure*

à 1881. — Donc, en résumé, d'après les déclarations du gouvernement faites dans l'instruction du ministre de l'intérieur du 16 novembre 1839, les communes étaient dans l'impossibilité de pourvoir au service des chemins ruraux, en dehors du cas fort rare où elles pouvaient entretenir leurs chemins vicinaux sur leurs seuls revenus, sans avoir recours aux prestations ni aux centimes spéciaux, et où toutes les dépenses obligatoires assurées, le conseil municipal voudrait affecter quelques fonds à l'entretien des chemins ruraux.

La loi du 21 juillet 1870 avait peu modifié cette situation. Cette loi porte : « Les communes dans lesquelles les chemins vicinaux classés sont entièrement terminés, pourront, sur la proposition du conseil municipal et après autorisation du conseil général, appliquer aux chemins publics ruraux l'excédent de leurs prestations disponibles après avoir assuré l'entretien de leurs chemins vicinaux, et fourni le contingent qui leur est assigné pour les chemins de grande communication et d'intérêt commun. Toutefois elles ne pourront jouir de cette faculté que dans la limite maximum du tiers des prestations, et lorsque, en outre, elles ne reçoivent pour l'entretien de leurs chemins vicinaux ordinaires aucune subvention de l'État ou du département ».

Sous l'empire de ces dispositions, le Conseil d'État a toujours admis qu'il n'était pas permis aux communes de prélever une imposition extraordinaire pour les besoins de leurs chemins ruraux, parce que ces dépenses n'avaient jamais été considérées comme dépenses d'intérêt général.

Cependant en donnant aux communes la faculté absolue de créer des ressources pour leurs chemins ruraux, on ne faisait que ce qu'il était impossible de ne pas admettre dès qu'on réglementait ces chemins et que l'on considérait que leur entretien était d'utilité publique communale, qui veut la fin veut les moyens. Résumé des explications du rapporteur au Sénat, séance du 17 mars 1877, *Officiel* du 18, p. 2070, 2ᵉ et 3ᵉ col.

Ces explications étaient très justes et très vraies, aussi nous devons faire remarquer que depuis la loi du 21 juillet 1870, le législateur ayant reconnu l'utilité publique des chemins ruraux et la légalité de la création de ressources spéciales pour leur entretien, l'administration supérieure avait approuvé les mesures prises par diverses communes pour se procurer des fonds nécessaires pour assurer la viabilité de leurs chemins ruraux, soit par des emprunts, des impositions extraordinaires ou des aliénations. Inst. du min. de l'int. aux préfets de la Sarthe, 31 octobre 1878 ; de l'Oise, 30 octobre 1879 ; du Calvados, 31 janvier 1880.

345. *Nécessité de créer des ressources nouvelles pour ce service.* — Le régime légal des chemins établi, leur état civil créé, leur existence garantie et protégée, il restait à les doter de moyens financiers nécessaires à leur construction et à leur entretien. C'est le but des articles 10 et 11 de la loi de 1881.

L'administration avait reconnu, dès sa circulaire du 16 novembre 1839, l'impossibilité absolue où se trouvent, sauf un très petit nombre d'exceptions, toutes les communes de France, de consacrer légalement les moindres ressources à l'entretien des chemins ruraux. La loi du 21 juillet 1870 avait un peu amélioré cette situation. Il était nécessaire de remédier à cette impuissance légale. Les articles 10 et 11 font sortir les communes de l'alternative fâcheuse à laquelle les condamnait le régime auparavant en vigueur : ne rien faire pour les chemins ruraux, ou changer le caractère de ces chemins en les élevant à la classe des'chemins vicinaux. Rapport de M. Labiche au Sénat.

Afin de permettre aux communes de donner suite aux dispositions favorables dont elles peuvent être animées pour les chemins ruraux, on a étendu dans certaines limites le pouvoir de s'imposer. Même rapport.

346. *Comment il y est pourvu par les lois de* 1881 *et* 1884. — Le projet de loi se bornait à dire que l'autorité municipale pourvoirait à l'entretien des chemins ruraux dans la mesure des ressources dont elle peut disposer.

Cette disposition trop générale devait forcément avoir pour conséquence de laisser les communes dans l'impossibilité où elles avaient été jusqu'à ce jour de pourvoir aux nécessités du service des chemins ruraux. Pour donner de la vitalité à la loi, on a dû autoriser la création des ressources nécessaires pour pourvoir à l'entretien et à l'amélioration des chemins reconnus, et c'est dans ce but que l'on a ajouté les deux paragraphes

qui suivent le premier paragraphe de l'article 10, qui
n'est que la reproduction du projet.

Il en résulte :

1° Que les communes ont le droit d'appliquer à l'entretien des chemins reconnus les ressources dont elles
peuvent disposer.

2° En cas d'insuffisance des ressources ordinaires,
elles peuvent appliquer à cet entretien :

A. Soit une journée de prestation ;

B. Soit des centimes extraordinaires en addition au
principal des quatre contributions directes.

3° Le régime financier des chemins non reconnus
reste ce qu'il était avant 1881, en tant qu'on puisse ap-
peler un régime financier, l'absence à peu près complète
de revenus dont ils souffrent.

La loi municipale du 5 avril 1884, par les articles 68
et 69, a secondé les tendances manifestées par le ministre de l'intérieur d'étendre les effets de la loi de 1870,
en assurant des ressources aux voies rurales, au moyen
d'emprunts de contributions extraordinaires, aliénations etc. Il était difficile qu'il en fût autrement dans
un moment où se succèdent sans relâche, des lois appelées à imposer les charges les plus onéreuses aux habitants des communes pour des emplois souvent les moins
justifiables.

347. *Dispositions réglementaires d'application.* —
Le règlement de 1883 a indiqué les formalités à remplir pour l'assiette et la perception des taxes et contri-

butions autorisées par la loi de 1881 pour l'entretien des chemins ruraux reconnus. Le texte des articles 3 et suivants est rapporté ci-dessus dans l'article 8 de la loi de 1881.

La loi des finances du 18-20 juillet 1892 porte :

Art. 31. Les rôles confectionnés en vertu de l'exécution de la présente loi ne seront homologués et ne pourront être mis en recouvrement, qu'après que la loi portant fixation du budget général de l'année 1893 en aura autorisé la perception.

Toutefois les rôles de prestation pour les chemins vicinaux et ruraux pourront être homologués et publiés, après que les conseils généraux auront fixé la journée de travail en conformité de l'article 4 de la loi du 21 mai 1836.

348. *Prestations* . — Les individus, les animaux, les véhicules passibles de la journée de prestation sont les mêmes que ceux assujettis aux prestations imposées en vertu de la loi du 21 mai 1836. La matrice servant à dresser le rôle de ces dernières prestations servira, dès lors, à la rédaction du rôle des contribuables soumis à la journée, à réclamer en faveur des chemins ruraux. Ce rôle devra être dressé par les mêmes agents, rendu exécutoire et recouvré dans les mêmes formes

(1) Un projet de loi sur les prestations est actuellement en discussion devant les Chambres. En l'état des amendements divers dont il est l'objet, il m'est impossible de préciser le résultat des délibérations auxquelles il donne lieu. Il est évident qu'il faudra en prendre en considération les dispositions dans leur application à la matière des chemins ruraux.

que le rôle des prestations concernant la voirie vicinale. Circ. min. int., 27 août 1881.

Naudier, n° 154, reconnait que les communes peuvent appliquer aux chemins ruraux l'excédent de leurs prestations disponibles, après avoir satisfait à toutes leurs obligations en ce qui concerne les chemins vicinaux, mais il est d'avis que toutefois elles ne peuvent leur appliquer plus du tiers des prestations, et de plus autant qu'elles ne reçoivent pas de subventions de l'État.

349. *Vote de centimes.* — D'après la loi du 24 juillet 1867, lorsque l'imposition extraordinaire ne dépassait pas trois centimes, le vote du conseil municipal auquel le maire adhérait n'avait besoin d'aucune approbation pour être exécutoire, s'il n'était pas suspendu ou annulé après l'accomplissement des formalités prescrites par l'ordonnance du 18 décembre 1838. Quand le maire n'était pas d'accord avec le conseil municipal, le vote n'excédant pas trois centimes ne pouvait être mis à exécution qu'en vertu d'une décision préfectorale.

Lorsque l'imposition extraordinaire dépassait trois centimes, la délibération du conseil municipal tombait sous l'application des articles 5 et 7 de la loi du 24 juillet 1867 ; elle devait, pour devenir exécutoire, être approuvée par arrêté préfectoral, un décret ou une loi, selon les cas prévus par ces articles. Circ. min. int., 27 août 1881.

350. *Concours des plus imposés pour le vote des centimes.* — La commission du Sénat avait hésité sur le point de savoir si, à l'exemple de ce qui a lieu pour les ressources vicinales créées par l'article 2 de la loi de 1836, on devait dispenser les délibérations relatives à la création de ressources pour les chemins ruraux du concours des plus imposés. La majorité de la commission avait été d'avis qu'il n'y avait pas lieu de faire exception à l'obligation résultant du droit commun en matière d'imposition extraordinaire facultative. Elle trouvait d'ailleurs dans cette adjonction une garantie contre tout abus.

Mais la loi du 5 avril 1882 ayant abrogé les dispositions législatives concernant l'adjonction des plus imposés, cette garantie ou cette obligation tombent complètement.

351. *Approbation des votes des communes créant des ressources extraordinaires ; loi du 24 juillet 1867 ; loi de 1884.* — Mais si le concours des plus imposés n'est plus nécessaire, l'obligation que signalait le rapport au Sénat de se soumettre aux dispositions des articles 5 et 7 de la loi du 24 juillet 1867, lorsque l'imposition extraordinaire dépassera trois centimes, existait encore au moment où j'écrivais ces lignes avant la loi du 5 avril 1884. Depuis que cette loi a été promulguée, c'est à ses dispositions qu'il faut se soumettre en les conciliant avec celles de la loi de 1881. Fuzier-Hermann, *Rép.*, V° *Chemins ruraux*, n° 54.

352. *Cumul des ressources extraordinaires créées par la loi de 1881 ; droits de voirie.* — Les communes, en cas d'insuffisance des ressources ordinaires, sont autorisées à pourvoir aux dépenses des chemins ruraux reconnus à l'aide, soit d'une journée de prestation, soit de centimes extraordinaires.

Cet article n'autorise donc pas le conseil à voter concurremment les centimes et les prestations, il doit choisir. Rapport de M. Labiche au Sénat. Circ. min. int., 17 août 1881. Naudier, n° 154; Fuzier-Hermann, *Rép.*, V° *Chem. ruraux*, n° 55.

Quant aux droits de voirie, comme ils n'ont pas d'affectation spéciale dans le budget des communes, ils ne font pas double emploi avec une taxe annuelle établie conventionnellement pour l'entretien de certains chemins. Cass., 12 mai 1891, *Bull.*, n° 83, p. 148, D. 91, 1, 373.

353. *Réclamations pour la plus-value résultant de travaux.* — Aux termes de la loi du 16 septembre 1807, art. 30, conforme en cela avec les anciens édits, une plus-value peut être réclamée aux propriétaires d'immeubles dont les travaux publics ont augmenté la valeur d'une manière notable. Cette disposition, qui n'est point tombée en désuétude, et à l'application de laquelle j'ai été appelé à concourir, est-elle applicable en nos matières? En thèse, je n'ose dire non; toutefois, je distinguerai entre le cas où c'est la commune qui fait exécuter les travaux au moyen des ressources communales, ordinaires ou extraordinaires, et le cas où c'est l'association syndicale. Dans ce dernier cas, comme ce sont ceux qui profitent des travaux qui les paient en proportion de l'intérêt qu'ils ont à leur réalisation, je ne vois pas ce qu'on pourrait leur demander. Dans le premier cas, je doute fort qu'on songe à l'application de cette loi, ce serait sans intérêt sérieux, si l'on veut bien se rapporter aux procédures qui doivent précéder le droit de réclamer la plus-value, et surtout aux divers modes de libération que peuvent employer ceux auxquels elle sera réclamée.

354. *Ressources non prévues par la loi.* — Lorsque les communes voudront recourir, pour les dépenses des chemins ruraux reconnus, à un emprunt ou à la création d'autres ressources que celles mentionnées dans notre article, les règles ordinaires qui régissent ces sortes de voies et moyens seront applicables. Circ. min. int., 27 août 1881 ; Loi du 5 avril 1884.

355. *Époque du vote des ressources.* — Tous les ans, dans chaque commune, à la session de mai, lorsque le conseil municipal sera appelé à voter pour l'année suivante, les ressources destinées aux dépenses de la voirie vicinale, il devra également être invité à voter les ressources nécessaires aux chemins ruraux reconnus. Circ. min. int., 27 août 1881.

356. *L'établissement d'impôts pour les dépenses des chemins ruraux est facultatif.* — La loi porte qu'en cas d'insuffisance des ressources ordinaires, les communes sont autorisées à y pourvoir par des ressources extraordinaires. Le rapporteur au Sénat, plus explicite, disait : nous vous proposons d'étendre dans certaines limites le pouvoir qu'ont les communes de s'imposer pour pourvoir aux dépenses des chemins ruraux, et il ajoutait : l'article 10 ne leur donne du reste qu'une simple faculté dont les communes seront absolument libres d'user ou de ne pas user. En aucun cas elles ne pourront être imposées d'office pour leurs chemins ruraux, comme l'article 5 de la loi du 21 mai 1836 permettait de le faire pour leurs chemins vicinaux.

Le caractère facultatif de ces dépenses est également signalé par le ministre dans sa circulaire du 27 août 1881, qui constate qu'on ne peut contraindre les communes d'user de cette faculté. Naudier, n°⁸ 154, 155 ; Fuzier-Hermann, *Rép.*, V° *Chemins ruraux*, n° 51.

357. *Les communes ne peuvent employer à l'entretien des chemins ruraux les ressources créées pour les chemins vicinaux.* — M. Dumay sur Proudhon, *Domaine public*, t. 2, n°⁸ 614 et suivants et 638, en se fondant sur les articles 2 et 3, section 6, de la loi du 6 octobre 1791, pense que le préfet peut ordonner, pour les chemins publics communaux autres que les chemins vicinaux, toutes les mesures capables d'assurer les fonds nécessaires à leur entretien et à leur réparation.

Il admet que le vote des centimes additionnels, la contribution particulière par rôle, l'impôt de prestation en nature, sont applicables à ces chemins, sauf l'accomplissement préalable de certaines formalités suivant la

voie à laquelle on a recours. En un mot, suivant lui,
« dans tous les cas on doit procéder ainsi qu'on le fait
quand il s'agit de réparations ou d'améliorations des
chemins vicinaux, parce que, dans une hypothèse comme dans l'autre, les besoins et les intérêts des communes de la situation des biens sont absolument les mêmes,
et les lois ne tracent pas d'autre marche à suivre pour y
satisfaire ».

Tel n'est pas l'avis du ministre qui, dans son instruction générale du 24 juin 1836 sur l'exécution de la loi
du 21 mai 1836 concernant les chemins vicinaux, inter-
prétant d'une manière limitative l'article 1er de cette
loi, dit : « Les communes ne sont tenues d'entretenir
que les chemins vicinaux légalement reconnus. C'est
sur ceux-là seulement que peuvent être appliquées les
ressources ordinaires et extraordinaires des communes :
c'est là seulement que les citoyens peuvent être légalement requis de porter le travail personnel, la prestation
en nature que la loi leur impose. Appliquer les ressources des communes à la réparation des chemins qui n'auraient pas été classés dans la forme voulue, serait s'exposer au reproche de faire une application irrégulière
des revenus communaux, et peut-être même à une accu-
sation de détournement des fonds des communes ;
requérir les citoyens de porter leurs prestations sur des
chemins non classés, serait s'exposer à un refus de service qui trouverait sa justification dans le texte formel
de la loi. » Ces instructions sont conformes aux instructions antérieures et notamment à celles d'octobre 1824.

Elles se trouvent complétées par l'instruction spéciale du 16 novembre 1839 basée sur l'avis du Conseil d'Etat du 21 avril 1839. Le ministre, après avoir établi en principe que les chemins ruraux reconnus sont à la charge des communes, s'exprime en ces termes, pour indiquer comment l'obligation de les entretenir peut être remplie par elles :

« Les ressources créées par la loi du 21 mai, les prestations en nature, les centimes spéciaux et même les centimes extraordinaires qui seraient imposés en vertu de l'article 6 de la loi du 23 juillet 1824, sont exclusivement affectés à la réparation et à l'entretien des chemins vicinaux. Ce n'est qu'en vue de ces chemins que le législateur a autorisé l'assiette et le recouvrement de ces impositions diverses, et, comme l'a rappelé l'instruction du 24 juin 1836, aucune partie de ces ressources ne pourrait être détournée pour être employée sur des chemins autres que les chemins vicinaux ».

Les principes développés dans ces instructions ont été acceptés par tous les auteurs. Braff, n° 310, *Annales des chemins vicinaux*, 2ᵉ partie, t. 3, p. 147 ; *Journal des communes*, 1856, p. 327 ; 1858, p. 179 ; Bost, n° 158 ; Dalloz, n°ˢ 885 et 1379 ; Dufour, t. 3, p. 393, n° 400 et p. 403, n° 403 ; Cotelle, t. 4, p. 365, n° 778 : Rousset, *Dict. de Voirie*, p. 66.

Ainsi la faculté donnée aux communes de se procurer des ressources extraordinaires pour subvenir au service des chemins ruraux, n'enlève rien aux ressources du réseau vicinal qui présente des intérêts d'un autre ordre. Ces ressources, tant ordinaires qu'extraordinaires, restent absolument intactes. Rapport de M. Labiche au Sénat. Circ. min. int., 27 août 1881. Toutefois les communes peuvent appliquer aux chemins ruraux, conformément à la loi du 21 juillet 1870, l'excédant des prestations disponibles imposées en vertu de la loi du 21 mai 1836 sur les chemins vicinaux. Même circulaire. Voyez *supra*, n°ˢ 340 et suiv.

358. *Classement parmi les chemins vicinaux*. — Toutefois, lorsqu'une commune, par suite de l'affectation spéciale de certaines de ses ressources et l'impossibilité d'avoir raison de certaines difficultés, ne pourra pas assurer la viabilité sur des chemins nécessaires à l'habitation, elle devra recourir au classement de cette voie comme chemin vicinal, et l'application de ce nouveau régime permettra de donner satisfaction aux intérêts publics communaux.

359. *Concours des riverains*. — Par une circulaire en date du 22 juin 1853, le ministre de l'intérieur appelle l'attention des conseils généraux sur la question de l'entretien des chemins ruraux. Le ministre paraît établir en principe que les dépenses d'entretien ne peuvent être supportées par les communes, et il demande s'il ne conviendrait pas de les rendre obligatoires pour les propriétaires intéressés, ainsi que cela se pratique pour le curage des cours d'eau non navigables ni flottables, ou simplement facultatives. Si la majorité des conseils gé-

néraux s'est prononcée pour l'entretien à la charge des
propriétaires intéressés, les avis ont été loin d'être pré-
cis sur l'adoption des règles qui devaient servir à la mise
en pratique de ce système, et aucune décision n'ayant
été prise, on est resté sous l'empire des anciens règlements.

L'opinion de l'administration est formelle, l'instruction ministérielle du 16 novembre 1839 porte : « on a demandé si dans l'impossibilité d'user, pour l'entretien
des chemins ruraux, des ressources réservées aux chemins vicinaux, l'autorité n'aurait pas le droit d'astreindre
à pourvoir à cet entretien les sections de communes ou,
pour parler plus exactement, les propriétaires auxquels
ces chemins ruraux sont nécessaires pour l'exploitation
de leurs terres et le transport de leurs récoltes.

« L'absence de toute disposition légale sert de réponse à cette question. La loi du 21 mai 1836 a mis la
réparation et l'entretien des chemins vicinaux à la charge
des communes, et a voulu qu'en cas d'insuffisance des
revenus communaux, cette charge fût imposée directement aux citoyens au moyen de prestations en nature
et de centimes jusqu'au maximum fixé ; mais il n'existe
aucune loi qui permette d'imposer aux citoyens, d'une
manière obligatoire, l'entretien et la réparation des chemins non déclarés vicinaux c'est-à-dire des chemins ruraux. Il est à désirer sans doute que les particuliers qui
fréquentent habituellement les chemins ruraux pour
l'exploitation de leurs propriétés, comprennent assez
bien leurs intérêts pour se déterminer volontairement à

améliorer ces voies publiques et s'entendent entre eux à cet effet ; mais l'autorité ne peut intervenir ni pour prescrire l'entretien, ni même pour rédiger ou rendre exécutoires les rôles des contributions volontaires en nature ou en argent, que les propriétaires intéressés consentiraient à s'imposer ; tout dans ces travaux doit être libre en fait comme en droit. »

Les mêmes explications ont été données au Sénat dans la séance du 23 juin 1862, *Moniteur* du 24 juin, p. 935, par M. le sénateur de Ladoucette, à l'occasion d'une pétition concernant ces matières.

Le Conseil d'Etat, dans son avis du 21 août 1839, avait déjà dit : « que pour la réparation de ces chemins, il ne pouvait être imposé aucune charge, même aux propriétaires qui auraient un intérêt particulier à leur bon état de viabilité. »

Et si on excepte Proudhon, *Domaine public*, n° 617, et un arrêt de la Cour de cassation du 17 mars 1838, (Coignes), statuant sur l'entretien des rues, et non des chemins ruraux, la doctrine s'est prononcée dans le même sens que l'administration. *Annales des chemins vicinaux*, 2ᵉ partie, t. 3, p. 149 ; Bost, nᵒˢ 30 et 222 ; Bourguignat, *Droit rural*, p. 194 ; *Journal des Communes*, 1861, p. 216 ; Dalloz, n° 1382 ; Dufour, t. 3, p. 403, n° 403 ; Rousset, *Dict. de Voirie*, p. 66 ; Solon, *Chem. vic. et rur.*, p. 85 ; arrêt de rej., ch. crim., 5 janvier 1855, Vilote.

Ces explications subsistent pour les chemins non reconnus ; quant à ce qui concerne les chemins reconnus, il est pourvu à leur entretien comme il est dit dans l'article 10 de la loi de 1881, et à défaut, par application des articles 19 et suivants.

360. *Peut-il être demandé à des étrangers ?* — Si on ne peut forcer les riverains à contribuer à la réparation des chemins ruraux qui bordent leurs propriétés, à plus forte raison on ne pourra pas forcer des étrangers à concourir à de pareils travaux.

361. *A ceux qui usent des chemins d'une manière anormale. Renvoi.* — Ce cas étant prévu et réglé par l'article 11 de la loi, nous l'étudierons sous cet article.

362. *L'administration doit user de son influence pour déterminer le concours des riverains* (1). — Si, comme nous l'avons reconnu, l'administration locale ne peut forcer les riverains à contribuer à l'entretien et aux réparations des chemins ruraux, elle doit profiter de sa légitime influence pour les engager à lui prêter leur concours, notamment à l'époque où les travaux des champs étant impossibles, les riverains peuvent utilement consacrer, sans perte de temps, quelques moments pour assurer la libre circulation sur des voies d'un intérêt direct pour eux.

Ce sera le moyen efficace d'arriver à rendre praticables les chemins non reconnus, sans multiplier abusi-

(1) Sur le concours volontaire des riverains et autres intéressés, voyez *infrà*. t. 2, n°° 436 et suiv.

vement leur reconnaissance et charger trop lourdement les contribuables communaux.

363. *Initiative des riverains pour effectuer les réparations.* — L'initiative prise par les riverains des chemins ruraux pour les entretenir et les améliorer, doit être secondée au lieu d'être arrêtée. Le ministre, dans ses instructions du 16 novembre 1839, dit en effet qu'il est à désirer que les riverains s'entendent entr'eux pour améliorer ces voies publiques ; et la circulaire du 22 juin 1853 porte : « que la réparation et l'entretien des chemins ruraux n'étant pas entrepris à un point de vue d'intérêt général, il est rationnel de laisser à l'intérêt privé l'initiative et la responsabilité des mesures qui doivent être prises à son profit exclusif ». Cela paraît très simple et, sauf les considérants qui déterminent l'opinion ministérielle, très acceptable. La mise en pratique sera quelquefois difficile ; chacun entend les réparations à sa manière et les chemins ruraux deviendront tout aussi mauvais si chacun les répare à sa façon, que si personne n'y touche ; nous verrons bientôt que cette observation est d'autant plus juste qu'elle a frappé le législateur de 1865, lorsqu'il a voté la loi sur les syndicats. Il faudra donc tout au moins que les réparations qu'on se proposera de faire soient signalées à l'administration, approuvées par elle et surtout surveillées par elle ou ses délégués dans l'exécution, ce qui ne lais sera pas que de faire naître le plus souvent bien des difficultés.

364. *Syndicats.* — Nous disions dans l'une de nos précédentes éditions, aux termes des instructions ministérielles de 1839, en l'état de notre législation, « l'administration ne saurait autoriser légalement pour l'entretien des chemins ruraux la formation de syndicats. » Aussi est-il inutile de s'occuper de ces associations au point de vue de la législation existante. Il est vrai, depuis ces documents et les ouvrages qui les ont pris pour base des règles qu'ils posent, il a été promulgué une loi nouvelle sur les syndicats, mais cette loi n'a point modifié la situation au point de vue des chemins ruraux.

En effet, l'article 1ᵉʳ porte bien : « Peuvent être l'objet d'une association syndicale, entre propriétaires intéressés, l'exécution et l'entretien de travaux . . . . . 8° de chemins d'exploitation et de toute autre amélioration agricole ayant un caractère d'intérêt collectif. » Mais par les mots chemins d'exploitation, il faut entendre uniquement les *chemins privés* appartenant à divers propriétaires. Plusieurs députés auraient voulu étendre la disposition aux chemins *ruraux* ayant un caractère public et appartenant aux communes ; mais leur proposition n'a pas été admise. Voici comment s'est exprimé à ce sujet M. Sénéca, rapporteur : « La commission maintient la rédaction du n° 8 de l'article 6 et elle maintient la distinction qu'établit cet article entre les chemins d'exploitation et les autres chemins. Les chemins d'exploitation sont faciles à définir : ils sont ceux sur lesquels la commune n'a aucun droit de propriété. Je dirai que les chemins d'exploitation sont comme les chemins de vidange, dans les forêts, qui appartiennent à la forêt, et qui ne sont des chemins ni communaux, ni vicinaux. Il y a des chemins ruraux mal entretenus, j'en conviens, et qui servent à l'exploitation. Mais de ce que les chemins ruraux servent à l'exploitation, c'est faire une confusion étrange que d'en conclure que ce sont des chemins d'exploitation proprement dits qui ne sont que d'intérêt privé, et qui, pouvant servir à plusieurs individus, engagent ces individus à se réunir pour contribuer à leur entretien qui sera ainsi mieux assuré..... Et maintenant, pourquoi ne voulons-nous pas appliquer à d'autres chemins ce qui est applicable aux chemins d'exploitation proprement dits, aux chemins d'intérêt particulier? c'est parce qu'il y a une autorité publique qui est chargée des chemins communaux. C'est au maire de la commune qu'il appartient de veiller à l'entretien de ces chemins; c'est un soin qui n'appartient qu'à la commune. J'admets qu'il est très important que les chemins soient bien entretenus, sans doute, mais ils doivent l'être par ceux qui ont mission de les bien entretenir, et non par voie d'usurpation de pouvoir public. Ne faisons pas de confusion dans les mots; ne confondons pas les chemins qui servent à des intérêts collectifs et ceux qui servent à des intérêts communaux. »

Et maintenant qu'il est bien entendu qu'on ne peut, sous l'empire de la législation existante sur les syndicats, se constituer ainsi pour la réparation et l'entretien

des chemins ruraux, je dois ajouter que plusieurs de
ceux qui se sont occupés de ces questions ont réclamé
une loi qui constituât en association forcée les riverains
des chemins ruraux pour pourvoir à l'entretien de ces
chemins ; je citerai entr'autres M. Saint-Martin, juge de
paix au Mans, *Des chemins vicinaux* ; M. le président
Caze, article inséré dans la *Culture*, t. 5, 1863, p. 36,
publication agricole à la rédaction de laquelle j'ai colla-
boré et qui était dirigée par M. Sanson ; M. Anastay,
juge à Aix, *Projet de code rural*, titre 1ᵉʳ, t. 3, *Chemins
ruraux* ; les conseils généraux de la Haute-Loire, de
Vaucluse, des Pyrénées-Orientales, des Alpes-Maritimes, de l'Oise, la Drôme en 1862, et quelques autres, toutefois en minorité ; des pétitions ont été présentées dans
ce sens au Sénat, notamment en 1862 (*Moniteur*,
24 juin 1862, p. 935).

J'écrivais dans l'édition précédente : depuis quelques
années l'opinion publique est favorable aux associations syndicales et ces tendances du pays se sont tradui-
tes par la loi de 1865. Je constate cet entraînement ; mais
je ne le suis pas. Rien en principe de plus juste et de plus
sage que l'association syndicale, je le reconnais, c'est
l'union des mêmes intérêts pour augmenter les forces,
pour réaliser des améliorations, pour lesquelles chaque
associé est sans pouvoirs et sans action suffisante, c'est,
de la décentralisation dans les meilleures conditions, ce
sera si on veut le *self government* ; mais dans la pratique c'est le défaut de direction, ce sont les tiraille-
ments de l'intérêt privé le moins dissimulé, les primes

aux plus entreprenants, aujourd'hui les ressources im-
prévues et leur abus, le lendemain l'état de gêne et ses
misères, les idées trop larges à côté des plus étroites.
C'est fâcheux à dire, dans l'expérience du passé on ne
trouve quelque chose de normal dans la marche des syndicats que lorsque l'administration les a absorbés, et je
ne crois pas que, placer sous une telle administration
les chemins ruraux d'une commune, ce soit les placer
sous un régime plus prospère que le régime passif qu'ils
subissent.

Et d'ailleurs, ces associations comment les composer,
y faire entrer les riverains seuls, mais ils ne sont pas
les seuls intéressés, le riverain d'un chemin conduisant
à un abreuvoir commun, à une chapelle, à un hameau,
d'une route à une autre, etc., doit-il seul supporter
l'entretien de cette voie ? y faire entrer tous les intéressés, mais quel habitant de la commune pourra-t-on
se promettre d'en distraire justement ? Qui composera
le conseil d'administration de cette association ? Les
votes seront-ils produits par tête ou au *prorata* de l'intérêt ? Faudra-t-il l'unanimité ou la majorité, et quelle
majorité ? Laissera-t-on le maître d'un vaste domaine
peser sur les déterminations de l'assemblée ou faudra-
t-il subir la loi d'un riverain dont personne jusque-là
ne soupçonnait la minuscule possession. Cette administration aura-t-elle à prélever sur ses ressources insigni-
fiantes des remises à un receveur administratif, par la
caisse duquel ses revenus auront à passer et aux agents
voyers qui auront à surveiller ses travaux ; n'aura-t-elle

pas aussi à donner des gratifications au secrétaire chargé de rédiger ses délibérations et jusqu'au valet de ville chargé des convocations.

Ce n'est pas que je n'admette très bien la réunion de quelques propriétaires s'associant volontairement pour une œuvre commune, sous la direction de l'un d'eux qu'ils acceptènt dans une certaine condition. Mais ici à côté de l'association privée, faut-il bien placer l'action administrative, puisqu'il s'agit, ne l'oublions pas, de la viabilité publique qui rentre essentiellement et forcément dans sés attributions, et je ne vois dans cette combinaison rien qui puisse me satisfaire.

J'ajoute cependant que la loi de 1881 a constitué, par ses articles 19 et suivants, des syndicats dans les cas prévus pour assurer la mise en état d'une classe de chemins ruraux, et nous aurons à étudier plus tard les règles auxquelles sont soumis ces syndicats pour leur création et leur fonctionnement. Mais en ce qui concerne les chemins ruraux qui ne rentrent pas dans la classe de ceux auxquels s'appliquent ces syndicats, il faudra suivre les règles antérieurement tracées, ce qui justifie le maintien des explications qui précèdent dans cette nouvelle édition de notre travail.

305. *Un système à suivre*. — Un système qui m'a paru assez simple et pratique pour mettre à l'état, je ne dirai pas de viabilité, mais de praticabilité, les chemins non reconnus et échappant à l'administration du syndicat constitué subsidiairement par les articles 19 et suivants de la loi de 1881, c'est de laisser aux communes le soin d'entretenir et de réparer les chemins ruraux, elles y sont tenues comme propriétaires de ces chemins et comme chargées d'assurer la viabilité sur leurs territoires. Que les riverains, à raison de l'usage qu'ils font de ces chemins à un titre particulier, puissent être appelés, en vertu de dispositions nouvelles, à contribuer à les entretenir, à raison des revenus cadastraux et dans des limites très bornées, je l'admets ; mais la charge d'entretien doit principalement peser sur la commune ; c'est à elle à y pourvoir sous la direction du maire et au moyen des agents communaux. Le procédé le plus efficace à mettre en pratique, c'est l'emploi des cantonniers, suivant l'importance des communes. La commune est-elle peu étendue et n'a-t-elle qu'un cantonnier pour ses chemins vicinaux, elle le fait attacher au service vicinal pendant huit ou dix mois de l'année, et l'emploie sur les chemins ruraux pendant les mois de congé pour lesquels ce cantonnier est payé sur les ressources de la commune en dehors des fonds spéciaux. A-t-elle un territoire étendu, est-elle riche, qu'elle ait un ou plusieurs cantonniers ruraux ; au besoin le bon vouloir des gardes peut être provoqué au moyen de subventions destinées à rémunérer quelques services exceptionnels qu'ils pourraient rendre sur les chemins ruraux. Lorsque la commune a des fonds disponibles, qu'elle les applique à améliorer ceux de ces chemins pour lesquels le concours des riverains sera le plus large.

366. *Application aux chemins non reconnus des ressources créées pour les chemins reconnus.* — Sous l'empire de la loi du 20 août 1881, les communes ont le droit d'affecter à l'entretien ou à l'amélioration des chemins ruraux non reconnus, les ressources dont elles disposent?

D'après l'esprit sinon le texte de cette loi, les communes ne peuvent être autorisées à affecter aux dépenses des chemins ruraux non reconnus que leurs revenus ordinaires et l'excédent de prestations prévu par la loi du 21 juillet 1870, lorsqu'elles pourvoient à toutes les dépenses, non seulement des chemins vicinaux et des chemins ruraux reconnus, mais encore des autres services municipaux ayant un caractère obligatoire. Il serait d'ailleurs, en règle générale, d'une bonne administration de n'employer les ressources quelconques d'une commune sur un chemin rural qu'après la reconnaissance de ce chemin. Il ne devrait en être autrement que dans des cas rares et exceptionnels, où la nécessité d'exécuter des travaux urgents ne permettrait pas d'attendre l'accomplissement des formalités de la reconnaissance. Circ. min. int., 27 août 1881. Et en l'état de cette législation nouvelle, je suis obligé d'ajouter que le conseil que je donnais antérieurement dans le paragraphe précédent sous l'ancienne législation pourra présenter quelques difficultés administratives dans son application.

§ 5. — Travaux.

367. *Exécution des travaux*. — Tout ce qui concerne l'exécution des travaux qui doivent être effectués sous l'autorité du maire, chargé d'assurer, de surveiller et de constater leur bonne exécution, à l'aide d'agents placés sous ses ordres, a été prévu et réglé par les articles 12 et suivants du règlement de 1883, dont le texte est rapporté sous l'article 8 de la loi de 1881.

368. *Caractère de ces travaux*. — Dans l'affaire jugée le 6 janvier 1873 par la Cour de cassation, S. 73, 1, 212, M. le conseiller Guillemard, dans son rapport, disait : « La jurisprudence du Conseil d'Etat a varié à différentes reprises, sur le signe caractéristique des travaux publics communaux, avant d'adopter sans retour le principe sur lequel elle s'est finalement attachée et dont la consécration définitive remonte à une époque déjà fort ancienne. Pendant un certain temps, le Conseil d'Etat, déviant de sa doctrine originaire, n'a voulu admettre comme travaux publics communaux que ceux entrepris et payés sur les fonds du Trésor, en reléguant tous les autres parmi les travaux d'utilité purement communale et privée, dont la connaissance, tant au point de vue des marchés que des indemnités réclamées par les tiers, appartenait exclusivement à l'autorité judiciaire. C. d'Etat, 1809 à 1832. Plus tard, modifiant de nouveau sa jurisprudence, le Conseil d'Etat

avait étendu sa compétence administrative à tous les
travaux d'utilité publique communale, pourvu toutefois
qu'ils eussent été revêtus des formes prescrites pour
l'adjudication des travaux publics. Cette doctrine n'a eu
que peu de durée, elle n'a pas tardé à faire place à la doctrine actuelle, qui a pour elle aujourd'hui, non seulement l'autorité du Conseil d'Etat, mais aussi celle du
tribunal des conflits et de la généralité des auteurs ; c'est
que, ce n'est pas d'après les formes de l'approbation et
de l'adjudication qu'on doit décider si les travaux communaux ont ou non le caractère de travaux publics,
mais bien d'après leur objet ou leur destination d'utilité publique. Ce point a été expliqué et mis en lumière
avec une clarté parfaite, il y a bien des années, par une
circulaire du ministre de l'intérieur du 26 décembre
1844..... Dans l'espèce, il s'agit d'un chemin rural ancien, livré depuis longtemps à la circulation, et dont
l'autorité municipale a entrepris d'exhausser le sol dans
un but d'utilité publique. Les travaux ordonnés s'exécutent sur la voie publique, et ont ainsi pour objet un
service public proprement dit, celui de la voirie communale. Dès lors, bien qu'ils ne soient entrepris que pour
l'amélioration d'un chemin rural, ils ont incontestablement le caractère de travaux publics..... Voilà la question nettement résolue pour les chemins ruraux comme
elle l'avait été antérieurement pour les chemins vicinaux
ou de grande communication. »

Cet exposé de doctrine et de jurisprudence qui attribue aux travaux entrepris par les communes pour l'éta-

blissement et l'entretien de leurs chemins ruraux, le caractère de travaux publics, nous paraît fort correct, la conclusion nous paraît aussi des plus juridiques, et nous nous y rattachons complètement, après avoir fait remarquer qu'il a été sanctionné par l'arrêt de la chambre des requêtes qui a suivi le rapport du savant et regretté conseiller.

Nous ne pensons pas qu'il y eût à distinguer suivant qu'il s'agirait d'un chemin reconnu ou non, dès qu'il s'agirait de travaux exécutés par une commune, sur les fonds communaux avec autorisations administratives sur un chemin public, dans un intérêt public, il faudrait bien reconnaître qu'il s'agirait de travaux publics, parce que ce sont réellement des travaux entrepris dans un intérêt public, et si on ne les mettait pas dans cette classe, il faudrait les placer dans la classe des travaux d'intérêt privé, ce qui serait incontestablement contraire à la vérité et à la réalité.

Dans le même sens C. d'Etat, 20 février 1874, Dubuisson, et Trib. des conflits, 11 novembre 1892. On peut consulter une étude intéressante sur la question dans l'*Ecole des communes* de 1866, p. 192 et suiv.

J'ai déjà indiqué cette solution sous le n° 19.

Il appartient à la Cour de cassation devant laquelle la question se présente, de décider, si les pièces produites devant les juges du fond étaient ou non suffisantes pour établir que les travaux, objets du procès, avaient le caractère de travaux publics. Cass., 29 février 1892, *Bull.*, n° 35, p. 58.

369. *Matériaux affranchis des taxes d'octroi.* — Plusieurs règlements d'octroi portent que les matériaux destinés à la confection et à la réparation des chemins publics, sont affranchis du paiement de ces droits. Nous ne voyons pas comment on pourrait soutenir que cette exception ne s'appliquerait pas aux chemins ruraux. Une ville a essayé de soutenir qu'elle ne s'appliquerait pas aux quais des ports maritimes. On a répondu que des quais sont des chemins publics ouverts à tous, et on a repoussé sa prétention. C. cass., 13 juillet 1882. Il y aurait une réponse identique à faire dans le cas où l'on contesterait que l'exception fût applicable aux chemins publics ruraux.

370. *Dommages causés par l'entretien et l'amélioration des chemins ruraux.* — Les travaux exécutés sur les chemins ruraux peuvent occasionner des dommages aux propriétés riveraines. En pareil cas, il est dû aux riverains une indemnité égale à la valeur du préjudice causé. Le principe et son application sont journellement la base de décisions de justice en matière de grande voirie, il ne saurait en être ici autrement.

Ces questions reviendront sous les articles 13, 14 et 15 de la loi. Elles ont déjà été abordées sous les numéros 256 et suivants.

371. *Compétence ; torts et dommages.* — Les torts et dommages causés aux riverains par l'exécution de travaux de construction, d'amélioration ou d'entretien des chemins ruraux, étant des dommages causés par suite de l'exécution de travaux publics, sont de la compétence des conseils de préfecture. C. d'Etat, 8 mars 1866, Paillard ; C. cass., 6 janvier 1873, S. 73, 1, 214.

Qu'il s'agisse de dommages causés par suite de la gêne apportée à l'accès d'une propriété par suite de l'exhaussement du sol du chemin. Arrêt de Cass. du 6 janvier 1873, S. 73, 1, 214. C. d'Etat, 22 novembre 1889, Freyssénet.

Ou d'aggravation de la servitude imposée aux riverains des routes de recevoir les eaux qui en découlent, C. d'Etat, 4 juillet 1837 ; 2 juin 1843 ; 28 mai 1846 ; 2 septembre 1840 ; 5 juillet 1871 ; arrêt précité, 6 janvier 1873. *Infrà*, art. 13, 14 et 15.

Il en serait autrement si le chemin, quoique appartenant à la commune, conduisait à une propriété dépendant du domaine privé communal et ne constituait pas réellement une voie publique. Besançon, 6 mars 1883, D. 83, 2, 130.

Il a été jugé bien souvent, que en principe les tribunaux judiciaires ne pouvaient ordonner la démolition des travaux publics ordonnés par l'administration(Cass., 14 novembre 1892, *Bull.*, n° 199, p. 321), et je ne veux pas examiner cette question dans ses détails et ses difficultés d'application dans des cas donnés. Mais si le juge civil ne peut ordonner la démolition de travaux exécutés par ordre de l'autorité administrative, le juge du possessoire peut ordonner cette démolition lorsque la construction n'a été faite qu'à la suite de simples permissions ou autorisations de voirie, accordées à des particuliers à leurs risques et périls et sans préjudice des droits des tiers. Cass., 19 juillet 1882, S. 83,1,73 ; 9 juin 1885, S. 87, 1, 109.

372. *Traités, interprétation, application.* — Les traités relatifs à l'exécution des travaux publics sont des marchés de travaux publics dont le contentieux est du domaine des tribunaux administratifs. En règle générale, cela ne peut être contesté ; du moment où des travaux concernant les chemins ruraux sont des travaux publics, le principe leur est applicable, et il atteint non seulement ceux qui ont pris une part directe et principale aux traités, mais encore ceux qui n'y ont pris qu'une part indirecte, par exemple les tiers qui ont adhéré aux travaux et se sont engagés par voie de souscription pour en aider la réalisation. Cela a été jugé plusieurs fois, C. d'État, 20 février 1874, Dubuisson, et plus récemment, le 29 juin 1882, par le tribunal de Melun, *France judiciaire*, 1883, p. 125, à l'occasion de souscriptions particulières pour le rachat d'un pont à péage sur un chemin vicinal.

D'un autre côté, cela ne saurait être étendu aux contrats indépendants du traité primitif, conclus entre les adjudicataires et des tiers, pour fournitures, sous-entreprises et autres concours de cette nature, par suite de sous-traités auxquels l'administration reste étrangère. La Cour de cassation a rendu à mon rapport divers arrêts dans ce sens.

Pour engager la commune il faut que les traités soient passés dans les conditions prévues par les lois, règlements et prescriptions administratives. Toutefois lorsque des travaux d'ouverture d'un chemin rural ont été exécutés par un entrepreneur, en se conformant aux conventions passées avec le maire agissant en exécution du conseil municipal et que ces travaux ont profité à la commune, elle ne peut refuser d'en payer le prix, en se fondant sur ce que les formalités administratives relatives à l'ouverture de ce chemin n'auraient pas été remplies. La commune conserve seulement un droit éventuel et à discuter contre le maire. C. d'État, 14 mai 1886, Agustinelly ; 9 décembre 1892, commune de Brantès.

§ 6. — Comptabilité.

373. *Comptabilité des chemins ruraux. Règlement de 1883.* — Les règles concernant la matière sont posées avec tous les développements désirables dans les articles 52 et suivants du règlement de 1883, reproduit sous l'article 8 de la loi de 1881, où on pourra le consulter.

§ 7. — Dépenses du personnel et dépenses diverses.

374. *Dépenses du personnel.* — L'administration supérieure n'a pas le droit de contraindre les communes à pourvoir aux dépenses que nécessiteraient l'organisation et le fonctionnement d'un personnel spécial de la

voirie rurale, mais il appartient aux préfets de choisir
les agents administratifs d'un autre service, tels que les
agents-voyers, pour les seconder dans l'exercice de leurs
attributions, de direction, de surveillance et de contrôle
à l'égard des chemins ruraux. Les préfets ne sauraient
à ce sujet imposer une charge financière aux communes,
ni conférer à des agents administratifs le caractère d'of-
ficiers de police judiciaire pour la constatation des délits et contraventions qui concernent la voirie rurale.
Les agents-voyers cependant, par leur expérience et
leurs connaissances techniques, prêteront aux préfets
un concours d'une utilité incontestable dans l'application du nouveau régime des chemins ruraux. Le ministre
aime à croire qu'ils accepteront avec empressement une
pareille tâche. Elle ne leur imposerait pas un surcroît
de travail considérable ou difficile, les opérations de la
voirie rurale qu'ils auraient à diriger sous l'autorité des
préfets, à surveiller et à contrôler, étant analogues à
celles de la voirie vicinale, et s'exécutant souvent dans
les mêmes localités, ou à de faibles distances.

Les agents-voyers seraient également des auxiliaires
très utiles aux municipalités pour les actes d'instruction
ou d'exécution qui, d'après les règles de l'administration municipale, doivent avoir lieu sous l'autorité immédiate des maires, tels que la confection des états de
reconnaissance et des plans à y annexer, la rédaction
des projets d'ouverture, de redressement ou d'élargissement des chemins, la réception des travaux, etc. Tou-

tefois les préfets excéderaient la limite de leurs pouvoirs, en décidant que les agents de la vicinalité seront nécessairement chargés de procéder à ces opérations. Ils doivent sur ce point se borner à signaler les avantages qu'assurerait aux communes, sous le rapport de la régularité, de la bonne exécution et de l'économie, l'intervention des agents-voyers. Ils amèneraient ainsi, selon toute apparence, les maires et les conseils municipaux à les prier d'autoriser cette intervention. Ils n'hésiteraient pas vraisemblablement à la solliciter et même à imposer aux communes des sacrifices pour l'obtenir, si le conseil général consentait à voter sur les fonds départementaux, une allocation destinée non seulement à couvrir les frais de la direction supérieure, de la surveillance et du contrôle exercés sous l'autorité du préfet par les agents-voyers, dans l'intérêt de la voirie rurale, mais encore à contribuer au paiement des indemnités ou gratifications qu'il serait équitable d'accorder à ces agents à titre de rémunération pour les actes d'instruction ou d'exécution dont les maires les chargeraient avec l'autorisation préfectorale et l'assentiment des conseils municipaux. Circ. min. int., 23 novembre 1881.

375. *Frais d'imprimés et autres de même nature.* — L'utilité des modèles imprimés qui seraient mis à la disposition des municipalités pour les opérations de la voirie rurale ne pouvant être douteuse, rien ne s'oppose à l'imputation du prix de ces imprimés sur les fonds de cotisations municipales (frais d'impression à la charge des communes et des établissements publics). Circ. min. tin., 23 novembre 1881.

FIN DU PREMIER VOLUME

TABLE DES MATIÈRES

—————

FIN DE LA TABLE DU PREMIER VOLUME

Imp. C. Saint-Aubin et Thevenot. — J. Thevenot, successeur, Saint-Dizier (Haute-Marne).